U0621954

BLUE BOOK

智 库 成 果 出 版 与 传 播 平 台

广州蓝皮书

BLUE BOOK OF GUANGZHOU

广州数字经济发展报告
（2024）

ANNUAL REPORT ON GUANGZHOU'S
DIGITAL ECONOMY (2024)

组织编写／广州市社会科学院
主　　编／张跃国　伍　庆
执行主编／覃　剑　葛志专

社会科学文献出版社
SOCIAL SCIENCES ACADEMIC PRESS（CHINA）

图书在版编目（CIP）数据

广州数字经济发展报告 . 2024 ／ 张跃国，伍庆主编；
覃剑，葛志专执行主编 . -- 北京：社会科学文献出版社，
2024.6. --（广州蓝皮书）. -- ISBN 978-7-5228
-3765-9

Ⅰ . F492

中国国家版本馆 CIP 数据核字第 20245W2K46 号

广州蓝皮书

广州数字经济发展报告（2024）

主　　编／张跃国　伍　庆
执行主编／覃　剑　葛志专

出 版 人／冀祥德
组稿编辑／任文武
责任编辑／郭　峰
文稿编辑／李惠惠
责任印制／王京美

出　　　版／社会科学文献出版社·生态文明分社（010）59367143
　　　　　　地址：北京市北三环中路甲 29 号院华龙大厦　邮编：100029
　　　　　　网址：www.ssap.com.cn
发　　　行／社会科学文献出版社（010）59367028
印　　　装／天津千鹤文化传播有限公司

规　　　格／开　本：787mm×1092mm　1/16
　　　　　　印　张：24.75　字　数：370 千字
版　　　次／2024 年 6 月第 1 版　2024 年 6 月第 1 次印刷
书　　　号／ISBN 978-7-5228-3765-9
定　　　价／138.00 元

读者服务电话：4008918866

主要编撰者简介

张跃国　广州市社会科学院党组书记、院长，研究员，广州大学客座教授。主要研究方向为城市发展战略、创新发展、传统文化。曾任中共广州市委政策研究室副主任，多次主持或参与中共广州市委全会和党代会报告起草、广州市五年发展规划纲要研究编制、广州经济形势分析与预测研究、广州城市发展战略研究、广州对标世界银行评估标准全面优化营商环境研究、广州南沙新区发展战略研究和规划编制以及市委和市政府多项重大政策文件制定起草。

伍　庆　哲学博士，广州市社会科学院副院长，研究员，广东省第十四届人大代表，广州市宣传思想文化创新团队——广州城市国际交往研究团队负责人，广州市人民政府决策咨询专家。主要研究方向为全球城市、国际交往。主持国家社会科学基金项目 1 项、省部级课题 6 项，主持决策咨询课题 50 余项。出版专著 3 部，发表各类论文 30 余篇。

覃　剑　经济学博士，广州市社会科学院区域发展研究所所长、研究员，广州城市战略研究院常务副院长，中共广州市第十二次代表大会代表，广州市高层次人才，广州市宣传思想文化优秀创新团队"广州数字经济研究团队"负责人，广州青年文化英才，广州市宣传思想文化战线优秀人才第二层次培养对象，广东省、广州市青年联合会委员。主要研究方向为城市与区域经济。主持广东省、广州市哲学社会科学规划课题多项，出版著作 3

部，先后在《经济学动态》、《暨南学报》（哲学社会科学版）、《现代城市研究》等刊物发表论文 40 余篇。参与《广州市国土空间总体规划（2018—2035 年）》及广州建设国际大都市、国际航空枢纽、国际航运枢纽等多项战略性课题研究。研究成果得到省、市领导多次批示，曾获广东发展研究奖等奖项。

葛志专　广州市社会科学院区域发展研究所副研究员，数字经济研究中心执行副主任。主要研究方向为城市与区域经济、港澳经济、数字经济等。主持完成和参与国家、省、市哲学社会科学规划项目 6 项，发表理论文章 10 余篇，30 多项研究成果获省、市领导批示及部门采纳，曾获市厅级奖项 5 项。

摘　要

数字科技革命和产业变革深入发展，人工智能等数字技术加速迭代出新，数字技术与实体经济深度融合，数据作为关键生产要素的价值日益凸显，数字经济为全球经济复苏提供重要支撑，成为培育新质生产力的重要动能，对推动高质量发展具有重要意义。

《广州数字经济发展报告（2024）》继续采用总分的形式进行篇章结构布局，主题涵盖当前数字经济发展最前沿的领域，如新质生产力、人工智能大模型、数据流通交易、数据入表和资产化、数字人民币、数字孪生城市等。

总报告以"打造数字经济高水平对外开放高地"为主题，认为数字经济高水平对外开放是共建网络空间命运共同体、加快构建新发展格局、推动我国从数字大国迈向数字强国的必由之路。广州是我国数字经济一线城市，为"走在前列"打造数字经济高水平对外开放高地奠定了坚实基础。未来，广州数字经济可望实现稳健增长并引领新质生产力发展，建成世界数字经济中心城市，为迈向出新出彩的中心型世界城市提供强大支撑。

专题报告设置综合发展篇、数字产业篇、数字转型篇、数字市场篇四个篇章共17篇报告，旨在紧跟数字经济发展前沿，从多个视角反映广州及全球主要城市数字经济发展的状况。

关键词： 数字经济　数字产业　数字转型　广州

Abstract

With the further progress of digital technology revolution and industrial revolution, the iteration and emergence of digital technologies such as artificial intelligence is accelerating. The fusion of digital technology and the real economy is being deepened. The value of data as a key factor of production is gathering its importance. Digital economy provides important support for the recovery of the global economy, and becomes a new driver of the growth of the new quality productivity. The multiple function of digital economy reflects its great importance to high-quality development.

Annual Report on Guangzhou's Digital Economy (*2024*) continues to use the structure of general-indepth analysis in its content layout like it did before. The subjects cover most frontiers topics in current digital economy development, such as new quality productivity, artificial intelligence model, data circulation transaction, data warehousing, digital RMB, digital twin city, etc.

General report focuses on the topic of "Developing Guangzhou as Pacesetter of High-level Opening-up of the Digital Economy". The report believes that high-level opening-up of the digital economy is the inevitable path to jointly building a community with a shared future in cyberspace, accelerating the construction of a new development pattern, and promoting China's transition from a major digital country to a powerful digital nation. Guangzhou, as a first-tier city in China's digital economy, lays a solid foundation for building a high-level opening-up hub for the digital economy that "leads the way". In the future, Guangzhou's digital economy is expected to achieve steady growth and lead the construction of new-quality productivity, establishing itself as a world-class digital economy hub and providing strong support for becoming an outstanding and vibrant central world city.

The specialized reports include 4 chapters with 17 specialized reports, which are comprehensive development reports, digital industry reports, digital transformation reports, digital market reports. The in-depth analysis in these reports are aiming to keep up with the forefront of digital economy development and reflect the development of digital economy in Guangzhou and key cities around the world from multiple perspectives.

Keywords: Digital Economy; Digital Industry; Digital Transformation; Guangzhou

目 录 ▷彡

Ⅰ 总报告

B.1 打造数字经济高水平对外开放高地

    ——2023年广州数字经济发展形势及2024年展望

………………………… 广州市社会科学院课题组 / 001

  一　广州数字经济对外开放的基础条件 ………………… / 002

  二　广州打造数字经济高水平对外开放高地的形势分析 …… / 023

  三　广州打造数字经济高水平对外开放高地的

     趋势展望 ………………………………………… / 029

  四　广州打造数字经济高水平对外开放高地的对策建议 …… / 039

Ⅱ 综合发展篇

B.2 广州与国内主要城市数字经济发展比较与展望

  …… 广州市工业和信息化局　中国信息通信研究院联合课题组 / 050

B.3 广州数字经济核心产业空间布局与优化

  ………………… 广州市城市规划勘测设计研究院课题组 / 081

B.4 南沙建设粤港澳大湾区数字经济示范区策略建议

  ………………… 广州南沙创新制度研究中心课题组 / 095

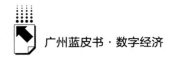

Ⅲ 数字产业篇

B.5 广州培育专精特新"小巨人"加快形成新质生产力研究

………………………… 普华永道专精特新企业研究课题组 / 112

B.6 广州发展人工智能引领新质生产力形成的路径研究

………………………… 广州市工业互联网发展研究中心课题组 / 129

B.7 国内先进城市人工智能大模型发展经验及对广州建议

………………………………………… 盘和林 陈智颖 / 145

B.8 数字原生企业发展趋势与应对策略…………… 王瑞莹 刘岳平 / 155

B.9 人工智能通用大模型建设路径方案与政策支撑

………………………………… 广州市社会科学院课题组 / 169

B.10 广州芯片制造业的机遇挑战与发展对策

………………………………… 沈 静 王翔宇 任亚文 / 189

Ⅳ 数字转型篇

B.11 广州建设数字孪生城市研究

………………………… 张振刚 李沛伦 康亦琛 赖斯琦 / 212

B.12 广州扩大数字人民币创新应用调查研究

…… 广州市委政策研究室(活力办)和华南理工大学联合课题组 / 232

B.13 数字赋能广州海洋经济高质量发展研究

………………………… 自然资源部南海发展研究院课题组 / 249

B.14 广州发展数字文化产业支撑新质生产力构建研究 …… 艾希繁 / 269

B.15 我国网络游戏服务网络演化特征及广州应对策略

………………………………… 黄颖敏 邹小华 张 旭 / 279

V　数字市场篇

B.16　数据入表的逻辑与趋势展望
　　………………… 普华永道中国数据资产管理及交易定价课题组 / 294

B.17　广州数据流通交易创新探索与展望
　　……………………………… 广州数据交易所课题组 / 317

B.18　我国数字消费水平测度、区域差异及演进特征
　　………………………………………… 巫细波　陈世栋 / 331

附录一

企业数据资源相关会计处理暂行规定 ……………………………… / 353

附录二

"数据要素 ×"三年行动计划（2024—2026年） ……………… / 360

皮书数据库阅读**使用指南**

CONTENTS ↘

I   General Report

B.1   Developing Guangzhou as Pacesetter of High-level Opening-up
of the Digital Economy
—*Guangzhou's Digital Economy Development Situation in 2023 and
Prospects for 2024*
Research Group of Guangzhou Academy of Social Sciences / 001

II   Comprehensive Development Reports

B.2   Comparison and Prospects of Digital Economy Development
Between Guangzhou and Major Cities in China
Joint Research Group of Guangzhou Bureau of Industry and Information Technology,
China Academy of Information and Communications Technology / 050

B.3 Spatial Layout and Optimization of Core Industries in
Guangzhou's Digital Economy

Guangzhou Urban Planning Survey and Design

Research Institute Research Group / 081

B.4 Strategic Suggestions for Building GBA Digital Economy
Demonstration Zone in Nansha, Guangzhou

Research Group of Guangzhou Nansha System Innovation Research Center / 095

III Digital Industry Reports

B.5 Guangzhou Cultivates Specialized and Sophisticated "Little
Giant" Enterprises to Accelerate the Formation of
New Quality Productivity Research

PwC Specialized and Sophisticated Enterprises Research Group / 112

B.6 Research on the Path of Developing AI to Lead the Formation
of New Quality Productivity in Guangzhou

Research Group of Guangzhou Industrial Internet Development Research Center / 129

B.7 Experiences of Developing AI Models in China's Leading Cities
and Suggestions for Guangzhou   *Pan Helin, Chen Zhiying* / 145

B.8 Development Trends and Coping Strategies of Cloud Native
Digital Enterprises   *Wang Ruiying, Liu Yueping* / 155

B.9 Path Schemes and Policy Supports of Construction of AI
Foundation Model

Research Group of Guangzhou Academy of Social Sciences / 169

B.10 Opportunities, Challenges and Development Countermeasures
of Guangzhou Chip Manufacturing Industry

Shen Jing, Wang Xiangyu and Ren Yawen / 189

IV   Digital Transformation Reports

B.11   Research on Building Digital Twin City in Guangzhou

Zhang Zhengang, Li Peilun, Kang Yichen and Lai Siqi / 212

B.12   Research on the Expansion of Innovative Application of Digital

RMB in Guangzhou

Joint Research Group of Policy Research Office of Guangzhou Municipal Party

Committee (Vitality Office), South China University of Technology / 232

B.13   Research on the Digital Empowerment of High-quality

Development of Maritime Economy in Guangzhou

Research Group of South China Sea Research Institute,

Ministry of Natural Resources / 249

B.14   Research on the Development of Digital Cultural Industry in

Guangzhou to Support the Construction of New Quality Roductivity

Ai Xifan / 269

B.15   Evolution Characteristics of Online Game Service Network in

China and Coping Strategies of Guangzhou

Huang Yingmin, Zou Xiaohua and Zhang Xu / 279

V   Digital Market Reports

B.16   Logic and Trend Outlook of Data Warehousing

PwC China Data Asset Management and Transaction Pricing Research Group / 294

B.17   Innovation Exploration and Prospects of Data Circulation

Transaction in Guangzhou   *Research Group of Guangzhou Data Exchange* / 317

CONTENTS ↖↗

B.18   Measurement, Regional Differences and Changing Spatial Pattern

of Digital Consumption in China

Wu Xibo, Chen Shidong / 331

Appendices I

Interim Provisions on Accounting Treatment of Enterprise Data

Resources   / 353

Appendices II

Three-year Action Plan for "Data Elements" (2024-2026)   / 360

总 报 告

B.1

打造数字经济高水平对外开放高地

——2023 年广州数字经济发展形势及 2024 年展望

广州市社会科学院课题组[*]

摘　要：　数字经济高水平对外开放是共建网络空间命运共同体、加快构建新发展格局、推动我国从数字大国迈向数字强国的必由之路。综观全球，虽然全球经济发展仍然面临一定的不确定性，但数字经济发展依然可期，人工智能空前活跃并引领全球数字经济不断开创新天地，数字贸易、跨境数据流动将成为全球化新动力。全球数字经济合作已经历基础设施、数字技术、数

---

* 覃剑，博士，广州市社会科学院区域发展研究所所长，研究员，研究方向为城市与区域经济；程风雨，博士，广州市社会科学院区域发展研究所副所长、研究员，研究方向为城市与国际经济；葛志专，广州市社会科学院区域发展研究所副研究员，研究方向为城市与区域经济、港澳经济、数字经济等；巫细波，广州市社会科学院区域发展研究所研究员，研究方向为空间计量与 GIS 应用；蒋丽，广州市社会科学院区域发展研究所研究员，研究方向为产业经济；邹小华，博士，广州市社会科学院区域发展研究所副研究员，研究方向为全球城市；陈智颖，广州市社会科学院区域发展研究所博士，研究方向为数字经济；刘岳平，广州市社会科学院区域发展研究所博士，研究方向为数字金融、区域经济；王翔宇，广州市社会科学院区域发展研究所博士，研究方向为城市与区域经济、产业地理。

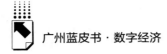

据资源开放合作多个阶段，制度型开放合作正成为新阶段的新特征和新选择。广州是我国数字经济一线城市，数字经济综合实力强劲，数字基础设施完善，数字产业蓬勃发展，数实融合纵深推进，数据流通交易活跃，数字城市加快建设，为"走在前列"打造数字经济高水平对外开放高地奠定了坚实基础。未来，把握全球数字经济国际开放合作新趋势，通过加快实施面向全球化3.0时代的数字开放战略，培育具有国际影响力的数字产业集群，嵌入全球分工协同网络打造数字经济"双循环"战略支点，优化宜商宜业的营商环境，全面提升数字经济开放能力水平，广州数字经济可望实现稳健增长并引领新质生产力发展，建成世界数字经济中心城市，为迈向出新出彩的中心型世界城市提供强大支撑。

关键词： 数字经济　对外开放　新质生产力　广州

　　当前，全球数字经济发展正处于窗口期，数字经济竞争合作成为塑造国际经贸关系新的关键变量，数字经济快速发展给全球经济社会带来深刻影响。我国积极推动全球数字经济合作，并将数字经济对外开放作为国家高水平对外开放战略的重要内容。顺应国际数字经济发展竞合新趋势，广州有条件也有必要立足自身优势，锚定"排头兵、领头羊、火车头"的追求，站在更高起点上积极参与并加快融入数字经济全球化洪流，不断扩大数字经济高水平对外开放，努力寻找机会拓展新发展空间、激发新发展潜能、增强新发展动力，探索数字经济高水平对外开放的广州实践，为中国式现代化建设贡献国家中心城市的力量。

一　广州数字经济对外开放的基础条件

　　"十三五"以来，聚焦建设具有全球影响力的数字经济引领型城市和数产融合的全球标杆城市，广州充分发挥作为我国改革开放的前沿和构建新发展格局的战略支点的作用，持续稳居中国数字经济一线城市方阵，为面向未来着力打造数字经济高水平对外开放奠定了坚实基础。

（一）数字经济综合实力强劲，打牢对外开放动力基础

1. 综合实力持续稳居全国第一梯队

2023 年，数字经济以人工智能和数字技术新突破、数据要素生产力释放和交易流通为核心，继续成为各国竞合焦点领域，引领全球技术和产业变革最前沿。我国数字经济总体规模稳居全球第二，数字技术领域多点突破、数字产业蓬勃发展、产业数字化加速推进，数字要素乘数效应多领域释放。城市作为数字经济主战场，全国大中城市数字经济综合实力表现出"双稳固"特征。一方面，全国第一梯队阵营地位持续稳固，北京、上海、杭州、深圳、广州代表了全国数字经济主要集中地（见表 1），在综合实力、单项产业、企业集聚、技术创新等各项指标中稳居前列；另一方面，广州持续稳居第一梯队，虽然在总量上相比北京、上海、深圳仍有一定差距，但在发展质量、特色领域方面仍独具特色和亮点。

表 1　2023 年中国数字经济发展 10 强城市

序号	2021 年	2022 年	2023 年
1	北京	北京	北京
2	上海	上海	上海
3	深圳	深圳	深圳
4	广州	杭州	杭州
5	杭州	广州	广州
6	成都	成都	成都
7	南京	苏州	苏州
8	天津	南京	南京
9	苏州	重庆	合肥
10	重庆	武汉	重庆

资料来源：《2021 中国数字经济城市发展白皮书》《2022 中国数字经济发展研究报告》《2023 年中国城市数字经济发展研究报告》，赛迪顾问。

2. 数字经济孕育高质量发展首要新动能

2023 年，广州经济恢复发展，经济社会发展取得新质效。全年地区生产总值突破 3 万亿元、达到 30355.73 亿元，同比增长 4.6%，[①] 继续位居全国大中城市第四，国家中心城市地位和综合竞争力持续稳固。围绕全球数字经济创新引领型城市建设，广州加快数字经济创新发展，着力提升数字生产力，持续探索构建以数据为关键要素的数字经济新生态，以更高质量推进实现老城市新活力、"四个出新出彩"，数字经济推动广州经济社会高质量发展的新动能作用进一步凸显。2023 年，广州数字经济核心产业增加值达到 3946 亿元，同比增长 8.6%，占全市地区生产总值的 12.8%（见表 2）。按照国家统计局数字经济核心产业分类标准，数字经济核心产业已经成为广州经济高质量发展的支柱产业，成为广州打造国际科创中心重要承载地的坚实支撑。高水平开放是经济高质量发展的必然路径，推动高水平对外开放是数字经济发展的支撑，广州已经拥有较为稳固的经济体系基本盘，综合优势不断凸显，具备支撑数字经济高水平开放的基础条件。

表 2　2020~2023 年广州数字经济核心产业增加值

单位：亿元，%

年份	增加值	占当年 GDP 比重
2020	3037	12.1
2021	3561	12.6
2022	3633	12.6
2023	3946	12.8

资料来源：广州市统计局；广州市工业和信息化局。

（二）数字产业蓬勃发展，塑造对外开放要素集聚高地

2023 年，广州坚持数字产业化和产业数字化双轮驱动，推进数字经济产业高质量发展。

---

① 资料来源：广州市统计局。

1. 数字科技新锐企业蓬勃涌现

2023 年，广州新增专精特新"小巨人"企业 125 家，实现翻倍增长，一批创新性强、成长速度快、发展潜力大的"独角兽"企业快速成长。2023 年，入选胡润全球独角兽企业 22 家、增量位居全国城市第一；2024 年入选该榜单企业达到 24 家，位居全球城市第九、全国第四。① 广州产业发展研究院等联合发布的 2023 年广州独角兽创新企业榜单中，共计 202 家企业入选，主要分布在信息技术、生物医药和先进制造等行业，其中信息技术领域最多，有 86 家，占 42.57%；"独角兽"入选企业平均拥有知识产权约 307.57 件、发明专利 70.71 件，且 89% 的企业在广州建立了技术研发中心；"独角兽"创新企业从 2017 年（活动发起首年）的 7 家增加至 2023 年的 33 家（见表 3）。2023 年 6 家已入榜企业成功上市。

表 3　2023 年广州"独角兽"创新企业名单

序号	企业名称	所在行业
1	广州希音国际进出口有限公司	电子商务
2	广汽埃安新能源汽车股份有限公司	先进制造
3	粤芯半导体技术股份有限公司	信息技术
4	广州中科宇航探索技术有限公司	先进制造
5	奥动新能源汽车科技有限公司	新能源
6	云舟生物科技（广州）股份有限公司	生物医药
7	广州广钢气体能源股份有限公司	新材料
8	广州巨湾技研有限公司	新能源
9	广州黑格智能科技有限公司	先进制造
10	广州立景创新科技有限公司	先进制造
11	广东中芯种业科技有限公司	生物医药
12	广州小马智行科技有限公司	人工智能
13	广州文远知行科技有限公司	人工智能
14	广州库洛科技有限公司	信息技术
15	广东汇天航空航天科技有限公司	人工智能
16	广州趣丸网络科技有限公司	信息技术

---

① 资料来源：广州市科学技术局。

序号	企业名称	所在行业
17	广州致景信息科技有限公司	信息技术
18	广州中旭未来科技有限公司	信息技术
19	广州探迹科技有限公司	人工智能
20	广东浩云长盛网络股份有限公司	信息技术
21	树根互联股份有限公司	信息技术
22	广州诗悦网络科技有限公司	信息技术
23	广东快乐种子科技有限公司	信息技术
24	广州市钱大妈农产品有限公司	电子商务
25	广州华胜科技信息服务有限公司	信息技术
26	广州探途网络技术有限公司	电子商务
27	朴诚乳业(集团)有限公司	生物医药
28	诺德溯源(广州)生物科技有限公司	电子商务
29	色界美妆(广东)科技有限公司	电子商务
30	广州市百果园网络科技有限公司	信息技术
31	南方航空物流股份有限公司	跨境物流
32	广州祺宸科技有限公司	信息技术
33	广州市巴图鲁信息科技有限公司	电子商务

注：排名不分先后。
资料来源：广州市科学技术局。

2. 平台经济增添千年商都新优势

2023 年，广州首次涌现出 3 家成长于本土的千亿级信息科技企业，重塑广州传统优势产业链供应链竞争力，分别是聚焦游戏行业的网易、聚焦服装折扣品牌的唯品会、聚焦服装跨境电商的希音（SHEIN）（见表 4），这 3 家公司都以数字技术为核心竞争力，建立细分领域平台，整合市场资源以及广州乃至全国传统产业链供应链，联合微信、Temu（拼多多海外版）、YY、虎牙、酷狗音乐、三七互娱、荔枝等成长于广州的知名互联网企业或平台，助力广州焕发千年商都的新底色。在中国互联网协会发布的"中国互联网综合实力前百家企业"榜单中，2022 年、2023 年广州分别有 9 家、7 家，上榜数量排名均为全国第三，仅次于北京和上海。

表4　广州3家千亿级信息科技企业情况

企业名称	营业收入（亿元）	主要业务
广州网易计算机系统有限公司	1035	1997年创办于广州，主要业务为游戏及相关增值服务、云音乐等
唯品会信息科技有限公司	1129	2008年创办于广州，主要业务为互联网在线销售品牌折扣商品，涵盖名品服饰鞋包、美妆、母婴、居家等各大品类
广州希音国际进出口有限公司	2100	2017年创办于广州，主要业务为服装领域的跨境电商业务

资料来源：课题组整理。

3. 全国人工智能产业新高地加速形成

2023年，以人工智能大模型为代表，全球人工智能发展进入新阶段，从ChatGPT到Sora，全球人工智能技术突飞猛进。近年来，广州紧跟浪潮，推动实施以"链长制"培育壮大人工智能产业链的战略举措，推动人工智能与数字经济试验区等重大平台建设，加快发展人工智能产业，培育出佳都科技智慧交通、金域医学临床检验与病理诊断、广电运通金融智造与服务、科大讯飞机器人智能交互等一批有代表性的新一代人工智能开放创新平台。截至2024年3月，国家互联网信息办公室公布的生成式人工智能服务备案达117个，主要集中在北京、上海、广东等区域，广州有9家企业成功备案（见表5），数量位居全国第三。

表5　广州生成式人工智能大模型备案企业（截至2024年3月）

序号	模型名称	备案单位	备案时间
1	银河大模型（Galaxy Bot）	广州极目未来文化科技有限公司	2023年11月
2	网易邮箱智能助手大模型	广州网易计算机系统有限公司	2023年11月
3	夸克曼大模型	广州市动悦信息技术有限公司	2023年12月
4	CVTE大模型	广州视源电子科技股份有限公司	2023年12月
5	潮彻大模型	广州唯品会数据科技有限公司	2024年1月
6	云从从容大模型	云从科技集团股份有限公司	2024年1月

序号	模型名称	备案单位	备案时间
7	佳都知行大模型	佳都科技集团股份有限公司	2024 年 2 月
8	翼绘 AI	广州冠岳网络科技有限公司	2024 年 3 月
9	CVTE 大模型(自研)	广州视源电子科技股份有限公司	2024 年 3 月

资料来源:国家互联网信息办公室。

4. 信息软件服务业综合实力稳固

"中国软件名城"优势进一步巩固,软件赋能产业发展加速推进。汽车、制药、交通、电力、日化等广州传统优势领域代表性企业陆续成立软件和信息技术服务公司,南方电力集团、广州地铁集团、南方报业传媒集团、广汽集团等行业龙头企业的软件收入持续上升,广药集团、科学城集团、广州中船等大型企业也分别成立了软件和信息技术服务公司。唯品会、名创优品等电商平台企业,软件营收规模均超亿元。2023 年,根据工业和信息化部《2023 年软件业经济运行情况》,广州实现软件业务收入 7169 亿元,同比增长 10.8%,在全国 15 个副省级中心城市位列第四(见表 6)。

表 6　2023 年前 10 位副省级中心城市软件业务收入情况

单位:亿元,%

城市	实现软件业务收入	同比增长
深圳	11636	15.4
杭州	8100	2.3
南京	8002	8.0
广州	7169	10.8
济南	5315	14.9
成都	5278	13.3
青岛	4472	14.3
武汉	3024	20.1
西安	2309	4.1
沈阳	1238	13.9

资料来源:《2023 年软件业经济运行情况》,工业和信息化部网站,2024 年 1 月 25 日,www. miit. gov. cn/jgsj/yxj/xxfb/art/2024/art_ 3cb679c2662d4127af3cc857d7dbff8e. html。

5. 集成电路产业全国新极点加快建设

聚焦特色工艺半导体产业，广州半导体和集成电路产业"一核两极多点"布局加快形成（见表7），逐步构建完整的集成电路"设计—制造—封装—测试—应用"产业链，以粤芯、芯聚能等企业为代表，在光控芯片、车规级芯片等领域实现多点突破、快速发展，广州集成电路产业集群入选"2024中国民营经济百强产业集群"[①]，集成电路产业规模正加速向千亿元迈进，助推广东建设成集成电路产业发展"第三极"。

从重点区域发展看，黄埔区集聚集成电路上下游企业超200家，企业数量占全市近九成，是华南地区最大、产业链最完整的集成电路产业基地，区内的粤芯半导体2023年完成数亿元B轮战略融资，成为半导体界较为少见的超级"独角兽"。位于增城区的广州增芯科技有限公司12英寸先进智能传感器及特色工艺晶圆制造量产线项目顺利进入调试投产准备阶段，该项目定位为国内第一条12英寸智能传感器（MEMS）及特色工艺生产线。南沙区已形成"以新能源汽车应用为牵引，半导体照明为龙头，电力电子为主导"的特色，是国内少有的以车规级第三代半导体产业链为产业导向的半导体和集成电路产业集聚区，区内相关企业2022年总营业收入已经超过35亿元。

表7　广州半导体和集成电路产业"一核两极多点"布局

功能区	行政区域	产业特点	代表性企业
一核	黄埔区（以新知识城和广州科学城为两大发展核心）	综合性半导体与集成电路产业聚集区	粤芯半导体、广芯半导体、兴森快捷、艾佛光通、志橙半导体等
两极	增城区	智能传感器和芯片制造	增芯科技
	南沙区（以万顷沙半导体及集成电路产业园为发展核心）	全产业链基地（以宽禁带半导体为重点）	芯聚能、芯粤能、晶科电子、联晶智能、南砂晶圆等
多点	天河、海珠、番禺等区域	产品和服务的创新应用	—

资料来源：课题组整理。

6. 电子信息制造业加速转型呈现新亮点

面对全球消费电子产业下行的局面，广州电子产品制造业努力扭转不利

---

① 该榜单由中国民营经济研究会与上奇数科联合发布，采用数据为2023年。

局面,实现逆势发展和恢复性增长,并在新兴产业领域加快发展,带动传统行业转型升级。2023年,电子信息产品制造业产值增长0.3%,高端电子信息产品制造业增加值增长3.2%。电子信息产品制造业是广州工业三大支柱产业之一、制造业立市的重点领域,广州近年来努力推进电子产业转型,形成以IT显示和OLED面板等新型显示面板为主导的新兴产业集群。2023年,乐金显示8.5代OLED、超视界10.5代TFT-LCD显示器生产线、维信诺第6代柔性AMOLED模组生产线、TCL华星t9等项目相继建设和投产,广州成为拥有四种显示技术产线的城市,在核心元件、视频生产设备、终端显示设备等环节实现全国领先,2020~2023年新型显示企业数量翻三番,已聚集超高清视频与新型显示产业相关企业2000多家,规模以上企业超过500家。在区域布局上形成天河、黄埔集聚区,两区企业数量占比近60%,打造出人工智能与数字经济试验区和天河智谷两大重点平台。超高清视频及新型显示产业规模在2022年已经超过2600亿元,新型显示主控板卡出货量占全球比重超35%,显示模组市场占有率、4K板卡出货量连续多年居全球第一。从具体产品类型看,2023年,广州工业机器人、服务机器人、显示器、集成电路等产品产量同比分别大幅增长47.1%、43.8%、29.3%和21.6%;家电产品保持较快增长势头,智能电视产量增长29.5%(见表8),家用房间空气清洁装置产量增长20.5%。超高清视频及新型显示相关产业产值突破2500亿元规划目标。

表8 2023年广州部分电子信息产品产量及其增速

产品名称	产量绝对数	比上年增长(%)
锂离子电池[万只(自然只)]	33666.92	6.4
智能电视(万台)	608.22	29.5
发光二极管(LED)(亿只)	287.47	24.2
光电子器件(亿只)	291.81	23.9
安全、自动化监控设备[万台(套)]	35.58	12.9
工业机器人(套)	14746	47.1
服务机器人(套)	72690	43.8
显示器(万台)	103.29	29.3
集成电路(万块)	84739.08	21.6

资料来源:广州市统计局。

（三）数字基础设施跃升完善，夯实对外开放底座支撑

数字基础设施建设是从工业经济迈向数字经济的强力支撑，是助力广州在数字时代高水平对外开放发展的基石。

1.5G 网络底座功能全省领先

近年来，广州紧跟国家战略，加快建设高速泛在、天地一体、云网融合、智能敏捷、绿色低碳、安全可控的智能化综合性数字信息基础设施，打造网络完善、应用丰富、产业集聚的 5G 强市。2023 年，广州新增 5G 基站 1.52 万座、总数累计达 9.17 万座（含室外站、室内分布系统和共享站点），5G 基站建设持续排名广东省第一，率先实现 5G 网络市内全覆盖和重点区域深度覆盖。在 5G 应用方面，基本形成黄埔区"5G+智能制造"、番禺区"5G+智能网联汽车"、白云区"5G+智慧物流"、越秀区"5G+超高清视频"、南沙区"5G+无人码头"和"5G+政务服务大厅"等 5G 应用产业园和示范项目。在工业和信息化部举办的第六届"绽放杯"广东分赛中，共有 73 个来自广州的 5G 应用项目获得奖项，占获奖项目总数的 70%。

表 9　2023 年国内领先城市 5G 基站建设及覆盖情况

单位：万座，座/公里^2

城市	5G 基站累计数	覆盖密度
广州	9.17	12.34
北京	10.7	6.52
上海	9.2	14.51
深圳	7.5	37.56

资料来源：广州市工业和信息化局；《北京市 2023 年国民经济和社会发展统计公报》；上海市通信管理局；2023 年深圳市《政府工作报告》。

2. 算力支撑能力稳居全国前列

算力是人工智能大模型和数字经济发展的关键基础设施。据中国信息通信研究院测算，算力对我国各省份经济发展具有强力推动作用，2022 年数字经济规模和地区生产总值较高的省份，算力发展指数每提高 1 点，数字经济增长约 570 亿元，地区生产总值增长约 1285 亿元。为更好支撑人工智能产业发展，广

州近年来不断优化公共算力资源配置，更好赋能实体经济。2023年，全市在用数据中心共70个，设计机架（折合成2.5千瓦标准机架）约25.7万架，综合算力约3.1EFLOPS，在黄埔、天河、番禺、南沙等区初步形成集聚区。琶洲算谷·沙溪智算中心项目正式启动，该智算中心搭载华为最新一代高端算力芯片昇腾910，成为粤港澳大湾区首个服务大模型的智算中心。国家超算广州中心用户数已由建立之初的300多个增长至30多万个，遍布全国各地，是我国唯一入选全球最具应用影响力超算中心五强的超算中心。2023年发布的新一代国产超级计算系统"天河星逸"，通用算力整体大约提升了5倍，在通用中央处理器计算能力、网络能力、存储能力以及应用服务能力等方面较"天河二号"实现倍增。广州人工智能公共算力中心以普惠人工智能算力服务为定位，已对接500多家中小企业，服务企业220余家，荣获2023年世界人工智能大会"人工智能计算中心运营优秀奖"，入选科技部首批国家新一代人工智能公共算力开放创新平台。香港科技大学（广州）智算中心扩容后，算力提升6~8倍，该项目设计能耗指标PUE小于1.3，达到优良的节能水平，机柜总规模236个，全部设计为30~40kw的高密功率机柜，其中较大规模应用了先进的液冷机柜技术，功率密度达到40kw/个，有效减少了能耗。《中国算力发展指数白皮书（2023年）》显示，广州位居中国算力20强城市第三，稳居全国第一梯队。

表10 2023年中国算力20强城市

排名	城市	排名	城市
1	北京	11	成都
2	上海	12	武汉
3	广州	13	张家口
4	深圳	14	郑州
5	廊坊	15	呼和浩特
6	苏州	16	济南
7	重庆	17	福州
8	杭州	18	无锡
9	天津	19	东莞
10	南京	20	青岛

资料来源：《中国算力发展指数白皮书（2023年）》，中国信息通信研究院，2023年9月。

3. 工业互联网融合度扩面提质

工业互联网作为产业数字化关键基础设施的支撑能力进一步提升。截至 2023 年 6 月，工业互联网标识解析国家顶级节点（广州）接入二级节点数为 48 个，涵盖 26 个行业，累计标识注册量超 309 亿个。同时，在工业互联网示范应用方面，2023 年全国工业和信息化部工业互联网试点示范项目共计 231 个，广州有 8 种类型的 11 个单位（项目）入选，比 2022 年增加 6 个（见表 11）。

表 11　2023 年广州入选工业和信息化部工业互联网试点示范项目名单

类型	项目名称	申报单位
工业互联网+大数据试点示范	基于工业互联网+大数据的装备智能化平台	广州鲁邦通物联网科技股份有限公司
	聚创云工业互联网平台	广州佳帆计算机有限公司
	勤政云工业互联网平台 V2.0	广东知业科技有限公司
工业互联网+数字孪生试点示范	基于工业互联网的美擎数字孪生全域运营平台	美云智数科技有限公司
工业互联网+边缘计算试点示范	基于工业云的空调边缘计算网络技术改造及全价值链工业互联平台建设试点示范	广州华凌制冷设备有限公司
5G 工厂试点	联邦智慧家具 5G 全连接工厂	广东联邦家私集团有限公司
	5G+数字智能化工厂项目	广州众山精密科技有限公司
工业互联网绿色低碳园区试点示范	申菱物联平台零能耗建筑示范园区	广东申菱环境系统股份有限公司
工业互联网标识解析二级节点服务平台试点示范	基于行业大模型的智能网联营运车辆工业互联网标识解析二级节点应用服务平台	广州交信投科技股份有限公司
工业互联网企业网络集成创新应用试点示范	基于工业互联网的中药网络化智能化集成创新应用	广州白云山中一药业有限公司
工业互联网平台+绿色低碳试点示范	面向制造企业绿色低碳运营数字化决策平台	佰聆数据股份有限公司

资料来源：《关于 2023 年工业互联网试点示范名单的公示》，工业和信息化部网站，www. miit. gov. cn/zwgk/wjgs/art/2024/art_ 5e49514b9a6d4da8b1fc43c65c70e151. html。

（四）数实融合纵深推进，塑造对外开放强大引力场

1."四化"转型引领智造强市建设

制造业是广州产业底蕴和发展根基，广州拥有 41 个工业大类中的 35 个。2023 年以来，广州坚定不移推进"产业第一、制造业立市"，紧抓平台经济发展机遇，持续开展"四化平台"赋能产业、服务企业专项行动，以数字化转型、网络化协同、智能化改造、绿色化提升为路径，全方位支持平台企业发展。2023 年，广州共遴选"四化"赋能重点平台 122 家，新增国家级智能制造示范工厂揭榜单位 4 家，广汽埃安入选全球唯一新能源汽车"灯塔工厂"（广州累计 3 家，见表 12），先进制造业增加值占规模以上工业的 60.5%，智能制造装备产业集群获评全国优秀，新能源汽车产量突破 65 万辆，增长 1.08 倍。亿航智能无人驾驶载人航空器获颁全球首张适航证。共培育了专精特新"小巨人"企业 248 家，有效期内省级专精特新中小企业 5847 家，创新型中小企业 8223 家；其中 2023 年新增培育第五批专精特新"小巨人"企业 125 家，占广东省（不含深圳）的 36.4%，超过广州前四批认定企业数量总和。加快促进纺织服装、皮具箱包、美妆日化等传统优势产业转型升级。美妆产业产值超过 1000 亿元，助力广州建设国际消费中心城市与国际时尚之都。

表 12　截至 2023 年广东入选全球"灯塔工厂"的企业名单

工厂名称	行业	城市	时间
广汽埃安	汽车	广州	2023 年 12 月
工业富联	电子产品	深圳	2023 年 1 月
纬创资通	电子产品	中山	2023 年 1 月
美的厨热顺德工厂	家用电器	佛山	2022 年 10 月
宝洁	消费品	广州	2022 年 3 月
美的顺德微波炉工厂	家用电器	佛山	2021 年 3 月
美的家用空调工厂	家用电器	广州	2020 年 9 月
富士康	电子设备	深圳	2019 年 1 月

资料来源：世界经济论坛。

2.直播电商之都新名片持续闪亮

作为数字经济的重要业态，直播电商、跨境电商等消费新业态持续蓬勃发展，网络消费持续发挥稳增长扩内需作用，2023年全国网上零售额达到15.4万亿元，连续11年位居全球第一。

广州作为千年商都，以直播电商、跨境电商等新业态新模式为切入点，线上消费显著增长，数字赋能国际消费中心城市建设效果显著。直播电商呈现"万商开播、全城直播"的发展态势，全国直播电商百强中广州占9席，位居全国第一，限额以上批发零售业实物商品网上零售额在连续多年较快增长的基础上继续保持较好增势，同比增长8.9%，住宿和餐饮企业通过公共网络实现餐费收入增长27.3%。在第三届直播电商节（中国·广州）上，主流平台直播销售额超86.38亿元，同比增长53.27%，带动实现网上零售额776.8亿元，同比增长13.75%。直播电商、网络平台有力带动了广州服装、美妆等传统优势产业的升级发展，培育出一大批新兴企业、网红品牌，形成了"网络平台+产业集群"的新模式。在四川大学等机构联合编制的《中国直播电商行业发展趋势报告（2023）》中，广州直播电商发展指数位列副省级城市第三（见表13）。抖音公司发布的《2023抖音电商产业带发展这一年》报告显示，2023年，抖音电商覆盖全国684个特色产业带，产业带城市商家数量排名中广州位居第二，产业带城市商品销量排名中广州位居第二，最受欢迎产业带商品排名中广州女装位列第一。

表 13　全国前 10 位副省级城市直播电商发展指数

排名	城市	直播电商发展指数	位次变化
1	杭州	94.97	上升 1
2	深圳	93.72	上升 1
3	广州	92.99	下降 2
4	成都	89.52	上升 1
5	武汉	87.90	上升 9

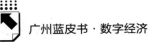
续表

排名	城市	直播电商发展指数	位次变化
6	西安	86.46	不变
7	南京	85.97	上升 4
8	青岛	85.74	下降 4
9	厦门	85.43	上升 3
10	济南	84.80	上升 3

资料来源：《中国直播电商行业发展趋势报告（2023）》，四川大学等，2023 年 12 月。

3. 跨境电商国际枢纽城市展现新活力

2023 年广州跨境电商进出口额达 2000 亿元，同比增长 45%（见表 14），约占全市外贸进出口额的 20%；全市跨境电商实现了进出口规模 9 年增长 136 倍，进口规模连续 9 年位居全国第一。2023 年 1～11 月，广州海关累计监管跨境电商零售进出口清单 7.6 亿票，同比增长约 44%。其中，跨境电商零售进口清单 5920.9 万票，跨境电商零售出口清单 7 亿票。凭借优越的国际地理区位、完善高效的供应链体系、辐射全球的枢纽通达能力，叠加数字技术为底座的跨境电商的蓬勃发展和集聚优势，广州已经形成打造跨境电商国际枢纽城市的雄厚基础，再塑千年商都、国际商贸中心城市新活力。在企业培育方面，广州不仅培育了唯品会、洋葱、卓志、南沙国际物流园、捷晟物流等一大批优质跨境电商企业，而且培育出 SHEIN、TikTok、Temu（拼多多海外版）等一大批头部跨境电商平台。以 Temu 为例，2023 年 Temu 公司在广州布局 12 个仓库，占其全国 30 个仓库的 40%，当年先后在全球 47 个国家上线，平均每天从国内发出 160 万个包裹。SHEIN 公司居全球跨境电商 50 强中的第 17 位。①

---

① 资料来源：上海社会科学院、渣打银行、《理财周刊》、邓白氏于 2023 年 11 月 6 日在第六届中国国际进口博览会上发布的《2023 跨境电子商务发展报告》。

表 14 2023 年全国前 10 位跨境电商城市

单位：亿元，%

排序	城市	跨境电商进出口额	同比增速
1	深圳	3265	74
2	上海	2600	42
3	宁波	2302	15
4	广州	2000	45
5	佛山	1600	——
6	杭州	1400	16
7	郑州	1250	6
8	金华	1200	——
9	成都	1059	18
10	东莞	907	11

资料来源：课题组根据公开报道整理。

4. 数字金融标杆城市建设多点创新

创建数字金融标杆城市是广州建设金融强市的重点领域。在国家战略部署方面，近年来，广州相继获批数字人民币、国家金融科技创新监管、资本市场金融科技创新、国家区块链创新应用等一批国家级创新试点项目，成为区域金融改革创新试点最多的城市之一。在数字人民币应用方面，截至2024 年 3 月，广州已经在食、住、行、游、购、娱、医、税、公积金等 9 类重点民生领域及 14 类特定领域落地特色应用场景，累计开立个人数字钱包超 1000 万个，支持数字人民币支付的商户门店近 100 万家，流通业务总计 266 亿元。在资本市场的数字化转型与监管方面，广州开展了资本市场金融科技试点项目 13 个，通过率在北京、上海、深圳、南京等试点城市中排名第一。广州还推出全国首个私募投资基金行业数字化线上综合服务平台——"瞭望塔"平台系统。在穗银行机构大部分已开展云平台和分布式技术建设和运营，设立专门的数据治理业务部门，反洗钱、反欺诈领域已经广泛运用数字技术。根据英国智库 Z/Yen 集团与中国（深圳）综合开发研究院联合发布的"第 35 期全球金融中心指数报告（GFCI 35）"，在金融科技领域，广州居全球 116 个金融中心第 20 位、中国城市第 6 位（见表15）。

表15 GFCI 35金融科技排名与得分

金融中心	排名	得分	金融中心	排名	得分
纽约	1	739	北京	11	713
伦敦	2	730	波士顿	12	712
旧金山	3	729	悉尼	13	708
深圳	4	728	香港	14	707
华盛顿	5	723	日内瓦	15	706
洛杉矶	6	721	苏黎世	16	705
新加坡	7	720	巴黎	17	704
上海	8	717	法兰克福	18	703
芝加哥	9	716	成都	19	702
首尔	10	715	广州	20	701

资料来源：英国智库Z/Yen集团，www.longfinance.net/programmes/financial‐centre‐futures/global‐financial‐centres‐index/。

5. 数字农业有力助推百千万工程

广州数字农业助推乡村振兴的步伐提速，完成国家级、省级"互联网+"农产品出村进城工程试点建设任务，农业生产智慧化、农产品电商平台等亮点多元，国家和省级农业龙头企业、"粤字号"农业品牌数量均居全省第一，成为推进实施"百千万工程"①的重要支撑。重点推动花卉、荔枝等广州特色农产品与电商平台对接，如2023年新春花市，采用"云上花市+传统花市"相结合方式销售年花约4.1亿元，同比增长约7%。全市涉农区都大力推动农业数字化，花都区"互联网+农业"产业园加快推进，与香港科技大学合作完成"AI微景智成"系统，打造了"1+20+200"的"互联网+农业"体系（1家区级农村电商产业园、20家农产品电商示范企业、200个益农信息社），与京东携手打造"穗农优品区域特色馆"，率先在全市建成首家区级农村电商产业园。增城区丝苗米产业园5G智慧信息化平台持续运营，在每年减少人力成本约120万元的同时实现增产约18万斤。从化区艾米农场研发5G数字农田系

---

① "百千万工程"是广东"百县千镇万村高质量发展工程"的简称。"百县"包括全省122个县（市、区），"千镇"包括全省1609个乡镇（街道），"万村"包括全省2.65万个行政村（社区）。

统，建立水稻种植全产业链标准化体系，实现水稻产值大幅度提升。花都区绿沃川自动化蔬菜工厂建设运用智能化种植系统，实现了四季循环复种，年产值为传统模式的 5 倍以上。总投资约 8.5 亿元的广州南沙鱼菜共生智能化工厂启动投苗。

（五）数据交易创新发展，助力对外开放规则衔接对接

1. 顶层制度规则加速构建

近两年，国家围绕数字生产要素价值释放的顶层设计加速构建。2022 年 12 月，中共中央、国务院印发《关于构建数据基础制度更好发挥数据要素作用的意见》，以数据产权、流通交易、收益分配、安全治理为重点初步搭建我国数据基础制度。2023 年 8 月，财政部发布《企业数据资源相关会计处理暂行规定》，明确了数据资产入表路径和评估方法，表明以数据为核心的标的物将推动形成新一轮资产化创新，也将为数据要素化、市场化提供方向和路径指引。2023 年 10 月，国家数据局正式挂牌，数据基础制度建设推进力度将加大，数据要素市场将步入发展快车道。这些国家顶层部署对数据交易的发展起到巨大的推动和规范指引作用。广州紧跟国家战略部署，中共广州市委全面深化改革委员会于 2023 年 11 月 28 日印发《关于更好发挥数据要素作用推动广州高质量发展的实施意见》，立足于广州先行先试的经验做法，在深化南沙与港澳地区数据合作、赋能本地实体经济发展、构建统一的数据要素市场体系、创新公共数据运营模式等方面提出一系列改革创新举措，从制度层面保障广州数据管理体系建设迈出关键步伐。

2. 数据交易平台竞逐国家队

在数据要素市场建设和价值释放的过程中，数据交易所是不可或缺的一环。截至 2023 年 6 月，全国各地由政府发起、主导或批复的数据交易所达 44 家，头部数据交易所交易规模快速增长。虽然当前我国的数据管理面临数据孤岛现象普遍、数据共享开放和治理难等挑战，但在初期探索试验阶段，数据交易加速创新发展，场内数据交易服务不断拓展延伸，场内交易活跃度大幅提升，在交易量、交易规模、交易品种等方面阔步前行，多个数据

交易所实现能级提升。在与北京、上海、深圳等国内领先的数据交易所共同探索前行、协同发展中，广州数据交易所抢抓时代机遇，创新发展、扩量提质，推出首席数据官制度等多项创新举措，培育完善数据要素产业生态系统，截至 2023 年，超 1500 项交易标的申请进场交易，涉及智慧金融、陶瓷、环保、汽车、建筑、农林牧渔、智能制造等 24 大行业领域，累计成交超 5300 笔，累计发展会员超 1600 家，覆盖全国 26 个省份，累计交易额超过 25 亿元（见表 16）。

表 16 2023 年全国主要城市数据交易所数据交易情况

城市	挂牌时间	累计交易额	2023 年业务动态
北京国际大数据交易所	2021 年 3 月 31 日	超过 24 亿元	实现牌照落地，发放 27 张数据资产登记凭证，率先创建全国首个数据基础制度先行区，发布数据基础制度先行区创建方案和政策清单
上海数据交易所	2021 年 11 月 25 日	超过 11 亿元	单月数据交易额已超 1 亿元，当年挂牌产品突破 1700 个，累计挂牌数据产品数量达 2000 个
广州数据交易所	2022 年 9 月 30 日	超过 25 亿元	超 1500 项交易标的申请进场交易，涉及智慧金融、陶瓷、环保、汽车、建筑、农林牧渔、智能制造等 24 大行业领域，累计成交超 5300 笔，累计发展会员超 1600 家，覆盖全国 26 个省份
深圳数据交易所	2022 年 11 月 15 日	65 亿元	截至 2023 年，累计跨境交易额 1.1 亿元，涉及交易场景 228 个，覆盖 30 个省份 128 个城市，上市数据标的 1900 个，建立数据产品专区 20 个，打造行业创新案例 26 项。在场内跨境数据交易、数据合规体系建设、数据无质押贷款、数据保险、数据信托等五个关键领域先行先试，开创了全国先河
贵阳大数据交易所	2015 年 4 月 14 日	超过 20 亿元	上线全国首个"数据产品交易价格计算器"，聚集数据商、数据中介等市场主体 750 家，上架数据产品 1480 个

资料来源：北京市经济和信息化局；上海数据交易所；广州市政务服务数据管理局；深圳数据交易所；贵州省大数据发展管理局。

（六）数字城市建设跻身国际前列，再造对外开放新优势

1. 数字政务服务走向全国标杆

广州"12345"热线持续塑造标杆品牌，继续发挥基层治理"前哨"作用，2023年广州"12345"热线共受理各类诉求 3649.79 万件，平均每天受理近 10 万件，同比增长 13.81%，并通过复盘每月热线数据，推出热线"民情月历"，聚焦市民诉求的痛点、难点、堵点，建立市民及企业关注榜，推动解决一批群众"急难愁盼"问题。在中国信息协会等发布的《2023年全国政务热线服务质量评估报告》中，广州"12345"热线在副省级城市、计划单列市、省会城市政务热线服务质量评估指数排名中位列第一。

"穗好办""穗智管"持续高效赋能超大城市治理。2023 年，"穗好办"App 提供 11000 多项服务一站式"指尖办"，实名注册用户超 2000 万人，服务量超 8000 万宗。"穗好办@企"平台上线，为企业提供全生命周期服务，已汇聚全市惠企政策 3152 条、政策解读 3404 条、政策兑现事项 1212 个，电脑端可办理涉 52 个部门 2663 个市级事项，"穗好办"App 端可办理市级服务 2919 项、区级服务 8827 项。截至 2023 年 9 月，"穗智管"已对接全市40 个部门共计 115 个业务系统，建成主题应用 26 个，归集城市运行数据100 亿条，形成城市体征数据超 3000 条，特别是在基层治理方面，"穗智管"已经能够辅助城市管理者宏观了解全市城中村"人、屋、车、场、网"的总体概况，汇集全市 271 个城中村超 140 万条数据。此外，广州数字安全运营中心正式组建，可以为广州市 505 家单位提供统一标准、统一质量、统一运营的一体化服务。根据广东省政务服务和数据管理局于 2023 年 7 月发布的 2022 年省数字政府改革建设工作评估结果，广州数字政府改革建设能力水平达到"非常高"等级，位居省内第一。在国务院办公厅发布的《省级政府和重点城市一体化政务服务能力调查评估报告（2023）》中，广州继续走在全国前列，在重点城市排名中位于"非常高"组别。

2. 公共数据开放跻身全球领先行列

数据开放进而释放数据价值是促进数据作为生产要素发挥作用的关键环

节。世界各地主要城市几乎都在寻求数据开放的有效方式，在保护数据安全的同时最大化地释放其中蕴含的巨大价值。广州近几年围绕数字经济创新引领型城市建设，以网站、公共政务服务平台等为数据开放媒介，不断扩大和探索数据开放的范围、不同数据集的整合应用，以数据交易所为平台，不断创新设计数据合规、数据利用规则，集合数商、供需双方等主体共同营造交易生态。根据上海社会科学院、上海数据交易所、德勤联合编制的《2022 全球重要城市开放数据指数》①，在全球重要城市行列中，广州开放数据的总体水平居全球第 8 位、中国城市第 4 位，特别是在用户使用层面，广州高居全球第 4 位，凸显出广州数据开放和应用已经处于全球较高水平（见表 17）。

表 17 2022 年全球重要城市开放数据指数排名

城市	总排名	基础保障层排名	开放质量层指数排名	用户使用层排名	价值释放层排名
纽约市	1	3	5	13	1
首尔	2	1	1	10	4
芝加哥	3	10	10	6	3
上海	4	2	17	1	7
深圳	5	16	3	2	22
贵阳	6	9	4	3	24
伦敦	7	21	8	18	2
广州	8	25	7	4	9
青岛	9	8	11	8	29
新加坡	10	11	6	17	8

资料来源：《全球重要城市开放数据指数 2022》，上海社会科学院、上海数据交易所、德勤联合编制。

3. 网络市场监管与安全稳健发展

网络安全、网络监管始终是数字时代的长期挑战和必答题。围绕高水平创建全国网络市场监管和服务示范区，2023 年广州以网络交易平台企业为重点，

---

① 该指数以 GaWC《世界城市名册 2020》为样本，从中选取当今世界发展最具规模且建有城市级开放数据平台的全球城市，从金砖国家选取具有代表性并拥有开放数据平台的城市作为研究对象，共 30 个城市。该指数于 2019 年首次发布，受到全球范围的普遍关注，成为全球城市数据开放的"晴雨表"。

对平台经济领域准入与退出、平台合规治理、信用监管、重点领域执法规制、产品质量、食品安全、广告合规、知识产权保护培育等方面出台政策措施，规范与发展并重，全市网络经营主体约90万户，网络零售活跃商铺数居全国第一。在网络安全方面，根据《2023广东省数字政府网络安全指数评估报告》，2023年广州数字政府网络安全指数位列全省第三，处于"稳健级"水平（见表18）。

表18 2023年广东省各地市数字政府网络安全能力分布

优化级（S）	完善级（A）	稳健级（B）	受控级（C）	启动级（D）
	深圳	广州	汕头	清远
	中山	珠海	韶关	
		佛山	湛江	
		江门	肇庆	
		茂名	梅州	
		惠州	汕尾	
		东莞	河源	
			阳江	
			潮州	
			揭阳	
			云浮	

注：评估采集数据覆盖周期为2022年11月至2023年10月；数据采集对象为各市政府全体部门。
资料来源：广东省"数字政府"改革建设工作领导小组办公室，2024年2月。

二 广州打造数字经济高水平对外开放高地的形势分析

（一）全球经济发展仍面临较大不确定性

受多方面因素影响，2023年全球经济复苏进程较为缓慢，2024年及短期内全球经济发展的不确定性导致的下行风险依然存在。联合国、经济合作与发展组织、世界银行等机构对2024年全球经济增长率的预测普遍低于3%（见表19）。根据世界经济论坛于2024年1月发布的《首席经济学家展望》报告，56%的受访经济学家认为2024年全球经济走弱，尤其是对欧美的经济复苏前景不乐观，分别有77%和43%的受访经济学家认为欧洲和美国的经济增长将走弱。相对于全球经济增长率，各大机构认为中国的经济增长率将保持在 4.5%~5%，中国和亚洲仍然是全球经济增长重要的动力引擎。总体来看，令人担忧的主要因素包括地缘政治冲突、通货膨胀、政府债务、气候变化、价格波动、贸易保护、需求走弱等，可能会对全球数字经济发展及开放合作造成一定的不利影响。

表19 部分机构对 2024 年全球经济增长率的预测

单位：%

机构名称	联合国	世界银行	国际货币基金组织	经济合作与发展组织	世界金融论坛	高盛	摩根	毕马威
预测值	2.4	2.4	3.1	2.9	2.9	2.6	2.8	2.2

资料来源：根据各机构发布的报告整理。

（二）AI 引领全球数字经济不断开创新天地

相对于全球经济发展的不确定性，2024 年数字经济发展的确定性较强。近年来，全球数字经济的增长速度均明显高于 GDP 的增长速度，占 GDP 的比重持续提升。中国网络空间研究院发布的《世界互联网发展报告2023》预测，2023 年全球数字经济产值占 GDP 的比重将高达 62%。以人工智能为引领，全球数字经济发展正在进入新一轮高度活跃期。继 OpenAI 发布 ChatGPT 之后，2023 年人工智能大模型成为全球数字经济发展最受瞩目的焦点，引发各大高科技企业和风险投资机构竞相布局。2024 年伊始，OpenAI 发布文生视频大模型 Sora 再掀波澜，Antropic 推出性能比 GPT-4 更强大的 Claude3 系列模型，种种迹象表明人工智能技术的发展正处在高速迭代期和风口期，这也意味着由数字技术创新驱动的数字经济发展内生动力持续强劲。全球知名机构和企业对未来科技发展趋势的预测见表20。根据 IDC 预测，2027 年全球人工智能 IT 总投资规模将达到 4236 亿美元，2022~2027 年复合增长率达到 26.9%；2024 年全球半导体市场规模将同比增长 20.2%、达到 6330 亿美元，2024~2026 年人工智能服务器和支持人工智能的终端设备市场需求将加速增长。支撑人工智能和数字技术创新应用的算力市场将加快扩展,2026 年全球 AI 计算市场规模将达到 346.6 亿美元,其中生成式 AI 计算市场规模将达到 109.9 亿美元;以 AI 为中心的各类系统软件、硬件与服务支出将超过 3000 亿美元,2022~2026 年复合增长率达到 27.0%。不仅数字经济核心产业领域将持续高速增长,数字化转型也将快速推进,2022~2026 年,全球数字化转型支出复合增长率将保持在 16.7% 的水平,2026 年达到 3 万亿美元①。2023 年高盛发布的研究报告预计,2025 年全球各个国家和地区对人工智能的投资可能达到 2000 亿美元。

表 20　全球知名机构和企业对未来科技发展趋势的预测

来源机构	科技发展趋势
麦肯锡	2023 年发布《2023 科技趋势展望》,预测最受关注的 15 大科技发展趋势:生成式人工智能、应用型人工智能、工业化机器学习、下一代软件开发、信任架构和数字身份、Web3.0、先进连接技术、全息现实技术、云及边缘计算、量子技术、未来出行、未来生物工程、太空技术、电气化和可再生能源、其他气候相关的技术
《麻省理工科技评论》	2024 年十大突破性技术:无处不在的人工智能、首例基因编辑治疗、热泵、推特"杀手"、增强型地热系统、减肥药、芯粒技术、超高效太阳能电池、苹果 Vision Pro、百亿亿次计算机
Gartner	2024 年十大战略技术:人工智能信任、风险和安全管理,人工智能增强开发,全民化的生成式人工智能,智能应用,行业云平台,增强型互联员工队伍,平台工程,可持续技术,机器客户,持续威胁暴露管理
世界经济论坛	2023 年发布《2023 年十大新兴技术》,预测未来将对世界产生较大影响的十项新兴技术:生成式人工智能、可持续计算、可穿戴植物传感器、人工智能辅助医疗、柔性神经电子技术、改善心理健康的元宇宙、柔性电池、空间组学、工程化噬菌体、可持续航空燃料
腾讯	发布《2024 数字科技前沿应用趋势》报告,预测最受关注的十大数字科技发展趋势:高性能计算的"四算聚变"("四算"指高性能计算集群、云计算、量子计算、边缘计算)、多模态智能体加速 AGI 进程、AI 加速人形机器人"手、脑"进化、AI+基因计算解读生命密码、数字交互引擎激发超级数字场景、脑机接口从医疗突破迈向交互革命、沉浸式媒体催生 3D 在场、星地直连通信推动泛在网络覆盖、电动垂直起降飞行器加速空中出行奔赴新时代、多能流实时协同重塑虚拟电厂

资料来源:根据公开资料整理。

---

①　资料来源于国际数据公司(IDC)发布的《IDC FutureScape:全球人工智能与自动化预测——中国启示》《2022~2023 全球计算力指数评估报告》《全球人工智能和生成式人工智能支出指南》《全球数字化转型支出指南》报告。

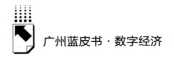

（三）数据流动和数字贸易成为全球化新动力

全球化先后经历了1.0和2.0时代，在数字时代正式迈进3.0时代。一方面，受到贸易保护主义等政治经济因素的影响，全球产业链合作、资本和技术合作面临挑战，对全球经济发展和全球化进程造成负向影响。另一方面，得益于互联网发展和新型基础设施建设，数据跨境流动和数字贸易却呈现加速态势，并不断解构和重组全球产业链、供应链和价值链，成为深化和拓展全球分工合作和贸易投资的新引擎，驱动全球化实现新跃升。近年来，全球数据规模以年均20%以上的速度高速增长。IDC DataSphere数据显示，2027年全球数据总量将增长至284.3ZB，其中非结构化数据占比将达到86.8%。海量数据的高速涌现、数字化转型的迫切需求、数据渗透率的持续提高，以及网络联通与数据服务体系越来越完善，都为全球数据流动提供了良好支撑条件。根据麦肯锡发布的《全球流动：世界互联互通的纽带》，全球资本流动以7%的速度下降，而数据的跨国流动增速却高达近50%，数据显然已经成为全球互联互通的新纽带。数据要素的流动将会在更大空间范围内实现创新性优化配置，进而推动经济增长。麦肯锡认为，数据流动量每增加10%，将拉动GDP增长0.2%。布鲁金斯学会则预测，2025年全球跨境数据流动将贡献超过11万亿美元的经济增量。随着数字基础设施的持续完善和数字技术的进步，全球数字消费需求持续提升，与数据要素、数字服务、数据流动和数字支付紧密相关的数字贸易，已经成为继货物贸易、服务贸易之后推动全球化的又一新动力。可以预见，在各国纷纷加大力度推动数字贸易发展的趋势下，数字贸易增长速度将持续高于传统贸易增长速度，成为拓展全球贸易联系和价值联系边界进而推动全球化的新势力。

（四）数字经济进入制度型开放合作探索期

综观全球，在数字基础设施、数字技术创新、数据资源等领域开放合作的基础上，数字经济正进入制度型开放合作的新探索期，即以标准规则互认合作为主要内容的阶段。根据中国社会科学院发布的《全球数字经济发展指数报告（TIMG 2023）》，2019 年以来，国家间的数字经济合作政策数量呈现快速增长态势。如 2023 年 11 月，中国、美国、英国、欧盟等 28 个国家和地区签署了《布莱奇利宣言》，围绕推动人工智能开发部署和应对相关风险开展合作。中国信息通信研究院发布的《全球数字经贸规则年度观察报告（2023）》则显示，2012 年以来，超过 90% 的服务贸易协定中包含数字贸易条款或专章，全球已经签署双多边自由贸易协定（FTA）和数字经济专门协定等超过 130 个。需要关注的是，在数字经济制度型开放合作探索过程中，数字经济发展领先国家尝试主导数字经济国际合作，数字经济发展新兴国家试图嵌入数字经济国际合作网络。各国和经济体数字经济发展水平不同，数字贸易利益诉求及数字贸易规则也存在差异，为争夺数字经济规则与治理主导权，全球数字经济发展和治理可能呈现局域化特征，或者不同区域数字经济双边或多边开放合作规则的"意大利面碗现象"①，由此引发的结果可能是全球数字经济增长呈现俱乐部趋同特征。如 2024 年美国和英国宣布建立人工智能安全科学合作伙伴关系，并签署合作备忘录。欧盟先后出台《数字化单一市场版权指令》《数字贸易战略》《数据法案》《通用数据保护条例》《数字服务法》《数据治理法》《开放数据指令》等，这些规则将会强化欧盟内部数字经济发展战略的协同性，但有可能对欧盟以外的地区形成排斥效应。

（五）我国数字经济对外开放进入主动建构期

数字经济快速发展给全球经济社会带来深刻影响，我国积极推动全球数字经济合作，并将数字经济对外开放作为国家高水平对外开放战略的重要内容。2022 年，习近平总书记在《求是》发表《不断做强做优做大我国数字经济》的文章，明确提出要积极参与数字经济国际合作，主动参与国际组织数

---

① 美国经济学家巴格沃蒂在其 1995 年出版的《美国贸易政策》一书中提出"意大利面碗现象"，指在双边自由贸易协定（FTA）和区域贸易协定（RTA）下，各个协议实行不同的优惠待遇和原产地规则。这些协议不同的优惠待遇和原产地规则就像碗里的意大利面，一根根地绞在一起，剪不断、理还乱。

字经济议题谈判，开展双多边数字治理合作，维护和完善多边数字经济治理机制，及时提出中国方案，发出中国声音。① 经过不断适应和探索，我国数字经济对外开放合作进入主动建构期，并将呈现三大明显特征。一是主动对接国际规则参与全球数字经济治理，根据《全球数字经济发展指数报告（TIMG 2023）》，仅2022年我国参与国际数字合作政策的数量就有17个，未来我国将以更加开放的姿态积极加入全球数字经济双边和多边合作协议，如申请加入《全面与进步跨太平洋伙伴关系协定》（CPTPP）和《数字经济伙伴关系协定》（DEPA）等。二是主动提出推动全球数字经济开放、公平、有序发展的中国倡议和中国方案，2016年在G20峰会上积极推动起草和发布第一个具有全球意义的数字经济合作倡议——《G20数字经济发展与合作倡议》以来，我国已经发出《携手构建网络空间命运共同体行动倡议》《全球数据安全倡议》《数字经济和绿色发展国际经贸合作框架倡议》《全球人工智能治理倡议》《全球安全倡议概念文件》《"一带一路"数字经济国际合作倡议》《金砖国家数字经济伙伴关系框架》《金砖国家制造业数字化转型合作倡议》等多个倡议，得到相关国家和国际组织的高度认可。未来围绕数字经济发展前沿和治理，以数字丝绸之路建设和区域性数字经济合作为重点，我国将会提出更多国际性合作倡议，数字经济国际市场空间也将得到进一步拓展。三是主动开展数字经济高水平对外开放试点，在国内以北京、上海、广州、深圳等一线城市及自贸试验区等对外开放高地为重点，探索数字经济高水平对外开放的新模式新经验（见表21），在国际以共建园区、平台、项目、基础设施等方式，共同推进数字经济繁荣发展。

表21 我国部分城市推进数字经济高水平对外开放的目标举措

城市	目标和举措
北京	出台《关于更好发挥数据要素作用进一步加快发展数字经济的实施意见》，明确提出促进数字经济全产业链开放发展和国际交流合作，对接国际经贸规则，积极参与数据跨境流通相关规则和标准制定，完善数据跨境流动监管机制，建设数字贸易试验区、数据贸易港、跨国企业数据流通服务中心等

① 《习近平谈治国理政》（第四卷），外文出版社，2022，第208页。

城市	目标和举措
上海	出台《关于全面推进上海城市数字化转型的意见》《立足数字经济新赛道推动数据要素产业创新发展行动方案（2023—2025年）》等，明确提出建设长三角一体化数据合作示范区、全球数字贸易港、国际数据港，推进数据跨境制度创新，参与数字贸易、技术、税收等国际规则标准和制定
深圳	出台《深圳经济特区数字经济产业促进条例》《深圳市加快推动人工智能高质量发展高水平应用行动方案（2023—2024年）》等，明确提出以企业为主体，强化"引进来"和"走出去"，参与国际产业标准制定，完善提升数据跨境传输能力，主动融入全球数字经济产业分工体系
广州	出台《广州市加快打造数字经济创新引领型城市的若干措施》《关于更好发挥数据要素作用推动广州高质量发展的实施意见》《广州市服务业扩大开放综合试点总体方案》《广州市支持数字贸易创新发展若干措施》等，明确提出以南沙等载体，深入推进粤港澳大湾区数据流动与协同，建立完善数据跨境流动监管机制，推动数字服务出口基地建设和数字创新贸易发展

资料来源：根据各城市公开资料整理。

三　广州打造数字经济高水平对外开放高地的趋势展望

（一）数字经济稳健增长，引领形成新质生产力

2024年是新中国成立75周年，是实现"十四五"规划目标任务的关键一年。广州将坚持高质量发展这个新时代的硬道理，奋发有为推动"二次创业"再出发，预期全市地区生产总值增速不低于5%，规模以上工业增加值增长3%以上，并牢牢坚持产业第一、制造业立市，厚植经济发展优势，把发展经济的着力点放在实体经济上，在培育新质生产力上再发力，全力推进新型工业化，打造更高水平的数字广州。本报告预计，2024年广州数字经济核心产业增加值将迈上4200亿元新台阶，增速约为10%，占地区生产总值比重为13.5%左右（见图1），高于2025年全国数字经济核心产业增加值占GDP比重将达10%这一平均水平，继续位列全国第一梯队。

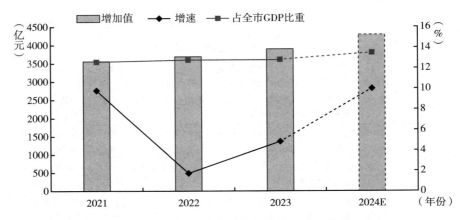

图 1　2021~2024 年广州数字经济核心产业增加值、
增速及其占 GDP 比重

同时，根据相关指标数据的可统计性及连续性，本报告对信息传输、软件和信息技术服务业、电子信息产品制造业两个代表性产业进行了预测。

1. 信息传输、软件和信息技术服务业

2016~2023 年，广州信息传输、软件和信息技术服务业总体规模保持稳定增长趋势，但受国内外市场需求及产品、技术迭代升级影响，总体增速有所放缓。2023 年主营业务收入首次突破 5000 亿元，达到 5379.27 亿元，同比增长 5.6%，增速有所放缓。

从服务业各行业主营业务收入规模看，信息传输、软件和信息技术服务业始终居于主导地位，2016~2023 年占服务业总体规模的比重均在 20% 以上，总体呈上升势头，2020 年占比达到历史最高水平 29.8%，2023 年达到 28.3%（见图 2）。与其他服务业相比，信息传输、软件和信息技术服务业规模仅次于交通运输、仓储和邮政业。

从服务业各行业主营业务收入增速看，2023 年信息传输、软件和信息技术服务业增速低于全市规模以上服务业主营业务收入增长速度（10.3%），与文化、体育和娱乐业（32.9%），交通运输、仓储和邮政业（15.6%），租赁与商务服务业（13.2%）等行业相比有明显差距（见图 3）。

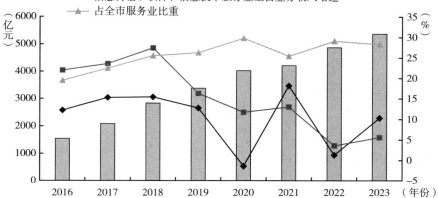

图2　2016～2023年广州信息传输、软件和信息技术服务业主营业务收入情况

资料来源：广州市统计局网站。

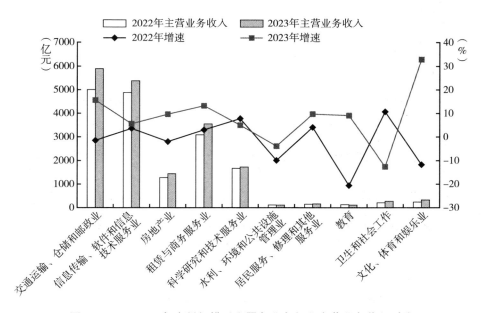

图3　2022～2023年广州规模以上服务业各行业主营业务收入对比

资料来源：广州市统计局网站。

进一步采用 STL（Seasonal and Trend decomposition using Loess）时间序列分析方法，深入分析 2016~2023 年广州信息传输、软件和信息技术服务业月度主营业务收入长期变化趋势和季节性变化趋势。在此基础上采用基于深度学习的时间序列预测模型 N-BEATS（Neural Basis Expansion Analysis For Interpretable Time Series Forecasting）① 预测 2024 年 1~12 月广州信息传输、软件和信息技术服务业主营业务收入。

总体上，2016 年以来广州信息传输、软件和信息技术服务业主营业务收入呈现明显的季节性波动，长期趋势则呈现平稳上升发展特征，季节性变化幅度有逐年增大趋势（见图 4）。

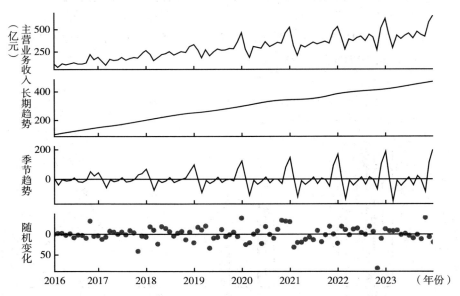

图 4　基于 STL 模型分解 2016~2023 年信息传输、软件和信息技术服务业主营业务收入情况

① N-BEATS 模型主要用以解决时间序列预测问题，即给定长度为 T 的历史序列，预测其未来 H 个时间窗口内的数据，其核心思路是利用全连接层对时间序列进行分解，通过不同的函数形式建模时间序列的周期项、趋势项等，从而提升模型的预测准确性和可解释性。参见 Oreshkin，B. N. et al.，"N-BEATS：Neural Basis Expansion Analysis for Interpretable Time Series Forecasting"，conference paper at ICLR，2020。

表 22 显示了基于 N-BEATS 模型预测得到的 2024 年 1~12 月广州信息传输、软件和信息技术服务业与电子信息产品制造业两大行业主营业务收入预测数据，对各月预测数据进行累加，得到 2024 年广州信息传输、软件和信息技术服务业主营业务收入为 5604.10 亿元，比 2023 年增长 224.83 亿元。基于 N-BEATS 模型得到的 2024 年各月变化特征也符合近年来广州信息传输、软件和信息技术服务业的季节性变化趋势（见图 5）。结合广州年度产业发展工作部署及市场恢复性增长势头，特别是 AI 大模型、自动驾驶等行业的加速发展，信息传输、软件和信息技术服务业发展态势预期向好，预计 2024 年广州信息传输、软件和信息技术服务业增速不低于 6%，主营业务收入有望突破 5700 亿元，达 5700 亿~5800 亿元。

表 22 基于 N-BEATS 模型预测 2024 年 1~12 月广州数字经济两大行业主营业务收入和产值

单位：亿元

月份	信息传输、软件和信息技术服务业主营业务收入	电子信息产品制造业产值
1	458.76	270.51
2	291.00	216.12
3	445.67	292.85
4	392.41	293.99
5	437.38	287.76
6	491.04	321.41
7	398.84	323.45
8	485.01	324.21
9	475.89	329.14
10	404.28	315.67
11	590.65	333.16
12	733.17	346.54
合计	5604.10	3654.81

资料来源：基于 N-BEATS 模型预测得到。

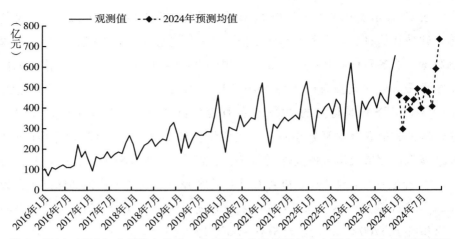

图5 2016~2024年广州信息传输、软件和信息技术服务业主营业务收入趋势及预测

2. 电子信息产品制造业

2023年，广州工业处于新旧动能转换的关键期，全市工业投资实现高速增长态势，达到21.4%，而电子及通信设备制造业投资同比增长15.5%。受此影响，2023年广州电子信息产品制造业产值有效扭转下滑态势实现正增长，2023年达到3346.87亿元，同比增长0.3%，占全市规模以上工业产值的比重为14.03%，总体保持较平稳的增长态势（见图6）。

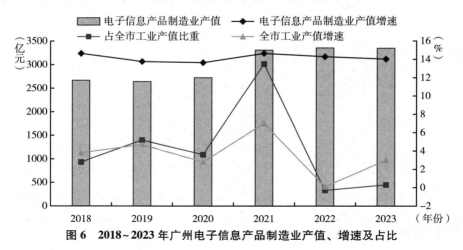

图6 2018~2023年广州电子信息产品制造业产值、增速及占比

资料来源：广州市统计局网站。

　　同样采用 STL 时间序列分析方法对 2004～2023 年广州电子信息产品制造业月度产值数据进行分析，基于 N-BEATS 模型预测 2024 年电子信息产品制造业产值。总体上，2004～2023 年广州电子信息产品制造业产值呈现明显的波浪式前行特征，但总体呈现上升发展趋势且季节性波动逐步增大，在 2016 年下半年达到高峰期，2017 年则出现明显下滑，2022 年下半年需求冲击明显，但 2023 年产值规模进一步增长至历史峰值（见图 7）。表 22 显示了采用 N-BEATS 模型预测得到的 2024 年广州电子信息产品制造业产值为 3654.81 亿元，比 2023 年增加 307.94 亿元。此外，基于 N-BEATS模型得到的 2024 年各月变化特征比较符合近年来广州电子信息产品制造业的季节性变化趋势（见图 8），具有较好的预测效果。结合广州电子信息产品制造业发展态势，以及抓大项目促产促投，保障产业立市、制造业第一目标的实现等工作部署，预计 2024 年电子信息产品制造业产值有望恢复至两位数增长，预计增长率为 10% 左右，总体规模突破 3600 亿元。

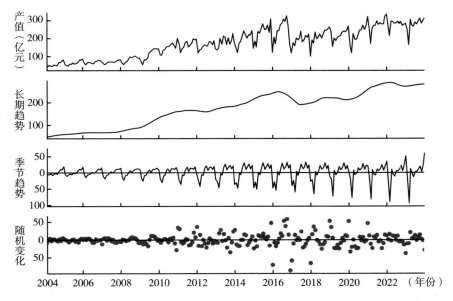

图 7　基于 STL 模型分解 2004～2023 年广州电子信息产品制造业月度产值情况

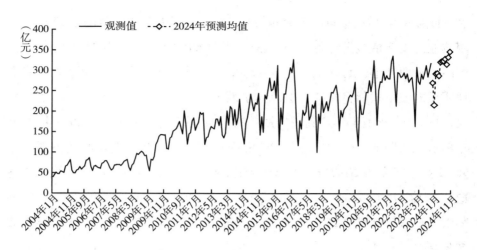

图8 基于 N-BEATS 模型预测 2024 年广州电子信息产品制造业月度产值

（二）数字经济开放赋能，全面激发城市新活力

当前，广州正锚定"排头兵、领头羊、火车头"的追求，增强改革、开放、创新三大动力，推动"二次创业"再出发，着力加快实现老城市新活力。在新的征程上，广州打造数字经济高水平对外开放高地，充分发挥数字经济开放赋能作用，可以从多个方面激活发展新动力、再造新优势。一是数字贸易、跨境电商等开放型数字经济新业态的蓬勃发展将优化广州外贸结构、提升外贸水平，为国际商贸中心建设注入新动力。二是依托数字经济开放发展高效链接全球人才、资金、技术、数据等要素，将推动生产要素在更大范围实现更大规模创新性配置，支撑广州经济高质量发展。三是依托高度活跃的全球数字技术创新，推动前沿新技术研发孵化和产业化，将加快培育新兴产业和未来产业，形成更多元化的经济新增长点。四是依托"人工智能+"和"数据要素×"的赋能作用，将推动人工智能新技术和数据要素与产业、交通、医疗、教育、农业等各行各业深入融合，催生新产业、新模式、新产品和新服务，进一步提升城市的全要素生产率和价值创造能力。五是依托"数字+文化"重组文化内容的生产方式和传播方式，将使世界各地

民众越来越多通过数字渠道共享和了解广州文化资源，进一步提高城市文化软实力、价值创造力和文明传播力。

（三）数字行动开放协同，彰显数字湾区核心引擎功能

《粤港澳大湾区发展规划纲要》发布已逾5年，粤港澳三地硬联通和软联通加快推进，数据要素跨境流动探索不断取得新突破，数字经济协同发展取得显著成效。适应新形势新变化，2013年11月，广东正式对外发布《"数字湾区"建设三年行动方案》，明确提出要通过"数字湾区"建设，协同打造全球数字化水平最高的湾区。作为粤港澳大湾区开放型核心引擎，通过推进"数字广州"融入"数字湾区"，广州在粤港澳大湾区中的数字经济核心引擎功能也将持续彰显。具体来看，在数字化新型基础设施互联互通方面，粤港澳大湾区5G网络密度将持续提高，6G网络和量子通信网络将加快布局，以超算和智算为代表的算力网络将加快对接共享。通过发挥信息通信枢纽优势，广州将在粤港澳大湾区新一代信息网络"基座通"中发挥核心作用。在数据要素流动方面，随着粤港澳大湾区数据跨境流动标准规则和"白名单"制度的制定实施，粤港澳大湾区跨境流动的数据种类、规模将会加快提升。依托南沙等粤港澳大湾区合作重大平台，加快推进"数据海关"等创新制度落地实施，集聚发展数据贸易等数据服务性机构，广州将在粤港澳大湾区"要素通"中更好发挥跨境数据开放流动的先行探索区和试验区功能。在数字产业协同发展方面，粤港澳大湾区各城市的数字技术协同创新能力和产品化产业化水平将加快提升，形成高标准、一体化的数据产业链价值链分工体系和具有世界影响力的数字产业集群。通过发挥全国数字经济一线城市的综合优势和科研创新资源优势，广州可望成为粤港澳大湾区数字经济核心产业的重要催生地和产业数字化转型服务的重要输出地，引领粤港澳大湾区数字产业集聚发展"产业通"。

（四）数字市场开放共享，支撑数字中国战略纵深推进

数字中国建设是数字时代实现中国式现代化、建设社会主义现代化强国

的重要引擎。2023 年，中共中央、国务院印发《数字中国建设整体布局规划》，对数字中国战略实施做出全面系统部署。到 2025 年，我国数字基础设施建设、数据要素价值释放、数字经济发展效益、数字政府建设、数字社会建设、数字文化建设、数字文明建设、数字安全体系建设、数字治理体系建设、数字经济国际合作都将取得重要进展。到 2035 年，数字中国建设将取得重大进展，我国数字化水平将跻身世界前列。总体来看，数字中国建设将从全局推动全国数字化发展"一盘棋"加快形成，有效打通数据要素流动和价值开发的壁垒，加速全国数据要素市场化配置改革和市场一体化进程，促进各地区和千行百业数字化更加均衡协调发展。为更加有力推进数字中国建设，2023 年 10 月我国还专门成立国家数据局，从国家顶层设计层面着力推进数据基础制度体系建设、数字基础设施、数据流通交易、数据开发利用和数据安全治理。为加快推进统一开放的数据要素市场建设，国家先后出台《中共中央 国务院关于构建数据基础制度更好发挥数据要素作用的意见》《全国一体化政务大数据体系建设指南》《中共中央 国务院加快建设全国统一大市场的意见》等，全国数据资源采集、开发开放、流通交易、安全治理一体化格局将加快形成。广州是国家中心城市，拥有相对发达的数据基础设施网络及汇聚八方的数据资源，以广州数据交易所等为代表的数据汇聚交易平台和一批数据服务机构企业影响力与日俱增，通过跨区域主动对接服务全国各地区数据资源开发和利用，不仅将提高本地数据市场的开放辐射能力，也将加速全国数据要素统一大市场的构建，支撑数字中国战略的推进实施。

（五）数字环境开放包容，奋力迈向世界数字中心城市

长期以来，我国倡导和呼吁共建更加普惠繁荣、和平安全、平等包容的网络空间，让来自全球不同国家不同地区的人民共享数字经济发展红利。广州是我国综合性门户城市和改革开放前沿阵地，拥有高度开放的经济体系，开放动力活力持续增强。面向 2049 年，广州明确提出高水平推进制度创新、全面加强规则机制对接联通、积极参与国际规则制定，以制度型开放深化改革，构建高水平对外开放格局，打造深度国际化的开放之城。为推进高水平对外开放，创造开放包容的发展环境，广州于 2023 年启动了营商环境 6.0 版改革，从整体上推进国际一流营商环境标杆城市建设。适应数字时代发展变化，为更好推进数字经济高水平对外开放，在营商环境改革过程中，广州明确提出积极探索建立与数字经济相适应的监管规则，对数字经济领域企业标签化管理，实行"白名单"制度和触发式监管；积极创建数字要素流通、数字贸易创新、数字文化贸易等平台，探索推进数字经济扩大开放的制度经验。以南沙为开放的"排头兵"，国家发展和改革委、商务部、国家市场监管总局于 2023 年 12 月联合发布《关于支持广州南沙放宽市场准入与加强监管体制改革的意见》，支持南沙开展首创性改革举措，推动粤港澳数据跨境流通和交易，面向全球完善溯源体系、标准体系和数据规则体系。在此背景下，可以预见，在以建设成出新出彩的中心型世界城市的总体目标牵引下，以持续优化营商环境为重要推动力，在国家的大力支持下，广州将不断释放千年商都深厚的开放基因，在我国数字经济高水平对外开放方面始终发挥"排头兵、领头羊、火车头"作用，在向中国式现代化迈进的新征程中建设成为世界数字中心城市。

四　广州打造数字经济高水平对外开放高地的对策建议

（一）把握发展新趋势变化，实施面向全球化3.0时代的数字开放战略

1. 强化数字开放战略顶层设计

相对于货物贸易、一般服务贸易，以数字贸易为代表的数字对外开放历程更短、面临的问题更复杂，相应的规则标准尚未形成共识。在我国构建高水平对外开放的新格局中，探索数字经济对外开放一直是重要内容，如 2024 年国务院印发《扎实推进高水平对外开放更大力度吸引和利用外资行动方案》，明确提出要健全数据跨境流动机制，加快对接国际数字经贸规则。从各个地方来看，以北京、上海、深圳、广州等为代表的全国数

字经济一线城市均提出了面向全球的数字经济发展定位（见表 23），但系统化的数字开放战略都还处在不断建构和完善阶段。未来，依托开放型门户枢纽城市优势，广州可率先整合经济社会发展、城市规划建设、要素市场建设、营商环境建设等领域数字对外开放的需求和趋势，从整体性、系统性、协同性的战略高度谋划城市数字开放战略，明确数字经济高水平对外开放战略思路、阶段目标和重点任务，通过发展政策和体制机制集成式改革形成推动发展的强大合力。

表 23　我国部分城市数字经济发展定位

城市	发展定位
北京	通过 5~10 年的持续发力，打造城市数字智能转型示范高地、国际数据要素配置枢纽高地、新兴数字产业孵化引领高地、全球数字技术创新策源高地、数字治理中国方案服务高地、数字经济对外合作开放高地，建设成为全球数字经济标杆城市
上海	全面推进城市数字化转型，建设具有全球竞争力的数字贸易国际枢纽港、世界级数字产业集群、金融科技中心和数字经济创新高地，成为具有世界影响力的国际数字之都
深圳	通过打造数字产业高地，引领产业数字化转型，打造数字应用新标杆，建设全球领先的数字基建、数字政府和新型智慧城市，营造开放健康安全的数字生态，建设成为全球数字先锋城市
广州	通过打造粤港澳数字要素流通试验田，推进国际数字技术研发和成果转化，塑造全球数字产业变革新标杆，协同推进产业数字化、数字产业化、城市数字化转型，不断完善数字经济发展生态，建设数产融合的全球标杆城市和具有全球影响力的数字经济引领型城市

资料来源：根据各城市公开资料整理。

2. 储备数字对外开放政策工具箱

当前，全球化发展仍然面临一系列错综复杂的问题，而数字经济发展又是最活跃的领域之一。因此，任何一个城市想要在数字经济对外开放进程中走在前列，就必须始终前瞻性预判全球数字经济及相关国际规则发展趋势，贯彻国家战略要求，强化各项政策的统筹性、协调性、针对性和一致性。在数字对外开放中，数字基础设施互联互通、数据要素跨境流动、数字创新技术研发和产业化、数字贸易与投资、数字规则标准衔接等均是重点领域，需要根据其具体特点综合采取产业、金融、财政、创新、投资、人才等政策手段，不断完善与之相适应的政策制度体系、公共服务体系、产业生态体系、技术创新体系和安全发展保障体系。积极跟踪评估全球性、区域性各类数字经济发展相关宣言、协定和协议的规则导向和具体内容，积极向国家申请开展改革试点示范，积极探索适应国际数字经济发展趋势的改革举措，采取有效方式和措施，形成一批可复制推广的经验做法和制度性成果。

（二）把握新质生产力发展要求，培育具有国际影响力的数字产业集群

1. 加快培育数据服务产业集群

专业化的数据服务产业既是数字经济核心产业的重要组成部分，也是推进数字市场建设的重要驱动力。广州可发挥广州数据交易所核心带动作用，以世界眼光、国家高度规划建设广州数据科技城，以此为载体鼓励引导数据生产、认证、加工、流通、交易、应用等数据产业链上下游相关市场主体、服务机构、重大项目、示范场景和重大活动落地，形成以数据服务为核心特色的国际数据合作产业发展集聚区。加快开展数据资产评估和定价、数据确权等数字流通关键环节的研究设计和试验试点，率先打造完善数据要素流通交易生态体系，推动各类数据要素自主、有序、安全流入数据交易市场，增强数据存储、数据计算、数据分析、数据安全等数据服务产业链协同发展能力，推动数据资源通过市场配置源源不断注入实体经济。

2. 加快培育人工智能产业集群

人工智能作为一项战略性新兴技术，日益成为科技创新、产业升级和生产力提升的重要驱动力量。在全球层面，人工智能技术是发展最快的前沿性技术和战略性技术，也是国际数字经济合作的焦点领域。在国家层面，"人工智能+"被写入国务院《政府工作报告》，"人工智能+"行动将是推动数字经济发展的关键举措。广州已经形成梯次接续的人工智能产业生态，未来

可重点围绕人工智能上、中、下游产业链,支持龙头企业加大人工智能技术投入,推动国内外龙头企业进驻设立人工智能子公司,培育一批具有核心竞争力的创新型领军企业,打造一批"专精特新"、单项冠军、"独角兽"企业。广州要继续深入推进人工智能应用场景开放制度和人工智能场景需求清单定期发布制度,在具有管理公共事务职能的组织及企事业单位率先推广使用人工智能产品和服务,促进社会治理数字化、智能化(见表24)。

表24 我国部分城市发展人工智能产业的思路目标

城市	思路目标
北京	出台《北京市加快建设具有全球影响力的人工智能创新策源地实施方案(2023—2025年)》,提出突破人工智能关键技术、夯实人工智能底层基础、构建人工智能产业方阵、推动人工智能场景建设、完善人工智能产业生态,着力建设具有全球影响力的人工智能创新策源地
上海	出台《上海市促进人工智能产业发展条例》《上海市推动人工智能大模型创新发展若干措施(2023—2025年)》等,提出加强人工智能产业发展所需的基础设施、算力算法、数据资源、科技创新、应用场景保障,重点发展智能芯片、人工智能框架软件和系统软件、智能机器人、智能网联汽车等关键产业领域,推动人工智能在经济和生活中广泛应用,打造人工智能世界级产业集群
深圳	出台《深圳经济特区人工智能产业促进条例》《深圳市加快推动人工智能高质量发展高水平应用行动方案(2023—2024年)》等,提出通过强化产业基础设施建设、智能算力供给、产品和技术创新能力、产业集聚能力、全域全时场景应用,创建全球人工智能先锋城市
广州	出台《广州市人工智能产业链高质量发展三年行动计划(2021—2023年)》等,建立广州人工智能产业"链长制",聚焦应用驱动、技术引领、产业协同和生态培育,开展固链、强链、补链、稳链行动,打造我国人工智能技术创新、应用示范和产业发展高地

资料来源:根据各城市公开资料整理。

3. 加快培育集成电路产业集群

半导体与集成电路是新一代信息技术产业的核心产业和基础支撑,是现代产业体系中战略性、基础性和先导性产业。国家曾先后出台《国家集成电路产业发展推进纲要》《新时期促进集成电路产业和软件产业高质量发展的若干政策》,强调集成电路产业的重要地位,明确提出到

2030年要实现跨越式发展，建成一批国际一流企业，产业链主要环节要达到国际先进水平，并为此专门制定了相应的财税政策、投融资政策、研究开发政策、进出口政策、人才政策、知识产权政策、市场应用政策、国际合作政策等。广东省则相继发布《广东省制造业高质量发展"十四五"规划》《广东省培育半导体及集成电路战略性新兴产业集群行动计划（2023—2025年）》，提出"强芯"计划，明确把半导体及集成电路作为十大战略性新兴产业进行培育。广州是广东发展半导体及集成电路的核心承载区，未来可依托南沙、黄埔、增城等地区的产业和项目基础优势，围绕集成电路设计、制造、封装测试、关键装备和材料等重点产业链环节，大力引进技术领先的企业联合产业链上下游建设产业创新中心，面向消费电子、汽车电子、人工智能、工业互联网、超高清视频等产业发展多样化多层次集成电路，积极探索参与国际集成电路市场分工协作的新路径新模式。

4. 加快培育工业互联网产业集群

工业互联网是制造业数字化的关键基础设施和赋能平台。国家早在2017年就已经发布了《国务院关于深化"互联网+先进制造业"发展工业互联网的指导意见》，2020年发布了《工业和信息化部办公厅关于推动工业互联网加快发展的通知》，要求在更广范围、更深程度、更高水平上推动工业互联网系统部署和融合创新应用。

面向粤港澳大湾区产业数字化转型升级需要，广州可加快构建多层次工业互联网平台体系，培育面向特色场景的工业互联网平台，培育一批立足实体产业、服务实体产业的数字化系统解决方案供应商，不断提升产业数字化系统集成能力。重点支持龙头企业发挥产业关联强、范围广的优势，携手相关机构和企业共建跨行业、跨领域工业互联网平台。聚焦智能制造业场景前沿技术，加快引进高水平科研院所，强化政产学研协同，支持建设面向制造业关键技术创新的专业型工业互联网平台。支持虚拟现实、人工智能、数字孪生、区块链等新技术与产业互联网融合开发新产品和解决方案，开展测试验证和商业化推广。

（三）嵌入全球分工协作网络，打造数字经济"双循环"战略支点

1. 打造数字丝绸之路重要枢纽

"一带一路"倡议提出 11 年以来，以数字基础设施、数字经济发展和数字化转型为代表的"数字丝绸之路"已成为共建"一带一路"的重要新兴领域。为进一步拓展和深化数字经济领域的合作，2023 年中国与相关国家共同发布《"一带一路"数字经济国际合作北京倡议》，致力于共同推动数字基础设施、数字能力和数字服务互联互通，推进数字政府、数字社会、产业数字化、数字创新创业、数字贸易投资、数字技能培养、数字经济政策、数字市场开放等领域更好协同发展，探索城市间数字经济合作新模式。早在 1000 多年前，广州就已经是"海上丝绸之路"的一个起点，如今在共建"一带一路"国家和地区的贸易投资合作中，广州成为重要的枢纽城市。因此，适应国家建设数字丝绸之路战略要求，广州可率先探索与共建"一带一路"有关城市开展点对点合作成为数字经济伙伴城市，加快建设"数字丝绸之路"经济合作试验区，在数字基础设施、电子商务、人工智能、在线教育、远程医疗、下一代互联网、文化创意、区块链、金融科技、云计算、物联网、智慧城市等领域与共建国家和地区开展深度合作，打造一批标志性工程和"小而美"合作项目。

2. 打造国际一流的数字贸易枢纽

党的二十大报告指出："推动货物贸易优化升级，创新服务贸易发展机制，发展数字贸易，加快建设贸易强国。"数字时代，数字贸易将与货物贸易、服务贸易共同成为贸易强国的三大支柱。为加快推动数字贸易高质量发展，北京、上海、深圳、广州等城市都已制定支持发展数字贸易的思路目标（见表 25）。在国内城市中，作为千年商都和国际商贸中心的广州，发展数字贸易具备多重比较优势，未来要适应全球数字化贸易和贸易数字化发展趋势，围绕发展数字贸易的基础支撑制度规则，梳理制定数字贸易重点业态清单，持续完善支持数字贸易相关的投资、财政、金融、人才等政策，积极争取在数据跨境流动、数字服务市场开放、数字身份认证和电子发票等领域率

先开展试点和示范；深入推进中国（广州）跨境电子商务综合试验区建设，提升天河中央商务区国家数字服务出口基地能级并争创国家数字贸易示范区，协同提升数字产品贸易、数字服务贸易、数字技术贸易、数据贸易水平，加快步伐打造成为国际一流的数字贸易中心。

表 25　我国部分城市发展数字贸易的思路目标

城市	思路目标
北京	出台《北京市关于促进数字贸易高质量发展的若干措施》，重点通过搭建数字贸易服务平台、推动跨境数据流动、夯实数字贸易产业基础、提升数字贸易便利度、支持数字贸易企业、强化数字贸易保障等，打造具有国内示范作用和全球辐射效应的数字贸易示范区。到 2025 年实现数字贸易进出口规模 1500 亿美元，占全市进出口总额比重达到 25%，占全市服务贸易比重达到 75%
上海	出台《全面推进上海数字商务高质量发展实施意见》，提出通过发展数字贸易新模式新业态、培育数字贸易主体、打造数字贸易发展示范区、加快数字贸易国际规则对标对接、促进贸易数字化转型、推动口岸数字化升级等，推动数字贸易国际枢纽港影响力不断提升
深圳	出台《深圳市数字贸易高质量发展三年行动计划（2022—2024 年）》，提出通过强化数字贸易新基建、培育数字贸易市场主体、打造数字贸易服务平台、完善数字贸易治理新体系、优化数字贸易营商环境，建设成为数字贸易国际枢纽港。到 2024 年实现数字贸易进出口总额 630 亿美元
广州	出台《广州市支持数字贸易创新发展若干措施》，推动数字新基建发展、数字贸易公共服务平台建设、壮大数字贸易市场主体、促进跨境电商发展、加快会展业数字化应用、提升文化服务出口质量、打造数字贸易载体空间、推进数据安全有序流动等

资料来源：根据各城市公开资料整理。

3. 打造具有影响力的国际数据资源配置枢纽

数据资源具有标的多变、边际成本递减、规模报酬递增等特性，因此对数据要素的配置必然需要依托中心化的载体、平台、组织、机构实现，而城市是承载中心化的最佳空间。可以预见，数据要素配置枢纽型城市建设将进入实质性推进阶段。与此同时，数据是新时代基础性战略资源，一个城市对全球数据资源的配置权、所有权与定价权越强，意味着城市竞争力和控制力就越强。面向未来，聚焦打造具有影响力的国际数据资源配置枢纽这一战略目标，广州可积极推动广州数据交易所升格为国家级数据交易所，提升与不同层次、不同领域数据交易流通平台互联互通水平，增强跨行业、跨地域、场内外数据资源聚合能力。积极推动南沙（粤港澳）数据服务试验区扩容为全国数据跨境流通示范区，探索并完善"数据海关"和跨境数据保荐人等创新制度模式，探索建立"白名单"认证机制，为国家推进数据跨境流通提供经验示范。积极推动南沙国际数据自贸港和全球溯源中心建设，有序推动离岸数据服务外包和离岸数据交易中心建设，发展离岸数据服务外包等关联业态，促进跨境电商、跨境支付、供应链管理、服务外包等典型应用场景发展。积极参与数据跨境流通国际规则和数据技术标准的制定和实施，为国家推进全球数字经济合作倡议提供试验和窗口（见表26）。

表 26　我国部分城市增强数据资源配置功能的思路目标

城市	思路目标
北京	出台《关于更好发挥数据要素作用进一步加快发展数字经济的实施意见》，通过率先落实数据产权制度、数据收益分配制度，推动数据价值实现、公共数据开发利用，培育数据市场，发展数据服务产业，开展数据基础制度试验探索，打造数据要素配置枢纽高地。力争到2030年数据要素市场规模达到2000亿元，基本完成国家数据基础制度先行先试工作
上海	出台《立足数字经济新赛道推动数据要素产业创新发展行动方案（2023—2025年）》，通过提升数据交易所能级、完善数据要素价值转化体系、优化数据要素市场化配置规则、加强数据要素技术和产品供给、激发数据要素应用、发展数商新业态等，建设具有国际影响力的数据要素配置枢纽节点和数据要素产业创新高地。到2025年，数据产业规模达到5000亿元
深圳	出台《深圳市数字贸易高质量发展三年行动计划（2022—2024年）》，提出通过强化数字贸易新基建、培育数字贸易市场主体、打造数字贸易服务平台、完善数字贸易治理新体系、优化数字贸易营商环境，建设成为数字贸易国际枢纽港。到2024年实现数字贸易进出口总额630亿美元
广州	出台《广州市数据要素市场化配置改革行动方案》《关于更好发挥数据要素作用推动广州高质量发展的实施意见》《广州市新型智慧城市建设规划》，提出完善数据产权分置运行机制、数据收益分配制度，培育数据要素市场，挖掘数据要素应用价值，建立健全数据全生命周期管理，打造立足广州、通达湾区、服务全国、链接全球的数据要素市场核心枢纽

资料来源：根据各城市公开资料整理。

4. 打造全球数字科技创新网络枢纽

当前，全球数字科技创新日新月异，各类颠覆性数字创新技术层出不穷，数字经济与实体经济加速融合，从数字技术基础理论研究到数字技术创新应用的周期明显缩短。与此同时，人类生存发展的空间呈现多元化发展趋势，土地空间、海洋空间、天空空间、数字空间①均已经成为可开发利用的空间。随着信息基础设施的互联互通，实体空间和数字空间的融合程度越深，实体空间和数字空间的全球联系纵深就越广。得益于此，全球数字科技创新网络的连接广度将得到极大拓展、连接密度将得到极大提升。面向全球数字科技创新网络发展的新趋势，着眼于增强全球数字科技创新网络枢纽功能，广州需要加快构建全球数字科学创新网络、全球数字技术创新网络、全球数字产业创新网络"三张网"。根据中国城市规划设计研究院发布的《"一带一路"倡议下的全球城市》，北美、西欧和东亚地区是全球创新活动较密集的区域。具体来看，在全球科学创新网络中，中国城市与新加坡、日韩城市与欧洲及澳大利亚联系族群特征明显；在全球技术创新网络中，东亚地区技术创新尤为活跃，其中东京、北京、上海、深圳的活跃程度都名列前茅；在全球产业创新网络中，旧金山湾区的科技创新企业在其中处于核心地位，这些科技创新龙头企业也积极在欧美、亚太和南美地区设立分支机构。全球创新活动和联系特征为广州构建数字科技创新网络提供了依据，即短期内重点面向东亚地区搭建数字科学创新网络和技术创新网络，面向旧金山湾区及亚太地区搭建产业创新网络，中长期内与欧美地区的创新网络搭建至关重要。

（四）优化宜商宜业营商环境，激发数字经济开放发展活力

1. 协同打造珠江口100公里数字经济开放创新轴带

广东省第十三次党代会明确提出要推进粤港澳大湾区珠江口一体化高质

---

① 数字空间是指地球之上空间的认知与应用通过数字化构建的空间，是数字化重现真实空间的虚拟空间实验室，是将空间的科学、技术、应用和服务融入现代信息技术发展轨道的一个空间科技前沿交叉新领域。参见魏奉思《"数字空间"是空间科技战略新高地》，《河南科技》2016年第19期。

量发展试点，着力打造环珠江口 100 公里"黄金内湾"。目前，广州、深圳、东莞、中山等珠江口城市向"黄金内湾"拓展纵深趋向十分明显，数字经济承载平台多、空间大。在沿江区域，广州既有以南沙为代表的立足湾区、协同港澳、面向世界的国家重大战略平台，也分布有广州人工智能与数字经济试验区数字经济发展核心集聚区，还有一批数字经济重要承载平台。在面向 2049 年的城市战略规划中，广州明确提出沿"狮子洋—伶仃洋"南拓发展战略。因此，站在推动数字经济融入湾区、走向世界的战略高度，广州可充分发挥南沙作为数字经济高水平对外开放"排头兵"和人工智能与数字经济试验区集聚优势，积极参与推进珠江口 100 公里"黄金内湾"建设，共同梳理研究"黄金内湾"的范围边界、功能定位、战略目标等，推动各地共建具有国际影响力的数字经济黄金发展带。

2. 先行先试探索推进数字经济高水平制度型开放

主动对标对照《区域全面经济伙伴关系协定》（RCEP）、《全面与进步跨太平洋伙伴关系协定》、《数字经济伙伴关系协定》等数据跨境流动条款，在国家战略框架下先行试点建立数据跨境流动规则、分类监管模式、安全保护及风险管控机制，重点推动企业开展数据跨境流通业务合作。充分发挥南沙改革开放创新条件优势及南沙国际数据自贸港、广州南沙（粤港澳）数据服务试验区试点作用，加快探索建立"数据海关"，探索开展数据跨境流动安全管理试点和离岸数据服务试点，推进数据跨境流动国际合作。探索建立针对港澳企业的数据跨境流动"白名单"制度，着力推动粤港澳大湾区数据要素市场互联互通。积极推进全球溯源中心建设，不断扩大数据采集、流通范围领域，研究完善数据使用规则标准和法律保障，探索推进数据要素高效有序流通。加强我国与世界其他国家和地区数字经济开放规则制度的跟踪、对接和落实，多渠道更好服务数字经济企业"走出去"需要。

3. 面向全球提升数字经济开放创新的要素集聚水平

聚焦数字经济高水平对外开放所需的国际化技术创新人才和贸易投资人才，搭建战略性载体平台，将数字经济领域人才纳入各类人才计划支持范围。积极探索高效灵活的人才引进、培养、评价及激励政策，不断壮大数字经济领域具有国际视野的战略科学家、科技领军人才、青年科学家队伍和数字前沿技术一流创新团队，增强数字经济创新发展中长期竞争力。加强算力算法和信息通信等重要新型基础设施建设并提升其国际互联互通水平，为跨境数据流动、数字贸易等提供坚实基础保障。搭建国际化数字经济发展专家库，及时跟踪全球数字经济的技术选择、发展路径，为项目策划、招商引资、政策研究、决策部署等提供强大的智力支撑和联系网络支持，完善数字经济高水平对外开放的战略决策支撑体系。加强国内外数字经济发展相关协会、国际行业组织和国际规则标准制定组织的沟通交流，更好支持本土企业在海外与国际龙头企业开展合作，深度参与国际数字经济市场分工协作和国际标准制定。

参考文献

麦肯锡：《全球流动：世界互联互通的纽带》，2023。

王振、惠志斌主编《全球数字经济竞争力发展报告（2023）》，社会科学文献出版社，2024。

赛迪：《区域数字经济和实体经济融合发展生态报告（2023）》，2023。

中共中央、国务院：《数字中国建设整体布局规划》，2023。

中国城市规划设计研究院：《"一带一路"倡议下的全球城市报告（2023）》，2023。

中国信息通信研究院：《全球数字经贸规则年度观察报告（2023 年）》，2023。

中国信息通信研究院：《全球数字经济白皮书（2023 年）》，2023。

中国社会科学院：《全球数字经济发展指数报告（TIMG 2023）》，2023。

中国网络空间研究院编著《世界互联网发展报告 2023》，商务印书馆，2023。

综合发展篇

B.2
广州与国内主要城市数字经济发展比较与展望

广州市工业和信息化局　中国信息通信研究院联合课题组*

摘　要： 广州数字经济整体发展情况在八大城市中居第4位，北京、上海、深圳居前3位。广州的数字产业化整体发展水平居第6位，居前5位的城市分别为深圳、北京、上海、杭州和苏州；数字产业化重点领域发展水平居第3位，北京、深圳居前2位；产业数字化发展水平居第3位，北京、上海居前2位；数字化治理居第3位，北京、杭州居前2位；数字经济发展环境居第3位，北京、上海居前2位。为加快推动广州数字经济发展，建议围绕关键核心领域、优势领域，强化数字技术创新能力；完善数字产业链，打造具有广州特色的数字产业化生态体系；围绕制造业"四化"转型，继续推进以制造业

* 课题组成员：黄东航，广州市工业和信息化局数字产业处处长，研究领域为数字经济、产业数字化转型、企业信息化；梁海珍，广州市工业和信息化局数字产业处副处长，研究领域为数字经济、产业数字化转型、企业信息化；李昆朋，广州市政务服务数据管理局主任科员，研究领域为数字经济、产业数字化转型、企业信息化；赵勇，无线电研究中心产业经济与数字化研究部副主任、高级工程师，研究领域为数字经济、产业数字化转型、企业信息化。

数字化为核心的产业数字化发展，加快培育服务业新业态新模式；加快完善新型数字基础设施，持续提升数字化治理水平，不断优化数字经济发展环境。

关键词： 数字经济　数字产业化　产业数字化　数字化治理　广州

当前，我国总体上形成了横向联动、纵向贯通的数字经济战略体系，为推动我国数字经济健康发展提供了清晰完整、分工明确的实施路径，做强做优做大数字经济具备较为完整的战略框架。数字经济已经成为推动广州实现老城市新活力、四个出新出彩中的关键引擎。截至 2022 年底，全市拥有数字经济相关高新技术企业 6100 多家，规模以上数字经济核心企业超过 4600 家，五大特色产业集群工业互联网平台服务企业 8812 家。① 但是，相较于北京、上海、深圳等城市，广州在数字经济规模、结构、技术创新能力等方面，仍存在较为明显的差距，有必要全面准确掌握广州数字经济情况、优势与不足，为实现数字经济更高质量的发展提供支撑。建立评估体系、开展评估分析，并与其他城市进行对比，有助于精准掌握广州数字经济的优势与不足，把握数字经济发展趋势，制定数字经济发展政策，打造广州数字经济发展品牌，提升数字城市影响力。

一　数字经济发展评估指标体系构建

以促进广州数字经济发展为导向，重点围绕数字产业化、产业数字化、数字基础设施等内容，构建数字经济发展评估指标体系，明确评估方法。从评估指标设计思路、评估指标组成框架、评估城市选取等三个方面对评估指标体系进行说明，阐述评估工作重点考虑的因素，体现评估体系的合理性。

（一）评估指标设计思路

在充分反映数字经济发展需求的条件下，应确保可持续获取指标数据，

---

① 广州市市场监督管理局、广州市工业和信息化局。

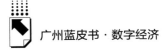

以便为未来开展数字经济发展评估提供长效支撑。

指标的层次性。基于数字经济"四化"理论，并结合广州发展数字经济的实际需求，设计数字产业化整体发展水平、数字产业化重点领域发展水平、产业数字化发展水平、数字化治理、数字经济发展环境等5个一级指标，并在此基础上，对各项指标进行细化，划分为43个三级指标。

数据的可获取性。鉴于涉及八大城市的评估，需要能够持续获取各个城市的数据，并确保数据的权威性。在确保指标反映数字经济特点的前提下，尽量从中央政府部门、地方政府官方网站、统计年鉴等中获取权威数据；同时，参考国内知名科研机构、大学发布的有关数字经济的研究报告。

反映数字经济发展需求。根据《广州市构建"链长制"推进产业高质量发展的意见》，智能网联和新能源汽车、软件和信创为广州重点打造的万亿级产业，超高清视频和新型显示、半导体和集成电路为广州重点打造的千亿级产业，因此在设计评估指标时，应涵盖这些产业。另外，工业数字化、商贸数字化等数字化转型对广州市产业转型升级具有重要意义，因此在设计指标与权重时，需要考虑产业数字化的相关内容。

兼顾数字经济相关评估指标要求。中国信息通信研究院等多个智库机构制定了数字经济领域的评估指标体系或发展指数，并对各省份数字经济发展情况进行了评估。2023年8月，广东省数字经济发展工作领导小组办公室制定了《广东省数字经济发展情况评估办法（征求意见稿）》，拟在全省开展数字经济发展情况评估工作。因此在构建评估指标体系的过程中，充分吸收了各方评估指标体系的优点，兼顾了相关评估要求。

（二）评估指标组成框架

数字经济发展评估指标体系包括5个一级指标、15个二级指标、43个三级指标（见表1）。

表1　数字经济发展评估指标体系

序号	一级指标	二级指标	三级指标
1	数字产业化整体发展水平	数字产业化比重	数字产业化占GDP比重（%）
2		关键数字产业规模	电子信息制造业规模（亿元）
3			软件和信息技术服务业收入（亿元）
4			电信业务收入（亿元）
5			互联网和相关服务业收入（亿元）
6	数字产业化重点领域发展水平	智能网联汽车产业	智能网联汽车产业竞争力（分）
7			新能源乘用车销量（万辆）
8			智能网联汽车领域专利数量（件）
9			测试道路开放里程（公里）
10		软件和信息技术服务业	软件企业百强数量（家）
11			软件从业人员规模（人）
12			软件研发人员规模（人）
13			软件领域专利数量（件）
14		超高清视频产业	新型显示产业城市竞争力（分）
15			超高清视频典型应用数量（个）
16			超高清领域专利数量（件）
17		人工智能产业	人工智能企业百强数量（家）
18			人工智能领域专利数量（件）
19		集成电路产业	集成电路产业规模（亿元）
20			集成电路竞争力（分）
21			集成电路产量（亿块）
22			集成电路领域专利数量（件）
23	产业数字化发展水平	企业数字化	每百家企业拥有网站数（个）
24			每万元GDP企业电子商务采购和销售额（元）
25		工业数字化	工业数字化投入（%）
26			工业互联网总指数
27			两化融合发展指数
29		商贸数字化	限额以上批发零售网上销售额（亿元）
30			跨境电子商务发展水平（分）
31			电子商务百强企业数量（家）
32		文化创意数字化	数字文化产业城市竞争力（分）
33			城市数字文化产业发展指数
34			通过认定动漫企业数量（家）
35		数字金融发展水平	数字普惠金融指数
36			新市民金融服务水平（分）

续表

序号	一级指标	二级指标	三级指标
37	数字化治理	互联网政务服务效能	政府数据开放水平(分)
38			政务服务数字化水平(分)
39			政府网站访问量(次)
40	数字经济发展环境	数字技术创新	全社会 R&D 经费内部支出占 GDP 比例(%)
41			每万人口中信息传输、软件和信息技术服务业就业人员数(人)
42		数字基础设施	5G 基站数(万座)
43			互联网宽带接入用户与常住人口比值(%)

注：由于指标数据获取的复杂性，在尽量采用 2023 年数据的前提下，部分评估指标采用了 2022 年等近期的数据。由于指标数据较为稳定，基本不会对数字经济发展评估产生影响。另外，在对城市数字经济发展状况进行分析时，部分内容依据最新获取的资料和数据进行了说明。需要指出的是，由于受到指标选取和数据来源的影响，评估结果可能与实际情况有所偏差。

（三）评估城市选取

在选取评估城市时，重点考虑了两个因素。一是评估城市的先进性与可参考性，即选取的城市对于广州应具有参考学习价值，既要包含数字经济整体发展水平领先的城市，也要包含近年来数字经济发展迅速并且在某些领域取得明显成效的城市。本报告选取了 7 个对标城市：北京、上海、深圳、杭州、南京、苏州、重庆。

二 数字经济发展评估结果对比分析

（一）主要城市数字经济发展整体评估

基于各项评估指标及相应数据，8 个主要城市的数字经济发展评估结果见图 1，较好地反映了城市数字经济发展水平。

广州数字经济发展水平处于第一梯队。通过对数字经济各领域的综合评估分析，北京、上海、深圳、广州在八大城市中处于第一梯队，其中，北京

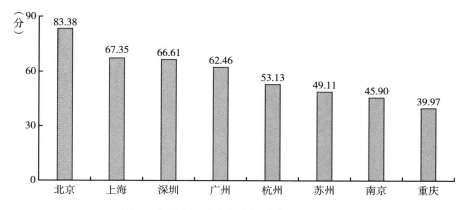

图1 我国主要城市数字经济发展评估结果

评估得分处于遥遥领先的位置。杭州、苏州、南京、重庆分列第 5~8 位，数字经济发展水平处于第二梯队。总体来看，北京、上海、深圳的数字经济发展水平，特别是数字产业化实力在国内各大城市中处于明显优势地位，是我国数字经济"三强"；苏州、南京、重庆在八大城市中，数字经济发展水平相对较低；广州、杭州数字经济发展水平在八大城市中处于中间水平，实力较为均衡。

（二）数字产业化整体发展水平评估

本报告重点从数字产业化比重以及关键数字产业规模四大组成部分等方面，对八大城市数字产业化整体发展水平进行评估。评估结果显示，深圳、北京、上海、杭州、苏州、广州、南京、重庆分列第 1~8 位。其中，深圳、北京评估得分显著高于其他城市，处于第一梯队；上海、杭州处于第二梯队；其他城市处于第三梯队（见图2）。总体来看，数字产业化已经成为各个城市的主导产业或支柱产业，对当地数字经济的带动能力日益提升。

1. 电子信息制造业发展分化加剧

从产业规模看，重点城市电子信息制造业发展分化加剧。其中，深圳、苏州电子信息制造业规模超过万亿元，深圳达到了 2.48 万亿元，占全国的1/6；重庆、北京、上海电子信息制造业规模超过 5000 亿元，另外 3 个城市

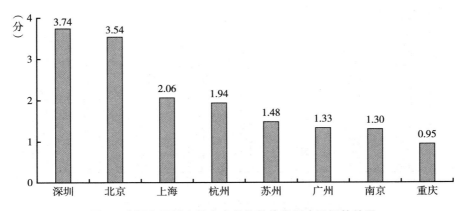

图 2　我国主要城市数字产业化整体发展水平评估结果

的电子信息制造业规模在 2000 亿~4000 亿元。电子信息制造业规模的差异不仅取决于当地产业集成与资源禀赋条件，与城市对电子信息制造业的定位也有紧密关系。其中，深圳电子信息制造业整体发展水平遥遥领先其他城市。电子信息制造业是深圳工业的第一支柱产业，规上电子信息制造业企业超 4100 家，年产值达千亿元的企业有 5 家，过百亿元的企业有 27 家，五亿元以上的企业近 400 家，全国电子信息制造业百强企业有 21 家。华为、中兴、大疆等企业龙头效应显著，形成完备的电子信息产业链。重庆电子信息制造业实现跨越式发展，2022 年，全市电子信息制造业规模达到 6396 亿元，在八大城市中居第 3 位，仅低于深圳、苏州。重庆重点依托两江新区发展电子信息制造业，形成了"新型显示+集成电路+智能终端"发展格局，"芯屏器核网"全产业链正加速推进。广州聚焦优势资源发展电子信息制造业。近年来，广州电子信息制造业发展速度加快，超高清视频、智能汽车、集成电路等产业实现跨越式发展。显示面板在建产能全国第一；建成广东省第一条量产的 12 英寸晶圆制造生产线；智能网联与新能源汽车产业强势发展，产量稳居全国前 3 位。2022 年，广州电子信息制造业产值规模达到 3503 亿元，超过了《广州市建设国家数字经济创新发展试验区实施方案》提出的 2800 亿元的目标。但是由于起步晚、体量小，广州电子信息制造业与国内先进城市相比还有较大差距，产值规模在 8 个城市中仅大于南京的 2518 亿元（见图 3）。

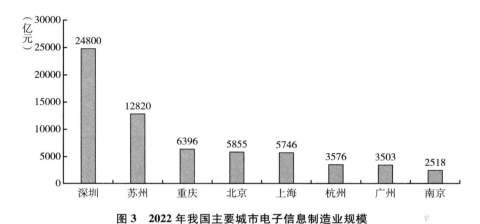

图 3　2022 年我国主要城市电子信息制造业规模

2. 软件和信息技术服务业加速发展

2023 年，北京软件和信息技术服务业收入达到了 29206 亿元，远远超过其他城市。深圳软件和信息技术服务业加速赶超，收入超过 1 万亿元，得益于拥有一批 ICT 领域的龙头企业，如华为、腾讯、中兴等公司。深圳软件和信息技术服务业收入在全国所有城市中（包括直辖市）排第 3 位，软件业务出口居全国大中城市首位。上海软件和信息技术服务业保持平稳发展，主要是服务业工业数字化转型、交通物流等领域的行业软件。2023 年，上海软件和信息技术服务业收入为 14833 亿元，在全国城市中排第 2 位。杭州软件和信息技术服务业成为全市支柱产业。2023 年，杭州软件和信息技术服务业收入达到 4399 亿元，且持续保持高速增长。广州软件和信息技术服务业收入居全国前列。2023 年，广州软件和信息技术服务业收入达到 5397 亿元（见图 4），是全市支柱产业之一，全面支撑广州制造业立市的发展战略。早在 2021 年时，营收超过 2000 万元的软件企业已经超过 2200 家，行业从业人员超过 50 万人，营收过亿元的企业超过 800 家，研发投入占主营收入比例达到 11.5%，是传统制造业企业的 5~8 倍。

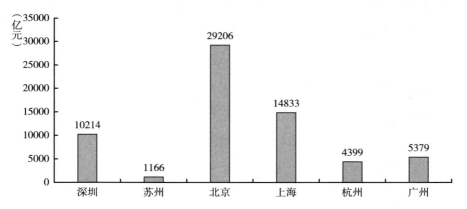

图 4 2023 年我国主要城市软件和信息技术服务业收入

3. 互联网和相关服务业梯队层次明显

2023 年，北京、上海、杭州、深圳互联网和相关服务业收入居前 4 位。与软件和信息技术服务业类似，头部城市互联网企业较多，发展优势明显。从产业规模看，八大城市可分为四个梯队：京沪两市处于第一梯队，互联网整体发展水平引领全国各大城市；深圳、杭州处于第二梯队，深杭两市主要由于本地拥有腾讯、阿里等互联网巨头公司，带动本地互联网产业实现跨越式发展；重庆、广州处于第三梯队；南京、苏州处于第四梯队（见图 5）。广州从"跟随式"发展模式向"引领式"发展模式转变。作为华南地区人才高地，其创新能力突出、民营经济活跃，企业示范作用凸显，近年来在互联网内容服务、电子商务、卫星导航等领域逐步增强产业发展活力。

4. 电信业处于平稳发展期

信息通信业是支撑经济社会发展的战略性、基础性、先导性行业，随着5G 网络建设工作的深入，短视频等各类新兴业务快速兴起，我国电信业已经跨越谷底阶段，近年来基本实现了平稳增长。由于电信业务类型、价格、普及度均相近，主要城市的电信业务收入与城市的经济发展水平、人口规模等呈现明显的正相关性。上海、北京、广州电信业务收入居前 3 位，2023 年

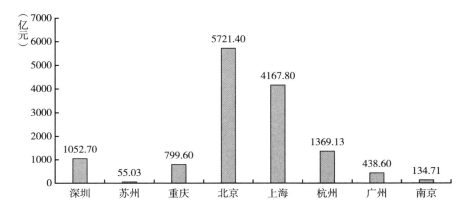

图5 2023年我国主要城市互联网和相关服务业收入

电信业务收入分别达到716.00亿元、636.80亿元、450.40亿元（见图6）。随着电信业务结构进一步优化，数据中心、云计算、大数据、物联网等新兴业务快速发展，成为电信业务收入增长的重要引擎，也将是各地提高电信业务收入的重点发展方向。

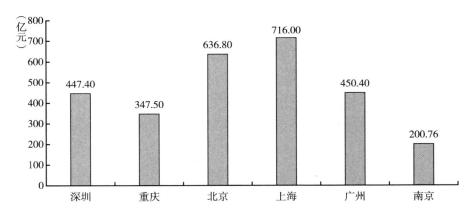

图6 2023年我国主要城市电信业务收入

5.细分行业数字产业化评估情况

结合数字产业化和城市发展重点，本次选取了智能网联汽车产业、软件和信息技术服务业、超高清视频产业、人工智能产业、集成电路产业等五大细分产业进行评估。根据对数字产业化五大细分产业发展情况的评估，北京在八大城市中处于明显优势地位，得分为27.50分，领先优势突出，主要得益于北京在新兴数字技术创新能力、新兴数字产业培育方面具有超强的实力。深圳、广州、上海得分为23.28分、20.25分、19.56分，均在15分以上，处于第二梯队，整体来看，这3个城市均是我国数字产业化较为发达的城市，但是与北京相比仍然有较大差距。苏州、重庆、南京、杭州分别居第5~8位，近年来数字产业化发展速度较快（见图7）。

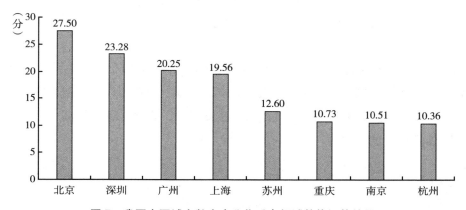

图7 我国主要城市数字产业化重点领域整体评估结果

（1）主要城市智能网联汽车产业各有特色

广州城市智能网联汽车产业评估得分在八大城市中居第1位，领先于北京、上海，深圳、重庆、杭州、苏州、南京分列第4~8位（见图8）。依托传统汽车产业基础优势和电子信息制造业优势，广州智能网联汽车产业发展较快，发展水平全国领先。广州依托传统汽车产业基础，出台《广州市智能与新能源汽车创新发展"十四五"规划》等一系列含金量较高的支持政策，小马智行、广汽埃安、文远知行等企业入选《2022年全球独角兽榜》。2022年，广州新能源乘用车销量达到228万辆，居全国第1位。2023年，广州汽车产量连续5年居全国第1位，约占全国的1/10。其中，新能源汽车产量突破 65 万辆,同比增长 108%。新能源汽车产业链已基本形成,截至 2022 年,全产业链已拥有相关企业 184 家。2023 年,北京打造智能网联汽车创新发展高地。北京市在自动驾驶测试车辆数、安全行驶总里程、测试道路开放里程、场景丰富度等方面均居全国前列。2023 年,自动驾驶车辆测试道路开放里程方面,北京、广州、上海居前 3 位,分别达到 1143 公里、1062 公里、963 公里(见图 9),安全行驶里程已超过 1100 万公里。

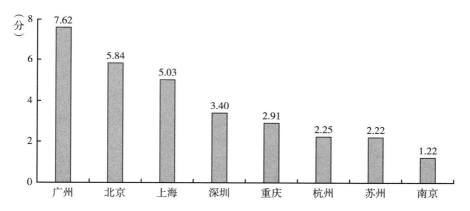

图 8　我国主要城市智能网联汽车产业评估得分

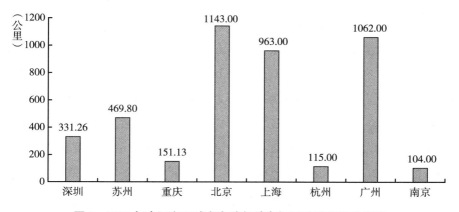

图 9　2023 年我国主要城市自动驾驶车辆测试道路开放里程

（2）超高清视频产业中主要城市高清显示产业各有特色

本次评估设置了新型显示产业城市竞争力、超高清视频典型应用数量、超高清领域专利数量等 3 个指标，用以评估各个城市在区域竞争、应用示范、技术创新等方面的状况，体现超高清视频产业的发展水平。从整体上来看，深圳、广州、北京居前 3 位，上海、重庆、苏州、南京、杭州分列第 4~8 位（见图 10）。

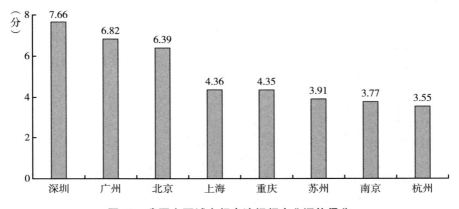

图 10　我国主要城市超高清视频产业评估得分

深圳推动超高清视频产业集群发展。深圳在全国率先布局 8K 产业优势明显，组建了广东省超高清视频创新中心，超讯通信联合扳手科技、四开花园等筹建"广东省超高清视频前端系统创新中心"。《深圳市超高清视频显示产业白皮书（2023 版）》显示，2021 年产业规模约为 2900 亿元，居全国前列。北京创新先发优势驱动产业领先。北京集中了全国顶尖的新型显示科技资源，汇集了众多著名高校、一流的科研院所、科研攻关人才。借助北京冬奥会、冬残奥会等大型赛事，新型显示产业链快速布局。广州超高清视频产业形成较强实力。超高清技术研发、内容生产和创新应用"三位一体"发展，超高清领域有近 350 家规模以上企业，超高清视频和新型显示产业产值超 2000 亿元。国家 3A 级旅游景区中国（广州）超高清视频创新产业园区加快建设，腾讯、中国电信、广东亿迅、广州广电、科大讯飞等一批超高清视频和数字经济领军企业入驻园区。从细分指标来看，广州新型显示产业城市竞争力较强，根据《2022年新型显示十大城市》，广州位列"2022年新型显示十大城市"之首，以超高清视频及新型显示为代表的新一代信息技术产业已成为广州重点发展的三大新兴支柱产业之一，并逐步推动形成以黄埔区、增城区为核心的"双核一轴两带"产业发展格局。但广州在超高清视频典型应用数量方面有待提升，根据国家广播电视总局、工业和信息化部超高清视频典型应用案例104个案例名单，广州有6个案例上榜，而北京有18个案例上榜。

（3）人工智能产业梯度差异明显

本报告设置了人工智能企业百强数量、人工智能领域专利数量2个三级指标，用以评估八大城市在人工智能企业培育、技术创新等方面的状况，体现人工智能产业的发展水平。从整体上看，北京、深圳、上海居前3位，杭州、广州、苏州、南京、重庆分列第4~8位（见图11）。

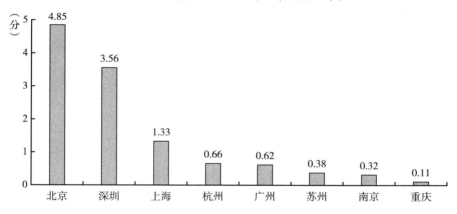

图11 我国主要城市人工智能产业评估得分

北京保持人工智能领先优势。截至2022年10月，北京拥有人工智能核心企业1048家，占我国人工智能核心企业总量的29%，数量居全国第1位；人工智能百强企业数量达到42家，数量居全国第1位。我国已有24家企业获批建设国家新一代人工智能开放创新平台，其中10家企业总部在北京。广州成为我国人工智能产业发展的重要高地。截至2022年8月，人工智能企业达到 974 家，14 个人工智能应用场景入选国家级"智赋百景"名单。《中国城市人工智能发展指数报告（2021—2023 年）》显示，广州人工智能综合实力居全国第 4 位。从细分指标来看，广州在源头技术创新、平台建设、企业壮大上有待持续发力。丰富的应用场景吸引了云从科技、文远知行、极飞科技等一批人工智能企业，但是在人工智能百强企业中，广州仅上榜 5 家企业，与北京、深圳、上海相比差距较大（见图 12），企业有待进一步培育壮大。

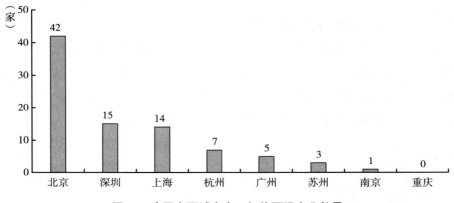

图 12　我国主要城市人工智能百强企业数量

（4）集成电路产业呈现较为分化的特征

据中国半导体行业协会统计，2022 年中国集成电路产业销售额为 12006.1 亿元，同比增长 14.8%。本次评估从集成电路产业规模、集成电路竞争力、集成电路产量、集成电路领域专利数量等 4 个方面进行评估。从评估结果来看，八大城市可分为三个梯队：上海、深圳处于第一梯队，是我国集成电路产业最发达的两个城市；北京、苏州处于第二梯队，集成电路产业处于高速发展阶段；南京、广州、杭州、重庆处于第三梯队（见图 13）。上海集成电路产业集群发展迈入新阶段。集成电路作为上海的三大先导产业之一，14 纳米先进工艺实现规模量产，90 纳米光刻机、5 纳米刻蚀机、12 英寸大硅片、国产 CPU、5G 芯片等实现突破。2022 年上海集成电路产业集群累计实现销售收入 3057 亿元，占全国比重超过 20%，保持了两位数增长，在设计、制造、装备材料等产业领域居全国前列，集聚重点企业超过 1200 家，拥有超过国内 50% 的行业创新资源、全国 40% 的集成电路人才，有复旦微电子、澜起科技等知名企业。深圳推动集成电路产业能级跃升。2022 年，深圳集成电路产业规模达 1690.3 亿元。其中，集成电路设计产业销售收入合计 1101.9 亿元，居全国各大城市前列。广州加快打造国家集成电路产业发展"第三极"核心承载区。建成了广东省唯一量产的 12 英寸晶圆制造生产线，拥有芯片设计细分领域龙头企业，封装测试和材料产业不断发展，初步形成规模集聚效应，半导体与集成电路产业发展较快。2022 年，广州集成电路产值尚未达到 500 亿元，与国内先进城市相比还有不小差距。

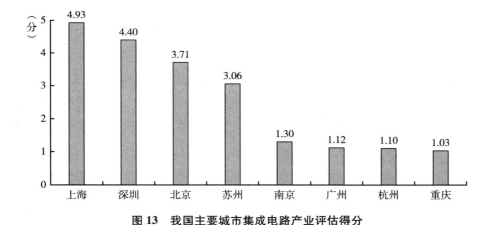

图 13　我国主要城市集成电路产业评估得分

（三）产业数字化发展水平评估

产业数字化是数字经济的主要组成部分，在数字经济中占比超过 80%。本报告结合产业数字化特点、广州数字化转型需求，从企业数字化、工业数字化、商贸数字化、文化创意数字化、数字金融发展水平等 5 个方面对产业数字化发展水平进行评估。

北京、上海、广州产业数字化发展水平居八大城市的前 3 位；杭州、深圳、苏州、南京、重庆的产业数字化分列第4~8位（见图14）。北京以第三产业数字化为主导，通过技术、人才、产业、管理等多种形式牵引带动产业数字化转型，有力地推动了北京数字经济增长。上海推动第二产业和第三产业数字化均衡发展，以南方及东部沿海地区城市为重点，输出产业数字化转型的技术、方案、人才等，带动其他地区产业数字化转型升级。广州重点推动制造业、文化金融领域数字化转型，致力打造数产融合的全球标杆城市。

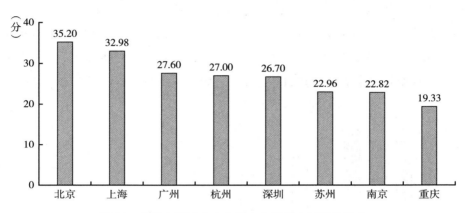

图14　我国主要城市产业数字化发展水平评估得分

1. 工业数字化

《数字中国发展报告（2022年）》显示，我国工业互联网核心产业规模超1.2万亿元，同比增长15.5%，"5G+工业互联网"全国建设项目超4000个。智能制造装备产业规模达3万亿元。重点工业企业关键工序数控化率达到58.6%，数字化研发设计工具普及率达到77%。本报告围绕工业数字化投入、工业互联网总指数、两化融合发展指数等三个方面，对工业数字化进行评估。

从整体上看，上海、苏州、北京凭借较高的工业数字化投入、两化融合发展指数，工业数字化评估得分排名靠前。从工业数字化投入来看，上海、苏州、北京较为靠前，广州工业数字化投入较低。从两化融合发展指数来看，广州、苏州、深圳发展水平较高。北京大力培育智能制造产业群，出台《北京市"新智造100"工程实施方案（2021—2025年）》，培育万亿级智能制造产业集群。上海建成了 30 个有影响力的工业互联网平台，链接全国 120 万家企业 861 万台工业设备，打造 5 万个工业 App、153 万个高质量工业数据集。

广州全面赋能制造业转型升级。全面启动实施具有广州特色的制造业数字化转型行动，广州两化融合发展指数达到 73.9，在八大城市中居第 1 位。在全国首创提出"四化"（数字化转型、网络化协同、智能化改造、绿色化提升）赋能专项行动，赋能制造业转型升级。

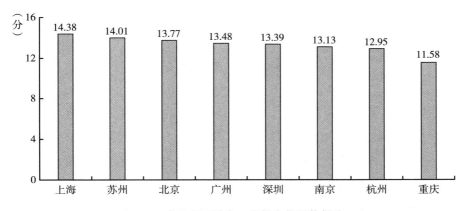

图 15　我国主要城市工业数字化评估得分

2. 商贸数字化

商贸行业是数字化转型最早、数字化程度最深的行业之一。围绕限额以上批发零售网上销售额、跨境电子商务发展水平、电子商务百强企业数量等三个方面，对商贸行业数字化水平进行评估。

北京、上海、广州凭借较高的电子商务、跨境电商发展水平，商贸数字化排名靠前，且差距较大（见图 16）。北京推动电子商务新经济快速发展，2022 年，北京市限额以上批发零售业、住宿餐饮业实现网上零售额 5485.6 亿元，增长 0.4%。电商成为北京经济发展新引擎。上海作为国际消费之都，在南京路步行街、豫园、大华虎城等商圈加快数字建设，实现商业运营大幅提质增效。杭州锚定"新电商之都"定位，电商产业规模、发展水平在全省乃至全国始终处于领跑梯队，网络零售额长期保持两位数增长。拥有全球最大的 B2B 平台阿里巴巴、全球居第 2 位的 B2C 平台速卖通、全球居

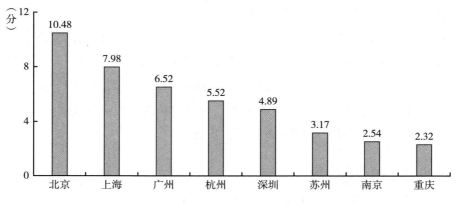

图16 我国主要城市商贸数字化评估得分

第五位的 B2C 平台来赞达。广州自 2016 年获批国家跨境电商综合试验区以来，建成国内最齐全的跨境电商公共服务平台，2021 年跨境电商企业累计达 19.3 万家，现有跨境电商产业园区 24 个，吸引一大批优质跨境电商企业到穗发展，产业集聚效益明显，2022 年广州跨境电商出口规模达 1375.9 亿元，首次突破千亿元大关，继续领跑全国。①

3. 文化创意数字化

近年来数字技术与文化创意产业融合日益加深，推动文化创意产业加速发展，涌现出大量文化创意新业态。本报告通过数字文化产业城市竞争力、城市数字文化产业发展指数、通过认定动漫企业数量综合评估我国主要城市的文化创意数字化发展水平，评估得分见图17。北京科教、文化、娱乐产业及数字产业实力雄厚，文化娱乐人才集聚，数字文化产业发展水平领先全国各大城市。上海人力资源、科教资源、文化娱乐资源丰富，数字文化产业近年来快速发展。杭州借助互联网产业的飞速发展，推动"互联网+文化"发展，成为我国数字文化快速崛起的重点城市。深圳重点依托腾讯等大型互联网企业，推进数字文化产业发展。苏州历史文化资源丰富，人才吸引力大，推动数字技术在文化娱乐领域应用，发展新文化产业。广州依托软件产

---

① 广州市商务局。

业基础，近年来大力发展新文化娱乐产业。2022 年广州数字文化产业规模已超千亿元，根据广州市统计局的数据，2022 年广州市游戏动漫、新媒体娱乐、娱乐智能设备制造等 16 个文化新业态特征较为明显的行业小类的规模以上企业有 804 家，实现营业收入 2189.21 亿元，同比增长 5.3%。

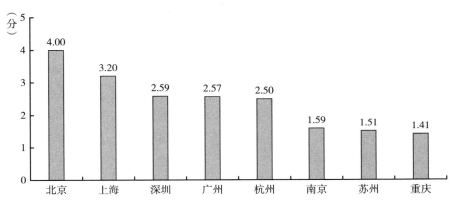

图 17　我国主要城市文化创意数字化评估得分

4. 数字金融发展水平

金融业已经成为数字化转型最早、数字技术应用最广泛、数字化水平最高的行业之一。在互联网企业的带动下，大量金融行业新业态不断涌现，金融行业成为推进数字化、发展新业态新模式的典范。本报告重点通过数字普惠金融指数、新市民金融服务水平两个指标评估数字金融发展水平。杭州数字金融发展水平在八大城市中居首位，这与杭州大力发展互联网产业、加快推进数字技术在金融领域的应用紧密相关，涌现了蚂蚁金服等大型金融科技企业，带动全市金融行业数字化水平的提升。上海是我国的金融、贸易中心，推动了金融业数字化水平的提升，开展了资本市场金融科技创新试点，数字人民币应用全国领先，大数据普惠金融应用 2.0 累计开放超 1000 项数据，信贷投放超过 3800 亿元。广州数字金融发展水平评估得分为 2.2 分，在八大城市居第 6 位（见图 18）。广州数字金融发展水平近年来快速提升，但是由于在城市定位等方面的差异，与杭州、上海、北京等城市相比，仍有待提升。

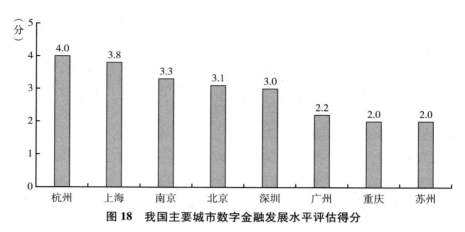

图18 我国主要城市数字金融发展水平评估得分

（四）数字化治理评估

数字化治理是数字中国健康可持续发展的基本支撑。本报告重点从政府数据开放水平、政务服务数字化、政府网站访问量等三个方面，评估八大城市的数字化治理情况。从整体情况看，北京、杭州得分较高，处于第一梯队，广州居第3位（见图19）。

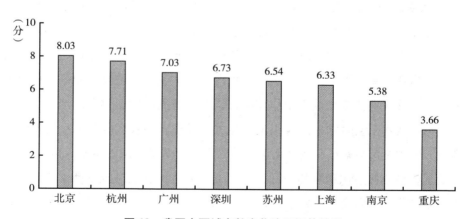

图19 我国主要城市数字化治理评估结果

北京在数字化治理方面走在全国前列。立足首都功能定位，以提升城市治理和服务水平为目标，推出城管执法智能指挥平台、市场监督管理局网上政务服务平台、"北京交通"App等，现代化程度高，数字化效能明显。《2022中国数字政府发展指数报告》显示，北京治理能力居全国第1位。

杭州依托城市大脑打造"全国数字治理第一城"。杭州市紧紧抓住便民服务和治理能力提升两大关键，形成了一批具有杭州辨识度的标志性应用，归集数据总量全国领先。总结实践成果和经典案例，形成更多可复制、可推广、可借鉴的"杭州样本"。在2022年度全国城市开放数量的指数分值、排名和等级方面，杭州市总体表现优秀，进入第一等级"五棵树"。

深圳全面推进政务服务提速提质。推进数字政府和智慧城市建设，着力发展数字经济，初步实现了"一号走遍深圳""一屏智享生活""一图全面感知""一体运行联动""一键可知全局""一站创新创业"，全市政务服务事项100%进驻广东政务服务网，实现一网通办，全市99.94%的政务服务事项实现"最多跑一次"，"不见面审批"事项达91.74%，"全流程网办"事项达89.44%，政务服务办理更加便捷。"i深圳"App已上线8500余项服务，下载量超2600万次，注册用户数超1700万户。2022年一体化政务服务能力评估中，深圳实现全国重点城市"四连冠"。

广州全面推进数字化治理"一网管全城"。建设"穗智管"城市运行平台，对接35个市直部门、11个区共115个业务系统，融合汇聚应急管理、城市管理、营商环境、民生服务等全域城市治理数据超36亿条。建设智慧城市运行中心，在全国率先提出建设"人、企、地、物、政"五张城市基础要素全景图，形成城市体征数据项2800多项，建成20多个应用主题、100多个应用场景。健全一体化在线政务服务平台，截至2022年底，支撑全市48个部门共1675项事项的网上申请和1262项事项的审批。打造全市统一的"穗好办"，实现3200多项便民利企服务事项"指尖办"。推行"互联网+不动产登记"，实现"跨域通办"。

（五）数字经济发展环境评估

为确保数字经济持续健康发展，必须营造优良的发展环境。本报告从数字技术创新、数字基础设施两个方面，评估数字经济发展环境。

从整体上看，北京凭借庞大的技术研发投入、完善的数字基础设施，在八大城市中处于领先水平；上海、广州、深圳、杭州、南京、苏州、重庆分列第2~8位（见图20）。

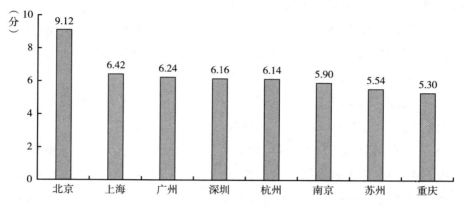

图20 我国主要城市数字经济发展环境评估得分

北京优化数字经济营商环境，打造全球数字经济发展高地。近年来，先后印发《北京市关于加快建设全球数字经济标杆城市的实施方案》《北京市数字经济全产业链开放发展行动方案》《北京市数字经济促进条例》，支持设立数字经济创投和产业发展基金；加强数字化人才培养，培育产业生态。2022年，北京全社会 R&D 经费内部支出占 GDP 比例达到6.3%，首都创新引领作用更加突出，北京在全市共建设 5G 基站9万个，每万人拥有 5G 基站数达到41个，居全国首位。

上海着力完善数字化转型生态与制度体系，提升数字经济发展能级。发布《持续优化营商环境二十条》，持续优化营商环境。加快"硬核"数字技术攻关突破，包括开展跨境贸易、工业互联网、供应链金融、区域征信等重点领域赋能应用。重点推动"一所一港"建设，加快建设国家级数据交易所和国际数据港，深化数据跨境流动机制。发布《5G 网络能级提升"满格上海"行动计划》，推动实现全市域 5G 室外连续覆盖及典型应用场景深度覆盖。

广州探索构建数字经济新生态，着力打造数产融合的全球标杆城市。率先出台国内首部城市数字经济地方性法规《广州市数字经济促进条例》。获批创建"全国网络市场监管与服务示范区"，持续优化发展环境。集中力量开展数字经济基础通用技术、前沿颠覆技术和非对称技术的研究创新。持续推进实施重点领域研发计划，着力突破集成电路制造设备、材料和工艺、基础软件、工业软件等重点领域关键核心技术。积极探索发展数据流通交易，广州数据交易所于 2022 年 9 月 30 日运营，截至 2022 年底注册会员突破 224 家，交易金额达 6.07 亿元。广州数据交易所是国内第一个经营范围注册为"数据交易所业务"的交易机构。

从数字技术创新来看，北京凭借丰富的高校资源，加大研发投入力度，打造世界主要科学中心和创新高地。信息传输、软件和信息技术服务业就业人员和研发支出领先其他城市，数字技术创新水平遥遥领先其他城市（见图 21），在中国人才吸引力 10 强城市中北京居第 1 位，杭州、深圳、南京、广州、上海、苏州水平相近，重庆数字技术创新水平较低。广州举全市之力，打造以广州国家人工智能与数字经济试验区、南沙科学城、广州科学城、中新广州知识城为科创核心的"一区三城"科技创新布局，加强数字经济领域创新。2022 年，广州数字经济领域高新技术企业约有 6400 家，每万人口中信息传输、软件和信息技术服务业就业人员数达到 194.6 人，技术合同登记成交额为 2645.54 亿元，技术交易额为 1079.36 亿元，居全国第 4 位，连续 5 年居全省首位，技术创新能力显著提升。

从数字基础设施来看，上海、重庆、北京凭借 5G 基站数、互联网宽带接入用户与常住人口比值排名靠前，广州居第 4 位（见图 22）。上海创新建设数字基础设施，已累计建设 5G 室外基站超过 7.2 万个、室内小站 31 万个，推进约 900 项"双千兆"创新应用，打造全国首个人工智能公共算力服务平台。重庆建成全国首个 5G 新型基础设施大数据平台，实现所有区县重点区域和部分重点乡镇广覆盖，每万人拥有 5G 基站数（13.46 个）居全国第 6 位，成功打造一批远程驾驶应用、远程医疗、智慧园区等国家级 5G 示范项目，工业互联网标识解析国家顶级节点（重庆）功能增强。北京加

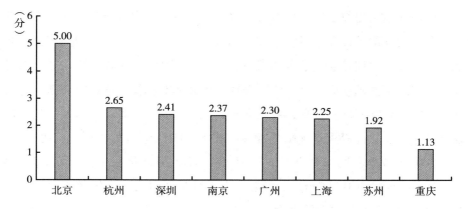

图21 我国主要城市数字技术创新评估得分

大新型数字基础设施投入力度，2022年累计每万人5G基站数居全国前列。移动互联网接入流量增长了14.6%，带动城市大脑、物联网、超高清视频等一些5G应用场景不断拓展。广州抢抓新基建先机，谋划实施数字新基建行动计划，打造全国城市级新基建典范。2022年累计建成5G基站7.64万座，5G基站数量持续居全省第1位。建成华南唯一的国际IPv6根服务器，为全国40多家大型通信企业提供相关的测试和认证服务。建成华南唯一的工业互联网标识解析国家顶级节点，截至2023年4月，工业互联网标识解析国家顶级节点（广州）累计标识注册量达182.46亿个，标识解析量达

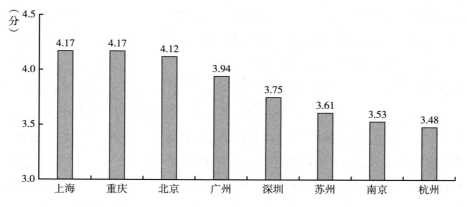

图22 我国主要城市数字基础设施评估得分

148.82 亿次。国家超级计算广州中心成为全球用户数量最多、应用范围最广的超算中心之一。

三 推动广州数字经济发展的建议

总体来看，广州数字经济发展较为平衡，综合实力在八大城市中居第 4 位，与其 GDP 在全国所有城市中的排名基本一致。其中，在数字产业化、产业数字化、数字化治理等方面均具有较强的实力，在智能网联汽车、超高清视频、跨境电子商务领域具有较为明显的优势，但数字技术创新能力还不够突出，龙头引领型数字经济企业还相对偏少。面向未来，结合我国数字经济整体发展战略、数字经济发展趋势以及广州的数字经济发展状况与资源禀赋条件，广州应立足国家中心城市的发展定位，发挥粤港澳大湾区"排头兵、领头羊、火车头"的作用。在数字经济发展中，应以数字技术创新为突破点，围绕关键核心领域、优势领域，强化数字技术创新能力；以持续做大做强数字产业化为重点，逐步完善数字产业链，进一步强化智能网联汽车等优势产业核心竞争力，做大软件和信息技术服务等基础较为雄厚的产业，补强集成电路等相对弱势的产业，打造具有广州特色的数字产业化生态体系。围绕制造业"四化"转型，继续推进以制造业数字化为核心的产业数字化发展，加快培育服务业新业态新模式。持续提升数字化治理水平，不断优化数字经济发展环境，夯实 5G、算力基础设施等新型数字基础设施。

（一）全面提升数字产业化能级

1. 加强关键核心技术攻关能力

技术创新能力是确保广州数字经济实力进一步增强的基础与源泉。广州应积极推进"2+2+N"科技创新平台体系建设，加强企业、高校、科研院所产学研用合作，促进研发成果高效转化落地。支持开展智能网联汽车、人工智能、超高清视频、半导体与集成电路、基础软件等关键核心技术研发，采取揭榜挂帅等方式，深入实施重点领域研发计划。继续加强在人工智能、高端软件、基础算法等关键核心领域的人才引进与培育工作，打造高水平人才体系。

2. 持续加大企业引进培育力度

聚焦人工智能、智能网联汽车、软件、超高清视频、半导体等数字经济重点领域，瞄准世界 500 强企业、大型跨国企业、全国电子信息产业百强企业、人工智能百强企业、软件百强企业、互联网百强企业，开展靶向招商、以商招商和补链招商，吸引企业在穗设立总部或区域总部。孵化数字经济中小企业，培育一批"专精特新""隐形冠军""单项冠军"等企业。建设多层级人才培养体系，大力引进和培养数字经济领域各类高、精、尖人才和研发团队。

3. 加快扩大数字产业化规模

以智能网联和新能源汽车、软件和信创等万亿级产业，超高清视频和新型显示、半导体和集成电路等千亿级产业为发展重点，以人工智能与数字经济试验区建设为重要载体，大力发展数字产业，扩大数字产业规模，提升其区域竞争力。全面发展人工智能产业。加强前沿基础研究。面向自然语言处理、计算机视觉、语音识别等通用技术，支持相关科研机构和企业加快研发。推动智能芯片、智能传感器、智能软件、智能装备及机器人、智能终端等人工智能核心产业研发。建设先进算法模型。继续办好广州·琶洲算法大赛。提质升级智能网联汽车产业。大力开展智能汽车新型集中式电子电气架构、复杂环境感知、大数据应用、信息安全等基础研究，重点突破高精度视觉传感器、智能驾驶舱等核心零部件瓶颈，提升技术创新竞争力。优化完善道路测试相关管理措施和手段，稳步推进不同混行环境下智能网联汽车示范运营。做优做强高端软件产业，实施"大信创、强平台、新应用、广布局"产业生态发展工程，做强软件产业，促进中国软件名城提质升级。大力发展工业软件。支持研发推广计算机辅助设计、仿真、计算等工具软件，发展关键工业控制软件。面向新能源和智能网联汽车、集成电路等行业，发展行业专用工业软件。培育壮大超高清视频和新型显示产业，加快推动国产 8K 编解码芯片应用，推进"5G+超高清直播""5G+AR/VR"等软件直播与应用技术研发。在智能制造、智慧交通、智慧医疗、智慧文娱等领域创新应用"5G+超高清",争创一批国家级示范项目。加快发展半导体和集成电路产业,围绕5G、新能源和智能网联汽车、超高清视频和新型显示、物联网与云平台、智能安全、人工智能、卫星导航等优势领域,鼓励骨干应用企业与芯片设计企业通力合作,开展芯片应用验证示范。构建以集成电路设计为核心、高端集成电路制造为重点的集成电路产业生态,提升集成电路产业竞争力。

(二)发挥数据的关键要素作用

1.逐步建立数据要素规则体系

按照数据性质,探索建立健全数据资源产权、交易流通、跨境传输和安全等基础制度及标准规范,逐步完善数据产权交易和行业自律机制。依托广州产业优势,探索在互联网、商贸等产业领域开展数据要素价值评估试点,总结经验,开展示范。

2.推进数据要素市场化流通

强化数据要素供给,探索建立适合广州市政府与企业特点的数据管理体系,完善一体化政务大数据中心,优化数据管理体系、构建数据市场制度、推动数据定价市场化。鼓励各类市场主体利用数据交易所、数据经纪人交易数据或依法自行交易数据,逐步加大区域性、行业性数据流通使用力度。

3.探索完善数据要素开发利用模式

依托粤港澳大湾区核心地域优势,探索跨层级、跨区域的国家数据要素流通试点示范。充分发挥数据经纪人行业引领带动作用,支持数据经纪人搭建行业性数据交易平台,制定数据运营规则,以开放、共享、交换、交易等多种方式整合行业和市场数据,推动公共数据与企业数据融合。

(三)持续推动产业数字化转型

以制造业为核心推动产业数字化转型,大力推动区块链、元宇宙等技术在商贸、金融、文旅等行业中的应用,推动服务业转型升级。加快农业信息化应用,支持建设智慧农场。

1. 重点推动制造业数字化转型

实施"四化赋能、企业提升"工程，推动制造业数字化转型。面向汽车、电子信息、消费工业、装备制造等重点产业集群，开展企业数字化评估，开展智能制造、工业互联网建设，提升企业生产运营能力。一企一策推动行业龙头骨干企业集成应用创新，一行一策推动中小型制造企业数字化普及应用，一园一策推动产业集聚区数字化转型，一链一策推动产业链供应链数字化升级。

2. 持续加快商贸、文创等服务业数字化转型

推动商贸、文创、金融等服务业新业态融合发展，建设国际消费中心城市。加快发展跨境电商与直播电商，加强跨境电商平台"线上贸易+线上物流"一体化建设，鼓励企业通过海外仓、独立仓等形式建立国际营销网络。推动天河路、北京路、长隆万博等重点商圈打造数字商圈，推动线下实体线上直播，逐步提升广州在商贸数字化领域的影响力与带动力。强化数字文化创意产业优势，依托在游戏、动漫、电竞、直播、短视频等领域的特色优势，持续做强文化创意产业。推动数字金融要素高效配置，全面推进数字人民币全场景试点应用，提升数字金融普惠水平。

3. 稳步推进数字基础设施建设

加快 5G 基站等信息基础设施建设。全面加快智慧灯杆在全市主要干道、重要场所的试点推广。推动工业互联网标识解析国家顶级节点（广州）扩容增能，加快二级节点建设，面向行业和企业建设一批行业级、企业级工业互联网应用平台。推进电动汽车智慧充电桩与公共服务平台建设。建设 CIM 平台，完善城市数字基础设施。

推动广州人工智能公共算力中心、琶洲智算中心建设，提供普惠人工智能算力。积极规划布局高密度数据中心、边缘数据中心、智能计算中心等下一代新型高性能数据中心建设，提升数据感知、数据分析和实时处理能力。加快国家超级计算广州中心升级改造，建设基于 GPU（图形处理器）的人工智能、区块链算力中心，建设新一代超级计算系统，加快完善自主计算产业生态。依托国家超级计算广州中心加快建设一批深度学习计算服务平台，

发挥中国电信广州云计算数据中心作用，强化算法研究和算力建设，为高校、企业等开展研发提供数据存储、算法服务和整体解决方案。

（四）不断提高数字政府服务水平

1. 提升广州互联网政务服务效能

持续完善市、区两级"穗智管"基础平台和"穗智管"三级综合指挥调度平台，深化"穗智管"人社、交通、城管、应急、生态、市场监管等行业专题应用，建设更高质量的"一网统管全市、一网统一指挥、一网统筹决策"。优化一体化政务服务平台和"穗好办"移动端区级专区建设，"统一受理、分类审批、统一出件"，加快推进"一件事一次办"，推进线上线下融合、市内通办和跨域通办。构建数字化企业服务平台和"穗好策"移动端，基于企业画像提供个性化政策服务。建设"穗智转"公共服务平台，为全市制造业数字化转型提供支撑。

2. 提高智能化社会治理能力

提高城管、交通、应急等领域综合管理能力，建设城市综合管理服务系统、新型基层管理服务平台、综合交通出行服务平台、市区两级应急管理综合应用平台等，实现各领域、全链条管理体系数字化。持续提升公安、交通、生态、经济等各领域指挥决策能力，推进全市统一公安大数据平台、智慧交通大数据中心环境信息资源共享平台、经济运行监测分析平台建设，为公共安全、交通运输、生态环境、经济运行提供重要决策支持。

3. 提高惠民服务水平

建设完善广州教育大数据平台、广州智慧教育公共服务平台、人才大数据平台、文旅大数据中心，提升教育、人社、文旅等领域数据治理和分析决策能力。优化广州智慧教育公共服务平台，支撑在线同时访问人数达10万人以上，打通"信息孤岛"，实现一账号登录、一网通办。扩容升级市智慧阅读平台，推进公共图书馆和学校书目与借阅数据共享。持续推进数字技术在临床辅助决策、远程医疗、个人健康管理等领域的应用，加快"智慧养老"平台、智慧康养示范基地和产业园区建设，打造广州"智慧银城"应

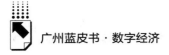

用示范标杆社区。大力发展养老服务智能机器人、康复辅具、智慧健康等智能化养老产品用品研发、生产、租赁、运用，提升养老服务科技含量。

参考文献

工业和信息化部电子第五研究所：《中国数字经济发展指数报告（2023）》，2023。

赛迪顾问：《2023 年中国城市数字经济发展研究报告》，2023。

新一代人工智能产业技术创新战略联盟：《中国城市人工智能发展指数报告（2022—2023）》，2023。

新华三集团数字中国研究院：《城市数字化发展指数（2023）》，2023。

清华大学：《2022 中国数字政府发展指数报告》，2023。

中国工程院：《中国新一代人工智能科技产业区域竞争力评价指数 2023》，2023。

中国信息通信研究院：《中国数字经济发展研究报告（2023 年）》，2023。

B.3
广州数字经济核心产业空间布局与优化

广州市城市规划勘测设计研究院课题组*

摘　要： 优化数字经济产业空间格局，是赋能传统产业转型升级，发展新质生产力的重要抓手。本报告以广州数字经济核心产业空间为研究对象，基于企业微观数据，解析数字经济活动和空间格局之间的耦合关系，分析广州数字经济核心产业的时空演变特征，发现近20年来数字经济企业发展核心由中心城区向外围地区转移，集聚与扩散特征并存。基于GIS分析方法识别出广州数字经济核心产业在空间上具有"中心集聚连片，外围零星分散"的整体特征。梳理了不同类型、不同地区数字经济核心产业的空间分布规律。以此为基础提出做好产业发展空间储备、促进中心城区与外围地区产业协同、加强外围地区产业引导与要素支撑等3个方面的布局优化建议，以期充分发挥广州数据和应用场景优势，促进数字经济产业高质量发展。

关键词： 数字经济　产业布局　广州

一　引言

在新一轮科技革命和产业变革背景下，发展数字经济是推动传统产业转型升级和促进新兴产业发展的重要战略选择。数字经济是应用数字技术

---

* 课题组组长：余炜楷，广州市城市规划勘测设计研究院正高级工程师，研究方向为产业与创新空间。课题组成员：陈露，广州市城市规划勘测设计研究院高级工程师；魏少峰，广州市城市规划勘测设计研究院工程师；顾恬玮，广州市城市规划勘测设计研究院助理工程师；杨石琳，广州市城市规划勘测设计研究院助理工程师；余首进，广州市城市规划勘测设计研究院助理工程师。

的生产活动，包括数字产业化和产业数字化两大部分。其中数字产业化是以数据资源作为生产要素的产业类型，在国家统计局2021年发布的《数字经济及其核心产业统计分类（2021）》中统一被归类为数字经济核心产业，是衡量数字经济发展质量的重要标志。广州一直致力于打造数字经济引领型城市，先后成为国家新型工业化产业示范基地（大数据）、国家电子商务示范基地、国家新一代人工智能创新发展试验区，产业竞争力不断增强，2024年数字经济核心产业增加值占地区生产总值的12.8%，对实体经济的支撑作用日益凸显。2022年，广州发布的全国首部城市数字经济地方性法规《广州市数字经济促进条例》明确提出，数字经济发展规划应当与国土空间总体规划相衔接，且市、区人民政府应当优化各片区的功能布局。在此背景下，如何科学分析广州数字经济核心产业的时空演化规律，进而引导数字经济产业空间功能布局优化，是打造更高水平数字广州的关键问题。

近年来，数字经济核心产业的空间分布特征受到学界广泛关注，现有研究多围绕数字经济核心产业时空分布规律和区域差异等内容展开。充分认知数字产业空间分布特征是推进数字经济产业研究的前提，数字经济企业的分布规律既有传统产业的地理集聚与扩散特征，在驱动因素上又有自身的独特性。已有研究表明，数字经济在早期发展阶段多围绕城市中心布局，随着城市发展阶段的推进在外围地区逐步扩散形成新增长极。这一规律在我国数字经济发展较好的城市均有体现。从影响因素来看，数字经济产业以数据资源为关键生产要素，传统区位因子对产业发展的影响逐渐弱化，创新人才、制度环境、产业平台等因素驱动作用更为明显。目前，学者广泛应用宏观数据与微观数据，从多个角度对数字经济发展的空间格局特征开展研究，取得了丰硕的研究成果，有效支撑了区域数字经济高质量发展。但现阶段，学界对数字经济产业空间布局的研究多聚焦北京、深圳、上海、杭州等城市，针对广州的相关研究较少。基于上述分析，本报告基于产业与空间互动视角，利用数字经济核心产业数据综合分析广州数字经济核心产业发展的时空演变、空间集聚与分布特征，系统描摹广州数字经济发展的空间特征，并据此提出空间布局优化建议，以期为新时期广州数字经济产业协调发展和差异化功能布局提供支撑，更好发挥对粤港澳大湾区数字经济高质量发展的引领作用。

二　数据来源与研究方法

（一）数据来源

本报告采用的广州数字经济企业数据为网络公开数据，获取时间截至2024年2月。首先，依据国家统计局2021年发布的《数字经济及其核心产业统计分类（2021）》确定研究范围，重点研究包括数字产品制造业、数字产品服务业、数字技术应用业和数字要素驱动业在内的数字经济核心产业。其次，基于全国工商企业注册数据获取广州20余万家数字经济核心企业信息，包含企业名称、成立日期、经营状态（在业）、企业地址、经营范围等属性。最后，对各企业进行空间定位，形成空间分布分析数据。

（二）研究方法

1. 标准差椭圆分析

标准差椭圆（Standard Deviational Ellipse，SDE）分析是一种精确分析空间要素方向分布的研究方法，本报告运用标准差椭圆分析企业点位的分布特征，刻画不同阶段数字经济产业空间分布方向和集聚状况，重点分析标准差椭圆中心、长轴、短轴和面积参数的演变情况。其中，中心点表示企业空间分布的中心位置，长轴和短轴分别表示要素在主要和次要方向上的离散程度。长短轴之间的差值越大，说明数据要素的方向性越强。面积能够反映要素空间集聚状况，面积越小，表明要素越向中心点集聚。

2. 核密度估计

核密度估计（Kernel Density Estimation，KDE）是一种非参数估计方法，通过有限的样本推断总体数据的分布，直观地反映点要素的集聚区域和集聚

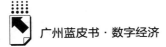

程度。核密度值随中心辐射距离的增大逐渐衰减，范围边缘的密度为零。本报告核密度值反映数字经济企业的集聚区域和分布形态，其计算公式为：

$$F(d) = \frac{1}{nh}\sum_{i=1}^{n} k\left(\frac{d-d_i}{h}\right) \tag{1}$$

式中，n 表示该领域内包含的点的个数；h 表示带宽；$k\left(\dfrac{d-d_i}{h}\right)$ 表示核函数。

3. 平均最近邻指数

平均最近邻指数（Average Nearest Neighbor，ANN）是一种研究点要素集聚程度的方法。本报告运用该方法比较不同类型数字经济企业、不同地区数字经济产业空间分布的集聚程度的差异，通过计算要素平均距离和随机状态下的平均距离，来判断该组点要素的分布模式，根据平均最近邻指数比较不同要素之间的集聚程度。其计算公式为：

$$\overline{D}_O = \frac{\sum_{i=1}^{n} d_i}{n} \tag{2}$$

$$\overline{D}_E = \frac{0.5}{\sqrt{n/A}} \tag{3}$$

$$ANN = \frac{\overline{D}_O}{\overline{D}_E} \tag{4}$$

式中，$\overline{D}_O$ 表示每个要素与其最邻近要素之间的观测平均距离，$\overline{D}_E$ 表示随机模式下指定要素间的期望平均距离，n 表示要素的数量，A 表示研究区域面积。$ANN>1$，说明要素趋向于离散分布，ANN 越大，说明要素分布越离散；若 $ANN<1$，说明要素趋向于集聚分布，ANN 越小，说明要素分布越集聚；若 $ANN=1$，说明要素趋向于随机分布。平均最近邻指数分析结果通常采用 z 得分和 p 值来对其显著性进行检验。

三 广州数字经济核心产业空间布局特征

（一）演变特征：由中心城区向外围地区转移，集聚与扩散特征并存

数字经济深刻影响和改变传统生产生活模式，是我国经济转型发展的重点，关系国家发展大局。从国家战略部署上，数字经济发展有两大关键时间节点，一是2005年发布《国务院办公厅关于加快电子商务发展的若干意见》，以电子商务为代表的数字经济得到了高度重视；二是2015年发布《国务院关于积极推进"互联网+"行动的指导意见》，推动全国数字经济的发展。广州数字产业化起步较早，数字经济核心产业动能始终保持全国领先地位。广州数字经济企业发展划分为三个阶段，本报告结合标准差椭圆分析梳理数字经济核心产业在时间维度下的演变规律（见表1）。总体上看，数字经济企业紧密围绕中心城区集聚，随着发展阶段的演进，逐渐向外围地区扩散形成新的区域集聚核心。各阶段具体发展特征如下。

1. 第一阶段（2005年以前）

广州着眼于国家中心城市和综合性门户城市优势，推进广州科学城、天河软件园、黄花岗信息园等信息技术服务示范园区建设，数字经济发展基础不断完善。这一时期数字经济企业经营内容以信息技术服务为主，在越秀、荔湾北部、天河南部等城市中心区域初步形成集聚。

2. 第二阶段（2005~2015年）

广州将新一代信息技术列入十大重点发展产业，吸引了一批产值超亿元的移动互联网企业落户，带动数字经济企业数量明显增加，利用数据资源优势不断开发新的产业类型，数字产品零售、电子元器件制造、数字内容与媒体等业务得到了飞速发展。从空间分布上看，数字经济企业以中心城区为核心，沿珠江东部形成了协同联动发展空间格局，逐渐向北拓展至白云区、向南拓展至番禺区、沿珠江向东拓展至黄埔区。这一时期标准差椭圆面积由$911km^2$扩张至$1104.50km^2$，分布中心向西南方向略有偏移，表明企业分布在空间上存在分散扩张趋势。

表1 广州各阶段数字经济产业方向分布参数

年份	X轴长度（km）	Y轴长度（km）	面积（km²）	面积增长率（%）
2005	15.18	19.11	911.00	—
2015	15.95	22.04	1104.50	21.24
2024	14.72	24.34	1125.45	1.90

3. 第三阶段（2016年至今）

广州加大了对数字经济核心产业的扶持力度，人工智能与数字经济试验区、国际金融城、长隆万博商务区、广州海丝城、民营科技园、白鹅潭商务区、国际生物岛等平台相继落成，数字经济企业数量持续增长，数字经济核心产业结构更加完善，互联网相关的产业类型发展迅速，成为数字经济的重要组成部分。2024年标准差椭圆面积增加至1125.45km²，分布中心向东南方向偏移，由天河区南部转移至琶洲片区附近，表明企业分布分散扩张趋势仍在持续，琶洲核心区辐射能力不断提升。

（二）总体特征：呈现"中心集聚连片，外围零星分散"的空间格局

根据核密度估计，广州数字经济在空间上总体表现出"中心集聚连片，外围零星分散"的特征。具体根据空间集聚密度的差异，可划分为四个区域。

一是核心集聚区域。数字经济核心集聚区（核密度高值区）沿珠江呈带状分布，多集中于越秀区和天河区，两区数字经济企业密度分别为620家/km²和512家/km²。数字经济核心产业在发展初期对于产业集聚、创业环境、扶持政策、创新人才等因素具有高度敏感性，而广州经济密度最高的越秀区和天河区能够为企业提供更优质的发展环境与更丰富的应用场景。因此，越秀区、天河区较早地积累了数字经济发展优势，经过多年发展形成了连片集聚分布的空间格局。随着花果山国家超高清视频产业特色小镇、广州国际金融城、天河智慧城等重大平台建设持续推进，核心集聚区对企业的吸引力还将

进一步提升。

二是主要集聚区域。荔湾区、海珠区、黄埔区、白云区构成了数字经济企业的主要集聚区，区域整体企业密度较越秀区、天河区偏低，在空间上与"越秀—天河"核心组团存在集中连片发展趋势，这些区块内的企业在产业平台（如广州人工智能与数字经济试验区琶洲核心区、鱼珠片区以及白云湖数字科技城等）的辐射带动作用下，沿着机场路、工业大道、科创大道等交通干线呈轴线发展，形成了数字经济核心产业网络，数字经济核心产业集聚效应有一定的显现。

三是初步集聚区域。广州南部番禺区、南沙区数字经济企业密度整体不高，分别为 23 家/km² 和 46 家/km²，仅在局部地区出现核密度高值区，但与中心地区没有形成空间联系，形成了彼此隔离、零星分散的"孤岛"。南部地区数字经济发展相对中心城区较晚，生产要素资源相对不足，但通过广州大学城、南沙明珠湾等产业平台建设，充分利用高校、研究机构集聚的科研优势，吸引了数字经济企业在局部地区相对集中分布。

四是集聚未形成区域。外围地区的花都区、从化区、增城区数字经济核心产业发展与其他地区相比较为落后，数字产业化进程较慢，但也陆续出台了数字经济的扶持政策。虽然企业密度不高，但已经初步积累了产业发展基础，具备进一步培育数字经济核心产业空间新增长极的潜力。

（三）分类特征：形成"单核集聚""多核分布"两种空间分布形态

从集聚程度来看，广州各类数字经济核心平均观测距离远远小于预期平均距离，平均最近邻指数在 0.07~0.19 区间，且通过 0.01 水平的显著性检验，表明各类企业均具有显著的空间集聚特征（见表 2）。将四种产业类型的空间分布形态划分为"单核集聚""多核分布"两种类型。具体而言，数字技术应用业和数字要素驱动业的空间分布形态具有"单核集聚"特征，即主要集中在越秀区和天河区，沿珠江形成连片集聚分布，外围地区零星出现斑点状的集聚中心。而数字产品服务业和数字产品制造业两类产业呈现"多核分布"形态，即在空间上具有多个发展核心且呈零散状分布。同时，从企业密度分布来看，后两类数字经济产业相较于前两类而言企业密度较低。

表2　广州不同类型数字经济核心产业平均最近邻指数

产业类型	平均观测距离(m)	预期平均距离(m)	最近邻指数(ANN)	z值	p值
数字技术应用业	10.57	147.40	0.07	−675.90	0.00
数字要素驱动业	29.74	265.37	0.11	−353.62	0.00
数字产品服务业	94.64	541.77	0.17	−159.46	0.00
数字产品制造业	116.61	626.04	0.19	−139.53	0.00

1. 数字技术应用业

平均最近邻指数为0.07，在各类数字经济产业中企业数量最多、分布密度最高、集聚程度最高，表现出广州数字经济核心产业的"强应用"特征。中心城区有深厚的数字经济市场应用基础，为软件开发、电信广播电视和卫星传输、互联网相关服务、信息技术服务等产业的聚集发展提供了较好的条件。如越秀区花果山超高清视频产业特色小镇、海珠区广州国际媒体港等特色产业园区集聚了一批电视节目制播企业，天河区国家文化出口基地、科韵路软件业集聚区集中了一批动漫游戏品牌，产业空间载体的集聚效应不断增强。

2. 数字要素驱动业

平均最近邻指数为0.11，分布密度较高，分布模式较为集聚，但相比数字技术应用业而言集聚程度略低。该类产业包含互联网平台、互联网批发零售、互联网金融等行业，属于服务业范畴，更倾向于集中在区位条件好、经济活动密集的中心城区，因此，其空间分布主要集聚于沿珠江两岸的城市中心区，且在番禺区、南沙区等外围地区的核心区也有所集聚。

3. 数字产品服务业

平均最近邻指数为0.17，总体空间集聚程度较前两类产业有所降低。空间分布方面，在中心四区、番禺区、白云区、增城区等核心区形成了集聚核心，并以此为中心分散形成若干节点。依托交通干线串珠式布局，基本形成网络化空间格局的雏形。数字产品服务业以产品批发、零售、租赁和维修业务为主，依赖人与人的交流沟通，与消费市场之间存在较强的互动性，消费群体规模决定了市场需求和潜力，进而影响了该产业区位的选择。

4. 数字产品制造业

平均最近邻指数为 0.19，在四类产业中企业密度最低、集聚程度最低，说明仍处于发展的初期阶段。随着广州制造业数字化转型进程不断加速，数字产品制造产业空间分布还将进一步集聚。该类企业分布规律与传统制造业类似，即受产业集群、交通条件、用地成本等传统区位因子的影响较为明显，中心城区的高运营成本促使制造业职能外迁，在外围地区如番禺区、白云区、黄埔区、增城区、花都区等区域分散布局，形成新的制造中心。

（四）分区特征：与外围地区比，中心四区产业特色化、集聚化特征更突出

首先，从产业类型分布来看，中心四区均形成了数字经济的主导产业。其中，越秀区以数字技术应用业和数字要素驱动业为主导，企业数量占比分别为 70.52% 和 24.78%；天河区以数字技术应用业为主导，企业数量占比高达 79.65%；海珠区与荔湾区在产业类型上也有所集聚。值得一提的是，南沙区在数字技术应用业领域集聚特征明显，企业数量占比接近 90%（见表 3）。总体而言，中心四区的数字经济产业特色更为明显，而大部分外围城区（如花都区、增城区、番禺区等）数字经济产业发展仍处于起步阶段，各细分产业发展较为均衡，暂未形成明显的主导产业与特色。

表 3　广州各区不同类型数字经济核心产业的企业数量及占比

单位：家，%

区域	数字产品服务业		数字产品制造业		数字技术应用业		数字要素驱动业	
	企业数量	占比	企业数量	占比	企业数量	占比	企业数量	占比
荔湾区	520	12.31	120	2.84	2756	65.25	828	19.60
越秀区	870	4.16	111	0.53	14731	70.52	5177	24.78

区域	数字产品服务业		数字产品制造业		数字技术应用业		数字要素驱动业	
	企业数量	占比	企业数量	占比	企业数量	占比	企业数量	占比
天河区	1778	2.54	1040	1.49	55765	79.65	11427	16.32
海珠区	452	5.12	89	1.01	6490	73.52	1797	20.36
白云区	1606	7.65	1457	6.94	12559	59.83	5370	25.58
黄埔区	616	2.90	685	3.22	10835	50.99	9113	42.89
番禺区	1570	8.80	2362	13.24	10000	56.04	3911	21.92
花都区	1056	14.04	1191	15.83	3622	48.14	1655	22.00
南沙区	453	1.83	384	1.55	22234	89.79	1692	6.83
增城区	980	11.05	518	5.84	5223	58.88	2149	24.23
从化区	299	24.39	77	6.28	632	51.55	218	17.78
全市	10200	4.94	8034	3.89	144847	70.17	43337	20.99

注：占比表示占该类企业总数量的比值；各区某类企业占比大于该类企业均值，则认为该类产业是该区特色产业，▨表示特色产业；特色产业大于2类则认为是均衡发展。

其次，从集聚动力来看，部分中心区数字经济核心产业集聚动力较为多元，主要依托市场、科研教育资源、技术、交通等形成集聚，具体载体为城市CBD（如珠江新城）、特色产业园区（如越秀区的花果山超高清视频产业特色小镇、天河智慧城、琶洲人工智能与数字经济试验区等）、交通干道周边（如北京路、科韵路等）及科研院所周边（如环五山区域、环中大科技创新区）等。与之相比，外围各区集聚动力则相对单一，主要依赖交通、用地资源等（见表4）。

表4　广州各区数字经济核心分布特征

区域	特色产业	分布特征	集聚区形式
越秀区	数字技术应用业、数字要素驱动业	在北京路、花果山超高清视频产业特色小镇、黄花岗一带形成集聚	市场、交通指向型,资源依赖型
天河区	数字技术应用业	在珠江新城、环五山区域、天河智慧城、科韵路一带形成集聚	市场、交通指向型,技术、资源依赖型

区域	特色产业	分布特征	集聚区形式
海珠区	数字产品服务业、数字技术应用业	在江南大道、环中大科技创新区、琶洲人工智能与数字经济试验区一带形成集聚	市场、交通指向型,技术、资源依赖型
荔湾区	数字产品服务业	在陈家祠、文化广场和白鹅潭商务区一带形成集聚	市场、交通指向型
黄埔区	数字要素驱动业	在科学城、广州人工智能与数字经济试验区鱼珠核心片区和知识城北部片区点状集聚	交通、用地指向型,技术依赖型
白云区	均衡发展	围绕白云山形成带状分布并在产业园区点状集聚	交通、用地指向型
花都区	均衡发展	在中心区和周边的产业园区集聚	交通、用地指向型
从化区	数字产品服务业、数字产品制造业	在中心区和从化高新技术产业园	交通、用地指向型
番禺区	均衡发展	在中心区、长隆万博商务区以及大学城形成集聚	交通、用地指向型,资源依赖型
增城区	均衡发展	在中心区和东部中心形成集聚	交通、用地指向型
南沙区	数字技术应用业	在中心区形成集聚	交通、用地指向型

最后,从集聚程度来看,广州各区数字经济核心产业平均最近邻指数在 0.02~0.12 区间(见表5),说明各区数字经济核心产业集聚程度均较高。其中,中心四区数字经济核心产业平均最近邻指数在 0.02~0.07,其他各区除了南沙区和黄埔区,平均最近邻指数在 0.1 左右,整体大于中心四区,说明中心四区集聚程度整体相对更高。究其原因,一方面,目前广州数字经济核心产业以数字技术应用业(软件开发、互联网相关服务、信息技术服务等)为主(占企业总数的 70%),其对市场、技术和人才资源等要素依赖性较大,更偏好在中心城区布局;另一方面,除了数字产品制造业,其他数字经济核心产业均为服务型产业,对空间规模需求较制造业更低、承租能力较制造业更高,更倾向布局在交通、服务便利且更靠近服务对象的中心城区。

表5 广州各区数字经济产业平均最近邻指数

区域	平均观测距离 （m）	预期平均距离 （m）	最近邻指数 （ANN）	z值	p值
越秀区	5.72	189.05	0.03	−268.13	0.00
天河区	3.94	170.67	0.02	−494.50	0.00
海珠区	16.71	328.19	0.05	−170.59	0.00
荔湾区	34.40	507.73	0.07	−115.91	0.00
黄埔区	15.11	300.87	0.05	−264.86	0.00
白云区	20.77	259.48	0.08	−255.00	0.00
花都区	51.32	532.21	0.10	−149.94	0.00
从化区	161.93	1334.29	0.12	−58.86	0.00
番禺区	20.18	310.56	0.06	−238.94	0.00
增城区	51.14	488.10	0.10	−161.30	0.00
南沙区	7.41	332.41	0.02	−294.33	0.00

四 广州数字经济核心产业空间布局优化建议

（一）顺应产业空间演变规律，提前做好数字经济产业发展空间储备

从演变特征来看，广州数字经济核心产业空间的扩散效应还在持续，且外围地区近年来陆续出台了数字经济的发展规划与扶持政策，能够作为中心城区数字经济核心产业辐射的主要承接地，具有可观的发展潜力。因此，需以新城发展为机遇，做好增量空间谋划与预留。外围城区作为未来中心城区数字经济产业溢出的主要承接地，需提前做好空间预案。在统筹考虑各区总体产业发展的基础上，可选择交通条件较好、数字基础设施配套完善或科教资源集中的地区作为未来数字经济产业发展的预留空间。尤其是南沙新区与东部中心等重点发展地区，未来随着高端高新产业进一步集聚与数字化基础设施更高水平建设，将产生更大的数字经济产业市场需求，可提前谋划数字经济空间布局方案，并纳入各区规划。

（二）强化中心城区引擎作用，促进中心城区与外围地区产业协同联动发展

从总体分布来看，广州数字经济核心产业空间形态具有中心集聚、外围分散的特征，中心城区企业集聚质量高，但与外围地区空间联系较弱。未来需要进一步提升中心城区作为数字经济产业核心主阵地的引擎作用，强化其与外围地区的产业协同联动发展，促进广州全市数字经济产业发展格局优化。一方面要强调集约利用和功能复合，以城市更新为契机，创新数字经济核心产业用地政策，盘活闲置存量资源。通过对原有城市空间的功能升级，满足数字经济企业对研发、应用、推广、服务配套等多维度的发展需求，打造高水平数字经济产业集聚区，促进高附加值产业集聚，加强中心城区辐射带动作用。另一方面要构建和协同中心城区与外围城区数字经济产业链条。依托中心城区在数字技术应用业和数字要素驱动业等细分行业的先发优势，外围城区积极对接配套，完善数字产品制造、数字技术应用与传播等细分行业，构建"研发—设计—孵化—生产—应用"相结合的数字经济全产业链条，形成中心城区"研发服务"与外围地区"配套应用"相结合的产业发展格局，进一步提升外围地区的数字经济产业发展动力。

（三）加强外围地区产业引导和要素支撑，推进产业特色化、集群式发展

相对中心城区而言，广州外围地区的数字经济核心产业在产业特色、集聚动力及集聚强度方面都较落后。提高外围地区的数字经济产业发展质量成为广州数字经济产业高质量发展的重要内容，具体建议如下。一是强化产业引导，支持外围各区立足自身资源禀赋、功能定位和产业基础，找准比较优势，明确发展重点和特色。其中，白云区、花都区和增城区作为广州制造业发展重点区域，可充分发挥区内相关制造业产业优势，加强制造业的数字化引导，打造以数字产品制造业为特色的数字经济产业体系；番禺区可充分依托广州大学城软件园、广州大学城人工智能与数字经济试验区建设及广州大

学城高校研发优势，强化形成以数字技术应用为特色的数字经济产业体系。二是加强要素支撑，提升外围地区数字经济产业集聚动力。通过进一步提升外围地区交通、数字基础设施等配套水平，推动数字技术创新领域国家实验室基地、国家产业创新中心、国家技术创新中心、高水平科研机构、科技领军企业布局建设，强化外围地区数字经济产业发展的要素支撑，形成更加多元的数字经济产业集聚动力。三是发挥重点平台（园区）优势，引导数字经济产业集聚发展。发挥外围地区重点平台（园区）在空间资源、财税金融政策等方面的优势，引进和培育数字经济"龙头"企业、"腰部"企业及平台企业，形成引进企业、做大企业、集聚企业的完整生态链，推动外围地区数字经济产业集群式发展。

参考文献

任雪等：《数字经济概念内涵界定与统计分类改进》，《经济学家》2024 年第 1 期。

任保平：《以产业数字化和数字产业化协同发展推进新型工业化》，《改革》2023 年第 11 期。

张永姣、丁少斌、方创琳：《中国数字经济产业发展的时空分异及空间收敛性分析——基于企业大数据的考察》，《经济地理》2023 年第 3 期。

毛丰付、高雨晨、周灿：《长江经济带数字产业空间格局演化及驱动因素》，《地理研究》2022 年第 6 期。

余运江等：《中国城市数字经济空间格局演化与驱动因素》，《地理科学》2023 年第 3 期。

刘程军等：《互联网新创企业空间格局演化及区位选择——以杭州为例》，《经济地理》2021 年第 6 期。

康江江、汪明峰：《上海数字经济服务业空间格局演变及影响因素》，《上海经济》2021 年第 4 期。

段亚明等：《基于 POI 大数据的重庆主城区多中心识别》，《自然资源学报》2018 年第 5 期。

B.4
南沙建设粤港澳大湾区数字经济示范区
策略建议

广州南沙创新制度研究中心课题组*

摘　要：　南沙已经在5G、IPV6等数字基础设施领域形成领先优势，人工智能平台快速集聚，宽禁带半导体领域已初步形成全产业链布局，数字产业、产业数字化等方面具备良好基础和形成独特优势，一批企业入选全球独角兽、全球灯塔工厂，智能网联汽车、数字贸易、智慧港口等领域独具特色。推动南沙建设成为粤港澳大湾区数字经济示范区，在数据跨境流动、穗港澳数字经济规则衔接、全球数字贸易规则制定等领域先行先试，有利于推进《广州南沙深化面向世界的粤港澳全面合作总体方案》的具体落实，助力粤港澳大湾区打造新发展格局战略支点。未来要努力争取国家支持，争取创建重大数字经济平台，推动重点领域先行先试。探索数字经济高水平开放模式，推动粤港澳三地数字经济规则衔接机制对接。积极发展集成电路、人工智能等数字经济核心产业，打造数字车间和智能工厂，深化全球溯源中心应用，探索开拓数字经济新商业范式，推动数据、算力协同发展，率先推动公共数据开放利用，打造湾区数字城市标杆。

关键词：　数字经济　数据资源　数字化转型　粤港澳大湾区　南沙

全球主要国家加速布局数字经济赛道，数字经济成为全球经济竞争关键

---

*　课题组成员：周小迤，广州南沙创新制度研究中心，研究方向为数字经济、特色金融；崔正星，广州南沙创新制度研究中心，研究方向为科技创新、产业经济；练庆凤，广州南沙创新制度研究中心，研究方向为产业经济、数字经济。

力量，经济增长引擎功能日渐凸显。我国不断完善数字经济顶层设计，以打造数字经济重大战略平台为抓手，加快重点领域、重点环节、重点方向战略布局。2022年6月，国务院发布的《广州南沙深化面向世界的粤港澳全面合作总体方案》，明确提出要"加快发展数字产业"。南沙数字经济基础良好，数字产业化、产业数字化、数字治理和数字基础设施建设初见成效。下一步，可抢抓数字经济发展机遇，加强数字经济发展规划，促进数字产业集群发展，推动数字经济高水平对外开放，建设粤港澳大湾区数字经济示范区，为数字中国建设贡献南沙力量。

一　数字经济发展的新形势

（一）数字经济成为国际竞争主赛道

全球数字创新技术加速演进和应用，世界各国纷纷完善数字经济顶层设计，加大对数字技术研发、数字化基础设施、智能制造、数字化转型、数据要素领域投入，加强政策引导，助推数字经济发展。2022年，全球范围内共有51个国家的数字经济取得了显著增长，其增加值规模高达41.4万亿美元，同比增长7.4%，占GDP的比重为46.1%，凸显了数字经济在全球经济格局中的核心地位。其中，英国、德国和美国在数字经济方面的表现尤为亮眼，其数字经济增加值占GDP的比重均突破65%[①]，数字经济逐渐成为经济发展主要动力。

（二）国内数字经济顶层战略体系渐趋完备

近年来，在国家数字经济战略持续推进下，一系列相关政策陆续出台，包括《网络强国战略实施纲要》《数字经济发展战略纲要》《"十四五"数字经济发展规划》《关于构建数据基础制度更好发挥数据要素作用的意见》《数字中国建设整体布局规划》《"数据要素×"三年行动计划（2024—2026

---

① 中国信息通信研究院：《全球数字经济白皮书（2023年）》，2023。

年）》等。此外，为加强组织保障和统筹协调，国家数据局应运而生，负责推进数据基础制度建设，促进数据资源的整合共享和开发利用。这些举措的出台和实施，为数字经济的健康、快速发展提供了有力的政策保障和组织支撑。近年来，我国数字产业化趋势明显，产业数字化水平全面提升，数字治理体系更加完善，数据要素市场建设取得突破。2022 年，全国数字经济规模达 50.2 万亿元，占 GDP 的比重为 41.5%，稳居世界第二①，数字经济助推经济增长引擎功能日渐凸显。

（三）省市数字经济发展规划不断细化

为深入贯彻国家数字经济发展战略，广东制定并出台了一系列政策措施，包括《广东省人民政府关于加快数字化发展的意见》《广东省数字经济促进条例》《"数字湾区"建设三年行动方案》等，旨在明确广东数字经济发展的目标与路径。与此同时，广州在数字经济发展规划部署方面持续完善。其中，《广州市数字经济发展规划》（征求意见稿）明确提出，要加快推进数字广州建设，并设定具体目标：到 2025 年，数字经济核心产业的增加值占地区生产总值的比重达到 15%。此外，该规划还特别强调南沙数字经济发展方向，提出要支持南沙加快建设粤港澳全面合作示范区，将南沙打造为粤港澳大湾区产业和社会公共服务转型示范区。

（四）南沙数字经济发展规划逐渐清晰

2022 年 6 月，《广州南沙深化面向世界的粤港澳全面合作总体方案》正式出台，方案中明确提出加速推进一系列创新载体建设的规划，包括智能网联汽车产业园、南沙（粤港澳）数据服务试验区、下一代互联网国家工程中心粤港澳大湾区创新中心以及国际光缆登陆站等。这些创新平台的构建，为南沙在智能制造和数字产业领域的发展提供了宝贵的先行先试机会，并指出了明确的发展方向。此外，《广州市南沙区、广州南沙开发区（自贸区南沙片区）国

---

① 国家互联网信息办公室：《数字中国发展报告（2022 年）》，2023。

民经济和社会发展第十四个五年规划和 2035 年远景目标纲要》表示要充分发挥人工智能和数字经济强大的赋能使能价值，建设粤港澳大湾区数字经济示范区。

二 国内数字经济高质量发展的先进经验

数字经济成为我国经济稳增长的强大力量，2022 年我国数字城市产业投资规模达 1.8 万亿元，同比增长 5%[①]，分地区来看，各省市数字经济发展呈现多元格局，部分先进城市做法如下。

（一）北京：持续推进数据价值释放，打造自动驾驶城市样板

根据北京市经济和信息化局数据，2022 年北京实现数字经济增加值 1.7 万亿元，位列全国第一，成为全国数字经济发展的"领头羊"。北京在数字经济发展进程中持续推进数据价值释放，一是促进公共数据开放共享。截至 2024 年 3 月，北京市公共数据开放平台共接入单位 115 个，形成 18573 个数据集，开放 14799 个数据接口，已产生 71.86 亿条数据量，推动集政府、企业、社会于一体的数据要素生态系统形成。北京成立数据专区，发布《北京市公共数据专区授权运营管理办法（试行）》，根据数据行业属性开展公共数据运营工作，将数据专区分为领域类、区域类及综合基础类三种类型，促进公共数据流通利用。二是在数据出境安全管理方面，北京开展国家数据出境评估制度试行试用，针对社交媒体、医疗、金融、汽车、民航等重点领域成功打造了一系列数据出境安全评估案例，为行业提供了宝贵的实践经验。同时，为加强数字领域的国际合作并推动数据的跨境流动，北京还致力于建设国际信息产业和数字贸易港。截至 2024 年 1 月，已有 117 家在京企事业单位正式提交数据出境安全评估申报材料。[②] 三是积极推进数据基础制度先行区建设工作。2023 年 11 月，北京发布《北京数据基础制度先行区创

---

① 中国信息通信研究院：《数字城市产业研究报告（2023 年）》，2023。
② 《北京率先实现数据跨境安全便捷流动》，"网信北京"微信公众号，https：//mp. weixin. qq. com/s/846OMbKdpvEfKkdrIJKLOQ。

建方案》及《北京数据基础制度先行区政策清单》，正式宣告建立全国首个数据基础制度先行区——北京数据基础制度先行区。该先行区以"2+5+N"的基础架构为基石，致力于成为国家数据基础制度综合改革的试验田。根据规划，到 2025 年，该先行区将汇集 80PB 高价值数据资产，数据交易额将达到 50 亿元，数据产业规模将超过 500 亿元。四是设立全国首个智能网联汽车政策先行区。北京发布《北京市智能网联汽车政策先行区数据安全管理办法（试行）》《北京市智能网联汽车政策先行区采集数据安全管理细则（试行）》等政策支持智能网联汽车产业发展，已出台自动驾驶相关标准 60 余项，同时开放智能网联乘用车、巴士、重卡商业化试点，并不断拓展自动驾驶应用场景运行范围，推动百度、小马智行率先开展大兴机场往返北京亦庄的自动驾驶道路测试。截至 2024 年 1 月，北京高级别自动驾驶示范区围绕 3 个网联化技术等级，落地 4 项功能场景，并基于"车—路—云—网—图"城市级工程试验平台，联合百度、小马智行、文远知行、AutoX、新石器、奥迪等 12 家测试单位开展车路云一体化功能开发，现已完成 16 项路测功能服务迭代优化和云端智能网联汽车应用场景全局动态路径优化功能开发，不断提升基础设施服务性能指标水平。[1] 五是人工智能产业发展势头强劲、集聚度全国领先。2022 年，北京人工智能产业相关产值规模达 2170 亿元，现已形成中关村、经开区、大兴、石景山等多个人工智能产业集群，构成全栈式人工智能产业链。核心企业数量超过 1800 家（占全国的 30%），人工智能领域核心技术人才超 4 万人（占全国的 60%），人工智能论文发表量居全国第一[2]，2023 年北京发布的 AI 大模型超过全国半数[3]。

（二）深圳：营造数字创新环境，数字化治理让数据活力充分释放

2022 年，深圳数字经济产业增加值突破万亿元大关，占深圳地区生产

---

① 《北京经开区再添首次！四项车路云一体化功能服务规模化应用》，"北京亦庄京"微信公众号，https：//mp. weixin. qq. com/s/DjmMAOF894csd3_ qhGJYGw。
② 赛迪研究院：《2023 中国城市数字经济发展研究报告》，2023。
③ 中国信息通信研究院：《数字城市产业研究报告（2023 年）》，2023。

总值的比重超 30%①，其拥有华为、腾讯、中兴、大疆等数字经济生态主导型企业总部，实施极速宽带、数字孪生、数字能源和人工智能"四个先锋城市"建设计划，积极推进以数字孪生为特点的智慧城市和数字政府建设，形成大量数字治理示范经验。

1. 优化数字深圳政策法规体系

《深圳市数字孪生先锋城市建设行动计划（2023）》提出，以"数实融合、同生共长、实时交互、秒级响应"为目标，谋划"一十百千万"任务体系②，深圳市政务服务和数据管理局同步打造 150 个应用场景，通过数字孪生城市的建设，培育具有自主知识产权的数字孪生城市全产业链，数字经济高地。2022 年，深圳正式颁布《深圳经济特区智能网联汽车管理条例》，这部法规在国内尚属首部，对智能网联汽车管理进行规范。该条例不仅明确了自动驾驶事故中的责任主体，还对不同级别的自动驾驶提出了具体的规范要求，深圳成为全国首个对 L3 级乃至更高级别自动驾驶放行的城市。根据深圳特区报网站数据，截至 2023 年 11 月，深圳自动驾驶相关企业数量达 1338 家，排名全国第一。③

2. 提升城市"智"理水平

深圳积极开展数字孪生先锋城市建设，基于 CIM 平台，围绕经济运行、民生服务、城市建设、城市治理、应急安全等高频场景，上线了 100 余个数字孪生应用，并打造了"福镜·CIM"平台、社区"数字双胞胎"等数字孪生城市建设应用案例。在福田区落地全国首个城市大模型——"城市智能体@大模型创新成果"，基于自然语言、机器视觉大模型的多模态融合，实现城市智能推介、经济形势分析智能问数、智慧公文、市政智能巡查、

---

① 《飞阅深圳·日历 | 2023 年 7 月 6 日》，"深圳特区报"微信公众号，https：//mp. weixin. qq. com/s/dYtpjqUCF6Ehzn5O_ tvM-Q。

② 建设一个一体协同的数字孪生底座，构建不少于十类数据相融合的孪生数据底板，上线承载数百个场景、超千项指标的数字孪生应用，打造万亿级核心产业增加值数字经济高地，建设国内领先、世界一流的智慧城市和数字政府。

③ 《为中国式现代化贡献"深圳方案"》，深圳特区报网站，http：//sztqb. sznews. com/MB/content/202402/02/content_ 3174814. html。

AR 巡查五大场景应用，提高政务服务、政务办公以及城市治理效果。

3. 推进数据要素市场化配置

深圳数据交易所开创性地在全国范围内率先实践了动态合规、数据信贷、数据信托、数据保险以及跨境数据交易五个领域的创新。2023 年，深圳数据交易所累计完成交易笔数达 1041 笔，交易规模高达 38.02 亿元，跨境交易金额达 4552 万元，均居于全国首位[①]，为数据要素市场化改革树立了标杆。此外，深圳在 2023 年率先发布全国首个数字不动产权证书，创立全国首个电力数据要素创新实验室，并在福田区打造全国首个数据要素全生态产业园，吸引数商入驻，持续推动数据要素市场化创新。

4. 加快推动城市算力基础设施建设

《深圳市算力基础设施高质量发展行动计划（2024—2025）》提到，遵循"城市+园区+边缘"的总体布局策略，形成城市数据中心、产业园区配套数据中心、分布式边缘计算中心的多层级数据中心体系，打造毫秒级[②]时延圈。目前，深圳已建成国家超级计算深圳中心（深圳云计算中心）、鹏城云脑、鹏城实验室（中国算力网总调度中心）等算力基础设施。截至 2024 年 3 月 19 日，深圳超算中心完成各类计算任务逾千万个，完成 15 亿核小时计算。[③] 同时，深圳还创新"算力飞地"，推动建设韶关、贵安等数据中心产业园，目前华南数谷智算中心已在韶关投入运营。

（三）杭州：加速推进数据流通交易，打造国家数据要素综合试验区城市范例

杭州已率先在数字经济领域迈出坚实步伐，以数据为关键要素，成功构建了具有杭州特色的数字产业生态体系。2023 年前三季度，杭州数字经济

---

① 《为中国式现代化贡献"深圳方案"》，深圳特区报网站，http：//sztqb. sznews. com/MB/content/202402/02/content_ 3174814. html。

② 城市内 1 毫秒，到韶关枢纽节点 3 毫秒，到贵安枢纽节点 10 毫秒。

③ 《深圳：打造中国算网城市标杆》，"深圳商报"微信公众号，https：//mp. weixin. qq. com/s/0c_ pJbW4WValc0Us1_ jNcA。

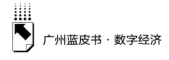

核心产业表现强劲，实现增加值 4115 亿元，同比增长 8.8%，占地区生产总值的比重达 28.5%①，数字经济已成为杭州经济发展的重要支柱和强大引擎。

1. 推出数字化全球首创应用

杭州依托阿里巴巴、蚂蚁科技、网易、海康威视等世界知名企业集聚优势，着力打造"智能亚运"，在杭州亚运会上推出城市大脑、移动支付、5.5G 通信、无人驾驶、云上亚运等 20 项世界首创、首推、首用的重要成果，并在赛后推动以上智能应用转化为数字城市服务平台，进一步推动杭州数字城市建设。

2. 深入推进公共数据授权运营工作

2023 年 9 月 8 日，杭州正式发布《杭州市公共数据授权运营实施方案（试行）》，该方案详细规定了公共数据的范围、授权期限等 11 项核心内容，并明确了金融保险、交通运输、医疗健康等七大运营场景。在授权运营收益方面，对涉及公共治理和公益事业的公共数据，将采取有条件无偿使用的方式进行授权；而对于产业发展、行业发展的公共数据，则按照政府指导定价，采取有条件有偿的方式进行授权。这一举措可加快公共数据有序开发利用，促进公共数据合规高效流通使用。

3. 推动数据流通交易

杭州以"中国数谷"为主阵地，以杭州数据交易所为主平台，探索开发"数据发票"机制，围绕流媒体应用、生物医药等场景，发布首批"数据合规流通数字证书"，使数据流通行为"有据可查、合规保障"。

三 南沙建设粤港澳大湾区数字经济示范区的重要意义

南沙位于粤港澳大湾区几何中心，承担着多重国家战略使命，抢抓数字

---

① 《聚焦丨打造"中国数据产业第一城"！杭州推动数字经济创新提质"一号发展工程"向"新"进军》，"杭州经信"微信公众号，https：//mp.weixin.qq.com/s/KvcJS5Nj8bJT5CfFx-0r_g。

经济发展浪潮，加快数字经济建设，有利于助推南沙形成基础优势，打造粤港澳大湾区数字产业示范区。

（一）探索数字经济制度创新模式，打造粤港澳大湾区高水平开放窗口

《广州南沙深化面向世界的粤港澳全面合作总体方案》提出"对标CPTPP、DEPA 等国际高水平自贸协定规则，加大压力测试力度"。南沙可通过对标 CPTPP、RCEP、DEPA 等高标准国际经贸规则，在数据跨境流动、穗港澳数字经济规则衔接、全球数字贸易规则制定等领域先行先试，助力粤港澳大湾区打造新发展格局战略支点。

（二）用好数字产业科创平台，建设粤港澳大湾区数字产业集聚区

南沙人工智能产业发展迅速，宽禁带半导体产业初具规模，IPv6 根服务系统、数据中心等数字基础设施建设加速布局，数字产业基础良好，可推动人工智能、智能制造、半导体等行业快速发展，形成产业发展新优势，辐射带动粤港澳大湾区内数字产业发展。

（三）完善数字基础设施，打造粤港澳大湾区数字城市标杆

依托全球溯源中心、广州数据交易所等数字管理交易平台，建设广州数据要素交易中心、公共数据开放中心、数字知识产权保护中心等数字平台，推动粤港澳大湾区数据交易、数据监管、数据开放。同时，推动传统基础设施进行数字化、智能化改造，将数字技术与经济、政治、文化、社会、生态等方面深度融合，打造智慧城市、智慧政务、智慧交通、智慧教育、智慧医疗等应用场景，擦亮粤港澳大湾区数字城市名片。

四　南沙建设粤港澳大湾区数字经济示范区的基础优势

近年来南沙通过新思路、新赛道、新举措，蹚出数字产业发展新路。南

沙致力于描绘数字南沙图景,大力推进数字经济基础设施建设,深化数字技术研发应用,推动数字产业化和产业数字化。从打造"城市大脑"平台、推进部署国际IPv6根服务器,到建设"数字政府",着力发展人工智能、下一代通信、区块链等数字经济核心产业。

(一)深度布局数字经济"新基建"

1. 信息基础设施建设全市领先

南沙累计建成5G基站4905座,IPv6根服务器系统、广州数据交易所、国家超级计算广州中心南沙分中心、"国际数据传输枢纽"粤港澳大湾区广州南沙节点项目、奥飞数据智慧产业园数据中心落地运营。粤港澳大湾区下一代互联网产业创新中心和下一代互联网新技术实验室正式揭牌。南沙国际数据自贸港项目等数据与算力设施加速建设,IPv6根服务器实现三大运营商全流量、多节点覆盖,正重点推进多场景下IPv6商业化应用。

2. 融合基础设施建设稳步推进

南沙港四期5G智慧港口项目联合调试成功,南沙国家级自动驾驶及智慧交通示范区等车联网项目正加速推进,建设步伐不断加快。稳步推进"数字城市"建设,拓展"城市大脑"功能,推进公共服务领域数据资源有序开放和共享。南沙智慧城市综合管理平台、南沙综合政务服务信息平台汇聚多条城市管理和政务数据,推动城市精细化管理,提升社会服务能级。

3. 创新基础设施取得新突破

全球溯源中心致力于汇集商品全生命周期信息,并将这些信息转化为数据生产资料,进而服务于产业数字化、数字产业化和区域数字治理。截至2024年2月,全球溯源中心已覆盖一般贸易、跨境电商、市场采购出口等全贸易方式,吸引全球15488家企业参与溯源,累计赋码超1.12亿个,开展溯源查询约1703万人次。全球优品分拨中心数字服务贸易平台应用高新科技、数字化聚合贸易各环节要素,助力资金端有效滴灌至资产端,形成"金融+科技+产业"深度融合的新金融生态,促进普惠数字金融发展。

专栏 1 南沙全球溯源中心简介

全球溯源中心作为数字经济公共基础设施，以商品数据化为核心，以数字合约为手段，围绕数据要素流通、数据资产权益确定、数字产业生态发展及数字治理创新，探索构建了与数据生产要素价值发挥相适应的数据基础制度，构筑数字治理国际规则先发优势，支持全球互联互通、共治共用。

全球溯源中心面向全社会、全行业全面开放应用，推动产业集聚和"溯源+"业务模式创新，包括"溯源+金融""溯源+跨境电商""溯源+食品""溯源+二手车出口""溯源+信用"等。

立足数字经济公共基础设施的定位，各地可基于共同的理论基础和统一的信息化架构在当地建设全球溯源中心。南沙已与海南洋浦、山东青岛、福建厦门、四川成都等地签订共建协议，推动多地全面推广全球溯源公共技术应用。

（二）数字产业化加速推进

1. 人工智能平台载体逐步集聚

南沙已吸引超过 400 家专注于语音、视觉、自然语言处理及基础硬件（芯片）等关键技术领域的人工智能企业落户。值得一提的是，小马智行在 2023 年广州"独角兽"创新企业榜单中脱颖而出，而暗物智能、宸境科技、星河智联则入选广州"未来独角兽"创新企业榜单。同时，广州智能软件产业研究院、广州南沙国际人工智能产业研究院、广东智能无人系统研究院以及科大讯飞华南人工智能研究院等人工智能产业研发平台相继在南沙落地生根，南沙已成为国内人工智能产业的重要承载地。

2. 宽禁带半导体领域已初步形成全产业链布局

南沙集聚了诸如芯粤能、芯聚能、晶科电子、联晶智能、南砂晶圆等一

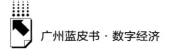

批行业龙头企业,成功构建了涵盖宽禁带半导体设计、制造、封测、材料的全产业链完整生态,已成为国内唯一的以车规级第三代半导体产业链为核心的半导体和集成电路产业集聚区,为未来产业发展奠定了坚实基础。

3.软件和信息服务业发展迅速

2022年,全区规模以上软件和信息服务企业达84家,实现软件业务收入167.84亿元,同比增长14.79%,高于全市产业发展增速4个百分点。新注册软件和信息服务类企业有1582家,其中注册资金在1000万元以上的企业有129家,注册资金在5000万元以上的企业有18家,产业发展潜力巨大。

(三)产业数字化转型持续深化

1.传统制造业加快数字化转型

南沙规模以上工业总产值已强势突破3800亿元大关,其中先进制造业增加值在规模以上工业增加值中占比高达77.2%,成为南沙工业增长的重要引擎。值得一提的是,广州华凌制冷设备有限公司作为南沙先进制造业的标杆企业,成功入选达沃斯(WEF)"全球灯塔工厂",实现了从"自动化工厂"到"端对端互联价值链"的转型升级。此外,华为(南沙)人工智能创新中心积极推动企业数字化转型,累计助力128家企业开展数字化转型,推动140个数字化典型应用场景落地。

2.智能网联汽车实现"加速跑"

南沙已获批广州首个智能网联汽车混行试点区,并集聚了巨湾技研、方纬科技等智能网联汽车产业相关龙头企业。小马智行获颁广州首批《示范运营车辆标志牌》,已投入100辆自动驾驶车辆在南沙全域提供无人驾驶出租车商业收费运营服务。

3.数字贸易增长迅速

2022年,南沙口岸的跨境电商业务取得了突破,首次跨越千亿元大关,综保区的进出口总额达1320亿元,同比增长61%,得益于跨境电商和综保区的强劲增长,南沙外贸进出口总额在全市的比重已提升至三成。2023年,南沙成功打造了"离岸易"综合服务平台,该平台实现了数字贸易、金融服务与银企服务的深度融合，全面提升了国际贸易交易的时效性和数据安全性，吸引总部企业和跨国公司纷纷集聚南沙，共同推动区域经济繁荣发展。

4. 数字技术推动智慧港口建设

广州港南沙港区四期全自动化码头作为全球首个融合江海铁多式联运的自动化码头，集成了北斗导航、5G 通信、人工智能及无人驾驶等前沿技术。它能根据集装箱装卸、堆存、转运及进出闸口等多种作业场景，智能调度最优资源并规划最佳路径，相较于传统码头，节省约七成人力成本。

五　推动南沙建设粤港澳大湾区
数字经济示范区的建议

（一）争取创建重大数字经济平台，推动重点领域先行先试

1. 积极争取创建数字贸易示范区

商务部等部门联合发布了《关于支持国家数字服务出口基地创新发展若干措施的通知》，旨在推动数字贸易示范区建设。建议广州市层面支持南沙创建数字贸易示范区，借鉴北京、浙江等地经验，加快建设数字贸易新基建、新业态、新平台、新体系等。

2. 争取开展数据要素集聚区试点

借鉴《张江数据要素产业集聚区试点建设方案》，以推动广州建设国家级数据交易所为抓手，围绕数据要素流通渠道、开发利用机制、服务领军企业、前沿应用场景、信任生态体系等建设，打造具备强大数据策源能力、资源配置功能、行业赋能效应的数据要素产业集聚区，形成数据要素交易流通枢纽地、数据要素产业发展引领区、数据要素应用场景示范区。

3. 支持扩大无人驾驶商业化试点场景覆盖范围

支持在南沙高（快）速路、城市道路、乡村道路等 803 平方公里全域道路开展无人驾驶商业化试点。推动南沙与有条件的粤港澳大湾区其他区域开展道路测试运营的互通互认，带动无人商业化试点场景覆盖广州白云机

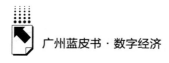
场、深圳宝安机场、广州南站、深中通道以及地铁、商业综合体、公共设施等粤港澳大湾区主要流量节点，形成国内最大范围的跨城市级"连片"应用实践。

4. 积极争取开展公共数据授权运营试点

参考《杭州市公共数据授权运营实施方案（试行）》的有关做法，努力争取广州在南沙开展公共数据授权运营试点，明确公共数据的具体范围、授权期限等重要内容，并重点探索金融保险、交通运输、医疗健康等运营场景的应用。在授权运营收益方面，对公共治理、公益事业的公共数据实施有条件无偿使用授权，而对于产业发展、行业发展的公共数据，按照政府指导定价原则进行有条件有偿授权，加快公共数据有序开发利用，促进公共数据合规高效流通使用。

（二）探索数字经济高水平开放模式，推动粤港澳三地数字经济规则衔接机制对接

1. 融入全球数字贸易规则体系

以《南沙自贸片区对标 RCEP CPTPP 进一步深化改革扩大开放试点措施》中促进数据、人员等要素流动便利的相关措施为抓手，探索并建立数据跨境流动的规则体系、分类监管模式，以及相应的安全保护和风险管控机制，推动数据跨境流动的规范化、高效化和安全化。同时，争取国家支持南沙开展数据跨境安全流动试点，推动跨境数据先行先试，持续放大南沙自贸区改革"试验田"作用和开放高地优势。

2. 积极开展穗港澳数字经济规则对接

充分发挥南沙自贸区粤港澳全面合作示范区作用，立足穗港澳三地数字经济发展重点领域，先行选取共识度高、社会需求迫切的事项进行衔接，研究推动一批政策互通事项，以点带面推动穗港澳三地数字经济规则衔接向纵深推进，在服务粤港澳大湾区发展战略中率先探索制度型开放新路径。

3. 深化数字经济监管政策创新实践

针对数字经济中的新业态、新技术、新模式和新产品，采取包容审慎的

监管方式，构建完善的容错纠错机制，为创新业务提供安全稳定的落地环境。同时，积极探索数字经济"沙盒"监管模式，助力创新业务迅速落地生根。此外，探索建立"数据海关"，负责开展审查、评估、监管等工作，确保跨境数据的安全、合规流动。在遵循《广州市数字经济促进条例》的基础上，制定数字经济领域规范性文件，规范数据处理活动，保护自然人、法人和非法人组织的合法权益，推动数据作为生产要素的开放流动和高效开发利用。

（三）促进数字经济产业集群发展，增强湾区经济增长引擎功能

1. 积极发展数字经济核心产业

在集成电路领域，争取国家支持在南沙组建国家第三代半导体技术研发中心（广州），引入EDA/IP等公共服务平台、国家级重点实验室及产业创新中心，为芯片企业提供关键技术支持。在人工智能领域，依托云从科技、暗物智能等行业领军企业，带动产业链上下游、大中小企业联动发展，引导大企业开放场景应用、共享生产要素、加强创新协同，推动产业链上下游企业在生产加工、技术研发、资金融通等方面协同合作，提升产业链创新能力和竞争优势。

2. 推动传统行业应用数字化转型

建设"数字+制造"升级平台，推进"5G+智能制造"，打造数字车间和智能工厂。发挥南沙区位优势和农业科技资源汇聚优势，推动中国农业大学、华南农业大学、国家农业信息化工程技术研究中心等单位以及海大集团等知名企业在南沙打造智慧农业样板。加强自主创新与模式创新，加快基于5G、物联网、大数据、云计算、区块链等先进技术应用的新型港口基础设施建设，推进智慧港口物流发展。

3. 探索开拓数字经济新商业范式

深化全球溯源中心应用，形成国际溯源规则，打造海关、市场监管溯源辅助应用示范试点，拓展跨境电商、预制菜等领域应用，探索在离岸贸易、碳足迹等方面先行先试。发挥广州数据交易所和气候投融资试点优势，推动

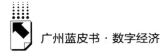

区内企业设立"企业碳账户",积极争取广州数据交易所将南沙区"企业碳账户"数据率先与"粤信融"平台联通,打造"企业碳账户+供应链融资+信用"的新型绿色投融资服务。

4. 开展免费数字化评估诊断,加快中小企业"智改数转"步伐

借鉴成都经验,解决中小企业"不会转""不愿转"难题,采用政府购买第三方专业服务的方式,为中小企业开展免费数字化评估诊断,提升企业数字化改造意愿,加快中小企业"智改数转"步伐。

(四)提高城市数字化发展水平,打造湾区数字城市标杆

1. 加强城市要素数字化能力

重点关注公共建筑和设施、公共安全、公共服务等领域,通过构建智能、泛在、先进、互联、共享的智慧城市管理体系,进一步提升城市精细化管理能力。以落实《新城建联动赋能南沙智慧城市建设打造标杆应用场景工作方案》为契机,依托市级城市信息模型(CIM)基础平台和业务系统,推动南沙新型智慧城市建设,打造"新城建"七大领域25项标杆应用场景,建设新型智慧城市。充分发掘港澳在智慧城市建设方面的技术优势,加强与澳门大学智慧城市物联网国家重点实验室等机构对接,研究制定南沙智慧城市综合解决方案。

2. 推动数据、算力协同发展

构建涵盖智算、超算和边缘计算的多层次支撑体系,实现云计算、边缘计算、智算和超算之间的协同发展,打造布局科学、技术尖端、环保节能、互联互通的新型数据中心发展格局,以全面建成具备集约化、绿色化、智能化、泛在化及韧性化特质一体化算力基础设施。

3. 率先推动公共数据开放利用

推动建立公共数据资源开发利用规则和流程,支持面向智慧城市、智慧交通、工业大数据等领域,不断拓展数据开发利用场景。支持不同主体参与公共数据资源开发利用,探索建立公共数据产品和服务价格形成机制。探索建立公共数据开放的负面清单制度,在人口管理、金融服务、教育、交通等

重要领域率先启动公共数据资源开发利用的试点工作。同时，编制详尽的开发利用目录清单，明确界定数据使用的边界条件，并设立相应的监管措施，以保障数据的安全合规和高效利用。

参考文献

天眼查研究院：《2022 中国智慧城市建设发展洞察报告》，2022。

中国信息通信研究院：《中国数字经济发展研究报告（2023 年）》，2023。

中国信息通信研究院：《中国算力服务研究报告（2023）》，2023。

数字产业篇

B.5
广州培育专精特新"小巨人"
加快形成新质生产力研究

普华永道专精特新企业研究课题组[*]

摘　要： 专精特新"小巨人"集合了高水平研发能力、先进制造技术、活跃的资本与人才要素，正是当前新质生产力的市场主体代表。广州"小巨人"数量处于全国第二梯队，主要集中在电子信息和智能装备行业。同时，广州对政府及国资产业基金更渴求，数据价值亟须进一步挖掘，更加需要集研发办公生产于一体的空间，盼更多机会参与政府采购项目。面临上市进程放缓，"走出去"更加复杂艰难的风险挑战。建议提升产业链协同度，依托链主企业发现和培育"小巨人"；优化全生产要素配置，激发企业数据、技术等要素价值乘数效应；"引进来"和"走出去"并举，借助资本以投代招和做大市场；加强数字治理，提升企业现代化合规管理水平。

[*] 课题组成员：赵安然，普华永道粤港澳大湾区政府事务部高级经理；张艳，普华永道粤港澳大湾区政府事务部经理；周贝怡，普华永道粤港澳大湾区政府事务部高级助理。课题组成员单位包括普华永道粤港澳大湾区政府事务部、中国信息通信研究院工业互联网与物联网研究所、广州促进民营经济发展研究院等。

关键词： 专精特新 "小巨人" 新质生产力 高质量发展

2024 年《政府工作报告》提出，大力推进现代化产业体系建设，加快发展新质生产力。近年来，广州数字经济加速发展，着力实现"以新提质"。《2024 年广州市政府工作报告》数据显示，2023 年广州数字经济核心产业增加值占地区生产总值的 12.8%，先进制造业增加值占规模以上工业增加值的 60.5%。"小巨人"代表了国内先进的智造力量，分布于技术最前沿的产业赛道，如人工智能、大数据以及生物科技等，成为发展新质生产力不可或缺的支撑力量。自 2023 年 7 月以来，普华永道动态跟踪专精特新"小巨人"，联同多家机构跨城调研数十家广东和长三角地区的"小巨人"以及政府主管部门，梳理"小巨人"的数据画像和成长需求，同时总结长三角地区"小巨人"培育经验，为广州在加快形成新质生产力方面优化要素供给方式、实施政策精准滴灌，为培育更多"小巨人"提出相应的发展策略。

一 广州专精特新"小巨人"培育现状

（一）广州"小巨人"政策创新模式

2022 年 4 月，广州出台《广州市"专精特新"中小企业培育三年行动方案（2022—2024）》（以下简称《行动方案》），提出构建政策矩阵、加大专项财政投入、成立促进机构、打造品牌活动、优化融资服务、搭建产品展示平台、成立专家智库，持续加码培育专精特新"小巨人"。

1. 链长制助力"小巨人"成长

通过实施"链长制"，发动"链主"企业、国有企业、大型企业向"专精特新"企业开放场景应用、共享生产要素、实现协同发展。广州先后举办了智能网联与新能源汽车、轨道交通、超高清视频和新型显示、建筑建材绿色产业、教育信息化等重点产业链供需对接活动，广汽集团、东风日产、

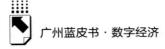

小鹏汽车、广州地铁、广州工控、白云电器、视源电子以及产业链上下游500多家企业参与对接活动，瑞立科密、三泰汽车、擎天实业、华能机电等一批"专精特新"企业与"链主"企业达成合作意向。

2. 数智赋能"小巨人"升级

广州推进智能化数字化赋能"专精特新"中小企业，鼓励企业从生产流程、质量管理、运营管理、品牌培育、数字化云设计、个性化定制、供应链等方面运用数字化解决方案。广州也是广东中小企业数字化转型首批14座试点城市之一，接下来将重点对智能网联和新能源汽车、工业母机和机器人、时尚美妆、轻工纺织等细分行业实施数字化改造"链式"转型，支持更多中小企业向"专精特新"发展。

3. 搭平台助力"小巨人"出海

通过政府搭台、组织参展、依托跨境电商平台等方式，"专精特新"企业正在不断融入全球价值链。以2023年第133届中国进出口商品交易会（广交会）为例，广州"专精特新"企业频频露面，如巨大汽车音响收获了来自中东、南美、东南亚等近20个国家的意向订单。同时，广州加快建设"专精特新"企业产品线上展示平台，集中展示"专精特新"企业的产品服务、技术实力、认证证明、获得荣誉等，为企业提高品牌和产品曝光度。

（二）广州"小巨人"企业画像分析

1. 数量规模："小巨人"数量处于全国第二梯队

第五批国家级专精特新"小巨人"名单公示，广州共有249家"小巨人"，实现2022~2023年"小巨人"数量翻番。但从广东省内及全国范围来看，广州"小巨人"数量规模处于第二梯队，与深圳（752家）、上海（688家）、苏州（396家）等仍存在较大差距（见图1）。这表明广州仍需加快壮大"小巨人"企业规模，巩固数字经济产业集群优势。

2. 产业赛道：电子信息和智能装备撑起"半边天"

广州专精特新"小巨人"产业赛道分布与数字经济发展重点领域相契合。其中，"小巨人"数量最多的是电子信息制造、智能装备两大产业，占

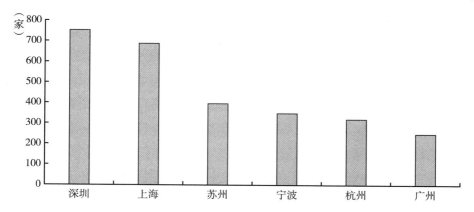

图 1 截至 2023 年 7 月部分重点城市国家级专精特新"小巨人"数量

资料来源：中华人民共和国工业和信息化部。

比分别为 28.11%、21.29%，撑起了广州"小巨人"的半边天。"小巨人"分布较多的产业赛道还有新材料、生物科技、物联网和人工智能产业，占比分别为和 10.44%、10.04%、8.03% 和 6.43%（见图 2）。可见，"小巨人"在数字前沿技术领域的探索和实践为广州制造业数字化转型升级提供了创新动力，在新兴领域数字产业化的开拓也让广州产业生态更加丰富多元，成为支持广州数字经济生态的重要新生力量。

3. 区域分布：黄埔区是广州"小巨人"集聚高地

从广州第五批新增的"小巨人"来看，黄埔区新增数量为 62 家，占全市的 49.2%，新增数量全市第一。除此之外，南沙区新增 14 家、天河区新增 13 家，分别位列全市第二、第三。截至 2023 年 7 月，黄埔区"小巨人"总量为 123 家，占据广州数量的一半左右，成为广州"小巨人"集聚高地。黄埔区于 2021 年 9 月推出专精特新专项政策，即"专精特新 10 条"，从落户投资、成长壮大、研发创新、金融扶持、人才支持、建设专精特新产业园、优化服务 7 个方面制定政策，引导企业走专精特新发展道路。特别是黄埔区打造特色载体，充分发挥国企对专精特新企业的带动作用，京广协同创新中心、钧恒广场等专精特新产业园投入使用，为专精特新企业培育提供优越的孵化环境（见表 1）。

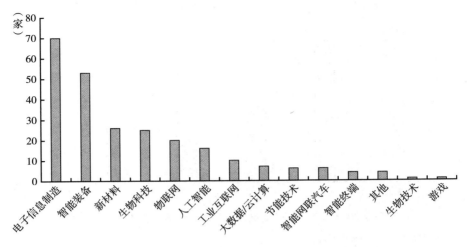

图2 广州"小巨人"产业赛道分布

资料来源：广州市规划院、普华永道专精特新企业研究课题组整理。

表1 广州"小巨人"区域分布状况

单位：家

区名	企业数量	主要赛道	代表企业
黄埔区	123	前端芯片机械部件	慧智微、安凯微、昊志机电、高澜股份、弘亚数控
番禺区	32	灯光制造、定位装备	浩洋股份、中海达、奥迪威、思林杰
天河区	18	人工智能	中运科技、金税股份
南沙区	18	人工智能	云从科技、远正智能
白云区	17	音视频设备、聚合物添加剂	魅视科技、呈和科技
花都区	16	灯光制造、保温节能	雅江光电、孚达保温
增城区	12	新材料、新能源	聚胶股份、锐速智能
海珠区	4	互联网通信	广有通信、云下汇金
从化区	4	新材料、光纤	聚赛龙、奥鑫通讯
越秀区	3	无人机遥感	中科云图
荔湾区	2	化学材料	建盛公司

资料来源：广州市规划院、普华永道专精特新企业研究课题组整理。

4. 成立年限："小巨人"在细分领域精耕细作

"小巨人"都是长期主义的践行者，在细分领域深耕多年站稳脚跟。数据显示，广州"小巨人"成立年限主要集中在 11~20 年，占比过半。广州约 1/4 的"小巨人"成立年限都已达 20 年以上，其中不少"小巨人"甚至是 20 世纪 90 年代成立的（见图 3）。

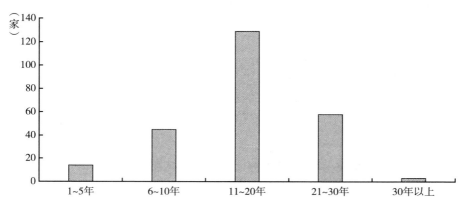

图 3　截至 2023 年 7 月广州"小巨人"成立年限分布

资料来源：企查查。

5. 研发能力：头部企业引领广州"小巨人"研发实力增强

从专利数量来看，广州专精特新"小巨人"平均专利拥有量为 140 项，高于全国平均水平。但值得注意的是，有 82 家企业专利拥有量在全国平均线（115 项）以上，多达 167 家企业低于平均线（见图 4）。从企业技术中心数量来看，广州"小巨人"设立企业技术中心的有 64 家，占比仅为 25.7%。这组数据说明，广州"小巨人"的专利持有主要集中在少部分高研发企业中，大部分"小巨人"技术研发实力仍有提升空间。

6. 融资情况：新三板仍是"小巨人"上市主要阵地

从上市情况来看，广州专精特新"小巨人"中的上市企业有 46 家，其中数量前三的是新三板（23 家）、创业板（11 家）和科创板（9 家），占比分别为 9.24%、4.42%、3.61%，新三板仍是"小巨人"上市的主要阵地（见图 5）。此外，科创板也是中小企业上市的主力板块，有潜质上市科创板的广州"小巨人"有待挖掘。

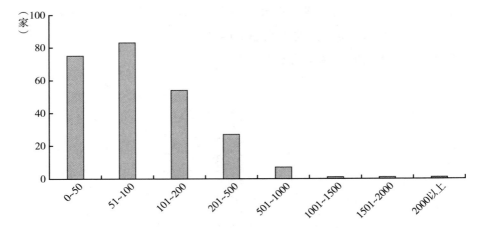

图4 截至 2023 年 7 月广州"小巨人"专利拥有量区间分布

资料来源：企查查。

从融资情况来看，广州共有 34 家"小巨人"获得融资，其中，战略融资 21 家、股权融资 5 家、A 轮融资 2 家、B 轮融资 5 家、C 轮融资 1 家。战略融资意味着广州"小巨人"融资多数是基于产业生态合作。然而，进入 C 轮融资企业较少，这表明广州"小巨人"融资能力有限，在吸引资本追加方面存在一定困难。

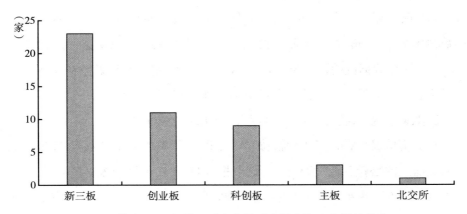

图5 截至 2023 年第三季度广州"小巨人"上市板块分布

资料来源：Wind 数据库、企查查。

二 广州专精特新"小巨人"成长需求分析

（一）生产要素发生转变

1. 资本：对政府及国资产业基金更渴求

专精特新企业大多是专攻科技研发的中小企业，在获取银行贷款融资的过程中，很难符合银行对抵押以及企业资产的要求。获评"小巨人"的企业在银行授信中有一定便利，但在实际放款过程中仍受掣肘。课题组调研发现，越来越多的"小巨人"从过去几年希望从银行融资转变为渴望政府引导性基金的支持。一方面，政府引导性基金以产业发展为导向，更倾向于"投早投小"；另一方面，政府引导性基金拥有更多资源赋能企业发展，比如对接政策支持、应用场景和大赛参与等。然而，广州"小巨人"获得政府引导性基金的占比不到10%，也有部分虽然已获得了政府引导性基金，但是政府引导性基金投资的规模相对较小，对市场机构的撬动也不够，无法为处于快速成长期的"小巨人"提供所需资本。

2. 数据：已有一定积累但亟须挖掘价值

"小巨人"经过一段时间的数字化转型，身处信息科技产业赛道，已经积累了大量数据这一核心资源，并渴望充分挖掘数据资源的价值，这有助于它们将数据作为资产抵押或提高企业产值、估值。目前，数据资产化的政策尚不明确，数据交易不充分、不活跃，导致数据变现有限，大部分企业仍持谨慎观望态度。不少"小巨人"在调研中反映，不清楚自己哪些数据可以资产化，更加不明确数据资产化可以带来什么好处。而对于 To G 端业务的"小巨人"来说，如智慧政府、智慧交通等领域，特别需要政府公共数据的开放和共享。

随着全国和广东省中小企业数字化转型试点的铺开，"小巨人"数字化转型进入 2.0 阶段，即个性化数字化转型，以提高生产和管理效率为目标，实现降低成本、快速变现。因此"小巨人"数字化转型需要充分考虑企业发展现状和未来目标，从战略层面包括流程重构、文化重构、管理架构重构等规划企业数字化转型发展之路。此外，越来越多的"小巨人"开始关注整个产业链的数字化协同。尤其是当前，企业需要"抱团发展"，希望从单个企业的数字化拓展到产业链的数字化，提高整个供应链的生产效能。

3. 技术：更贴近终端市场需要的应用创新

与长三角地区不同，珠三角地区的制造业以面向国内外市场提供终端产品的生产制造为主，如服装、家居及消费电子等。例如，广州成至智能机器科技有限公司是一家从事无人机的应用开发及方案解决的服务商，其产品大多应用于山区应急救援，市面上无人机搭载探测和载荷功能难以满足夜间救援需要。该企业组建研发团队对无人机夜视摄像头和载荷设备进行改造，研发符合山地、森林等场景的救援无人机技术。可见，广州"小巨人"的技术研发是以市场应用为导向的，它们需要更多符合柔性、快速等特点的技术转化，帮助企业提升产品研发和服务能力，从而拓展市场规模。

4. 土地：需集研发办公生产的一体化空间

相比于以往工业用地需求，生物医药、智能智造、工业互联网等领域的"小巨人"生产设备相对轻量且智能化程度较高，需求面积较小，生产过程中产生的噪声与污染较小，且在产业生产过程中震动较小，具备"工业上楼"的基本生产条件，也更需要集研发、制造、仓储和办公多功能于一体的工业空间。此外，还应关注"小巨人"对城市配套方面的需求，在工业用地内部探索空间功能的更多可能性，不断促进产城融合发展。

（二）适应市场环境变化

1. 上市进程放缓重新择定板块

目前广州"小巨人"上市占比并不大，原因主要包括两方面。一方面，"小巨人"在各自赛道"精耕细作"，希望实现技术迭代、业务倍增之后再考虑上市，在此过程中会考虑以股权融资为主要手段，尽量规避高风险的、急于退出的"上市资金"。另一方面，当前资本市场环境发生变化，科技型中小企业上市路径需要重新规划。据调研，不少"小巨人"曾考虑或谋划过挂牌"新三板"或海外上市，但如今一方面海外上市风险较高且困难重重，另一方面国内多了北交所、科创板以及已全面实施注册制的创业板等更多选择，企业需要重新择定上市板块并进行财务规划。

2. 直面新形势下合规出海挑战

随着全球形势变化，"小巨人"扬帆出海的同时，需要直面更加复杂艰难的风险挑战。数据显示，由于当前全球本地保护主义盛行，对中国品牌、中国制造大力打压，许多国家要求在本地制造采用当地原材料的占比提高到20%~40%，美国也对部分品类产品加征进口关税，直接导致企业出口到海外市场的产品竞争力下降，给企业抢占国际市场造成不小的挑战。同时，国际挑战还包括财务、税务、劳务、数据、知识产权、ESG披露等一系列合规风险。以数据合规为例，2018年欧盟颁布《通用数据保护条例》，对企业和组织的隐私数据保护与处理流程提出了"史上最严"的要求，企业出海涉及数据合规也变得更为复杂。

3. 盼更多机会参与政府采购项目

当前经济背景下包括"小巨人"在内的中小企业最大的难题就是订单减少，特别希望有更多机会参与政府采购项目，同时提高政府采购的到账率等。相比之下，链主企业、国有企业在政府采购中更有优势，民营中小企业越来越难获得政府采购项目，甚至不得不选择和国企合作，这在某种程度上并不利于"小巨人"的技术提升和企业成长。

（三）"被看见"越发重要

1. 期待政策更加精准

培育"小巨人"要让更多优质潜力中小企业被发现挖掘出来，帮助它们补齐成长"短板"，被政策"看见"。但对"小巨人"的调研普遍反映，由于对涉企政策缺乏正确解读和深入了解，它们普遍不清楚如何申报优惠政策。还有"小巨人"反映，政府虽然出台了很多政策，但作为中小企业很难获得精准的培育机会。

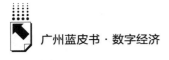

2. 期待被资本"看见"

"小巨人"做大做强要借助资本的力量。近年来，政府引导性基金和以深创投、粤科系为代表的国有资本都积极地在全国各地发现"小巨人"并投资，甚至"以投代招"把优质企业招引到广州。比如，在2023年粤科金融集团直接投资的项目中专精特新企业占比为70%，其中"小巨人"占比为20%。但2022年至2023年第三季度，融资B轮以上（含股权融资和战略融资）的广州"小巨人"有48家，占比约20%；超过七成广州"小巨人"未获得新轮融资。截至2023年第三季度，广州"小巨人"上市的比例仅为18%左右。这组数据意味着，大部分广州"小巨人"仍未被资本"看见"。

课题组调研还发现，广州有不少"小巨人"以及专精特新中小企业在资本圈的关注度不够，或者到了A轮之后的融资并不活跃，也就是较少被市场化资本"看见"。比如最新获得国家级专精特新"小巨人"认定的广州虹科电子科技有限公司就自称从没获得过资本融资，也没有获得过政府引导性基金和国有资本的关注。但其在智能网联汽车测试系统中已有较高的市场占有率，这样的企业在快速成长期需要更多的创投资本甚至风投资金进入。

3. 期待被市场"看见"

由于"小巨人"大多数属于战略性新兴产业，乃至引领新兴领域发展，国内市场也仍在培养中，因此特别需要政府支持，帮助"小巨人"进一步扩大市场规模。以广州艾目易科技有限公司为代表的专精特新中小企业在调研中反映，它们在广东和全国都积极参与各项科创赛事、展会，就是为了被市场"看见"——期待找到产业链上下游合作方，找到更多的业务需求，甚至一些提升技术水平的机会。

三　长三角地区专精特新"小巨人"培育经验启示

（一）江苏经验：选拔"种子"企业、精准滴灌细分赛道

江苏把培育专精特新中小企业列为年度重点工作，构建环环衔接、层次

分明的梯度培育格局,建立健全部门协同、上下联动、加力推进的专精特新企业培育工作机制。江苏特别注重聚焦细分产业赛道,选拔"种子"企业,实施精准滴灌。围绕全省 16 个先进制造业集群和 50 条重点产业链及工业"五基"领域,江苏聚焦高新技术企业、科技型中小企业、"四新"类(新技术、新产业、新业态、新模式)企业,扩充完善优质企业培育库,加强动态管理,做好跟踪监测,实施精准定向培育。针对市场容量小但技术(产品)处于产业链关键环节的细分领域,江苏特别建立省级专精特新中小企业培育专用通道。

(二)浙江经验:挥手"小微你好"、构建综合服务平台

浙江民营经济发达,平均每 22 个浙江人就拥有一家小微企业,故该省特别关注小微企业的成长。自 2023 年 3 月以来,浙江聚焦"暖企解难题助企提质效、惠企减负担",在全省范围开展"小微你好"暖企助企惠企专项行动。以"万名干部助万企"活动为抓手,联合省委组织部选派了 3 万余名助企服务员,走访服务企业近 9 万家次。浙江以企业实际需求为导向,在提供基础性、普遍性公共服务的同时,把服务的重点转向帮助和促进企业加快创新发展上,构建"一中心、一平台一码"的公共服务体系,打造"浙江企业之家"综合服务平台,巩固提升企业服务综合平台(企业码)对企业服务体系的骨干支撑作用,加快实现企业难题一站式解决、政策兑现一揽子帮扶。

(三)上海赋能:发展生产性服务业、打好"外贸牌"

与粤苏浙制造业发达不同,上海"小巨人"分布最多的行业是科技推广和应用服务业、专业技术服务业,占比分别达 26.8%、15.34%,对产业升级的赋能作用持续放大,高端产业引领优势加快形成。近年来上海以创建国家服务贸易创新发展示范区为引领,对接国际高标准经贸规则,持续推进规则、规制、管理、标准等制度型开放,也为以"小巨人"为代表的高端制造业"出海"提供了制度保障。2023 年 11 月,第六届中国国际进口博览会在上海举行,吸引了瑞柯恩激光、商米科技、达观数据、节卡机器人等全

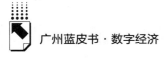

国各地专精特新及"小巨人"企业,向来自世界各地的客户展示专精特新产品、技术和服务。

长三角地区重点城市"小巨人"培育政策如表2所示。

表2　长三角地区重点城市"小巨人"培育措施

重点城市	培育措施
苏州	完善公共服务平台体系。全市拥有国家中小企业公共服务示范平台12家、省级59家,全方位为中小企业提供检验检测、科技创新、创业辅导、融资、培训咨询等服务。 创新开发"政策计算器"。对各项益企惠企活企政策编制清单,将企业信息与政策信息进行智能匹配,实现精准推送、及时兑现,努力变"企业找政策"为"政策找企业"
南京	注重校企协同创新。扎实开展专精特新"千校万企"紫金行动,85%的专精特新企业与高校保持密切技术创新合作。 扩大中小微融资供给。设立省内首个专门服务专精特新企业的政策性融资担保产品——"专精特新保",构建"零成本"民营企业转贷基金
杭州	开拓融资渠道。开发"专精特新贷"专板,设立北京证券交易所省级培育基地,支持杭实基金等国有资本与专精特新企业开展股权融资。 培育研发"尖兵"。组织企业实施省重点研发"尖兵""领雁"项目,成立杭州知识产权交易服务中心,组建知识产权联盟,开展知识产权服务万里行活动等
宁波	签订单项冠军"军令状"。细化落实关键核心技术攻关计划清单、单项冠军企业培育清单和标志性特色产业链清单等3张清单,实施挂图作战,分层分级签订单项冠军培育军令状。 鼓励内部孵化裂变。以大型龙头企业为重点,围绕产业链突破和新领域布局,建立创新创业激励机制,通过技术支持、市场带动,孕育孵化内部创业团队

资料来源:根据各地政府网站等公开资料整理。

四　对广州培育专精特新"小巨人"的策略建议

(一)提升产业链协同度,依托链主企业发现和培育"小巨人"

鉴于"小巨人"成长呈现集聚式、集群式发展态势,广州培育数字经济核心产业"小巨人"也要将产业集群"一把拎""一手抓",充分发挥产业链的带动作用和链主企业的"牛鼻子"作用。

1. 精准锁定数字经济战略性产业赛道"小巨人"

相较于长三角地区,广州智能网联汽车、智能装备、超高清视频显示等支柱产业的"小巨人"数量较少,如汽车产业"小巨人"仅10家左右,可见支柱性产业对"小巨人"的培育与带动作用尚未完全发挥出来。建议广州通过抓住战略性支柱产业集群,发现一批高成长性且有潜力的中小企业,将其培养成"小巨人",进一步把产业链中的"小巨人"养成"大巨人"。

2. 依托链主发现"小巨人"

优化"小巨人"申报与宣贯渠道、模式,同时发挥好"链主"企业在企业培育、产业孵化中的平台效应,鼓励链主企业的产业基金、实验室和云计算等要素向"小巨人"倾斜,为产业链上下游的中小企业解决前沿技术引进和应用对接、融资及上市等难题,促进产业链大中小企业融通发展。

(二)优化全生产要素配置,激发企业数据、技术等要素价值乘数效应

数字经济"小巨人"所需生产要素全面改变,政府政策引导和政策供给方向也需适应"小巨人"的新需求,为"小巨人"激发数据、技术等要素价值乘数效应,同时对传统要素创新政策供给方式,提高政策实施效能。

1. 充分挖掘及提升数据要素资源变现场景及价值

广州可通过政府采购或奖励补贴等形式,重点鼓励和支持"小巨人"利用专业服务机构加快梳理数据资源,挖掘确权企业数据资产,并通过银行贷款、股权交易、数据交易等场景实现数据资产变现。对于政府侧数据,广州政务数据管理局要归集医疗、交通、教育、金融等政务数据,搭建公共数据管理平台,通过数据治理和质量评估等手段,确保数据更新的频率和准确性;在企业侧,企业可通过内部的数据治理,建立数据资源管理平台,对数据全生命周期和数据使用工具进行管理,确保数据资源的可靠性、有效性和可变现性。

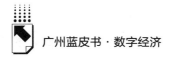

2. 搭建技术供给侧和场景需求侧线上线下对接平台

广州可依托广州数字化企业服务平台"穗好办@企",开放常态化对接与资源共享功能,便利企业随时发布"需求清单"和"赋能清单",并能通过标签精准搜索到匹配的场景合作方,促成民营企业更广泛参与应用场景创新,加速技术应用与产业转化,促进广州经济高质量发展,也为进一步开拓全国市场积累经验。针对民营中小企业参与政府采购时面临的隐形门槛,政府在开放数据、场景等要素的同时,保障民营中小企业公平参与政府采购项目的权益。学习借鉴浙江做法,对符合政府采购需求的专精特新企业科技创新产品和服务予以优先购买,明确政府采购项目对科技型民营企业的采购比例、预付款比例等,不得以商业业绩为由额外对民营企业设置准入条件等。

3. 创新土地、劳动力等要素政策引导方式

在土地供给方面,广州要大力提升"小巨人"的产业集群化、工业制造空间利用集群化和产业链供应链的通畅水平,真正做到"上下楼就是上下游",探索构建工业上楼"链主搭主台,'小巨人'唱主角"的基本格局。在人才引育方面,广州可支持企业联合高校、科研院所、行业协会等打造产教融合实训基地,培育既精通业务又熟悉信息化知识的数字化管理人才。同时,广州要完善以市场为导向、以企业等用人单位为主体、以职业技能等级认定为主要方式的技能人才评价制度,可考虑给予符合条件的用人单位一定配额,自主评价、认定及引进企业所需技能人才。

(三)"引进来"和"走出去"并举,借助资本以投代招和做大市场

在内忧外患的市场环境下,广州市政府要帮助"小巨人"做大国内外市场,通过资本"以投代招"构建产业生态。

1. 支持设立专精特新母基金

广州可依托政府投资基金及国资基金打造"投资+孵化"模式,积极对接广东国资产业投资机构,共同出资设立专精特新母基金赋能和培育专精特新企业。借鉴参考合肥、成都等地经验,对于优质项目形成"接力投"机制,为企业全生命周期梯度培育打造完整的投资体系。

2. 政府和资本联手"引进来"

建议广州关注全国的"小巨人",政府和投资机构联合对被投的潜力企业实施"以投代招",重点引进一批长三角地区优质项目在广州落地布局,重点投向长三角地区先进制造业集群,拓宽广州专精特新"小巨人"等优质培育项目来源,补齐广州战略性产业链供应链发展短板。

3. 投后赋能助企业"走出去"

建议广州为本土专精特新"小巨人"链接更多市场资源,带动广州"小巨人"做大做强,进一步拓宽长三角乃至全国市场。把具有潜力的广州"小巨人"列入上市预备队,重点加强企业投后赋能,实施精准培育,为所投企业链接市场、技术等资源。

4. 构建专业服务生态联盟

围绕"小巨人"上市、出海等难题,广州可建立包含银行、创投机构、券商、律所、会计师事务所、科研院所的生态圈,为注重技术、快速奔跑的"小巨人"提供一站式服务。依托产业生态联盟对企业全方位赋能,为企业"找技术""拓市场""找资本"。例如,对接科研院所实现产研转化,推动产业收购扩大市场份额,借助专业机构为"小巨人"提供上市筹备服务等。

(四)加强数字治理,提升企业现代化合规管理水平

合规管理是"小巨人"高质量、可持续发展的必然要求。一方面,广州"小巨人"中超过70%是10年以上的制造业企业,管理思维相对保守,管理层团队对现代化合规经营的认知相对有限。另一方面,对于相对"年轻"的"小巨人"而言,创始人团队又大多是技术出身,更专注于企业技术研发,并不擅长企业治理,也缺乏相关经验和背景。

建议企业建立全面的内控规范体系,定期实施内控评价,披露公司内部控制情况。企业可借助专业机构的力量,提高内控体系建设效率,降低自身风险,实现从"精细"管理到"精益"管理转型。企业自身需具备数据驱动型高效运营管理模式,从依靠人决策转向依靠数字化系统决策,逐步实现

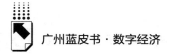

从战略规划到产品研发、生产制造、经营管理、市场服务业务活动等各个环节的数字化。

参考文献

郭倩：《三"新"一"热"折射"小巨人"企业发展势能》，《经济参考报》2023年9月20日。

顾阳：《推动中国经济加"数"跑》，《经济日报》2024年3月11日。

韩鑫：《"小巨人"也能"大创新"》，《人民日报》2022年1月10日。

苏力：《让"小巨人"迸发大能量》，《南方日报》2022年4月8日。

屈庆超：《强化企业科创主体作用，助推区域经济高质量发展》，《光明日报》2024年3月12日。

B.6
广州发展人工智能引领新质生产力
形成的路径研究

广州市工业互联网发展研究中心课题组*

摘　要： 人工智能是发展新质生产力的重要引擎。我国人工智能企业总数和算力规模均位居全球第二。广州支持运用人工智能等新一代信息技术促进产业升级的政策氛围浓厚，逐步构建起大算力、强算法、大数据支撑体系，加速打造人工智能赋能传统产业转型升级样板，硬件设备缺乏研发主体、制造短板明显。特别是在人工智能框架、可解释人工智能、基础/行业大模型等方面的创新能力有待进一步提升。建议广州进一步夯实人工智能产业基础底座，把人工智能作为以质催新的关键动力。寻求符合广州特色产业实际、能发挥提质增效作用的人工智能企业，探索形成大模型等人工智能技术产品赋能新型工业化的路径和模式。加大人才引进以及培训力度，加快构建人工智能教育和人才培养体系。

关键词： 人工智能　新质生产力　广州

一　人工智能引领新质生产力形成的
必要性和可行性

2024 年 1 月 31 日，习近平总书记在中共中央政治局第十一次集体学习

---

*　课题组组长：罗盈盈，广州市工业互联网发展研究中心高级工程师；马戈，博士，中国工业互联网研究院智能化研究所高级工程师（通讯作者）。课题组成员：何思佳，广州市工业互联网发展研究中心高级工程师；丛子朋，广州市工业互联网发展研究中心高级工程师。

时强调，"加快发展新质生产力，扎实推进高质量发展"。① 新质生产力是创新起主导作用，摆脱传统经济增长方式、生产力发展路径，具有高科技、高效能、高质量特征，符合新发展理念的先进生产力质态。新质生产力是通过技术的革命性突破、生产要素的创新性配置以及产业的深度转型升级而产生的，其核心内涵在于通过优化劳动者、劳动资料和劳动对象的组合，实现全要素生产率的显著提升，其特点是创新、关键在质优、本质是先进生产力。

相比传统生产力，新质生产力包容全新的质态要素，在承载主体、成长性、劳动生产率、竞争环境方面截然不同。如表1所示，相比传统生产力，新质生产力承载主体更丰富，包括改造提升传统产业、培育壮大新兴产业以及布局建设未来产业，其发展过程往往伴随新产业、新模式、新动能的出现。新质生产力呈现加速发展趋势，其中创新与人才发挥的倍增效应日趋显著。新质生产力在劳动者、劳动资料、劳动对象三个方面都呈现更高水平，其发展将为新型社会生产关系和社会制度体系奠定基础。新质生产力处于微笑曲线高附加值侧产业，进入门槛高。

表1　新质生产力与传统生产力在不同维度的对比

序号	辨析维度	新质生产力	传统生产力
1	承载主体	改造提升传统产业、培育壮大新兴产业、布局建设未来产业	大多由传统产业作为承载主体
2	成长性	具有较高的成长性，呈现加速发展趋势	成长性较低，增长速度较慢
3	劳动生产率	在劳动者、劳动资料、劳动对象三个方面都呈现更高水平；劳动生产率较高，提供新产品新服务，或其产品和服务具有更好的性能	劳动生产率相对较低
4	竞争环境	微笑曲线高附加值侧产业，进入门槛高	产业技术门槛相对较低，竞争比较激烈

资料来源：课题组根据公开资料整理。

---

① 《习近平在中共中央政治局第十一次集体学习时强调：加快发展新质生产力　扎实推进高质量发展》，中国政府网，https://www.gov.cn/yaowen/liebiao/202402/content_ 6929446. htm。

（一）加快形成新质生产力的必要性分析

发展新质生产力是我国发挥制造业"压舱石"作用的战略选择。推进新型工业化，要保持制造业比重基本稳定在合理区间。我国制造业增加值在全球总量中的占比，从2012年的22.5%上升至2022年的超过30%。我国经济发展始终保持世界领先的增速，制造业规模优势逐渐体现。但我国制造业增加值在国内生产总值（GDP）中所占比重，从2008年32.7%的峰值下降至2022年的27.7%。[①] 这一下降速度快于美国、日本。要建设制造强国，强化制造业"压舱石"作用，只有紧紧抓住人工智能、新材料技术、生物技术等技术突破口，千方百计激发创新主体活力，大力发展战略性新兴产业和未来产业，推动传统产业转型升级，才能以"新"提"质"、以"质"催"新"，提升国民经济整体效率，确保制造业增加值占GDP的比重稳定在合理区间，保持制造业比重基本稳定，锻造更具生命力的现代化产业体系。

发展新质生产力是我国推动制造业高端化、智能化、绿色化发展的必要条件。自改革开放以来，我国社会生产力水平大幅提升，已构建起包含41门类、完备独立的现代工业体系。然而当前工业体系存在体量大而不强、自主创新匮乏、数字技术渗透率低、智能化程度低的问题。相关调研报告显示，2022年我国工业数字经济渗透率为24%，仍低于43%的服务业数字经济渗透率，远落后于德国、美国。[②] 同时根据工业和信息化部发布的数据，截至2022年底，反映产业数字化水平的工业企业关键工序数控化率仅58.6%，而2027年底这一指标需超过70%，考虑到我国工业体量大，制造业向数字化转型任重道远。绿色低碳发展方面，工业能源消费及碳排放量均占到全社会的60%以上。只有面向人工智能、大数据等重点方向，发展新质生产力，充分发掘数据要素价值、培育一批典型场景，挖掘制造业数字化

---

① 资料来源：国家统计局。

② 资料来源：中国信息通信研究院。

转型新动能,才能推动制造业智能化发展。只有畅通科技创新与产业创新循环,提升新质生产力水平,才能推动制造业高端化发展。只有数字技术与绿色低碳技术相结合,推进"碳"的治理,才能推动制造业绿色化发展。

(二)人工智能引领新质生产力形成的可行性分析

人工智能将赋予传统生产力新质。2022年,美国人工智能公司OpenAI开发的聊天机器人程序ChatGPT在全球引起了轰动,11月30日上线后,短短两个月时间,活跃用户就达到了1亿人,被称为"史上增长最快的消费者应用",而TikTok(抖音国际版)达到1亿用户用了9个月,Instagram(简称"Ins",一款移动社交软件)则为两年半。在2023年3月中国工业互联网研究院举办的"工业互联网+AI"座谈会上,科研人员指出,未来大模型发展将呈现"从大模型到小模型、从生成对话到生成视频、从基础大模型到垂直大模型"的演变趋势,而工业大模型将是基础大模型、行业大模型、场景专用模型协同发展的综合体,AI原生应用生态将成为AI云服务竞争的关键点。同时,具身智能将成为产业发展引擎,而世界模拟引擎与AI Agent结合将加快具身智能时代的到来,传统生产力被赋予新质。

人工智能领域展现出强大的"头雁效应"。2023年,我国在智能芯片、开发框架和通用大模型等创新领域取得了巨大进展。华为、寒武纪等研发用于AI推理和训练的芯片,华为、百度引领国产人工智能开发框架逐步壮大,文心一言、通义千问等大模型持续升级。这些成果彰显了人工智能的"头雁效应",为整个行业的发展注入了强劲动力。而以工业互联网、人工智能为循环信息连接基础设施,通过有组织制造,将促进制造业集群高质高效循环畅通,推动制造业从单一企业向制造循环工业系统现代化产业体系转变。

人工智能将促进工业互联网由点及面广泛应用。随着人工智能技术涌现、泛化和迁移方面表现突出,多模态数据融合处理能力不断提升,模型参数压缩、剪枝、蒸馏等技术持续突破。人工智能技术呈现垂直化、多模态、轻量化等趋势,正从点状垂直领域应用向跨行业跨领域全面覆盖,可以在数字设计、人机协同制造、柔性智能服务等典型生产模式中实现与工业互联网的融合应用，对工业互联网的关键技术、架构体系、产业发展、应用模式产生变革性影响。例如，近日 OpenAI 发布的"数据驱动物理仿真引擎"Sora，实现了对虚拟世界的精准模拟，推动人工智能多模态领域实现飞跃式发展。类 Sora 模型可广泛应用于产品设计、产线控制、工厂建模以及生产培训与运维等典型工业场景，推动工业软硬件系统、生产方式与企业形态变革和重构。

二 人工智能产业发展现状

（一）我国人工智能产业发展现状

在新一轮科技革命和产业变革的浪潮中，人工智能产业已成为促进区域科技跨越式发展、推动产业优化升级以及提升整体生产力的重要战略性资源。当前我国人工智能技术产业蓬勃发展、算力基础设施建设向纵深推进、行业融合应用不断深入。

人工智能技术产业蓬勃发展。2023 年，人工智能核心产业规模超过 5000 亿元，产业规模多年保持两位数增长，企业数量超过 4400 家，总数位居全球第二。计算机视觉、自然语言处理、强化学习等核心领域不断催生新算法、新模型和新范式，人工智能技术框架向全场景支持、超大规模人工智能、安全可信等技术方向深化。应用算法、开源框架等关键核心技术加快突破，人工智能芯片在性能、速度、利用率上均实现有效提升，图像识别、语音识别等应用技术进入国际先进行列。我国超 14 个省（区、市）已探索开展人工智能大模型研发，发布 10 亿级参数规模以上大模型超过 100 个，数量位居全球第二。

算力基础设施建设向纵深推进。我国算力规模居全球第二，高端计算、边缘计算与规模算力形成互补之势，算力每 12 个月增长 1 倍。人工智能芯片、服务器等基础硬件发展迅猛，我国人工智能芯片市场规模将以超过 40% 的速度持续增长，预计 2024 年将超过 780 亿元。数据中心呈指数型高增长态势，全球正在开发的超大规模数据中心共计 300 个，并有望于 2024 年突破 1000 个。我国已经建立了 10 个国家级超级计算中心和 7 个由城市运营的人工智能计算中心。人工智能正加快与各行各业深度融合，带动相关领

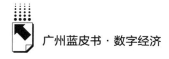

域创新方式、业务模式深刻调整，涌现了一大批生动实践和典型案例。[①]

行业融合应用不断深入。我国人工智能产业发展不断深化，与一、二、三产业融合成效初显，涌现出智能化新产品、新业态、新模式。通过人工智能与制造业领域的加速创新应用，实现材料、设备、产品等生产要素与用户之间的在线连接、实时交互、智能分析、智慧决策，推进制造业向高端化、智能化、绿色化发展。比如，一汽解放高端中重卡整车智能工厂建成后，实现了质量过程100%数字化可控、物流配送100%无人化、核心指标100%满足可视化运营。生产线的柔性化水平显著提高，异常停线时间有效降低，物流作业效率提升55%，生产效率提升5%~10%。

（二）国内外人工智能产业发展情况对比

对比国内与国际人工智能发展情况，我国人工智能产业既存在竞争优势，也存在相对劣势。

在竞争优势方面，我国抢抓人工智能发展机遇，当前已进入世界人工智能第一阵营，成为仅次于美国的人工智能大国。近年来，我国在人工智能制度保障、资源投入、人才培养等方面给予充分支持，使我国人工智能论文、专利等均已赶超美国，在人脸识别、语音识别、自然语言翻译、无人机等技术应用领域已经开始引领世界。相比美国、欧盟，我国在人工智能应用及支撑性基础设施方面处于世界领先地位。我国人工智能技术的应用领域广泛、应用场景多样，数字基础设施完善程度远超其他国家；同时，我国是世界人工智能应用与数据生产、流通第一大国，各类型数据的生产、应用、流通更是远超世界其他国家，从而形成了我国在世界人工智能领域较为突出的竞争优势。

在相对劣势方面，受美国人才"虹吸效应"影响，我国人工智能高端人才匮乏。此外，中国在人工智能核心算法方面面临缺位问题，底层核心算法（如Dropout等）大部分掌握在美国手中，制约我国人工智能产业的安全与可持续发展。我国大部分人工智能企业（特别是中小型人工智能应用类企业）

---

① 资料来源：中国信息通信研究院。

对国外开源算法及软件库依赖性较强，缺乏部分专用核心算法的研究能力。最重要的是，我国在人工智能硬件领域与先进国家差距甚大，关键性半导体材料及生产工艺技术匮乏，如大规模基础性的底层人工智能芯片（如 GPU、FPGA、TPU）设计与制造基本处于空白或尚处于发展初期；专用型或定制型人工智能芯片已有进展（华为昇腾 910、阿里含光 800、地平线自动驾驶芯片征程 3、云天励飞视觉分析芯片等），但性能及制造仍是短板。

三 广州人工智能产业发展现状及难点

（一）广州人工智能产业发展现状

广州是粤港澳大湾区核心引擎城市，市场主体活跃、创新技术涌现、资源禀赋优势显著。2022 年，广州数字经济核心产业增加值占地区生产总值的 13%，占比与上海基本持平。而作为数字经济的关键核心产业，2022 年广州软件和信息技术服务业收入规模位列全国第六，实现利润总额约 960 亿元（利润率为 11.6%），从业人员总数达 54 万人。[①] 在数字经济产业蓬勃发展的背景下，广州人工智能产业稳步发展。

1. 逐步构建大算力、强算法、大数据支撑体系

算力、算法、数据是人工智能的核心驱动要素，三者相辅相成、相得益彰。广州是工业和信息化部支持创建的国家人工智能创新应用先导区，正在以人工智能与数字经济试验区为核心载体，加速算力、算法、数据相关产学研用力量集聚和要素流动，打造人工智能创新发展策源地。

在算力底座方面，建设运营国家超级计算广州中心，为新能源材料、工业制造等 7 个行业 2000 余家企业提供算力服务；建设基于华为鲲鹏、华为昇腾生态的自主可控算力中心，显著提升全市综合算力水平，全市预计各类综合算力约 3.1EFLOPS；政策支持高校、科研机构、企业合理利用算力资源；推动国家公共算力开放创新平台、智算中心等大型异构算力中心互联互通。

---

① 资料来源：广州市工业和信息化局。

在算法方面，行业大模型发展势头较好，先后发布了 9 个行业大模型（涉及交通、生命健康、金融等领域），为人工智能技术在各行业的深度应用提供技术支撑。政府科技和工信主管部门亦发布相关政策，鼓励支持组建创新联合体，共同承担重点研发项目，围绕"造车健城"优势领域开展核心技术攻关，部署应用场景示范，推动人工智能算法的发展和应用。

在数据方面，广州是国内首个启动"数据要素×"典型案例征集的城市，旨在打造公共数据开发利用平台、建设数字广州创新实验室等，推动数据在多场景应用，提高资源配置效率，创造新产业新模式。2023 年，广州数据交易所累计申请入场交易标的超过千余项，为行业数据流通交易注入新活力。[①]

2. 加速打造人工智能赋能传统产业转型升级样板

2023 年，广州市工业和信息化局围绕推进新型工业化发展主题，牵头推进覆盖广州消费品、汽车、电子、装备等全产业的"四化"平台赋能专项行动（"四化"指数字化转型、网络化协同、智能化改造、绿色化提升），表 2 列出了广州"四化"中人工智能赋能平台（部分）。"四化"平台赋能行动第一年，带动全市工业企业上云上平台率达到 44%，有力支撑了汽车、电子、生物医药、化工等多个行业的数字化转型，工业互联网平台赋能制造业转型升级的体系生态基本形成。这其中，中国工业互联网研究院支撑广州市工业和信息化局消费品工业处完成对 60 余家规上工业企业评估诊断，为树根互联、云从科技等 30 余家人工智能相关"四化"平台赋能传统服装、医药、箱包、日化等产业转型升级提供供需对接场景，覆盖经营管理优化、产供销协同、业务数字系统等。2020 年，广州市工业和信息化局牵头发布深化工业互联网赋能传统特色产业集群的相关政策，探索纺织服装、美妆日化、箱包皮具、珠宝首饰、食品饮料的"1+2+N"模式，每个集群均拥有行业解决方案服务商和跨行业跨领域平台两方紧密合作的建设主体，与 N 个数字化转型合作伙伴协同合作，打造集群数字化转型整体解决方案。例如，在纺织环节，致景科技针对纺织产业集群在配色调色方面配色误差大、

---

① 资料来源：广州数据交易所。

效率低的情况，研发了智能配方系统，利用人工智能和大数据算法技术实现织物智能配方推荐，大大提高了配色精准度和效率，将打样时间从以前的3~5天缩减到现在的急单24小时，进一步促进纺织行业智能化。

表2 广州"四化"中人工智能赋能平台（部分）

序号	平台名称	作用	服务行业
1	赛宝人工智能与大数据质量保障公共服务平台	质量检测与大数据分析等	汽车、电子等
2	博依特云桥工业互联网平台	原料与配方优选、工艺参数优化、成品质量预测等	造纸、陶瓷、水泥、玻璃、食品等流程型制造企业等
3	树根互联根云平台	集成人工智能算法的低成本、跨平台、云原生、多终端和强安全的工业互联操作系统	通用行业
4	广州阿里云平台	企业级人工智能开发平台，集群管理，网络联通，高性能存储	通用行业
5	广州速威智能制造柔性低代码开发平台	自主可控的云原生低代码工业PaaS	汽车汽配、食品药品、生活用品、医疗企业、装备制造、家电电子等
6	广东中设智控工业设备数字化管控平台	设备数字孪生管理平台、设备健康PHM及预测性维护管理系统	通用制造、交通运输、航空航天、公用事业、食品医药、石油化工、冶金矿山、军工等
7	科大讯飞华南有限公司人工智能与大数据产业协同创新服务平台	新一代认知智能大模型，拥有跨领域的知识和语言理解能力，能够基于自然对话方式理解与执行任务	家具、纺织、机器人、食品、电子设备等
8	云从科技集团股份有限公司人机协同开放平台	人机协同操作系统、数字人能力平台、开明隐私计算平台、从容大模型	政务、金融、医疗、教育、智能制造等

资料来源：广州市工业和信息化局。

3. 加紧前沿技术成果转化，培育壮大新兴产业、布局建设未来产业

为进一步促进创新链、产业链深度融合，发展人工智能技术，近年来，

广州相继颁布了一系列政策文件，以"链长制"为主导，实施"十百千"战略，每个重要领域选择了一批重点培育企业，致力于打造多元、相互促进的人工智能产业生态系统。

在"链长制"政策引导下，广州支持人工智能链主企业与产业上下游企业、院所协同合作，共同构建人工智能创新平台和产业生态。借助人工智能与数字经济广东省实验室等科技力量，着重突破遗传算法、神经网络、类脑智能与脑机接口、迁移学习等前沿理论和技术领域，促进前沿科技项目成果转化，全面深化产业变革，形成以基础研究、原始创新、颠覆性创新为基础的新兴产业链。推动在穗高校、科研机构等创新主体联合有研发基础、资金基础的企业积极承接国家科技创新重大项目、自然科学基金等国家、省重大战略布局任务。

（二）广州人工智能产业发展难点

根据课题组调研数据，整理出广州人工智能产业链基础层、技术层和应用层企业分布情况（见表3）。这其中，广州人工智能基础层企业主营业务涵盖芯片、传感器、存储设备、大数据、云计算等。技术层企业主营业务涵盖机器学习、深度学习、计算机视觉、自然语言处理等。应用层企业主营业务涵盖机器人、无人机、智能驾驶和智能医疗等。本文从基础层、技术层和应用层三个维度分析广州人工智能产业发展难点。

表3　广州人工智能产业链基础层、技术层、应用层企业分布情况

企业所处环节	主营业务					
基础层	芯片 (3.11%)	传感器 (0.18%)	存储设备 (3.25%)	大数据 (71.97%)	云计算 (21.49%)	
技术层	机器学习 (14.82%)	深度学习 (16.58%)	计算机视觉 (4.25%)	自然语言处理 (53.99%)	图像/语音/文字 识别(10.36%)	
应用层	机器人 (5.36%)	无人机 (0.34%)	智能驾驶 (0.89%)	智能医疗 (20.76%)	智能教育 (10.38%)	智能家居 (62.28%)

注：括号内数据为该类企业数量占该层次企业总量的比重。
资料来源：课题组调研整理。

基础层中硬件设备缺乏研发主体、制造短板明显。一是研发投入不足。尽管广州出台相关政策支持企业创新，但受到投资门槛、投资回报率以及扶持倾向等多种因素影响，广州智能芯片、服务器、传感器等产业链上游企业的数量相对较少，规模较小，占比也较低（仅占基础层企业总数的6%）。实际困境是，广州的人工智能基础层企业（特别是集成电路智能芯片、高性能存储设备等）面临不同程度资金压力，难以承担大规模的研发投入。这导致企业在技术创新方面的步伐缓慢，难以形成具有竞争力的核心技术。二是需求带动效应大，制造能力薄弱。根据公开数据，中国约60%的芯片需求市场在珠三角地区，而珠三角地区的实际产能不足全国的10%，存在需求带动效应大、制造能力薄弱的问题。面对复杂交织的外部环境，广州在生产电子元器件的关键设备与技术方面，存在高度依赖外部供应导致产业链中高端自主供给能力不足的问题，将倒逼基础层企业提升制造环节向高价值链侧攀升的能力。然而不容忽视的是，广州人工智能基础层制造业企业实力仍有待提升。以芯片产业为例，广州仅有唯一一家可量产12英寸芯片的制造企业（粤芯半导体），8英寸芯片量产尚未实现。

技术层核心技术研发和创新方面仍显薄弱，特别是在人工智能框架、可解释人工智能、基础/行业大模型等领域的创新能力有待进一步提升。一是产业发展不平衡，核心技术部分缺失。广州人工智能产业发展所需的人工智能框架、芯片指令集、开源模型、编程语言等核心技术依赖外部公司，缺乏自主可控能力。例如，人工智能框架形成了以Google-TensorFlow和Meta-PyTorch为代表的双寡头格局，国内也有华为MindSpore、百度PaddlePaddle、商汤科技SenseParrots、腾讯TNN、阿里MNN、字节跳动BytePS、旷视MegEngine、小米Mace等，而广州从事人工智能框架研发的机构寥寥无几。二是企业多而不强。企查查大数据研究院统计数据显示，广州现存人工智能相关企业5.4万家，位列全国第一，高于北京（4.7万家）、上海（4.0万家），但在产业规模、投融资金额、知识产权数量、独角兽企业数量等方面，广州均处于全国第二梯队（第5名或之后）。

应用层场景开放不够，引领性产品不足。一是数据开发能力较弱。广州具有良好的应用基础，数据资源总量丰富。虽然积累了海量的工业数据，但面临数据流通难、数据标准不统一、数据质量参差不齐等问题，大量高价值数据资源沉淀，没有有效盘活数据资产。二是应用场景开发程度有限。广州目前应用场景主要集中在消费侧，工业应用场景较少；不同行业、不同区域的企业生产条件差异大，场景碎片化严重，影响其在工业领域大规模应用落地。三是通用/行业大模型产品不足。截至2023年3月，根据网信办发布的《生成式人工智能服务已备案信息》，在117个备案大模型中，广州仅有极目科技（银河大模型）、网易（邮箱智能助手大模型）、动悦技术（夸克曼大模型）、视源科技（CVTE大模型）、云从科技（从容大模型）、佳都科技（佳都知行大模型）、唯品会（朝彻大模型）、冠岳科技（翼绘AI）、视源电子（CVTE大模型）9个大模型，数量远低于北京和上海。

四　以人工智能发展广州新质生产力的路径

（一）发展视角——人工智能产业需夯实基础底座、在实践中锻造自身本领

为夯实人工智能发展基础，建议加大对人工智能关键技术的支持力度，推动建设广州人工智能公共算力中心和新一代应用能力型国产超算系统。同时尽快向全市开放算力资源服务，满足大规模AI算法计算、机器学习、语音图像处理、科学计算和工程计算的需求，以加速垂直行业人工智能技术的产业化落地。同时，广州还将推动制定数据汇集、开放、共享、应用及授权运营规则，促进政府数据跨部门、跨地区、跨层级共享，并鼓励企业之间和政府与企业之间共享数据。

1. 夯实人工智能技术底座

以发展大模型为牵引，促进人工智能、数字孪生、大数据、区块链等新一代信息技术融合，加速新技术落地应用。同步推动政产学研用相关企业合作，加大对脑机接口、数字孪生等技术的攻关，加速技术有机整合、融合创

新，运用大模型新兴技术带动我国高技术产业的高水平创新。

2. 加强公共数据资源整合

依托国家工业互联网大数据中心等权威平台，汇聚文本、图片、视频等多模态数据，构建行业语料库以及提示词模板库，降低预训练门槛，提升大模型的准确性和稳定性；依托广州数据交易所，加快数据交易市场建设，健全数据质量评价体系，加强数据汇聚、存储、清洗、标注、确权，促进数据安全高效流通。

3. 加快研制人工智能应用相关标准

建立大模型性能标准规范体系，持续开展通用人工智能大模型多维度测评与标准制定工作，包括但不限于大模型的准确性、稳健性、安全性、计算效率、人类价值观等。探索高质量数据集、模型训练推理、应用代码等标准化开源模式，促进人工智能与各产业领域深度融合。

4. 建设人工智能应用创新平台

探索通用"大模型"与专业"小模型"混搭应用模式，联合重点企业打造一批通用人工智能大模型在工业研发设计、生产制造、经营管理、运维服务等典型场景应用示范。依托创新平台，推动"政产学研用金"协同合作，引导更多企业应用大模型，营造良好的产业生态。

（二）赋能视角——人工智能作为以新提质的创新引擎，将帮助广州立足实际、写好特色产业文章

这一过程需要以稳定产业链供应链为主要出发点，从数字智能水平提升、加快融通发展、增强创新发展能力、提升开放发展水平等多个角度综合分析，由政府牵头引路、智库聚合生态、市场自主匹配，寻求符合广州特色产业实际、能发挥提质增效作用的人工智能企业，面向广州特色产业，选择重点行业、关键环节、典型企业和产品，通过创新技术、聚合数据、健全机制、开展试点等多种手段和举措，加速工业智能化、高端化、绿色化升级，探索形成大模型等人工智能技术产品赋能新型工业化的路径和模式。

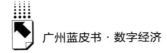

一方面，建议发挥广州"链长制"人工智能战略优势，加速培育人工智能产业园、人工智能典型应用场景、人工智能企业，在"造车健城""新一代高清显示"等优势赛道持续发力，进一步优化人工智能产业生态。在领航前沿技术研究方面，全力扶持人工智能"链主"企业，促进前沿科技项目成果沿途转化，全面深化产业变革。另一方面，人工智能与实体经济的深度融合将成为广州产业升级的新引擎。在新兴产业和未来产业方面，广州可积极推动智能网联汽车、机器人、无人机、智能医疗设备等新兴产品的研发与产业化进程，充分释放人工智能技术潜力，以实现这些高科技产品在社会各个领域的广泛应用。在传统产业方面，广州需要应用人工智能技术对传统特色产业进行转型升级。其传统优势产业——家具、服装、珠宝、化妆品、箱包等，在融入人工智能与智能制造技术后，将焕发新的生机。通过智能化改造，这些产业将拓展产品形态，挖掘新的应用服务，从而培育出更多引领市场潮流的领军品牌和企业。

在推动人工智能与实体经济深度融合的过程中，广州应积极挖掘和培育一批领军品牌和企业，引导它们朝着专精特新方向发展。具体而言，可以通过提供创业孵化、技术研发支持、市场推广等多方面的支持政策，鼓励企业在特定领域进行深耕细作，培育出具有核心竞争力和市场影响力的品牌和企业。同时，需要加强与产业链上下游企业的合作和交流，建立起紧密的合作关系，形成良性循环的产业生态系统。这样的举措不仅能够促进企业之间的协同发展，还能够打造出具有国际竞争力的人工智能企业集群，推动整个行业向更高水平迈进。

（三）人才视角——人工智能作为以质催新的关键动力，将为广州瞄准前沿、储备人才提供动能

加强新一代人工智能人才梯队建设，集聚高端智力资源。建议广州相关政府部门充分发挥引领作用，加大人才引进及培育力度，加快构建人工智能教育和人才培养体系，精准、高效培养产业急需的各类人才，集聚创新力量，提升广州人工智能产业创造力、竞争力。

1. 加大人工智能人才培养力度

一是需要推动各级院校加强人才培养。从人才供给端分级发力，鼓励暨南大学、中山大学、华南理工大学等广州市内高校强化人工智能研发学科建设，帮助职业高校、技工院校设立人工智能发展与应用课程，促进校、企、园区联合共建产业学院、人才基地，为学校专业设置、课程建设、招生与就业提供指引与支持，加强人工智能人才供应。二是需要开展人才在职培训行动。建议由政府主管部门牵头，以广州五大支柱产业和五大特色优势产业为重点，依托行业协会或产业集群数字化转型牵头单位，会同社会培训机构、科研院所、智库机构等，组建人工智能人才培训共同体，根据行业特点、人才队伍层级，开展不同类型的人工智能专题培训，如面向政府干部普及人工智能基础知识与产业发展现状，面向企业中高层管理者讲授前沿人工智能赋能案例及企业智能化转型路径，面向产业技能人才教授符合行业所需的人工智能技术及应用等，全面提升政府管理和企业应用人工智能的意识与能力。

2. 配套出台保障政策和措施

一是需要建设人才培养公共服务平台。鼓励广州重点产业集群的龙头企业或行业公共服务企业，建设人工智能人才培养公共服务平台或实训基地，对成功立项及验收的人才培养公共服务平台或院校实训基地项目通过事后奖补的形式提供资金支持，面向产业链上下游企业及其他相关行业，提供人工智能理论讲授与实训实操紧密结合的培训服务。二是需要加大人才引进力度。建议广州引进人工智能杰出专家、学者、技术能手等高层次、高技能人才，按规定给予相应支持，发挥领军人才"头雁效应"。出台政策措施吸引人工智能相关专业的硕士、博士学历人才来穗就业，将人工智能技术人员相关职业列入《广州市引进技术技能人才职业目录》，并推动开展专业技术评价及认证工作。

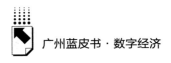

参考文献

国际数据公司（IDC）、浪潮信息、清华大学全球产业研究院：《2022-2023 全球计算力指数评估报告》，2023。

习近平经济思想研究中心：《新质生产力的内涵特征和发展重点》，《人民日报》2024 年 3 月 1 日。

中国科学技术信息研究所：《中国人工智能大模型地图研究报告》，2023。

中国科协创新战略研究院：《创新研究报告》，2023 年第 16 期。

《十七部门关于印发〈"数据要素×"三年行动计划（2024—2026 年）〉的通知》，中华人民共和国国家互联网信息办公室（中央网络安全和信息化委员会办公室）网站，https：//www.cac.gov.cn/2024-01/05/c_ 1706119078060945.htm。

B.7
国内先进城市人工智能大模型
发展经验及对广州建议

盘和林　陈智颖*

摘　要：　人工智能大模型是人工智能产业链和创新链的最基础最核心底座，具有战略性、基础性、通用性和公共性特征，代表着人工智能技术演进的前沿趋势。北京依托科研院所创新资源优势，深化产学研合作，开放数据和场景应用，推动人工智能大模型技术发展。上海加强立法和政策支持，依托头部企业和科研机构带动，打造人工智能高地。深圳打造重大平台，配套有力政策，以大模型广泛应用带动创新迭代。杭州推动大模型园区建设，完善产业生态，不断夯实发展基础。建议广州积极学习先进城市的经验做法，以发展人工智能大模型为抓手，深化产学研合作，发挥科研院所集聚优势，强化政策支持，搭建高水平合作平台持续强化在人工智能和数字经济发展领域的中长期竞争力，助力"二次创业"再出发。

关键词：　人工智能　大模型　数字经济

一　国内先进城市促进人工智能大模型发展的经验做法

（一）北京：建设具有全球影响力的人工智能创新策源地

北京以建设具有全球影响力的人工智能创新策源地为目标，着力推动大

* 盘和林，浙江大学国际联合商学院数字经济与金融创新研究中心联席主任、研究员，工信部信息通信经济专家委员会委员，研究方向为数字经济；陈智颖，广州市社会科学院广州城市战略研究院博士，研究方向为数字经济。

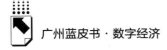

模型基础理论、大模型创新算法、大模型训练数据采集与治理、大模型基础软硬件设施、大模型评测方法等多领域的研究与应用，努力构建完整的通用人工智能技术体系。截至2022年，北京人工智能产业产值规模约2270亿元，人工智能独角兽企业、高影响力学者、核心技术人才、专利及相关科研成果数量均居全国主要城市之首，成为我国名副其实的人工智能产业发展先导城市。通过政府出台政策、科研院所领衔、行业联盟协同的方式，北京催生出北京智源研究院"悟道"、中国科学院"紫东太初"、百度"文心一言"、智谱华章"智谱清言"、抖音"云雀"、百川智能"百川"等多个人工智能大模型产品，带动人工智能产业蓬勃发展。

1. 发挥创新资源集聚优势，优化人工智能发展战略

发布《北京市加快建设具有全球影响力的人工智能创新策源地实施方案（2023—2025年）》，提出了16项重点任务，涵盖关键技术突破、底层基础设施建设、人工智能产业体系形成、主要应用场景构建、生态模式创新5个方向。针对人工智能大模型提出开展人工智能基础理论研究、研发国产人工智能芯片、建设人工智能公共算力中心、构建大模型技术产业生态等多项具体措施，对北京人工智能产业未来的发展方向进行了系统性布局，也致力为北京发展人工智能大模型集聚充足的创新资源。

2. 聚焦通用人工智能，推动大模型技术发展

发布《北京市促进通用人工智能创新发展的若干措施》，针对通用人工智能发展提出了21项部署措施，包括统筹算力资源、供给高质量数据要素、系统构建通用人工智能技术体系、创新通用人工智能应用场景、建立健全包容审慎的监管制度等，致力于进一步有效整合创新资源，推动大模型技术发展。

3. 依托科研院所，推动人工智能大模型研发及成果转化

发布北京智源行动计划，在科技部和北京市委的指导下，由北京大学、清华大学、中国科学院，联合百度、小米、字节跳动等科技企业共同成立了北京智源人工智能研究院，开发了"悟道"大模型3.0系列，包含"悟道·天鹰"语言大模型系列、天秤开源大模型评测体系与开放平台、"悟道·视界"视觉大模型系列。推动中科创达与北京智源人工智能研究院共同成立"魔方未来联合实验室",推进大模型技术创新与成果转化,促进人工智能技术在智能汽车、智能机器人、智慧工业、智能物联网等领域应用落地。

4. 政企协同合作,搭建人工智能大模型开放平台

启动"通用人工智能产业创新伙伴计划",广泛征集算力伙伴、数据伙伴、模型伙伴、应用伙伴和投资伙伴,以完成算力供给、数据训练、模型设计、模型赋能、软件开发、芯片开发等八大具体任务。对进入"伙伴计划"的成员单位,纳入市区两级重点企业服务名单,并积极引入社会资本,设立通用人工智能产业基金。截至2023年6月30日,"伙伴计划"已确定两批入选成员单位,首批共39家,其中算力伙伴2家、数据伙伴9家、模型伙伴7家、应用伙伴13家、投资伙伴8家;第二批共53家,其中算力伙伴10家、模型伙伴10家、应用伙伴24家、投资伙伴9家,并评估出模型观察员30家。

5. 开放高质量数据集,为人工智能大模型训练提供语料资源

发布首批"北京市人工智能大模型高质量数据集",入选人民日报语料数据集、中国科学引文数据库数据集、国家法律法规语料数据集等10个单位的18个高质量训练数据集,涵盖经济、政治、文化、社会、生态等不同领域,涉及文本、图像、音频、视频等多种形式,总规模超过500T,将为大模型训练提供有力的数据资源保障。

6. 开放政务应用场景,推动人工智能大模型在政务领域落地

推动政府机关、事业单位、国有企业等积极使用安全可靠的大模型相关产品和服务,在政务服务、智慧城市等领域率先落地应用并形成示范效应,提升城市治理能力的现代化水平。2023年7月,北京已成功发布全国首个政务服务领域的大模型应用场景,包括政务咨询、智能问答、智能热线、政策服务等。

(二)上海:打造人工智能"模都"

上海提出打造人工智能大模型之都(简称"模都")的发展目标,不

断加大在人工智能领域的政策统筹和创新力度。一方面，依托政府的顶层战略布局吸引人工智能领域重大创新机构、企业、人才落户；另一方面，依托商汤科技等行业领军企业以及上海人工智能实验室等科研平台，突破人工智能核心技术领域，构建涵盖算力、算法、数据等要素的行业生态圈。目前，上海已经催生出上海人工智能实验室的"书生"、商汤科技的"商量SenseChat"、MiniMax的"ABAB"、复旦大学的"MOSS"等人工智能大模型，并进一步向智能芯片、语料联盟、应用场景等产业链上下游延伸。

1. 颁布相关法规条例，奠定人工智能大模型产业发展法律基础

通过《上海市促进人工智能产业发展条例》，提出设立"人工智能战略咨询专家委员会""人工智能伦理专家委员会"，为产业发展的重点战略、重大决策建言献策；锚定先进架构创新设计高效智能芯片，提升产品竞争力；允许人工智能产业发展先试先行，对部分轻微违法行为免于行政处罚。这些法律法规使上海发展人工智能大模型有法可依，更有助于形成相应的政策安排以推动人工智能大模型的研发与应用。

2. 构建市区两级政策体系，形成人工智能大模型产业发展合力

市级层面发布《上海市推动人工智能大模型创新发展的若干措施（2023—2025年）》《上海市加大力度支持民间投资发展若干政策措施》，成立"上海人工智能产业投资基金元宇宙智能终端子基金暨上海人工智能开源生态产业集群"，支持研发具有国际竞争力的大模型，推动大模型在全市各行各业的深度应用，引导民间投资向大模型产业倾斜。区级层面发布《临港新片区加快构建算力产业生态行动方案》《徐汇区关于支持生成式人工智能发展的若干措施》《浦东新区产业数字化跃升计划（GID）三年行动方案（2023—2025）》，突出各区比较优势，为发展人工智能大模型提供算力、语料、芯片、生态场景等要素支撑，形成全市统筹、各区错位联动发展的政策体系。

3. 打造"3+5"发展模式，突破人工智能大模型发展瓶颈

围绕"创新能力、创新要素、创新应用、创新环境"四个方向提出了三项计划：一是大模型创新扶持计划，实施专项奖励，加速模型迭代升级；

二是智能算力加速计划，建设大规模智能算力基础设施；三是示范应用推进计划，打造大模型应用场景，促进人工智能与产业深度融合。为保障三项计划顺利落实，提出打造五大平台：一是大模型测试验证与协同创新平台，加速模型迭代与合规应用；二是大模型语料数据联盟，加大高质量语料数据资源供给；三是智能算力调度平台，形成规模化智能算力调度和供给能力；四是软硬件适配测评中心，降低智能芯片适配成本；五是大模型开源社区和协作平台，打造开源生态和开源模型。

4. 头部企业与科研机构领衔，多维度完善人工智能大模型应用生态

上海人工智能实验室与商汤科技联合香港中文大学、复旦大学等多所知名高校发布了"书生通用大模型体系"，包括"书生·多模态""书生·浦语""书生·天际"三大基础模型，以及首个面向大模型研发与应用的全链条开源体系，助力加快自动驾驶、智慧医疗、地球科学等多个领域的智能化进程。此外，上海人工智能实验室联合中央广播电视总台、人民网、国家气象中心等 10 家单位联合发起成立了大模型语料数据联盟，并开源发布了"书生·万卷"1.0 多模态训练语料，为后续大模型训练提供语料数据支撑。

5. 举办世界人工智能大会，打造人工智能产业高端合作交流平台

自 2018 年创办以来，世界人工智能大会（WAIC）已在上海成功举办 5 届，逐步成长为全球人工智能领域最具影响力的行业盛会和上海集聚人工智能高端技术、人才、产品等资源的窗口。2023 年，世界人工智能大会聚焦人工智能大模型，发布 30 余款基础大模型、垂直大模型，对接 210 家上下游企业，达成 110 亿元意向采购金额，推动 32 个重大产业项目签约，投资总额达 288 亿元。

（三）深圳：创建全球人工智能先锋城市

深圳拥有雄厚的数字经济基础以及大量创新驱动型科技企业，正借助人工智能大模型的发展浪潮打造国家新一代人工智能创新发展试验区和国家人工智能创新应用先导区，力争成为全球人工智能先锋城市。目前，深圳已布

局鹏城实验室、深圳大数据研究院、光明实验室、粤港澳大湾区福田数字经济研究院等一批新型研发机构，拥有华为、腾讯、云天励飞等一系列人工智能行业领军企业，催生出华为的"盘古"、腾讯的"混元"、鹏城实验室的"鹏城·脑海"、IDEA研究院的"姜子牙"、云天励飞的"天书"等人工智能大模型。通过产学研用深度融合的创新机制，推动人工智能大模型相关产业快速发展。

1. 法规条例先行，聚焦突破人工智能大模型发展瓶颈

通过《深圳经济特区人工智能产业促进条例》，提出以市场需求为导向构建政策扶持体系，强化政产学研深度融合，推动人工智能关键核心技术攻关，突破深圳人工智能基础研究薄弱、侧重应用层面的瓶颈；构建人工智能产业公共数据资源体系，建立面向产业的算力算法开放平台，突破数据、算力和算法瓶颈；定期制定并发布人工智能场景需求清单，政府及公共企事业单位率先使用人工智能产品和服务，发挥引领示范作用，突破大模型研发成果落地难的瓶颈。

2. 配套政策跟进，全方位支持人工智能大模型发展

发布《深圳市加快推动人工智能高质量发展高水平应用行动方案（2023—2024年）》，从强化智能算力供给、搭建公共数据平台、推动校企联合培养人工智能人才、实施科技重大专项扶持计划、成立人工智能基金群5个方面对发展人工智能大模型予以支持。发布《深圳市前海深港现代服务业合作区管理局关于支持人工智能高质量发展高水平应用的若干措施》，提出支持人工智能产业集聚、强化人工智能关键要素供给、打造人工智能应用示范、完善人工智能产业生态等16项措施，旨在将前海打造成深圳人工智能创新高地。

3. 鹏城实验室领军，培育人工智能大模型应用生态

发布"飞桨—鹏城云脑"发行版，提供了深度适配的产业级模型，以及端到端的开发套件，持续营造AI软硬件底座生态，为科研工作者和广大开发者提供飞桨、文心大模型等一系列高效便利的研发工具和应用体验。启动"鹏城云脑Ⅲ"超级智能算力平台项目，计划于2025年底前建成，届时算力规模将达到 16000P，是目前正在运行的 "鹏城云脑Ⅱ" 超算平台的 16 倍。推出 "鹏城·脑海" 大模型计划，目标是打造国内首个完全自主创新、开源开放的自然语言预训练大模型底座，参数级别达 2000 亿，性能对标 ChatGPT，并加强基于 "鹏城·脑海" 大模型底座的合作，面向数字政务、智慧金融、智能制造等应用场景，共建国产自主可控的大模型健康生态。

4. 头部企业助力，推动人工智能大模型走向千行百业

云天励飞构建了 "算法+芯片+大数据" 的算法开发平台、算法芯片化平台，通过预训练生产通用大模型，并在通用大模型的基础上结合行业技术诀窍训练生成行业大模型，最后针对细分场景进行微调，生成场景大模型。目前，已研发出 "天书" 大模型，应用于深圳龙岗政数局的政务咨询服务系统，未来将逐步拓展到法务、金融、教育、医疗、交通等政府机构和公共服务领域。这一模式也将为中小型人工智能企业研发大模型、推动大模型走向千行百业提供强有力的支撑。

（四）杭州：打造 "高算力+强算法+大数据" 产业生态

杭州以人工智能大模型为发展契机，将人工智能作为强力推进数字经济创新提质 "一号发展工程" 的关键引擎，全力打造 "高算力+强算法+大数据" 的产业生态，以实现大算力孵化大模型、大模型带动大产业、大产业促进大发展的良性循环。在政府积极扶持推动以及阿里云、蚂蚁集团等龙头企业的引领下，众多中小型科技企业协同发力，杭州催生出阿里云 "通义"、蚂蚁集团 "贞仪"、实在智能 "塔斯"、西湖心辰 "西湖"、网易伏羲 "玉言" 等大模型产品。

1. 真金白银支持人工智能大模型发展

发布《关于加快推进人工智能产业创新发展的实施意见》，力争到 2025 年，培育性能达到国际先进水平的通用大模型 1 个、具有行业重大影响力的专用模型 10 个，并推出了一系列针对大模型生态建设的成本补助措施，包括设立 "算力券" 为中小企业购买算力提供支持，对开发或引进优秀人工

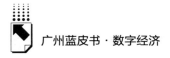

智能大模型的研发单位予以训练成本补助，对优秀的人工智能项目落地，产业园区、企业、产业服务平台运营予以经费支持等。

2. 不断夯实人工智能大模型发展基础

在数据方面，全面增强数据共享意识，高度重视公共数据开放，早在2019年杭州就上线了城市数据开放平台，目前累计开放数据超53亿条。在数据流通领域，杭州也在不断做出尝试，不仅搭建了杭州国际数字交易中心数据交易平台，同时还积极推进数据产权、流通交易、收益分配、安全治理四大重点领域的体制机制改革创新。在算力方面，杭州培育了实力雄厚的云计算产业，拥有大量的计算资源，为大模型训练、调整和部署奠定了坚实的技术基础。此外，杭州还非常重视人工智能人才储备，根据脉脉发布的《2023人工智能人才洞察报告》，杭州的人工智能人才储备位列全国第四，仅次于北京、上海、深圳。

3. 积极推动人工智能产业园区建设

以杭州城西科创大走廊、高新区（滨江）等为核心，重点打造杭州人工智能产业园、5G创新产业园等人工智能园区，以及余杭人工智能小镇、萧山机器人小镇、西湖云栖小镇等一批人工智能相关特色小镇，大力引进、孵化、培育人工智能企业。2022年，杭州人工智能产业链企业数量占浙江省的比重超过50%，已成为带动全省人工智能产业链发展的核心城市，孵化出实在智能、西湖心辰等研发人工智能大模型的企业。

4. 高水平打造全球人工智能技术大会

为推进人工智能学术交流、人才培养、创新创业，自2022年以来杭州连续两年举办全球人工智能技术大会。2023年的全球人工智能技术大会涉及大模型、大规模计算、智能感知等多个关注度较高的议题，吸引了中外40多名院士领衔近300位产学研专家开展人工智能领域交流探讨活动。同步举行全球人工智能技术博览会，吸引70多家企业带来了涉及大模型、智慧医疗、自动驾驶、工业视觉等众多领域的展品，积极推动人工智能大模型成果的落地转化。

二 国内先进城市经验做法对广州发展 人工智能大模型的启示

（一）政产学研多方协同联动，探索广州人工智能大模型发展之路

人工智能大模型具有基础性、公共性特征，建设周期长且前期所需资金量巨大。国内先进城市发展人工智能大模型主要有两种模式，一是依托人工智能研究院或实验室，并由其牵头联合头部科技企业、科研院所共同开展人工智能大模型研发；二是依托头部科技企业自主研发，政府提供政策支持和相关要素保障。与其他城市相比，广州缺乏深耕人工智能领域多年的头部科技企业，和具有相关丰富经验的科研机构，可在吸收借鉴上述两种模式经验的基础上，充分发挥国企资源雄厚的优势，强化政府整合资源、国企担纲、市场联动作用，探索适合广州的人工智能大模型发展之路。

（二）完善顶层设计和体制机制，强化人工智能大模型发展保障

有针对性地立法或出台政策措施是国内先进城市推动人工智能大模型发展的普遍做法。事实上，发展人工智能大模型需要算力、算法、数据、人才、应用场景等多方面保障，需要政府发挥资源整合优势加以支持和引导。为加快推动人工智能大模型发展，广州可借鉴其他城市经验，围绕人工智能大模型发展所需的生态条件，从市场层面进一步完善顶层设计和体制机制，结合自身特色制定相应的政策措施，营造支持人工智能大模型发展的良好氛围。同时，鼓励市内人工智能产业发展基础条件较好的区以及广州人工智能与数字经济试验区积极探索发展人工智能大模型新模式，形成市、区协同发力的新格局。

（三）搭建高水平合作交流平台，促进人工智能大模型技术创新

与国内先进城市相比，广州人工智能大模型发展已滞后，未来加强对前

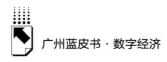

沿技术和模式的跟踪、吸收和引进至关重要。广州可发挥综合性门户城市和高水平对外开放优势，积极举办和承办全球性或国家性人工智能产业高端论坛、展会、赛事，汇聚世界顶级科研团队、专家学者、投资人等，强化与国内外其他先进城市、头部科技企业、科研机构交流合作，打造人工智能前沿技术和最新成果展示平台以及人工智能高端产业、资本、人才资源集聚汇聚平台，促进人工智能新技术在广州落地转化，推动人工智能大模型创新发展。

参考文献

《北京发布大模型高质量数据集》，《人民日报》（海外版）2023 年 7 月 6 日。

《中国 AI 产业地图：谁是"大模型之都"》，《经济观察报》2023 年 7 月 17 日。

《"书生通用大模型体系"发布》，《解放日报》2023 年 7 月 7 日。

《深圳筹建下一代"云脑"》，《广州日报》2023 年 7 月 12 日。

《筑牢"数字中国建设体制基础"》，《中国经济导报》2023 年 3 月 21 日。

《携手打造共生共赢生态　尖端 AI 成果热力大释放》，《上海证券报》2023 年 7 月 7 日。

B.8
数字原生企业发展趋势与应对策略

王瑞莹　刘岳平*

摘　要： 数字原生企业是以新一代数字技术为底层支撑、通过数字技术的深度利用实现核心价值的新兴业态，具有推动效率革命和生产力变革的巨大潜力。对比全球领先者，我国数字原生企业面临前沿科技领域原始创新乏力、科研成果向市场应用转化不足、良性数字生态尚未形成、数据安全风险日益严峻四大挑战。建议从强化科技创新与标准引领、推进全球布局与资源协同、深化场景应用与市场渗透、加强数据安全和跨境合规风险管理四方面加以应对。

关键词： 数字原生企业　数字技术创新　数据合规　数据安全

党的二十大报告指出："加快发展数字经济，促进数字经济和实体经济深度融合，打造具有国际竞争力的数字产业集群。"近年来，我国数字经济快速发展，互联网、大数据、人工智能、云计算、物联网等数字技术与社会经济各领域深度融合，数字化转型对生产、生活方式产生深刻影响，以数字技术为支撑的数字原生大幕逐步拉开。与此同时，一批把数字技术与企业经营管理深度融合，天生具备数字基因的企业出现，与传统企业形成鲜明对比，被称为数字原生企业。数字原生企业对促进数字经济与实体经济深度融合，打造具有国际竞争力的数字产业集群，加快形成新质生产力具有十分重要的作用。那么，数字原生企业的内涵是什么？我国数字原生企业面临的形势如何？本报告尝试予以探讨。

---

* 王瑞莹，中国工业互联网研究院工程师，研究方向为数字经济与大数据技术应用；刘岳平，广州市社会科学院区域发展研究所博士，研究方向为数字经济、区域经济。

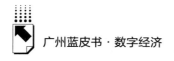
一 对数字原生企业的基本认识

（一）数字原生企业概念

数字原生是因数字基础设施而逐渐成熟的软件、硬件、架构，能不断催生和培育"数字原生产品"，如新一代数据库、人工智能、存储、芯片、网络等。19世纪电力革命时期，电灯、电车、电影放映机等一系列"电原生"重大发明皆因"电"而生，并将人类带入"电气时代"。数字原生代表由"以物理世界为重心"向"以数字世界为中心"迁移的思维方式和技术范式，将数字技术产品作为物理世界和数字世界的交互窗口，实现数字化资源获取与调配，加速业务创新和生产力释放，并实现数字资产的指数级增长。

数字原生企业是以数字基础设施（互联网、云计算、大数据分析、人工智能、物联网等数字技术）为基础，构建其业务体系、运营体系、管理模式和创新发展战略的新兴业态。技术层面的数字原生上升到商业层面，即数字原生企业。与传统企业相比，数字原生企业采用数字方法和技术驱动的运营模式，而不是仅将数字技术作为业务支持或辅助功能。数字原生企业颠覆了传统企业感知和调度物理世界资源的方式，展现出卓越的动态适应性和高速成长潜能。

数字化转型企业主要集中于传统行业，通过建立数字化运营模式或引入数字化服务，实现客户端服务能力与效率的综合提升。数字化转型企业往往以解决部分场景的痛点为出发点，将数字技术作为辅助手段，推动流程优化与能力跃迁。如应用大数据分析优化钻探流程的石化企业、通过物联网实现设备监控和预测性维护的机械制造商、引入电商平台和移动支付系统的连锁型商超等。

数字化转型企业可能蜕变为数字原生企业。当数字化转型企业的主体功能均运行于先进数字基础设施之上，并将数字化生产、运营和服务作为核心竞争力与业务驱动力，这时，传统数字化转型企业将蜕变为"数字原生企业"。

（二）国内外典型数字原生企业

国外典型数字原生企业包括微软、谷歌、亚马逊、Meta 等互联网科技巨头，西门子、施耐德、SAP、IBM 等软件服务供应商，OpenAI、英伟达、Databricks、Snowflake、Palantir 等前沿数智科技企业，苹果、Space X、特斯拉、Airbnb 等行业颠覆创新者，以及由新兴技术构建的创新组织，如 Red Hat、GitHub 等开源社区，OpenSea 等 Web3.0 去中心化自治组织。

国内数字原生企业包括华为、阿里巴巴、百度、腾讯、三大通信运营商等数字基础设施供应商，用友、金蝶、浪潮、奇安信等面向数字化转型企业的技术服务商，海尔卡奥斯、徐工汉云、航天云网、宝信软件、工业富联等由传统行业企业孵化的数字化子公司，"蔚小理"、小米、犀牛智造、元气森林等变革传统行业的数字"新物种"，京东、美团、科大讯飞、携程、高德等面向大众消费者的数字服务企业。

根据商业模式的不同，数字原生企业可以被划分为基础技术供给型和行业技术应用型。其中，基础技术供给型数字原生企业主要提供通用性数字基础设施和技术服务，如 5G、云计算、物联网、人工智能、区块链等。行业技术应用型数字原生企业则利用新兴技术、数字平台提供行业性数字化方案，服务企业或消费者（见表1）。

表1　数字原生企业类型及特征

	基础技术供给型	行业技术应用型	
行业	互联网、云计算、下一代通信网络、物联网、人工智能、区块链等	农业、工业制造业、生产性服务业、社会服务业、公共事业等	生活服务、购物娱乐、消费品、旅游餐饮、教育、金融、出行、居住等
产品类型	网络、算力、数据流通、数据安全等基础设施，以及通用性数字技术产品和服务	面向企业客户（to Business），行业数字化解决方案商	面向个人消费者（to Customer），提供数字化产品服务

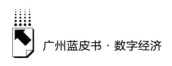

续表

	基础技术供给型	行业技术应用型	
代表企业	中国:华为、阿里巴巴、百度、腾讯、中国移动、中国联通、中国电信 海外:微软、谷歌、亚马逊、英伟达、OpenAI、Meta	中国:科大讯飞、宝信软件、海尔卡奥斯、用友 海外:西门子、施耐德、SAP、IBM、Snowflake	中国:字节跳动、拼多多、高德、携程、美图秀秀、"蔚小理" 海外:苹果、特斯拉、Airbnb、Meta、Uber

二 数字原生企业发展的战略意义和演化特征

(一)数字原生企业发展的战略意义

数字原生企业驱动数字产业化、产业数字化、数据价值化,是数字经济发展的关键引擎。数字原生企业在数字产业化中起到创新驱动作用,通过研发新的数字产品和服务,构建起完整的产业链,将数字技术转化为经济效益和社会价值,并不断创造和拓展新的数字产业领域。数字原生企业为产业数字化提供了必要的技术支持(如提供云计算服务、AI 解决方案等),并通过与传统行业的深度合作推动产业数字化进程,帮助传统产业实现效率提升、成本降低和竞争力增强。数字原生企业还是数据价值的开发者、实现者,致力于打通从数据生产采集到集成处理、分析应用、流通交易的价值链,并通过发挥数据的协同优化、复用增效和融合创新作用,激发数据倍增效应。与此同时,数字原生企业以远高于传统企业的速度成长,推动数字经济增加值占比不断提升。数字原生企业推动全球独角兽快速崛起,传统的财富 500 强公司平均需要 20 年才能达到 10 亿美元市值,而谷歌只用了 8 年时间,Uber、Snapchat 和小米只用了 3 年或更短的时间。2023 年,我国数字原生独角兽有 273 家,总估值达 7.27 万亿元,分布于大数据、人工智能、云计算、虚拟现实、物联网、区块链等新兴技术领域。① 预计未来 5 年,我国数字原

① 资料来源:IT 桔子创投数据,笔者分析整理。

生独角兽总估值将超过 20 万亿元。[①]

数字原生企业是技术普惠的奠基者和行业创新的破局者，有助于加速形成新质生产力。基础技术供给型数字原生企业通过建设 5G 网络、云计算、AI 大模型等数字基础设施，提供普惠性数字技术，增强企业在数字化转型中的适应力和创新力，帮助中小企业应对不确定性挑战。如微软、腾讯致力于推广云原生技术，借助应用架构的弹性扩展与快速迭代能力，确保面对市场变动时能灵活调配资源并保持服务稳定性。微软、SAP 等利用低代码开发工具助力非专业开发者高效构建定制应用，降低中小企业创新成本、加快其产品创新与响应速度。Meta、华为、阿里等积极创建开源社区，促进全球技术创新成果共享和跨领域技术合作，帮助中小企业更快适应复杂多变的市场规则。行业技术应用型数字原生企业以数字思维和技术方法重塑运营模式和商业模式，常作为行业"外来者"进军传统市场，为数字化转型树立新标杆。如特斯拉、"蔚小理"等智能车企践行"软件定义汽车"理念，运用 AI 技术构建全自动驾驶系统，采用大数据驱动的运营和服务，构建自成一体的闭环生态系统，引领汽车行业从传统燃油车向智能电动车转变。

数字原生企业全球影响力日益增强，是国际产业竞争与制度变革的重要参与者。由于数字产品的无边界特性，数字原生企业在成立之初就能快速地将业务拓展至全球各地，并通过开放平台策略吸引全球合作者、不断突破业务边界，具有巨大的全球影响力。如 OpenAI 的人工智能产品 ChatGPT 一经发布便迅速引爆全球，吸引全球用户共创上万个 ChatGPT 衍生应用产品，掀起新一轮 AI 创新浪潮。不仅如此，领先的数字原生企业已成为引领全球技术创新、带动国际资本流动、重塑全球产业格局、参与国际政策制定的重要力量。英伟达凭借其领先的 GPU 技术，不仅引领全球 AI 加速计算技术研发，而且改写了全球半导体和 AI 产业链版图。其影响力延伸至各个依赖高性能计算的行业，极大地推动人工智能、数据中心、智能汽车、虚拟现实等

[①] 中国人民大学中国民营企业研究中心和北京隐形独角兽信息科技院（BIHU）：《2023 数字经济独角兽发展报告》，2023。

领域创新。截至 2024 年 2 月，英伟达已成为全球第一家市值突破 2 万亿美元的芯片公司、美股市值第三大公司，成功吸引全球资本投向先进算力变革。在政策参与上，英伟达不仅引领全球芯片行业规范与标准的制定，并活跃于国际政策舞台，提出"主权 AI"理念，在国家和地区 AI 战略、全球 AI 基础设施建设、芯片出口管制等关键决策领域施加影响。未来，数字原生企业将在全球技术与产业竞争中承担关键的战略角色。

（二）数字原生企业的演化特征

数字原生企业与数字技术共同进化，通过技术领先保持长久竞争力。一方面，随着数字技术迭代变革，一代代数字原生企业萌生发展，例如，伴随互联网技术演化，宽带互联网、移动互联网、产业互联网、3D 互联网分别孕育了全然不同的数字原生企业。另一方面，数字原生技术不断演化，要求数字原生企业长期保持"创业状态"和"成长期"，持续投资于前沿技术探索和应用创新，灵活调整和重构运营体系，前瞻布局"第二增长曲线"，通过自我革新保持长期竞争力。无论是微软、谷歌等大型互联网厂商，还是西门子、SAP 等企业软件巨头，均通过在前沿技术领域的持续投入保持了旺盛的生命力，并长期作为技术引领者参与全球产业竞争。

数字原生企业不断创新组织形态与管理模式，实现资源效率和要素效益最大化。为适应数字化时代的快速变化和不确定性，数字原生企业不断探索并创新组织形态与管理模式，逐渐摒弃传统的层级化、科层制的管理方式，转向网络化、平台化、生态化的新型组织结构。例如，阿里巴巴采用"大中台、小前台"的模式，通过强大的中台支持多个业务线的快速迭代和发展。华为通过搭建开发者社区和开源平台，吸引全球开发者为其硬件设备和云服务开发应用程序，与内外部伙伴共创共赢。腾讯围绕社交、内容、游戏等多个核心业务板块构建了庞大的数字经济体，各业务之间协同互动，并通过投资孵化的方式拓展更多领域的生态系统。数字原生企业通过组织形态与管理模式的创新，不断追求更高的灵活性、更快的响应速度和更强的创新能力，实现资源效率和要素效益最大化。

三 中美数字原生企业发展现状对比

全球领先的数字原生企业主要分布于美国、中国、欧洲，以及亚洲的日本、韩国、新加坡、印度和以色列。美国作为新一代信息技术发源地，孕育了众多具有全球影响力的互联网、云计算、人工智能以及区块链技术企业。这些企业起步早、发展快，并以全球顶级技术、人才、资本为支撑，对我国数字原生企业的创业和成长具有重要的"风向标"意义和标杆作用。

（一）技术创新与技术标准制定的引领能力

中美两国数字原生企业在技术架构创新与成熟度、技术标准制定与影响力以及知识产权与专利布局等方面虽存在一定差异，但中国企业的快速发展和追赶态势明显，尤其在国内市场和某些特定领域已展现出较强的竞争力。

在技术架构创新与成熟度方面。美国的数字原生企业在云计算和人工智能领域拥有深厚的技术积累和广泛的市场应用。例如，亚马逊 AWS 凭借其强大的服务架构，如弹性计算云（EC2）、简单存储服务（S3）等，以及先进的微服务、容器化技术，在全球范围内提供了高度成熟且灵活的云解决方案。同时，谷歌通过开发并开源 TensorFlow 框架，不仅推动了人工智能技术的发展，还引领了深度学习领域的技术架构创新。中国数字原生企业也在快速成长和进步，如阿里云基于飞天操作系统构建了完善的云计算服务体系，并在云原生技术和分布式计算等领域取得了突破性进展。华为云则在人工智能芯片和全栈云服务上持续加大研发投入，致力于打造国产自主可控的云计算及人工智能技术架构。

在技术标准制定与影响力方面。美国数字原生企业在全球标准化组织中具有显著优势。以 5G 通信为例，高通、英特尔等公司在 3GPP 等国际标准制定机构中发挥着主导作用。同样地，在云计算领域，美国企业积极参与诸如 OpenStack、Docker 等开源社区的建设，影响云服务接口、API 等关键技术标准的演进方向。中国企业在技术标准制定方面的影响力也在不断提升。

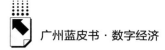

华为是 3GPP 等多个国际标准化组织的重要成员，对 5G NR 等关键标准的制定做出了重要贡献。阿里巴巴作为中国领先的云服务商，也积极参与云计算相关标准的制定，尤其是在国内，通过与行业协会、政府合作，共同推动云计算、大数据等相关国家标准的建立和完善。

在知识产权与专利布局方面。美国数字原生企业积累了丰富的专利储备。美国企业在云计算、人工智能等领域的全球专利申请量、授权量、细分领域分布量均居于前列。IBM、微软、亚马逊和谷歌等公司持有大量核心专利，覆盖从底层硬件设计到上层算法应用的各个层面。与此同时，近年来中国企业在知识产权保护和专利布局方面取得显著成果。华为、阿里巴巴等企业在云计算、人工智能核心技术上不断加大研发投入，已申请并获得了大量的国内外专利，特别是在特定细分领域，如华为在 5G 基站、终端芯片等方面的专利数量颇具竞争力。

（二）全球生态构建与资源整合能力

美国数字原生企业在全球生态构建与资源整合方面具有更深厚的底蕴和成熟的运作经验，而中国企业在面对全球化挑战的同时，正通过自主创新、国际合作等方式加快追赶步伐，努力缩小差距并逐步形成具有中国特色的全球化生态体系。

在全球市场覆盖与布局方面。美国数字原生企业，如亚马逊、谷歌和微软等，凭借其早期进入市场的优势以及强大的品牌影响力，在全球范围内构建了广泛的生态系统。它们不仅在美国本土市场占据主导地位，还在欧洲、亚洲、南美等地设立数据中心、研发中心和销售网络，服务全球客户，并通过合作及战略联盟等方式整合全球资源。中国数字原生企业，如阿里巴巴、腾讯和华为等，也在积极拓展国际市场。然而，受到地缘政治、贸易政策等因素影响，中国企业在进入某些发达国家市场时面临较大挑战。尽管如此，中国公司在东南亚、非洲以及"一带一路"共建国家取得了一定进展，并在一些新兴市场展现出强大的竞争力。

在生态系统与协同创新方面。美国企业依托其先发优势和深厚的技术积累，吸引了全球范围内的大量开发者、合作伙伴和客户，形成了庞大的生态系统。例如，AWS Marketplace 提供了丰富的第三方软件和服务，谷歌云平台上的 GCP Marketplace 也有众多合作伙伴支持。美国企业还善于利用全球研发资源，吸纳全球顶尖人才，推动跨地区、跨文化的协同创新。它们在云计算、人工智能等领域与学术界、研究机构保持着紧密的合作关系。中国数字原生企业同样重视生态系统建设，通过开放平台策略吸引国内外合作伙伴。以阿里云为例，已在全球范围内建立起了包括开发者、服务提供商和 ISV 在内的庞大合作伙伴网络。华为则在全球推进"生态伙伴计划"，与多家国际企业和本地服务商展开合作。此外，中国企业充分利用国内巨大的市场规模和快速发展的数字经济环境，鼓励产学研一体化发展，提升自身生态网络和协同创新竞争力。

在资源获取与并购整合方面。美国企业凭借雄厚的资金实力和技术积淀，持续进行全球范围内的技术研发和战略并购。如微软收购 GitHub 加强开源社区影响力，谷歌通过一系列并购活动加强人工智能领域的技术储备。相比之下，中国企业在国际并购和关键技术引进上受到一定限制，但在国内进行了大量的自主研发和战略合作。近年来，中国企业也尝试通过投资、合作等形式加强与海外企业的联系，但总体而言在国际化并购整合方面受限。

（三）行业深度应用与市场渗透能力

中美数字原生企业在行业深度应用与市场渗透能力方面的差异主要体现在与传统行业融合的深度、跨行业领域覆盖广度以及定制化研发服务的能力和经验积累上。虽然在某些领域存在差距，但中国企业的快速发展和持续投入正在逐渐缩小这种差距，并在一些本土特色领域形成了自身独特的竞争优势。

在与传统行业融合深度方面，美国数字原生企业凭借深厚的科技创新底蕴和丰富的实践经验，在云计算、人工智能等领域与传统行业的深度融合上展现出强大的实力。例如，亚马逊 AWS 在能源、制造、医疗等传统行业中提供了全方位的云解决方案，助力企业实现数字化转型；谷歌通过人工智能技术赋能零售、汽车等行业，推动其智能化升级。这些企业不仅提供基础的云服务，更深入业务流程再造、智能决策支持等多个层面。相比之下，中国数字原生企业也在积极推动与传统行业的深度融合，并取得了显著成果。阿里巴巴集团旗下的阿里云已广泛服务于金融、制造、交通等诸多领域，借助大数据和人工智能技术帮助中国企业实现数字化转型。尽管如此，相较于美国同行，中国企业在一些高精尖技术和关键领域的深度应用仍有提升空间，但随着政策引导和技术进步，这一差距正在逐步缩小。

在跨行业领域覆盖广度方面，美国数字原生企业因其在全球范围内的广泛影响力和长期积累，其产品和服务能够覆盖众多行业领域，包括但不限于零售、教育、娱乐、政府公共服务等。例如，微软 Azure 云服务不仅应用于大型企业级项目，还在中小企业、非营利组织及政府部门中实现了广泛应用。谷歌则通过搜索、广告、地图等一系列服务横跨线上线下多个行业场景。中国数字原生企业在国内市场上具有广泛的覆盖范围，尤其在电商、移动支付、社交网络等互联网领域有显著优势。以腾讯为例，除了核心的社交网络服务以外，其还在游戏、音乐、视频、在线教育等多元化的垂直领域布局，同时，腾讯云也逐渐渗透政务、医疗、工业等领域。然而，在全球范围内以及部分高端制造业、科研创新等领域的跨行业覆盖程度上，中国企业还有一定的发展空间。

在定制化研发服务能力方面，美国数字原生企业往往具备强大的技术研发实力和丰富的定制化经验，能为不同行业客户提供高度定制化的解决方案。如 IBM 基于 Watson AI 平台为企业提供个性化的人工智能解决方案，帮助企业解决特定业务问题。此外，硅谷的一众初创公司也擅长针对细分市场需求进行快速响应和产品研发。中国数字原生企业在定制化研发服务方面亦不甘示弱，尤其是头部企业，如华为、阿里云等不断加大研发投入，通过构建开放平台吸引开发者共建生态，提升面向不同行业需求的定制化研发能力。然而，相较于美国企业，中国企业在国际市场的定制化研发经验和案例仍有待进一步丰富和完善。

四　我国数字原生企业发展面临的四大挑战

（一）在前沿数字科技领域缺乏创新领导力

一是我国数字企业创新呈集中化趋势，缺乏多元化、颠覆性创新。受技术积累不足、创新资源有限及资本偏好等因素影响，我国数字技术创新方向呈现集中化趋势。头部数字企业习惯对标海外领先企业，模仿其既有路径和成功模式，缺乏对未来颠覆性技术及多元化技术路径的有效开拓。初创型数字企业倾向于成熟的技术创新网络，共享资源、技术和市场信息，易导致对既有技术和市场路径产生依赖。二是对前沿科技的长期布局和资源支持不足。一方面，部分企业受制于短期商业回报的压力，对具有高风险、长周期特点的前沿技术项目持谨慎态度。另一方面，科技创新生态体系缺乏足够的政策激励和稳定的资本支持机制，在面临复杂多变的市场环境时，数字创新企业缺乏对高风险、高投入前沿创新项目的持续投入。

（二）数字科研创新向市场应用转化不足

一是数字科创圈存在"重理论创新、轻商业落地"的现象。科创圈常以参与比赛获奖、发表顶会论文数论英雄。科学家创业成为潮流的同时，大量高估值明星企业难以经受市场考验。实际上，谷歌、微软、OpenAI 等全球顶级创新团队论文遭顶会拒载是常见现象。高学术价值理论创新并非重大突破性创新的必要前提。二是大量企业对前沿技术掌控力不足，缺乏技术解耦合应用能力。大量本土数字原生企业对前沿技术的理解有限，缺乏对复杂技术系统进行有效解耦并应用于多元化场景的能力，在整合多领域技术、实现技术模块化及灵活重组方面面临挑战，无法设计出具有竞争力的产品和服务方案，进而限制了创新技术在不同行业和商业环境中的快速适应和广泛应用。三是数字技术成果转化机制不畅，阻碍技术应用和产品创新。资金支持及风险承担机制不健全、知识产权保护和转化机制不完善、技术转移和产业

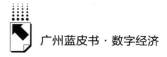

化能力不足、人才短缺和激励机制不到位、技术标准建设滞后、产业链协同困难等问题长期制约我国数字技术成果转化，导致数字科研成果难以快速、有效地转化为满足市场需求的产品或服务。

（三）数字开放创新良性生态尚未形成

一是大型科技占据绝对优势，数字领域竞争呈"赢家通吃"局面。我国领先数字企业多抱有"赢家通吃"心态，企图先把控底层技术，再占据应用场景，而非营造多方共赢、开放活跃的创新生态，导致中小企业在数字技术创业中面临不公平竞争。二是数据开放共享机制尚不健全。数据权属界定不清、流通规则不明以及跨部门、跨区域的数据壁垒等问题导致数据资源未能实现高效流动与价值释放。三是数字科技协同创新与市场监管机制有待完善。一方面，我国数字创新跨行业、跨领域深度合作机制尚不健全，企业、科研机构及政府部门间的信息共享和技术协作存在壁垒，创新资源未能充分汇聚和高效利用。另一方面，针对新技术创新应用、新兴业态的包容审慎监管机制有待完善，市场活力有待进一步释放。

（四）数据安全和跨境合规风险日益严峻

数字原生企业在驱动创新与优化服务过程中高度依赖大数据，数据安全风险成为重要挑战。特别是在国际技术竞争背景下，我国数字原生企业易成为境外势力的目标。一方面，新兴技术领域如 AI 模型训练平台正遭受复杂网络攻击。攻击者可能通过恶意输入数据篡改 AI 模型的行为预测结果，影响自动驾驶、金融风控等领域决策安全，要求企业在防御传统数据风险的同时，警惕新型应用场景攻击。另一方面，随着大众对数据价值认知的加深，数据滥用和非法交易风险加剧。由于我国特有的互联网环境及用户习惯，数据采集范围广泛复杂，在海量数据中有效区分并保护个人信息成为难题。尤其在云计算和人工智能领域，客户云端数据易遭非法访问窃取，医疗健康等敏感信息处理若不合规，易导致隐私侵犯及数据滥用。此外，随着本土数字原生企业跨境业务不断增多，跨境合规风险日益加剧。数字原生企业需谨慎处理不同国家和地区间的数据流动限制，平衡技术创新与合规需求。

五 促进我国数字原生企业发展的建议

（一）强化科技创新与标准引领

建立健全国家和地方层面的科技研发投入长效机制，加大对数字原生企业科研项目的支持力度，尤其是云计算、人工智能等前沿技术领域的基础研究和应用研发。鼓励企业设立研发中心，与国内外知名高校及科研机构建立长期战略合作关系，共同推进关键技术突破与创新。支持企业参与或主导国际技术标准制定工作，通过专利布局和知识产权保护，提升我国在全球数字技术领域的话语权和影响力。

（二）推进全球布局与资源协同

制定并实施积极的海外投资和市场拓展政策，鼓励数字原生企业设立海外分支机构、开展跨国并购，以获取全球优质技术和市场资源。加强国际合作交流，积极参与国际科技合作项目，引导和支持企业加入全球产业链和价值链，构建全球化生态系统。通过举办国际性峰会、论坛等活动，搭建企业间、产学研之间的国际化交流平台，促进国内外资源的有效对接和协同创新。

（三）深化场景应用与市场渗透

加快传统产业数字化升级，推动数字原生企业与实体经济深度融合，鼓励企业深入行业一线，针对不同行业的数字化转型需求提供定制化解决方案。支持企业在智慧城市、智能制造、医疗健康等领域进行应用场景的深度开发和示范推广。打造具有竞争力的标杆项目，加强商业模式创新，鼓励数字原生企业采用 SaaS 服务、大数据分析、AI 赋能等方式优化产品和服务，提高其在各细分市场的渗透率和占有率。

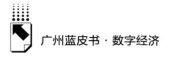
（四）加强数据安全和跨境合规风险管理

强化数据安全知识宣传和普及，提高全社会数据安全意识，推动全社会共同参与数据安全保护。推动企业建立健全数据安全管理制度，加强数据源头安全管理。建立督导问责机制，督促数据安全管理部门严格执行数据安全管理法规制度。尽快完善跨境数据合规风险管理实施细则，建立跨境数据合规风险试点，通过以点带面逐步推广。推动网信、公安、大数据部门和业务部门建立健全数据安全和跨境合规风险管理沟通协调机制，实现信息互通，避免多头执法，提高数据安全和跨境合规风险管理质效。

参考文献

安筱鹏：《进化：成为数字原生企业》，在钉钉"数字新生"2022年制造业钉峰会上的演讲，2022。

何宝宏：《数字原生》，中译出版社，2023。

李彦宏：《AI原生时代："冷"思考和"热"驱动》，在西丽湖论坛上的演讲，2023。

IDC：《数字原生企业——未来数字经济的命脉》，2023。

Deonie Francesca Botha, "Knowledge Management and the Digital Native Enterprise", *Imagination, Creativity, and Responsible Management in the Fourth Industrial Revolution*, 2019.

IDC, "How the Digital-Native Enterprise is Winning the Future", 2017.

Margaret Adam, Hannah Breeze, "The Drive to Digital Native: CloudBlue's Strategy to Connect the Digital Ecosystem," IDC Vendor Spotlight, 2018.

McKinsey Digital, "The Data-driven Enterprise of 2025", 2022.

B.9
人工智能通用大模型建设路径方案与政策支撑

广州市社会科学院课题组*

摘　要： 人工智能通用大模型是人工智能产业链和创新链的最核心底座，具有战略性、基础性、通用性和公共性特征，代表着人工智能技术演进的方向，其开发建设整体处于前期探索阶段，相关技术研究、产品发布和场景应用高度活跃，将对人工智能产业化发展模式、社会生产效率提高和就业市场变革产生深远影响。2023 年 4 月，中共中央政治局会议明确指出要重视通用人工智能发展，营造创新生态，重视防范风险。在此背景下，一些城市或地区纷纷开始探索建设人工智能通用大模型。但人工智能通用大模型具有建设周期长、投入资金大、收益见效慢等特点，单纯依靠市场主体的力量难以完成，需要充分发挥政府推动作用，通过引进、培育或新建的形式，系统性实施这一战略工程。

关键词： 人工智能　通用大模型　数字经济

　　人工智能作为一项战略性新兴技术，日益成为科技创新、产业升级和生产力提升的重要驱动力量。近期，由马斯克等人创立的人工智能研究实验室 OpenAI 推出人工智能聊天原型 ChatGPT 火爆全球。ChatGPT 是人工智能生

* 课题组组长：张跃国，广州市社会科学院党组书记、院长、研究员。课题组成员：覃剑，广州市社会科学院区域发展研究所所长、研究员；刘岳平，广州市社会科学院广州城市战略研究院博士；陈智颖，广州市社会科学院区域发展研究所博士；程风雨，广州市社会科学院区域发展研究所副所长、研究员。

成内容领域的代表，其出现标志着人工智能开发正向大模型范式转变。未来，大模型将成为支撑数字创新技术研发应用、催生数字经济新模式新业态、推动人类社会迈向智能时代的基座。因此，把握人工智能通用大模型发展趋势，寻找赛道构建以人工智能通用大模型为核心的生态体系，对一个城市或地区抢占新一轮数字经济发展高地、推动经济社会全面数字化转型具有重要意义。

一 发展人工智能通用大模型的意义

人工智能通用大模型是基于海量多源数据打造的预训练模型，是对原有算法模型的技术升级和产品迭代，用户可通过开源或开放应用程序编程接口/工具等形式进行模型零样本/小样本数据学习，以实现更优的识别、理解、决策、生成效果和更低成本的开发部署方案。[①] 人工智能通用大模型既是人工智能产业技术持续积累与变革的最新成果，也是驱动人工智能未来技术演进和产业发展的关键力量，将引发经济、社会、文化等领域的变革和重塑，推动人类社会迈向智能时代。

（一）大模型是人工智能技术演进的前沿焦点

人工智能技术发展历程大致可以分为 4 个阶段。第一阶段：20 世纪 50~70 年代。神经元、感知机等概念被提出，但由于算法理论薄弱及计算机性能缺陷，无法支持人工智能应用推广。第二阶段：20 世纪 80~90 年代。专家系统兴起和反向传播算法被提出，人工智能从理论走向部分实际应用，但由于专家系统推理方法单一、数据量有限，人工智能发展受限。第三阶段：1990~2010 年。以机器学习、深度学习为代表的算法，在互联网、工业等领域取得了较好的应用效果，并在图像识别、语音识别、自然语言处理等

---

① 国际数据公司（IDC）：《2022 中国大模型发展白皮书》，2023。

细分领域取得巨大进步。第四阶段：2011 年至今。GPU① 为深度学习奠定了良好的硬件基础，深度神经网络技术发展可以提取和预料更为复杂的特征和模式，由此驱动人工智能进入新一轮发展浪潮。2017 年，谷歌公司提出 Transformer 模型构架并发布预训练的语言表征模型 BERT。随后，OpenAI 采用 Transformer 模型构架训练出 GPT 模型，在自然语言理解领域取得了巨大成功，并催生出 ChatGPT 这一成果，标志着人工智能进入通用大模型时代。

国外部分知名企业开发的人工智能大模型如表 1 所示。

表 1　国外部分知名企业开发的人工智能大模型

企业	模型	应用类型	参数量	领域
谷歌	Switch Transformer	语言理解与生成	1.6 万亿	NLP
	BERT	语言理解与生成	4810 亿	NLP
	PaLM	语言理解与生成、推理、代码生成	5400 亿	NLP
	Parti	语言理解与图像生成	200 亿	多模态
	Imagen	语言理解与图像生成	110 亿	多模态
微软	Florence	视觉识别	6.4 亿	CV
	Turning-NLG	语言理解与生成	170 亿	NLP
Facebook	OPT−1758	语言模型	1750 亿	NLP
	M2M−100	100 种语言互译	150 亿	NLP
Deep Mind	Gopher	语言理解与生成	2800 亿	NLP
	AlphaCode	代码生成	414 亿	NLP
	Gato	多面手的智能体	12 亿	多模态
OpenAI	GPT−3	语言理解与生成、推理	1750 亿	NLP
	CLIP&DALL-E	图像生成、跨模态检索	120 亿	多模态
	Codex	代码生成	120 亿	多模态
英伟达	Megatron-Turing NLG	语言理解与生成、推理	5300 亿	NLP
Stability 人工智能	Stable	语言理解与生成	未披露	NLP

注：NLP 为自然语言处理、CV 为计算机视觉，下同。

资料来源：课题组根据公开资料整理。

---

① GPU 的全称是图形处理单元（Graphics Processing Unit）。与 CPU 由专为顺序串行处理而优化的几个核心组成不同，GPU 拥有一个由数以千计的更小、更高效的核心（专为同时处理多重任务而设计）组成的大规模并行计算架构。

站在人工智能技术发展前沿，越来越多知名高科技企业开始关注并介入人工智能大模型研发布局。通用大模型的研发、发布和应用逐渐进入集中爆发期，成为未来国与国、城市与城市、企业与企业之间竞争的焦点。近年来，我国相关头部科技企业、科研机构也纷纷加快人工智能大模型开发步伐。根据2023年5月中国科学技术信息研究院发布的《中国人工智能大模型地图研究报告》，我国大模型数量在全球仅次于美国，排名第二，参数规模在10亿以上的大模型数量达79个。从空间布局来看，这些大模型在地理上分布较广，主要位于北京、广东、浙江、上海等地。而根据2024年4月国家互联网信息办公室的统计，我国已有117个生成式人工智能大模型进行了备案。

国内部分知名企业和科研机构开发的人工智能大模型如表2所示。

表2　国内部分知名企业和科研机构开发的人工智能大模型

企业	模型	应用类型	参数量	领域
北京智源人工智能研究院	悟道2.0	语言理解与生成、推理	1.75万亿	NLP、多模态
华为	鹏程·盘古	语言理解与生成、推理	2000亿	NLP
中国科学院自动化研究所	紫东·太初	视觉—文本—语音三模态预训练	超过1000亿	NLP、CV、多模态
百度	文心一言ERINE 3.0	语言理解、文图生成、跨模态语义理解代码生成	2600亿	NLP、CV、多模态
腾讯	HunYuan-NLP-1T	语言理解、文图生成、跨模态语义理解代码生成	1万亿	NLP、CV、多模态
阿里巴巴	PLUG	语言理解与生成、推理	270亿	NLP
	SDCUP	表格预训练	未披露	NLP
京东	ChatJD	语言理解与生成、推理	未披露	NLP

资料来源：课题组根据公开资料整理。

（二）大模型将重塑人工智能产业化发展模式

综观全球，以大模型为核心塑造的人工智能应用场景和产业正在加速涌现。根据 2023 年 7 月腾讯研究院发布的《人机共生——大模型时代的 AI 十大趋势观察》报告，大模型已在多个领域催生出全新的商业价值，面向金融、零售、政府、制造、物流、地产、教育等行业以及财务、HR、客服等应用场景的跨功能应用程序已在眼前。具体来看，在医疗领域，根据 Gartner 的预测，2025 年将有 50% 的药物研发采用生成式人工智能，医疗行业将成为生成式人工智能应用市场的重要组成部分。在自动驾驶领域，基于人工智能大模型的合成仿真技术可以在安全、合成的仿真环境中模拟任何人类想象到的驾驶场景，并可以便捷地调节天气状况、添加或移除行人、改变车辆位置等，为自动驾驶发展提供核心技术支撑。在教育领域，人工智能大模型将在语言学习和数理解析中发挥重要作用，扮演更加智能化和个性化的辅助角色，推动教育行业的规模化、公平化、个性化发展。在金融领域，人工智能大模型能够更加准确、快速地分析和处理不同市场环境下的金融数据，提高金融机构的竞争力和客户满意度。

（三）大模型将推动社会生产和就业市场变革

历史发展证明，每一次新技术尤其是颠覆性技术的出现都会深刻改变人类社会生活。早在 2017 年，联合国就发布了《新技术革命对劳动力市场和收入分配的影响》研究报告，认为人工智能等前沿技术有望引领一场新技术革命，对每个行业、所有国家产生深远影响。2023 年 6 月，麦肯锡发布《生成式人工智能的经济潜力：下一个生产力前沿》研究报告，预测 2030~2060 年，有 50% 的工作活动可能被生成式人工智能替代，中点时间为 2045 年。生成式人工智能和其他技术有能力替代员工 60%~70% 的工作活动。高盛则预测行政管理、法律、建筑设计、社会科学类研究、媒体、客服等行业受到的冲击将最为明显。

在大模型的加持下，生成式人工智能将从两个方面推动经济增长：一是重塑劳动力市场的分工结构，生成式人工智能相比人类具有更高的劳动生产率，而被取代工作的劳动者将进入更加专业化、更细分的领域，进一步提高劳动生产率。二是辅助人类生产，对一些无法被取代的岗位，生成式人工智能能够更高效地辅助人类生产。麦肯锡的报告显示，生成式人工智能可使劳动生产率每年提高0.1~0.6个百分点，具体取决于技术的采用率以及工人重新部署到其他活动的程度。将生成式人工智能与其他技术结合使用，工作的替代率每年可提高0.2~3.3个百分点，可为全球创造2.6万亿~4.4万亿美元价值。如果考虑到嵌入生成式人工智能用于其他软件所产生的影响，生成式人工智能带来全球经济价值的增加可能会翻倍。

二 人工智能通用大模型的发展趋势

（一）发展模式："通用化"与"专业化"并行

相比于传统的人工智能模型，人工智能大模型得益于其"大规模预训练+微调"的范式，可以在多个领域和任务中展现出强大的通用性和灵活性。大模型偏重统一架构、统一知识表达、统一任务，能够使用统一的模型框架，并采用相同的学习模式，构建可适用于多种模态的通用词表，将所有任务统一成序列任务。如GPT系列模型在自然语言处理领域的多个任务中都有非常好的表现，包括文本生成、问答、摘要、翻译等任务。同样，BERT模型也被证明可应用于多种自然语言处理任务，包括文本分类、命名实体识别、问答等。从专业化角度来看，人工智能大模型能很好地适应不同下游任务，未来会有更多模型被设计和优化用于特定的任务和领域，主要是通过通用预训练和专用预训练实现业务场景应用，包括领域大模型（如NLP、CV等）和行业大模型（如金融、能源等）。如彭博社发布了专门为金融领域打造的大型语言模型BloombergGPT，这是一种专为金融领域开发的语言模型，可以更好地处理金融领域的数据和任务。

（二）支撑体系："平台化"与"简易化"并行

基于模型开发、场景适配和推理部署，人工智能大模型将形成全能简易开发服务平台，并提供人工智能模型开发和应用的完整解决方案。如

OpenAI 的 GPT-3 Playground，为开发者和研究者提供了在线使用 GPT-3 模型的平台。在人工智能的加持下，GPT 内部插件带来的用户体验优于直接使用外部的原生应用，用户的使用场景得以迁移到 GPT 模型内部。目前插件商店内部的应用主要由 OpenAI 邀请的第三方开发，包括办公协作、电商、旅游等。随着外部成熟应用的交互圈层扩大，GPT 与用户日常生活将结合得更加紧密，参考移动互联网时代的"端转手"趋势，主流应用即将向人工智能平台迁移，即迅速适应并布局 GPT 内的人工智能插件，探索人工智能加持下自身应用的新场景。人工智能大模型突破传统人工智能适用性弱的局限，其大规模的参数量可以提升模型的表达能力，更好地利用海量训练数据中包含的通用知识，通过"预训练+微调"使大模型的使用更加简单易懂。如 ChatGPT3.0 通过提示学习免去微调步骤，为开发者和用户提供更加便捷的人工智能技术。

（三）训练数据：从追求规模到重视质量

人工智能大模型的发展经历预训练模型、大规模预训练模型、超大规模预训练模型 3 个阶段，参数量实现从亿级到百万亿级突破。自 2018 年以来，以 BERT、GPT-3 等为代表的人工智能大模型的成功使人们认识到提升参数规模、训练数据量有助于显著提升人工智能技术水平，引发大模型研发的"军备竞赛"，大模型参数量呈现指数级增长，充分享受算法进步下的数据规模红利。伴随大模型参数规模的持续扩大，训练数据的质量将对模型表现产生越来越大的影响。OpenAI 对其研发的 InstructGPT 模型进行实验发现：随着参数量的增加，模型各方面性能均得到不同程度的提高；利用人工标注数据进行有监督的微调训练后的小参数模型，比 100 倍参数规模无监督的 GPT 模型效果好。未来，提升大模型的训练数据质量或许比提升数据规模更为重要，人工标注数据仍有其存在的价值和意义，相关产业链的发展也值得重视。

（四）训练范式：从模型微调到提示学习

人工智能通用大模型早期的训练范式为"预训练+微调"，即先在大数据集上进行预训练，再根据特定任务对模型进行微调以适应不同的下游任务，GPT-1、GPT-2等模型均采用这种训练范式。这种训练范式的局限性在于需要将各种辅助任务损失添加到预训练模型中并反复微调，使其更加"迁就"下游任务，这个过程实际上牺牲了预训练模型的普适性。2020年，OpenAI发布GPT-3模型，摒弃了"预训练+微调"的传统范式，而采用"预训练+提示学习"的新范式。新范式的特点是对下游不同任务进行重构，使其能够"迁就"预训练模型，这个过程对下游任务做出了牺牲，但大大提高了预训练模型的普适性。不仅如此，新范式还大大降低了模型的参数规模，传统的微调模型每个任务副本都需要110亿左右的参数才能达成目标，而提示学习模型每个任务副本只需要2万左右的参数就可以达成同类目标，对参数的使用效率更高。事实上，从参数总量来看，GPT-3比国产大模型"悟道"要少，却通过提示学习的方式率先训练出人工智能大模型。

（五）模态支持：从单一模态到多模态

人工智能大模型先后经历单语言预训练模型、多语言预训练模型、多模态预训练模型3个阶段，模型能力持续升级。多模态预训练模型代表有2022年的开源模型Stable Diffusion，其掀起了一波人工智能绘画热潮，已有大量产品级应用；以及谷歌、Meta推出的文字生成视频、文字生成音乐等预训练模型，但仍在早期研发阶段，技术尚未成熟。ChatGPT基于的InstructGPT模型仍属于自然语言处理领域的单模态模型，擅长理解和生成文本，但不支持从文本生成图片、音频、视频等功能。OpenAI最新发布的大模型里程碑之作GPT-4并没有一味追求更大规模参数，而是转向多模态，支持输入图像或文本后生成文本。

（六）架构设计：从稠密结构到稀疏结构

人工智能大模型架构设计指模型的计算架构，分为稠密结构和稀疏结构，在训练中稀疏结构仅需部分神经元参与运算，稠密结构需激活全部神经元，导致大模型训练成本大大增加。以 GPT-3 为代表的人工智能大模型均为稠密结构，在计算时需激活整个神经网络，带来极大的算力开销和内存开销。根据国盛证券《ChatGPT 需要多少算力》估算，GPT-3 一次训练成本高达 140 万美元。稀疏结构能够显著降低大模型训练成本，它是一种更像人脑的神经网络结构，在执行具体任务的过程中只有部分特定的神经元会被激活，显著降低模型算力消耗。目前，稀疏结构已应用至人工智能前沿研究。2022 年 6 月，谷歌发布第一个基于稀疏结构的多模态模型 LIMoE，证明了稀疏结构在降低模型算力消耗的同时，还能在多项任务中取得不亚于稠密结构的效果。

三　人工智能通用大模型的运行机理

人工智能通用大模型是"大数据+大算力+强算法"的产物，凝练了大数据内在精华的"隐式知识库"是实现人工智能应用的载体，更是人工智能发展的趋势和未来。人工智能大模型通常在大规模无标注数据上进行训练，学习出一种特征和规则。基于大模型进行应用开发时，将大模型进行微调，比如对在下游特定任务上的小规模有标注数据进行二次训练，或者不进行微调，就可以完成多个应用场景的任务。总体来看，人工智能通用大模型运行包括四个有机联系环节，即模型训练、模型优化、模型部署、模型应用。

（一）模型训练

模型训练是人工智能通用大模型运行的基础。训练大模型需要用到海量数据，且这些数据来自不同领域或各类大规模语料库，因此，首先需要对数据进行预处理，包括数据清洗、数据转换、数据标准化等操作。完成数据预处理后，需要选择合适的算法和技术来构建大模型结构。常用的算法包括卷积神经网络、递归神经网络、长短时记忆网络等。目前有代表性的预训练模

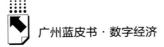

型结构有 BERT、GPT、RoBERTa、T5 等，主要集中于自然语言处理领域。其次，大模型会根据上述步骤生成的模型结构和参数进行自我学习和优化，这个过程通常需要花费大量的计算资源和时间，并需要大量的数据进行迭代训练和调整。

（二）模型优化

模型优化是连接模型训练和模型部署的桥梁。对人工智能大模型而言，从训练到部署不仅需要考虑性能，还需要考虑训练时间、存储空间、模型大小以及模型准确率等诸多因素，因此需要对模型进行优化。具体而言包括四个方面：一是模型压缩，通过自主编码器，将模型压缩，以提高训练效率，改善模型性能。二是模型蒸馏，使用训练好的、更强大的模型训练类似结构的小模型，使小模型逼近大模型的预测结果。三是模型优化，删除不重要的参数等，以缩小模型文件的大小。四是迁移学习，将预先训练的模型作为起始点，以实现更快速精准的训练和更高效的模型部署。

（三）模型部署

完成模型优化后，需要将模型部署到生产环境中。在实际部署前，还需考虑计算设备、操作系统、编程语言以及深度学习框架等，以确定最佳的系统架构和部署策略。具体而言，常见的部署策略有四种。一是本地部署，将模型直接部署在本地环境。本地部署需要确保本地的硬件环境和资源管理能够支持模型的计算要求。二是服务器端部署，将模型部署在云服务器或物理服务器上，以提供网络访问服务。三是容器化部署，使用容器技术将模型转化为独立的可移植容器。容器可以包含所有模型所需的依赖项和环境配置，并可以在不同的平台和环境中进行部署和运行。通过容器化，模型部署过程得以简化，实现快速部署和扩展。四是无服务器部署，利用无服务器计算平台部署模型。无服务器架构可以根据需求自动扩展和分配计算资源，无须手动管理服务器。

（四）模型应用

完成模型部署后，需要将模型应用于实际场景，如自然语言处理、图像识别、机器翻译、人脸识别等。大模型将根据实际应用场景数据生成场景模型，主要利用微调或提示学习等方法进行适配。

已接入人工智能通用大模型的应用场景如表3所示。

表3　已接入人工智能通用大模型的应用场景

应用场景	应用效果	接入模型
办公软件	智能化文件管理和分类、自动化文章生成、智能排版、电子邮件过滤和摘要生成	GPT-4
教育	智能化学习和作业辅导、自动生成试卷和考试科目、智能化评估学生表现等	GPT-4
搜索引擎	通过自然语言问答的方式搜索	GPT-4
电子商务	推荐系统、广告内容生成、商品描述生成等	ChatGPT
图像创作	输入描述性文字、AI自动生成图片	Midjourney Stable Diffusion
管理软件	自动生成客户报告、销售预测、客户评估报告等，同时可用于客户服务、定制营销等方面	GPT-4
财税管理	自动化税务申报、智能化税务咨询和建议、自动生成财务报表等	ChatGPT
金融	智能化金融数据分析和预测、自动化风险管理和交易建议、自动化财务报告等	Blooming GPT

资料来源：课题组根据公开资料整理。

四　人工智能通用大模型的支撑条件

（一）需要强大的数据和算力算法支持

在数据方面，人工智能通用大模型中的模型参数以亿为单位，模型训练时需要大量的、各个领域的数据。如自然语言处理大模型需要投入海量语言文字类数据进行训练，图片设计和视频制作大模型需要投入海量图片、视频进行训练。ChatGPT 使用了 3000 亿单词以及超过 40T 的大规模、高质量数据进行训练。在算力方面，人工智能通用大模型建设需要强大算力支撑。以 ChatGPT 为例，据微软官网信息，微软 Azure 为 OpenAI 开发的超级计算机是一个单一系统，具有超过 28.5 万个 CPU 核心、1 万个 GPU 和 400GB/s 的 GPU 服务器网络传输带宽。在算法方面，目前最常见的人工智能算法包括卷积神经网络、递归神经网络、长短时记忆网络等，各类算法模型参数均过亿。

（二）需要大量的资金投入和电力支持

建设人工智能通用大模型成本主要包括前期硬件采购、智算集群建设成本，后期模型训练、日常运营以及产品研发成本，投资规模可达上百亿元，具有投入资金量大、周期长等特点。训练一次 1746 亿参数的 GPT-3 模型算力成本超过 460 万美元。ChatGPT 单次训练耗时 1 个月，成本高达 1200 万美元。GPT-3.5 需要 GPU 芯片数量超过 2 万枚，训练一次需要花费 460 万~500 万美元，相应的云资源成本差不多近亿元，功能更强大的 GPT-4 训练成本更高。人工智能通用大模型研发的周期也较长，OpenAI 从 2015 年成立到 2022 年 11 月推出 ChatGPT，大约用了 7 年时间。为推动 GPT 功能不断优化与升级，微软还将陆续投入 100 亿美元进行研发。除了直接的资金投入以外，电力消耗也是不可忽视的成本。根据斯坦福人工智能研究所发布的《2023 年人工智能指数报告》，训练 GPT-3 这样的人工智能模型消耗的电量达 1287MWh。即使是由人工智能初创公司 Hugging Face 搭建的更为高效的 Bloom 模型，耗电量也达到 433MWh（见表 4）。按照 2023 年 1 月 ChatGPT 日均 1300 万的访问量计算，OpenAI 需要 3 万多张 A100 GPU，初始投入成本约为 8 亿美元，折算下来的电费每天是 5 万美元左右。

表4　部分人工智能通用大模型耗电量

公司	模型	参数量（B）	电能利用效率（PUE）	电力消耗（MWh）
OpenAI	GPT-3	175	1.10	1287
Deepmind	Gopher	280	1.08	1066
Hugging Face	Bloom	176	1.20	433
MetaAI	OPT	175	1.09	324

资料来源：课题组根据公开资料整理。

（三）需要高水平人才团队

人工智能通用大模型的开发建设需要高水平的技术人才、算法人才、应用人才。从国内情况来看，文心一言团队带头人王海峰是自然语言处理领域最具影响力的国际学术组织 ACL 历史上首位华人主席、ACL 亚太分会创始主席、国际欧亚科学院院士、首个吴文俊人工智能杰出贡献奖获得者。北京"悟道"人工智能大模型项目核心团队由美国国家工程院院士张宏江领衔，学术顾问委员会包括加州大学伯克利分校的 MichaelI Jordan 等全球顶级人工智能专家。华为、阿里、腾讯等大科技公司的人工智能大模型技术平台首席科学家均是人工智能领域的领军人物。从国外情况来看，OpenAI 首席科学家 Ilya Sutskever 已入选英国皇家科学学会院士，是机器学习领域的顶尖专家。

（四）需要完善的生态系统

人工智能通用大模型涉及软件、硬件、算法、数据、应用等多个领域，任何一个领域的缺失都将制约其建设或功能发挥。人工智能通用大模型涉及紧密联系的三个层次，即底层的算力层、中间的模型层、顶端的应用层。其中，底层的算力层主要涉及算力，包括高性能芯片、服务器、数据中心、云计算等软硬件基础设施，主要提供算力和数据支撑，中间的模型层涉及算法、软件等领域，主要提供大模型所需算法，顶端的应用层涉及"AI 大模型+千行百业"应用产品。以 ChatGPT 为例，其底层芯片企业有英伟达，以及微软的云计算平台 Azure，中间模型层涉及具体算法，包括微软、OpenAI、谷歌、微

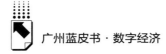

美全息等企业，顶端的应用层涉及的领域更加广泛，包括搜索引擎、金融等领域，接有 200 多个应用插件。文心一言、盘古等人工智能大模型同样正在形成自己的生态体系。如盘古大模型融入华为在 5G、云计算、物联网等领域的技术优势，可广泛运用于金融、教育、医疗、交通等行业，以及华为自有的"1+8+N"① 鸿蒙生态、华为汽车、手机及智能家居终端。同时，海量的终端数据可以持续反哺模型、不断优化模型。

（五）需要有效的政策保障

与国外不同，国内单纯依靠市场推动人工智能大模型发展难以得到持续的资金保障和快速推广应用，需要政府建立健全相应推动机制，从人才、资金、科技创新等多个方面制定政策，整合各方资源推动其快速发展。为此，2023 年 4 月中共中央政治局会议明确指出要重视通用人工智能发展，营造创新生态，重视防范风险。

为抢抓大模型发展机遇，北京制定《北京市加快建设具有全球影响力的人工智能创新策源地实施方案（2023—2025 年）》《北京市促进通用人工智能创新发展的若干措施（2023—2025 年）》，充分发挥政府引导作用和创新平台催化作用，整合创新资源，加强要素配置，营造创新生态，重视风险防范，推动通用人工智能领域实现创新引领；启动通用人工智能产业创新伙伴计划，建设算力、数据、模型、应用和投资五类伙伴，推进人工智能大模型研发和应用，赋能千行百业数智化转型。上海出台《上海市促进人工智能产业发展条例》，制定《上海市推动人工智能大模型创新发展的若干措施》《徐汇区关于支持生成式人工智能发展的若干措施》，制订大模型创新和扶持计划、智能算力加速计划、示范应用推进计划，发起《"模"都倡议》，成立"算筑申城"上海市算力产业联盟，建设人工智能框架、大模型

---

① "1+8+N" 是 HarmonyOS 打造的全场景战略。其中，"1" 指智能手机，"8" 指"八大行星"，包括大屏、音箱、眼镜、手表、车机、耳机、平板、PC。围绕关键的"八大行星"，周边还有合作伙伴开发的 N 个"卫星"，包括移动办公、智能家居、运动健康、影音娱乐及智能出行各大板块的延伸业务。

创新中心，着力破解大模型发展瓶颈。深圳出台《深圳经济特区人工智能产业促进条例》，制定《深圳市加快推动人工智能高质量发展高水平应用行动方案（2023—2024 年）》，聚焦通用大模型等领域，重点支持打造基于国内外芯片和算法的开源通用大模型，支持重点企业持续研发和迭代商用通用大模型（见表 5）。

表 5　北京、上海、深圳支持人工智能大模型的政策措施

城市	政策	具体措施
北京	《北京市加快建设具有全球影响力的人工智能创新策源地实施方案(2023—2025 年)》	①建设大模型算法及工具开源开放平台,构建完整的大模型技术创新体系,积极争取成为国家人工智能开放生态技术创新中心。②组建全栈国产化人工智能创新联合体,研发全栈国产化生成式大模型
	《北京市促进通用人工智能创新发展的若干措施(2023—2025 年)》	①建设北京人工智能公共算力中心、北京数字经济算力中心,支撑人工智能大模型研发。②整合、清洗中文预训练数据,形成安全合规的开放基础训练数据集,建设高质量的大模型预训练语料库。③系统构建大模型通用人工智能技术体系,包括高效压缩和端侧部署技术;研究互联网数据整合与分类方法,构建多模态多维度的基础模型评测基准及评测方法,研发大模型分布式训练系统和新一代人工智能编译器,完善面向通用人工智能的基础理论体系
上海	《上海市推动人工智能大模型创新发展的若干措施》	实施三项计划:①大模型创新和扶持计划,研发具有国际竞争力的大模型,实施专项奖励,鼓励形成数据飞轮加速模型迭代。②智能算力加速计划,加强大模型智能算力建设,建立绿色通道,保障能耗指标、采用 AI 算力券,加快建设极速智能算力承载网。③示范应用推进计划,加强大模型在智能制造、教育教学、科技金融、设计创意、科学智能等垂直领域的深度应用和标杆场景打造。 建设五大平台:①建设大模型测试验证与协同创新中心,鼓励创新主体依托中心开展测试评估工作,加速模型迭代和合规应用。②组建大模型语料数据联盟,鼓励多元主体加入联盟,深化共建共享机制,强化高质量语料数据的资源供给。③打造智能算力调度平台,加强规模化智能算力调度和供给能力,服务创新型企业的算力需求。④建设软硬件适配的测评中心,降低智能芯片的适配成本。⑤建设大模型开源社区和协作平台,打造开放生态和开源模型

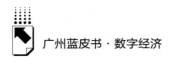

城市	政策	具体措施
深圳	《深圳市加快推动人工智能高质量发展高水平应用行动方案（2023—2024年）》	①实施人工智能科技重大专项扶持计划，重点支持打造基于国内外芯片和算法的开源通用大模型，支持重点企业持续研发和迭代商用通用大模型。②鼓励大模型企业联合生态伙伴加强大模型插件及相关软硬件研发，推动大模型与现有的操作系统、软件、智能硬件打通、互嵌。

资料来源：课题组根据公开资料整理。

五 建设人工智能通用大模型的主要方案

人工智能通用大模型作为科技创新的基础平台、开放平台和开源平台，可以孕育出一批面向具体领域的技术创新型和商业应用型的科创企业群体，催生新技术、新产品、新业态、新模式，塑造新的经济增长点，对城市经济发展意义重大。综合先进城市发展经验，具备条件的城市如果要推动人工智能通用大模型建设，主要有引进、培育、新建三种备选方案。

（一）引进方案

该方案是从国内外引进一家头部人工智能企业或知名科研机构，以其为主体推进人工智能通用大模型建设。从全球来看，人工智能通用大模型企业和人才主要集中在美国，而且都是美国的大科技企业，例如微软投资的OpenAI，以及谷歌、Facebook等国际知名企业。从国内来看，从事人工智能通用大模型研发的企业主要是头部大科技公司，例如百度、阿里巴巴、腾讯等企业，科研机构主要是北京智源人工智能研究院、深圳鹏城实验室等。考虑到当前全球政治经济形势，引进对象主要是国内头部大科技公司或科研平台。如果企业以招商引资的形式引进人工智能通用大模型，可以给予企业相应的资金和场地支持。

（二）培育方案

该方案是依托所在城市优质企业或科研平台，筛选出竞争力强、发展潜力大的科技企业或科研平台进行培育支持，牵头负责人工智能通用大模型平台研发和建设。具体而言，政府可通过科学论证评估，按照规范程序在链主企业或新兴企业当中选择一家意向企业。具体支持方式：提供免费场地支持；通过政府主导的专项产业投资基金领投该企业，并引导其他风投机构跟投和银行机构授信，提供资金支持；协助提供算力和数据支持。政府也可在前期提供项目启动资金，同时要求企业配套相应的资金支持，后期在商业运营方面提供市场拓展支持。这一方案以企业为主导，即企业具体负责研发和运营组织，政府根据企业意愿和需求进行扶持，其在实施过程中可能会面临三个问题。第一，企业尤其是民营企业在市场经济竞争中面临的经营压力较大，是否有定力和恒心长期坚持研发具有较大的不确定性。第二，政府面向市场主体提供各类支持政策，需要有明确的边界范围、政策法规依据、程序流程和评估机制，有时无法及时响应企业需求。第三，缺乏有能力有意愿承担人工智能通用大模型平台研发和建设的人工智能头部企业。

（三）新建方案

该方案是由政府牵头整合资源，组建一家新的主体，负责人工智能通用大模型平台的建设和运营工作。如由政府主导，推动所在城市相关国有企业共同出资成立一家全新的主体，牵头负责组织开发人工智能通用大模型平台。这一方案的另外一条路径是由政府主导并整合高校科研院所力量组建非营利科研机构人工智能研究院，牵头负责人工智能通用大模型平台建设。北京、上海、深圳、武汉开展人工智能大模型研发均是依托政府作为主导力量设立的人工智能研究院或实验室，并由其牵头联合头部科技企业、科研院所共同开展人工智能大模型研发。

总体来看，人工智能通用大模型平台具有建设周期长、投入资金大、收益见效慢等特点，单纯依靠市场主体的力量难以完成，需要政府力量介入和政府资源注入。在三种方案中，第一种方案和第二种方案虽然以企业作为建设运营主体，但仍需政府导入资金等资源。具体导入方式可以借鉴合肥"以投带引"的经验，即政府以股权投资、风险投资等方式吸引头部科技企业入驻或培育本土具有潜力的企业开展这项业务。当然，在这一过程中，面临的最大挑战是政府思维可能会与市场逻辑发生冲突。第三种方案以政府为主导，在具体运作过程中可形成"政府+头部科技企业+科研机构"的运作模式，可整合较多资源，比较适合基础创新项目建设。当然，这一方案对政府顶层设计、战略眼光、系统布局能力都提出很高的要求。

六　建设人工智能通用大模型的政策支撑

为促进人工智能通用大模型建设与应用，需要围绕其研发、建设、训练、优化、部署和应用等环节加快制定一揽子支持政策，整合优质资源，加强要素配置，营造创新生态，形成多方联动的强大合力。

（一）加快智能算力集群建设

明确供给技术标准、软硬件服务要求，整合所在城市及区域算力资源，加快建设人工智能公共算力中心和算力统筹调度平台，实现算力一网化互联、一体化统筹和一站式调度，为人工智能通用大模型技术平台应用提供相对低成本的算力算法、工具集、模型库、适配认证等支持，更好赋能其生态伙伴开展联合创新。

（二）增加优质数据要素供给

尽快出台企业数据开放管理办法、企业数据资源目录，制定企业数据开放交易管理办法，鼓励行业龙头企业、平台型企业提供高质量数据产品和专业化数据服务，引导企业发掘数据资产、开放数据资源，通过数据交易所开展数据交易。依托公共数据开放平台，打造合规安全的图文、音频、视频等大模型预训练语料库，并有条件地进行对外开放。加快存用分离、计量交易、安全流通等技术研发，重点培育数据资源商、数据开发商、数据服务商、平台服务商等多元主体，推动数据的采、存、洗、标、训等业务全面开展，构建完善的数据服务体系。

（三）强化创新人才汇聚培养

面向全球招聘人工智能通用大模型首席科学家和学术顾问，围绕首席科学家组建核心技术团队，积极开展人工智能通用大模型领域重大方向的基础理论研究。成立面向全球的人工智能通用大模型青年科学家学术交流平台，支持青年科学家开展开放性、探索性、首创性研究。加强高校人工智能学科建设，支持高校、企业围绕人工智能通用大模型等领域开展人才联合培养。积极承办人工智能高级别会议或者赛事，以此来发掘、吸引和集聚相关人才。

（四）加强关键核心技术研发

加强核心技术攻关，聚焦人工智能通用大模型认知神经网络、计算机视觉、自然语言处理等领域，实施重大攻关支持扶持计划，研究大模型高效并行训练技术、逻辑和知识推理、指令学习以及人类意图对齐等的调优方法，研发支持百亿参数模型推理的高效压缩技术。集合多方资源组建人工智能通用大模型创新中心和联合实验室，协同打造大模型技术创新和孵化平台。实施产业链创新链关键环节提升扶持计划，采取"揭榜挂帅"方式鼓励共性通用技术产品研发及产业化。

（五）推动创新应用场景示范

鼓励人工智能通用大模型联合生态伙伴加强大模型插件及相关软硬件研发，与现有的操作系统、软件、智能硬件打通、互嵌。构建人工智能通用大模型服务专区，面向全社会征集并公开发布人工智能大模型技术创新产品、市场化项目需求、应用场景需求。积极打造人工智能通用大模型的各类应用场景，以具有优势的医疗、金融、教育、科学研究、自动驾驶等领域为重

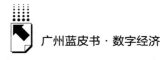
点，率先开展大模型技术平台在垂直行业领域应用场景试点示范。在政务服务和城市治理等领域率先实现大模型技术赋能。实施公共技术服务平台扶持计划，培育一批各具特色的垂直行业人工智能通用大模型公共技术服务平台。

参考文献

丁磊：《生成式人工智能》，中信出版社，2023。

国家工业信息安全发展研究中心：《AI大模型发展白皮书》，2023。

李颖：《生成式人工智能ChatGPT的数字经济风险及应对路径》，《江淮论坛》2023年第3期。

龙志勇：《大模型时代》，中译出版社，2023。

人民网财经研究院：《开启智能新时代：2024年中国AI大模型产业发展报告》，2024。

腾讯研究院：《2023年AIGC发展趋势报告》，2023。

中国人工智能学会：《中国人工智能系列白皮书——大模型技术（2023版）》，2023。

B.10
广州芯片制造业的机遇挑战与发展对策

沈 静　王翔宇　任亚文*

摘　要：　我国芯片产业仍遭受以美国为首的西方发达国家在跨境技术贸易和外商投资两方面的巨大限制，芯片先进制程工艺短期内难以突破。广州作为国家中心城市，正努力打造"一核两极多点"的芯片产业格局，并形成了以粤芯、芯聚能等为代表的企业集群，特色半导体领域逐渐发展，但也面临专用材料与高端设备环节匮乏，芯片产业规模小，区域内产业链协同程度低，领军企业少，研发融资难度大，大企业大平台少，高端人才更愿意到上海、北京就业等难题。但变局之中仍有时代机遇，广州芯片制造业面临巨大的市场需求，国内芯片制造设备的市场需求量增幅可观，广州错位发展恰逢其时，工业和车规芯片的高端定制化设计需求日益增加，人工智能技术掀起应用终端智能化浪潮，高算力芯片需求激增。广州人工智能技术促进应用终端智能化发展，高算力芯片需求激增，鼓励企业完善自身人才造血机制，探索赋予科研人员更多权益。

关键词：　集成电路　芯片　技术封锁　产业链　数字技术底座

自 2018 年以来，我国战略性新兴产业遭遇国际技术封锁，芯片首当其冲。美国通过《出口管制条例》和《芯片法案》分别从技术贸易和外商投资两个方面对我国的芯片（集成电路产品）产业形成全面技术封锁。芯片制造业，是东部地区集聚程度最高的电子信息产业上游的战略性新兴产业，

---

* 沈静，中山大学地理科学与规划学院副教授，研究方向为经济地理、产业发展研究与规划；王翔宇，广州市社会科学院区域发展研究所博士，研究方向为城市与区域经济、产业地理；任亚文，深圳国家高技术产业创新中心助理研究员，研究方向为产业地理与粤港澳大湾区区域发展。

是当代前沿数字技术的核心硬件基础。在高新技术外部供给急剧收缩的国际形势下，本土芯片制造如何冲破封锁、实现国产替代与自主可控成为紧迫的现实问题。千亿元乃至万亿元级的集成电路产业集群将成为广州强大的产业根基，芯片的自研自产将是广州实现高水平科技自立自强的重要战略抓手。广州的芯片制造起步不久、新建晶圆厂正逐步投产，在上游软件、制造设备方面尚落后于其他一线城市，在专用材料方面尚落后于较多地市。在百年未有之大变局中，广州的芯片制造要如何抓住历史机遇、发挥后发优势，最终实现弯道超车，乃至成为领跑全国的"链主"？分析回答这一问题，对广州夯实数字技术底座，建设全国领先的先进制造业强市、锚定"排头兵、领头羊、火车头"标高追求具有重要意义。

一 国际对华技术封锁的发展态势以及我国集成电路产业的国产化现状

（一）发达国家跨境实施的政策工具

自 2018 年新一轮中美贸易摩擦以来，我国芯片产业遭遇了以美国为首的西方发达国家在跨境技术贸易和外商投资两方面的巨大限制。如表 1 所示，由美国商务部产业与安全局（Bureau of Industry and Security）制定的商品和技术《出口管制条例》（Export Administration Regulations，EAR）构成了近年来对华技术封锁整个制度体系的核心。EAR 包含的两个管制名录和三个制裁清单对美国军民两用品的出口进行全方位管制。其中，实体清单（Entity List）是美国出口管制体系当中级别最高、最严格的制裁"黑名单"。除了限制高技术产品出口，美国还通过芯片和科学法案限制获得美国补贴的公司（如台积电、三星、英特尔）在中国大陆投资扩产。该法案规定，受资助的公司不得对现有成熟制程（28 纳米及以上）芯片产能扩产超 10%，不得对先进制程（28 纳米以下）芯片扩产超 5%，且投资不得超过 10 万美元。

表1 发达国家对华战略性产业技术封锁的主要政策工具

跨境政策类型	国别、政策工具与时间		核心内容说明
外商投资限制	美国《2022年芯片和科学法》2022年8月通过、2023年3月最新修订		受资助的公司不得对现有成熟制程（28纳米及以上）芯片产能扩产超10%，不得对先进制程（28纳米以下）芯片扩产超5%，且投资不得超过10万美元
技术贸易限制	美国《出口管制条例》不定期修订更新	商品管制目录	受管制的产品、技术和软件列表
		商业国家列表	根据所谓安全威胁程度，将国家和地区由低到高分为A至E 5级，中国与俄罗斯处于D级
		实体清单	美方机构不得与列入清单的机构开展进出口贸易及学术交流，如2018年的"中兴事件"、2019年全面制裁华为
		未经核实清单	重点管控产品的出口、再出口或转卖；一旦确认企业存在违规行为，将被列入实体清单
		拒绝人员清单	影响范围最小的清单，执行力和规范性弱于另外两个清单
	荷兰《先进半导体生产设备出口管制法案》2023年3月发布、9月实施		将ASML公司光刻机的限售范围从EUV型扩展到DUV型
	日本《外汇及对外贸易法》修正案2023年7月实施		对23种芯片制造设备实施出口管制，包括成熟制程，管制范围比美国更广

资料来源：根据美国商务部产业与安全局官网、路透社、日本经济新闻整理。

2023年1月，美国、荷兰、日本达成三方协议，标志着掌握了集成电路先进技术供应链的国家形成了对华封锁联盟。日本最先响应美国，在其3月份修订的外贸法案中，对23种芯片制造设备实施出口管制，成熟制程（28纳米及以上）芯片制造设备出口被禁止，属于技术和市场的"双封锁"。荷兰政府则是在犹豫了一段时间之后，于3月公布了其先进制程（28纳米以下）光刻机对华禁售法案。

（二）上游的材料与设备被发达国家垄断，芯片先进制程工艺短期内难以突破

芯片产业链的上游环节（EDA软件、IP模块、生产设备、原材料）战

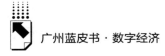
略价值重大，是整个芯片产业发展升级的先导与核心，其技术与市场多年为美国、荷兰、日本等发达国家高度垄断。国产替代率较低导致这些环节成为外国对华技术封锁的主要领域（见表2）。

表2　芯片产业链及上游环节的国产替代率

上游供应			中游生产			下游应用
信息技术	EDA软件（2%~5%）	各种基础工具软件（布线软件、仿真软件、逻辑转译软件）	芯片设计	前端逻辑设计	分析需求，规格确定、模块选择、缩码验证	5G通信领域
	IP模块	各类功能代码（语音模块、视频模块、通信模块）		后端物理设计	版图规划、布线设计 仿真模拟、综合验证	
生产设备	制造设备（1%~15%）	单晶炉、氧化机、光刻机、蚀刻机、薄膜沉积机、离子注入机	晶圆制造	衬底加工	将原材料切割成圆片并氧化清洁	消费电子
				电路光刻	印制布线方案到晶圆上曝光显影	
	封装设备（5%~25%）	划片机、上芯机、焊线机、塑封机、电镀机、冲筋机		电路蚀刻	使晶圆只保留电路图案	
				薄膜沉积	区分内部功能	
				内部互连	实现电力与信号的接发	汽车电子
原材料	制造材料（10%~20%）	硅片、光刻胶、光掩膜板、靶材、电子特气、抛光材料	封装测试	芯片测试	测试选出不合格芯片并点墨标记	大数据、云计算、物联网等
				晶圆锯切	切割晶圆并将其放置在基底上	
	封测材料	切割材料、引线、框架材料、陶瓷封装材料、键合金丝		焊线互连	用金属线连通芯片和基底	
				塑封电镀	确保芯片构造的稳定	

注：括号内的数据为行业专家估计的国产替代率。

资料来源：根据国际半导体产业协会（SEMI）2023年发布的产业链各环节的报告翻译整理，参见 http：//www.semichina.cn/article/77。

芯片设计软件（EDA）由美德企业高度垄断，国产芯片设计高度依赖国外知识产权核（IP）架构。美国的新思科技（Synopsys）、铿腾电子（Cadence）以及德国西门子旗下的明导（Mentor）公司占据当前中国芯片设计软件市场约95%的份额。[①] 而作为设计环节关键模块之一的IP，即设计中通过验证、可重复使用、具有特定功能的宏模块，外国公司更是占据了我国98%的市场份额。调研显示，国产EDA未能发展起来的主要原因在于难以打破已有的产业链客户生态。美德的EDA巨头早已将其产品集成了仿真和测试功能，使得上下游厂商顺畅衔接，而国产EDA仅能覆盖约70%的生产环节，兼容性不足。本土EDA企业总部，集中在北京（华大九天）、上海（概伦电子、芯原微电子）、苏州（国芯科技）、杭州（广立微电子）。其中部分公司在珠三角地区设立了子公司，例如华大九天和芯原微电子将子公司设在深圳、概伦电子则将子公司设在广州。

芯片制造的核心设备被美国、日本和荷兰的少数几家公司垄断，短期内核心设备国产替代方面较难有突破。制造芯片的设备大体可分为11类，除了已经具备一定技术基础的去胶（75%）、清洗（35%）、热处理（25%）和刻蚀（20%）等设备外，薄膜沉积（10%）、量测（4%）、离子注入（3%）、涂胶显影（1%）和光刻（1%）这些核心设备的国产替代率很低。[②] 美国的应用材料（AMAT）、泛林（Lam）、科磊（KLA）公司，日本的东京电子（TEL）以及荷兰的阿斯麦（ASML）公司合计占据全球约90%的市场份额。其中，美国应用材料公司在物理气相沉积（PVD）设备、日本东京电子公司在涂胶显影机以及荷兰阿斯麦公司在光刻机的全球供应上各自"一家独大"。因此，伴随荷兰对华出口管制在2023年9月生效，2024年初

---

① 与芯片设计软件工具相关的市场份额是依据国际电子系统设计联盟（ESD Alliance）的公开报告推算得到，参见 https：//www.semi.org/en/communities/esda/resources。

② 括号内为国产替代率，是基于2022年国内市场做的测算。数据来源于国际半导体产业协会2023年第一季度公布的关于设备（equipment）的市场研究报告，参见 https：//www.semi.org/en/products-services/market-data/equipment；中国电子专用设备工业协会2023年6月发布的《2022年中国半导体设备经济运行分析和2023年展望》行业报告，参见 http：//www.cepea.com/blank54.html？t=1578624524045&isPreview=true。

达成的美日荷三方协议将使我国在芯片制造设备供给上遭遇史无前例的制裁。上游设备的对华禁运，短期内虽不致命，却埋下巨大隐患。调研显示，制造企业的主要担忧在于设备"用坏一台少一台""零配件与售后维护将无法解决"。其后果是无论28纳米以下的先进制程还是28纳米及以上的成熟制程芯片都无法再扩大产能。换言之，工业电子的制造技术升级将迟滞；国产芯片将难以满足消费电子市场，芯片贸易逆差将进一步扩大。

在芯片制造所需原材料方面，日本企业具备垄断优势，国产替代率普遍低于20%；在封装材料方面，已经基本实现国产替代。在芯片制造材料当中，硅片所占比重最大，其他还包括电子特种气体、光掩膜、光刻胶和溅射靶材等。全球一半以上的硅材料产能集中在日本。硅片作为芯片制造中成本占比最高的材料，长期被日本信越化学与胜高、中国台湾环球晶圆、德国世创（Siltronic）以及韩国鲜京矽特隆（SK Siltron）这五大厂商垄断，全球市场占有率合计超过90%。硅片尺寸越大，垄断程度就越高。此外，我国在光刻胶方面自给率也很低。日本东京应化、捷时雅（JSR）和信越化学3家企业光刻胶的市场份额超过70%。在硅片和光刻胶这两个核心原材料方面，国产技术与外国差距较大。大部分的国产硅片为6英寸，少量为8英寸，12英寸的主要依赖进口；能够量产的光刻胶还停留在宽谱线光源（KrF）的工艺，对于能够用于芯片先进制程的ArF光刻胶，国内只有南大光电一家企业在2023年春季通过验收，目前尚不能量产。

（三）巨头英特尔的业务分拆：垂直分工的产业模式终是大势所趋

国际芯片企业巨头多数为IDM（上中下游由单个企业全包的一体化）模式，长期以来并未充分反映经济学规律。从经济学理论来看，设计与制造分离的分工模式本应成为主流，原因在于设计公司不必负担高额的建厂和工艺研发费用，晶圆代工厂能够针对客户要求和产能更好地实现成本管控。这也使得在2023年之前，多数中国芯片制造企业在其组织模式的发展趋势上还处于纠结和争论当中。

纵观芯片产业的发展历程，其组织模式一直在变化，1950~1960年，主要为一体化的系统公司（Systemhouse）和系统制造商（IDM）；1970 年，形成"设计+代工"（"Fabless+Foundry"）的组织模式，1980 年至今逐渐形成"设计服务+无芯片半导体+设计+代工"（"Designless+Chipless+Fabless+Foundry"）的细分产业模式。如今主流的模式有两种：一种是 IDM 模式（上中下游一体化模式），如英特尔（2023 年 6 月之前）、三星、SK 海力士；另一种是"Fabless + Foundry"模式，即由上游仅做芯片设计的公司（Fabless，代表性企业如高通、英伟达）将芯片掩膜版图交由中游晶圆厂（Foundry，代表性企业如台积电、中芯国际）进行制造，生产的晶圆再交由下游的封测公司，产业链的每一环节由不同公司完成。2018~2022 年，全球晶圆代工市场规模从 736 亿美元增长至 1321 亿美元，年均复合增长率为 15.75%。①

2023 年 6 月 21 日，英特尔宣布"拆分"代工业务，制造部门单独核算，将设计与制造彻底改写为客户与供应商的关系。这艘 IDM 模式的旗舰在犹豫 10 年之后，终于转变为"Fabless+Foundry"的分工模式。在美国芯片法案出台、大力扶持本土芯片制造的背景下，英特尔的模式转变是追求先进工艺、降本增效的务实之举。调研显示，英特尔的转变对国内思维观念冲击很大。经济学"产业分工规律"的应验，使得国内企业重新审视这一问题。目前，国内采用 IDM 模式的企业多为产能需求不大的单一产品企业，如果按 20 亿美元一条 12 英寸的晶圆生产线计算，这类企业扩大产能投入的研发和运营费用将是巨额的。另外，还在纠结要不要向 IDM 模式转型的国内 Fabless（纯设计类、无晶圆厂）企业，多数规模较小、产能小。如果此类企业试图控股整合下游的晶圆厂，则犹如小马拉大车，反而拖累其设计技术的进步。"不能因为一时的产能需求，而背上长期包袱"，成为调研过程中企业近期思考最多的问题。

当前的国际环境使得芯片先进工艺的国产替代与自主可控面临巨大压力。芯片的性能演进需求正日益增加，这就需要代工厂（Foundry）提供持

---

① 数据来自中商情报网，参见 https://m.askci.com/。

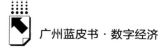

续进步的技术。对市场较为成熟的图像传感器、模拟和存储芯片，以 IDM 为主体的模式或许还可持续一段时间，但若要在更先进的技术上率先实现国产替代（例如自主生产高端逻辑芯片），设计和晶圆代工分离无疑是成本较低且更为灵活的模式。

二 广州芯片制造业的发展现状与历史机遇

（一）广州芯片制造业的现有基础与优势

《广州市半导体与集成电路产业发展行动计划（2022—2024 年）》指出要打造"一核两极多点"的产业格局。截至 2023 年上半年，黄埔区已集聚了超过 200 家芯片产业上下游企业，占全市 90% 以上，是广州芯片产业发展的核心承载区。随着 2018 年 3 月粤芯半导体一期项目动工，黄埔区在短短数年内集聚了设计、制造、封装和测试这些产业链环节，构建起一个较为完整、协同发展的地方产业生态。

表 3 列出了 2020～2023 年广州在芯片领域的代表性重点项目布局情况。当前广州在晶圆制造、第三代半导体以及封装方面已经拥有较为先进的生产线。落户知识城 5 年多，粤芯半导体的竞争优势在于和国内其他城市企业在技术和市场上错位发展，避免各地一哄而上造成的结构性产能过剩问题。在工艺方面，其一期、二期建成了粤港澳大湾区唯一量产的 12 英寸晶圆生产线，专注于国内较为薄弱的模拟芯片和功率器件，这样就能避免重演 2018 年在美国的打压之下由于国产模拟芯片自给率不足而导致的中兴通讯"休克"的情况。粤芯重视产学研合作，目前成立的芯片制程关键材料联合研发中心就是其与广东粤港澳大湾区黄埔材料研究院合作共建的。在市场方面，其三期项目正聚焦车规级、射频无线通信、功率半导体芯片这些国内紧缺产品，这意味着粤芯与本地和全国的下游工业市场需求紧密契合，将为广州物联网、大数据、云计算等科技产业提供有力支撑。粤芯作为"链主"，还带动了上下游超过 120 家企业在广州集聚。其中，广东高云半导体科技公司是全球第二个自主研发且量产 FPGA 封装芯片的企业。

表3　2020～2023年广州在芯片领域的重点项目（部分）

年份	项目	地点
2020	碳化硅单晶材料与晶片生产项目	南沙区
2021	松下电子材料(广州)有限公司第四工厂项目	黄埔区
	LG化学信息电子材料项目	黄埔区
	粤芯半导体项目二期	黄埔区
2022	志橙半导体SiC材料研发制造总部	黄埔区
	华星第8.6代氧化物半导体新型显示器件生产线项目	黄埔区
	IGBT(绝缘栅双极晶体管)封测项目	番禺区
	增芯公司12英寸先进MEMS传感器及特色工艺晶圆制造量产线新建项目	增城区
	芯粤能面向车规级和工控领域的碳化硅芯片制造项目(一期)	南沙区
2023	广州光电存算芯片融合创新中心黄埔基地	黄埔区
	粤芯半导体项目三期	黄埔区
	拉普拉斯半导体及光伏高端设备研发制造基地项目	黄埔区
	广东越海高端传感器8寸/12寸TSV封装项目	增城区

资料来源：广州市发展和改革委员会公开信息。

南沙区和增城区"两极"则是各具特色，与国内先进城市错开赛道、差异化发展。南沙万顷沙片区约2平方公里的芯片产业园在国内率先实现宽禁带半导体（即禁带宽度大于2.2eV的化合物，如碳化硅SiC、氮化镓GaN）全产业链布局。南砂晶圆和芯粤能项目已建立起4英寸、6英寸、8英寸的碳化硅芯片生产线，填补了省内车规级碳化硅芯片规模化生产的空白。增城区则重点发展智能传感器产业。其中，预计2024年上半年通线的增芯项目与国内同行企业技术定位差异化，具备一定的稀缺性和不可替代性。其12英寸MEMS生产线出产的芯片相比其他同行8英寸、6英寸生产线的产品稳定性更佳。近百名增芯项目的核心研发人员来自海内外知名芯片大厂。传感器芯片细分领域当前还处于"小而散"的状态，增芯项目建成投产后可极大地满足市场需求。

在专业性高端平台建设方面，广州市以及广州高新技术产业开发区自2019年以来给予了大力支持。广东省大湾区集成电路与系统应用研究院的成立为高端芯片研发提供了强大的服务支撑。其已经引进了欧洲科学院院士等 11 个世界顶级科研院所研发团队以及来自台积电、三星、意法半导体等世界顶尖企业的自主研发人员。目前，该研究院已开展以耗尽型绝缘体上硅（FD-SOI）为核心的重大技术攻关，并取得重大阶段性成果，力求逐渐摆脱我国芯片产业对鳍式场效应晶体管（FinFET）路径和极紫外光刻（EUV）技术的依赖，以"换道发展"实现特色创新。

《广东省制造业高质量发展"十四五"规划》提出将广东打造为我国集成电路产业发展第三极的战略。近年来，广州出台了一系列针对芯片产业的专项政策，在第三极这一"芯"版图中争当核心。2022 年《广州市半导体与集成电路产业发展行动计划（2022—2024 年）》出台，同年有 22 条相关政策公布。以对设计企业 IP 购置、复用与共享补贴为例，在全国有此方面政策的 13 个城市中，广州的支持上限最高，为 500 万元。此外，各区均有支持政策密集出台，例如，黄埔区的"智能传感器 20 条""专精特新 10条""定制化 10 条"，南沙区的"强芯九条"。这些持续释放的政策红利都为广州芯片产业发展注入强大动力。

（二）广州芯片制造业现阶段存在的主要问题

1. 本地产业链未实现闭环且结构不合理，专用材料与高端设备环节匮乏

国内大部分原材料生产企业位于长三角地区的上海、杭州、苏州、无锡，以及北京、天津。调研显示，在珠三角地区，深圳在掩膜版和刻蚀液方面具有较强实力，佛山则有特种气体企业。截至 2023 年 9 月，在芯片专用原材料领域，广州本地仍没有相关企业。在粤芯落地黄埔区之后的数年，尽管芯片制造有了快速发展，但在专用材料上，广州制造企业的国内原材料供应主要来源于长三角地区（尤其是无锡）。

具备一定国产替代能力的芯片设备生产企业包括 11 家上市公司和 2 家国有企业，其总部分布于上海、沈阳、北京、武汉、天津、无锡、深圳。而刻蚀、光刻、薄膜沉积这 3 种核心设备生产企业位于上海（中微半导体、上海微电子）和北京（北方华创）。除了深圳拥有 1 家量测设备企业（中科飞测）以外，截至 2023 年 9 月，在芯片的先进制程，珠三角各市仍没有具

备国产替代能力的专用设备生产企业（或其分公司）。姑且不论与美国、日本、荷兰的技术差距，广州在芯片设备的研制与量产方面也已经落后于国内其他城市。尽管面临荷兰等国的断供风险，包括粤芯在内的制造企业对芯片制造设备却不敢轻易更换。主要原因在于芯片验证导入周期较长，可能需要2~4年的时间才能显示出某个设备生产线的优劣，而工业和车规芯片的这一周期可能为5~10年。因此，广州的制造企业都不敢贸然更换国产设备，除了技术落后以外，更主要的原因在于下游产品可能面临较高的市场风险。

粤芯作为"链主"，其带动的更多是下游的封测和侧向的配套服务企业。就关键的上游尖端技术环节而言，广州的芯片产业仍处于"两头在外"的状态。在过去的几年，由于封测业技术门槛相对较低、投资较小、见效快，其发展较为迅速。另外，本地制造企业对高端芯片的设计需求较大，尽管广州引入或培育了苏州国芯、泰斗微电子、润芯等一批芯片设计企业，但其仍然无法完全满足本地制造企业的需求。

2. 广州在区域内产业链协同程度较低，在全国范围内优势环节不突出、领军企业较少

从与其他城市协同错位发展的角度考虑，如果广州的芯片产业能够强其"一环"，甚至成为粤港澳大湾区乃至全国的"链主"，或许也可以不谋求在本地形成产业链完全闭环。但从现状来看，粤港澳大湾区内芯片的产业协同程度不高；与此同时在全国范围内，广州的龙头企业数量较少。

这里使用空间地统计方法检验广州芯片产业各环节在粤港澳大湾区内与其他地市的协同程度，结果如表4所示。统计结果显示，深圳的产业链结构较为完整，并且部分环节外溢到东莞，而广州仅在制造环节的分立器件方面具备一定的规模优势，其制造能力和其他环节存在突出的失配情况。表4反映了这一情况的细节，广州的芯片制造与粤港澳大湾区的封测、广州的封测与粤港澳大湾区的设计之间达到了显著的协同布局；设计与设备环节之间在粤港澳大湾区内处于隔离的状态，产业链无空间关联；其他环节之间具备一定的区域协同，但是都未达到统计上的显著。

表4　广州芯片产业各环节在粤港澳大湾区的协同区位熵及显著性

研究对象	产业链中心要素	产业链相邻要素	协同区位熵（CLQ）	P 值
广州	设计	设备	0.75	0.32
	设计	材料	1.12	0.13
	芯片制造	设计	1.17	0.07
	芯片制造	设备	1.64	0.25
	芯片制造	材料	1.58	0.11
	芯片制造	封测	2.07	0.04*
	封测	设计	1.26	0.03*
	封测	设备	1.08	0.22
	封测	材料	1.31	0.18

注：表中协同的判定标准是若 CLQ>1 且 P<0.05，则区域协同显著；若 CLQ>1 且 P>0.05，则区域协同但不显著；若 CLQ≤1 且 P<0.05，则为区域显著隔离；若 CLQ≤1 且 P>0.05，则区域隔离但不显著。

资料来源：笔者自制。

截至2023年上半年，在全国300多家芯片行业的上市企业中，广州仅有4家（中海达、云从科技、慧智微、智光电气），且主要业务都是半导体分立器件的制造。广州引入的设计类企业规模皆不大，从事 GPU、DSP 等高端产品设计的企业很少，大约60%的企业从事数模混合芯片设计，集中在电源管理、功率器件等低端应用，与国际国内一流水平还有较大差距。即便是广州具备一定比较优势的芯片制造环节，当前制程仍在55纳米以上，尚未涉足先进制程。

3. 企业研发融资难度大，专项资金总量不足、投入迟缓

芯片产业是资金密集、技术密集、人才密集的高端产业，研发投入巨大、动辄上亿元。调研显示，多数广州的民营企业无力，也无心投资尖端技术。2014年，《国家集成电路产业发展推进纲要》颁布实施，随后上海、南京、安徽、福建、重庆和成都推出了各自的集成电路产业发展基金，而广州在当时既没有及时推出自己的专项资金，也没有参与国家集成电路产业投资基金（一期，以下简称"国家大基金"）的投资。

广州真正开始参与或设立可用于集成电路产业的投资资金是在2019年以

后，概括而言广州涉及的基金实际能用于芯片产业发展的金额较少，且完全由广州地方政府支持的专项资金偏少。2020 年，广州出资 50 亿元参与国家大基金（二期），这笔金额对芯片产业而言只能算是杯水车薪。2021 年 11 月，广东省半导体及集成电路产业投资基金成立，首期规模为 200 亿元，3 支子基金分别注册在广州、珠海和深圳，非广州独享。同时期由中国经济改革研究基金会联合中央企业、科技龙头企业、地方政府发起粤港澳大湾区科技创新产业投资基金，总规模达 1000 亿元（首期 200 亿元），除了深圳的金融服务机构外，科学城（广州）投资集团亦有参与。但此创投基金并未针对广州芯片产业开展大额投资。

2023 年 8 月，广州市政府常务会议审议通过《广州产业投资母基金、广州创新投资母基金管理办法及配套激励约束制度》（以下简称"母基金"），广州才算真正有了地方政府支持的专项投资。1500 亿元产业母基金采用"母基金+子基金+直投"方式开展投资运作，母基金公司已在南沙区注册，并设立 100 亿元重大项目投资专项基金、100 亿元半导体与集成电路专项母基金等。

4. 人才引进和培育难度大、成效不佳

调研中企业反映由于广州当前芯片产业规模小、大企业大平台少，很多高端人才更愿意到上海、北京就业。当前广州的行业领军人才紧缺，特别是在芯片设计、生产工艺和质量管理方面，而能够对芯片的软硬件都达到融会贯通的复合型人才更是匮乏。广州在培养芯片高层次人才方面的教育资源与北京、上海、江苏等地市相比不足。尽管广州拥有香港科技大学（广州）、中山大学等高校，近年来也建设起了一批专门的科研院所，但目前与企业的结合还不够紧密。近年来，广州培养出来的高技能人才遭到上海、深圳等地的争夺。国内其他城市对芯片人才培训的专项补贴大体分为按照人次、机构、基地 3 种方式。其中，按人次进行补贴支持额度为 50 万~100 万元（如合肥、武汉）。而厦门对机构或基地的补贴力度最大，最高可达 500 万元。相比之下，广州在本地人才的培训补贴方面支持力度不足。

调研还显示，在芯片这一行业，常规的人才引进难度很大，特别是核心

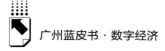

人才都签订了竞业条例，高端人才流动率低，广州想单纯通过"挖人"的方式引智较为困难。当前全国各主要城市都有人才子女就学、配偶就业、社保户口、住房公寓、专项奖励等政策，其中上海和厦门的支持力度较大，广州在这方面并不算突出。

（三）变局之中广州芯片制造业迎来弯道超车的时代机遇

据调研机构 IC Insights 估算，28 纳米、16 纳米、7 纳米制程芯片的开发成本分别为 5130 万美元、1 亿美元、2.97 亿美元。一条月产能 3.5 万片的 12 英寸 14 纳米制程生产线的投资规模近百亿美元。伴随晶体管尺寸逼近物理极限，芯片制造工艺研发难度不断加大、成本快速上升。早在 2018 年，台联电和美国的格罗方德就已经分别宣布放弃 12 纳米、7 纳米以下的工艺研发。对于刚刚从无到有的广州来说，钱还是要花在"刀刃"上，眼下斥巨资从传统赛道直奔先进制程似乎并不现实。

除了第一部分所述的外部环境变局以外，这里我们还要考虑国家大基金的投资比例，以及实地调研情况，试图发掘未来广州芯片产业可以大力发展的战略方向。根据前瞻产业研究院相关报告以及实地调研收集的专家意见，芯片产业链毛利率较高的环节并不完全在下游。整体而言，上游的 IP 模块和 EDA 设计软件利润率最高（大于 80%），其他利润率较高的环节还包括生产设备（40%~50%）、设计和制造（30%~60%）。此外，从大基金的投资领域来看，主要集中在制造和设计环节，设备和材料只占很小的比例。

放眼全国，目前各地对芯片设备、材料企业和项目的支持力度很小。这主要是由于在招商引资过程中，晶圆制造和封装测试项目达产后的工业增加值和税收回报都非常可观且风险较小。这也导致一些地市（如无锡）芯片产业产值虽规模较大，但是产业链结构出现畸形，且当地的外资、央企、民企产业链各自独立、缺乏联系，实际上并没有达到"自主可控"的目标，也很难说在某一环节成为全国的"领头羊"（"链主"）。

基于以上分析，我们对在当前内外大变局中广州芯片产业面临的战略机遇做出研判。一是力争"上游"才能改变低国产化率的现状，最终实现尖端技术工艺的自主可控，进而成为全国的"链主"，真正获得价值链的高附加值。二是新一轮数字技术革命的最新成果（如5G规模化商用、生成式人工智能等）正催生新兴的终端产品市场，与新数字技术深度绑定的下游产业是芯片产业广阔的"蓝海"，芯片设计、制造与上游的配套产业规模将持续快速增长。

1. 国内芯片设备制造商的市场占有率不足4%，芯片制造设备的市场需求量增幅可观

美国、日本与荷兰签署的三方协议意味着从2024年开始，我国进口光刻设备将不会再有任何增量，当前已经处于"坏一台少一台"的境地。对于光刻机、刻蚀机、薄膜沉积设备、离子注入机、化学机械抛光设备等，谁能提前布局，谁就能平稳度过危机，且有可能在未来占据领先地位。芯片设备制造是一个巨大的市场，全球规模已超过700亿美元，自2018年以来年均增长率稳定在20%以上；美国、欧盟、日本市场占有率分别为35.86%、26.13%、12.16%，中国大陆仅为3.46%。

对于光刻设备，最先进的EUV技术被荷兰ASML公司垄断；佳能则退出ArF光源光刻机的研发，将其业务重点集中于中低端光刻机市场。作为最有国产替代前景的上海微电子，其主要技术及业务也是面向中低端产品市场，目前仅公开中标3台，占国内市场的1.9%，与佳能、尼康相比还有较大的差距。所有设备中，高端EUV技术最难，科研攻关需要较长时间，而低端光刻机市场仍有很大的开拓潜力。

芯源微（沈阳）是前道涂胶显影设备的主要供应商，在国内市场的占有率约为4%，而东京电子的市场占有率为91%。国内具备国产替代实力的半导体清洗设备生产企业主要是盛美上海和芯源微，国内市场占有率分别为17%和9%，盛美上海同时是全球市场份额最大的中国企业，约占4%。清洗设备已经逐渐打破国际垄断格局，但仍有广阔的提升空间。就离子注入机而言，在国内企业中只有凯世通（上海）和中科信（北京）具备自主研发和生产能力，但当前其仅在太阳能电池等领域实现量产，而在芯片领域的应用还处于验证阶段。

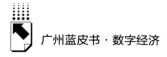

2. 国产化率低且市场需求量大的芯片专用材料被国内多数城市忽略，广州错位发展恰逢其时

目前在全国主要城市当中，仅有武汉、大连、昆山出台了专门政策支持芯片材料企业。近年来，大多数城市多关注设计、制造和封装，而材料是其忽略的方向，这给了广州可以错位发展的时机。新一轮中美贸易摩擦之后，新建主要晶圆厂投产时间多在2022~2024年，黄金窗口期还将持续2~3年，也就是说2026年前是企业进行半导体材料国产替代的最佳时间。就专用材料而言，国产化率较低且市场需求量大的主要是掩膜版、8英寸以上硅片、光刻胶、特种气体、抛光垫和抛光液等。

在独立第三方掩膜版市场，技术主要由美国福尼克斯、日本DNP和Toppan掌握，中国厂商几乎未涉及，未来的大尺寸和高精度掩膜版是最值得国产攻关的方向。就硅片而言，即便是中国最大的半导体硅片厂商沪硅产业集团，在全球也只有2.2%的市场份额。大尺寸硅片整体国产化率不足5%，国内市场需求巨大。光刻胶与光刻机深度绑定，目前国产厂商的产品还处于验证阶段。特种气体作为芯片制造不可或缺的原材料，目前被多数城市忽略，然而其国产自给率实际只有约15%，垄断中国电子特气市场的4家公司都不是本土公司，而是合资企业或分公司：空气化工（美国，市场占有率为24.8%）、林德（英国，市场占有率为22.6%）、液化空气（法国，市场占有率为22.3%）、太阳日酸（日本，市场占有率为16.1%）。包括华特气体（佛山）在内的国内公司已在许多二线城市布局，但尚未实现专用化，面向芯片的专用化、高端化的气体市场具备巨大的开拓潜力。技术密集、资金密集、客户验证壁垒高的CMP抛光垫与抛光液也是当前国内忽略的方面。陶氏化学（美国）垄断了中国近90%的CMP抛光垫，其广州公司为外国法人独资。无论是国内唯一掌握抛光垫全流程核心技术的鼎龙股份（武汉），还是抛光液市场占有率可以达到13%的安集微电子（上海）在国内都是凤毛麟角。

此外，第三代化合物半导体材料除了在硅基芯片的正面赛场存在机遇，还可以通过换赛道抢占先机。调研显示，业界预期未来5年，全球的碳化硅

（SiC）市场规模将猛增两倍，氮化镓（GaN）市场规模将增长 20 倍。目前，我国在第三代半导体方面已形成了较为完整的产业链，未来有望后来居上实现对美国的赶超。

3. 工业和车规芯片的高端定制化设计需求日益增加

动辄数百亿晶体管的芯片设计规模对 EDA 工具提出许多创新要求，同时芯片的"专用化"正不断推动以应用为导向的定制化芯片设计。粤港澳大湾区的芯片设计业营业收入占比高达 68.5%，但芯片制造规模不足 2%，可谓一个环节独大。与北京、上海、深圳类似，广州主要对下游市场输出芯片设计服务。但目前设计层面国产化率较高的是与手机相关消费类非主控芯片电子产品（如摄像头、电源管理等）；而在电脑 CPU/GPU 高端通用芯片、手机 SOC 主芯片以及车规级的自动驾驶和智慧座舱等芯片的设计层面，国产化率仍然较低。图 1 显示的 2018～2022 年芯片设计热点技术专利申请情况，反映了当前急需国产替代的设计热点。

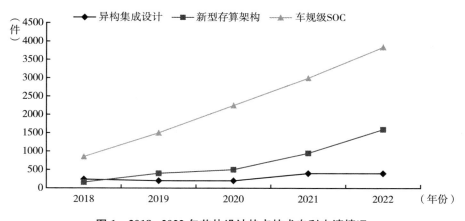

图 1　2018～2022 年芯片设计热点技术专利申请情况

资料来源：集微咨询，参见 https://laoyaoba.com/。

短期内取代国外的 EDA 仍有难度，但国内已有相当一部分设计公司将面向工业和车规的 GPU 等作为未来的发展战略。粤港澳大湾区有强大的终端应用市场，芯片消费占到全国的一半以上，单是广州支柱产业之一的汽车产业就拥有广阔的市场。新一代通信设备、数字电视、物联网、汽车电子等带来新的市场需求，这是广州设计业走向高端定制化的重要机遇。

4. 人工智能技术掀起应用终端智能化浪潮，高算力芯片需求激增

芯片只有在方案、系统、整机中得以应用才能体现出其产品价值，新兴的终端产品市场及应用技术是促进芯片产业发展的核心动力。伴随人工智能技术在广大产业领域的应用，传统计算架构无法满足深度学习的大规模并行计算需求，因此对芯片这一底层硬件的算力需求激增。仅是自动驾驶和智能座舱等带来的汽车智能化，就使 2017~2022 年单车芯片搭载量大幅增加：传统燃油车从平均 580 颗/辆增长至 934 颗/辆，国产新能源汽车从平均 813 颗/辆增长至 1459 颗/辆。对广州而言，除了汽车这一支柱产业的智能化转型升级之外，智能装备与机器人产业也将给上游的芯片生产带来巨大的市场需求。自 2016 年以来，广州的智能装备与机器人产业规模一直位于全国前列。自 2021 年以来，中国工业机器人装机量占全球的比重已经超 50%。此外，基于 5G 商用的新一代移动通信、面向医疗检测等场景的人工智能创新应用都依托于高性能计算（HPC），这一智能化变革所催生的高算力芯片需求正在激增。

三 广州芯片产业实现弯道超车的战略举措

（一）形成本地分工的全产业链，打造中国芯片专用材料之都

对广州而言，"自主可控"有两个层面的含义：一是将国际封锁的、本地缺乏的环节补足，在本地形成全产业链闭环；二是抓住国产替代的时代机遇，在国产化率低的环节率先实现领跑，最终成为全国产业链的"链主"。在垂直分工成为大趋势的当下，所谓的"虚拟 IDM"本质上还是在地方依托某一"链主"，串联形成本地的上下游分工产业链。产业链本土化之所以重要，核心原因在于外资的技术外溢效应有限。比如芯片产业规模排名全国第二的无锡，在过去的 20 多年，韩资、央企、民企三类企业各自为战，上下游供应商几乎没有重叠，外资对本地中小企业技术带动作用较弱。另外，

在芯片产值超千亿元的 4 个城市（上海、无锡、北京、深圳）中，除了上海在设计、制造、封测各环节相对较为均衡以外，其他城市都是"偏科生"。2022 年，无锡的封测环节营业收入占比超过一半；深圳的设计环节营业收入占比高达 68.5%，封测却不足 2%。"偏科生"面临的问题在于一些实体环节要依托别的地市提供产能（如杭州设计的芯片需要依托邻近的上海、江苏制造），流失了相当一部分产业附加值。

对后发的广州来说，实现赶超国际的尖端技术突破或是全产业链的规模和技术都在全国达到领先是不太现实的。在保持并强化晶圆制造这一既有优势的同时，广州的未来机遇在于提前布局国内其他城市尚未重视的领域，抢占先机。在上游的国产替代技术攻关领域，上海在专业设备、北京和深圳在芯片设计、无锡在封装测试方面都已经有深厚积淀，并已取得前沿技术突破，广州在这些环节想要通过引培实现领跑，难度很大。但对于半导体材料而言，目前国内还没有哪个城市具备明显的专业化优势。由于材料种类较多，且分散于许多二、三线城市（如长乐、衢州、佛山等），广州针对芯片的集中布局尚未形成。与此同时，在广州南沙布局的宽禁带半导体产业链已经给广州在第三代化合物半导体材料方面带来优势。除了增强这一优势之外，未来要优先招引专供大硅片、光掩膜、高纯试剂、特种气体、溅镀靶材、抛光材料等企业，适当招引包括引线框架、封装基板在内的封测材料企业。以优厚的条件吸引二、三线城市（尤其是受珠三角地区辐射的城市）龙头材料企业到广州设立总部并建厂。例如，招引佛山的华特气体、岳阳的凯美特气、荆州菲利华的半导体光掩膜业务、武汉鼎龙股份的抛光材料、江阴江化微电子与常州强力新材的光刻胶、洛阳隆华科技的溅射靶材。并且广州要对率先使用或验证本地材料的晶圆厂、整机企业予以发票认定金额 10%~30% 或最高不超过 1000 万元的风险补贴，同时推动本地产业链闭环和材料环节发展壮大。广州要力争在未来 5~6 年形成材料技术壁垒和领跑态势，打造中国芯片"专用材料之都"，形成"中国半导体材料看广州""大湾区芯片制造看广州"的局面。

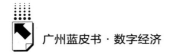

（二）采用国企股权划转以及国有资本增资民企的方式强化国有资本作用，解决民企研发资金不足的痛点

从设计与制造环节来看，一颗芯片从设计到量产，企业至少需要花费 2 年时间，一条生产线投入资金可能超过百亿元，其间企业一般没有营业收入。因此，处于这一关键期的企业期盼政府的扶持资金。但如何准确合理地评估关键期的芯片企业，使得国有资本在合理的风险控制下起到雪中送炭的作用，这是除了招引之外培育本土企业的关键。

对上游的专用设备生产企业而言，在尖端工艺国产替代方面能有所突破的大多是位于大城市的国有企业，例如北方华创（北京，ALD 薄膜沉积设备）、上海微电子（光刻机），广州招引这类企业最好的方式是借鉴"重庆模式"，即中航微电子将股权划转给华润微电子（重庆）并与重庆市政府签订了战略合作备忘录。这一模式可谓"一箭三雕"：一是实现了微电子企业间的首次整合，二是整合了芯片的关键技术环节，三是重庆在该企业的优势技术环节实现了从无到有。实际上除了北方华创和上海微电子，其他具有绝对优势的 EDA 软件企业都可以考虑采用重庆的这种"股权划转"模式招引，原因在于广州自身在上游的技术工艺方面缺乏积淀，如果从零开始，很可能面临内外市场的双重压力，进而导致失败。

对已经取得或有志于在关键技术领域实现突破的广州本地芯片民营企业，要提高专项基金里国有资本的比例，实现"民企资产评估—国资入股或增资—企业做大做强—政府性金融机构出售股份退出"的高效投资循环模式。要总结推广国家大基金增资广州智慧微电子公司（主要针对高性能微波射频前端芯片）的成功经验。在这一过程中，企业关键技术发展的不确定性程度较高，国有资本股东须在不同时间阶段对创新的技术水平、风险特征、市场前景等进行尽职调查，从而降低风险，并且要根据各阶段的资产评估报告进行投资绩效评价。在核心技术实现突破且企业能够实现规模化生产以后，通过资产评估对股权价值进行合理估算和定价，便可让政府性金融机构出售股份退出。这一套模式，较税收、土地优惠、研发奖励等传统补贴模式，能够实现前沿技术攻关、本地民企成长、国有资本保值增值"三赢"。

（三）本土 EDA 软件企业谋求先兼容、后生态，芯片设计整体要往高端定制方向迈进

设计软件应用市场的客户验证难度不亚于设备和材料，海外软件供应商与下游整机企业、晶圆厂早已就芯片工艺特性磨合多年，国内制造企业对海外软件的依赖程度依然很大。在下游市场，客户最担心的就是国产软件好不好用、能不能用的问题，这本质上是一个上下游的兼容生态问题。广州的国产设计软件企业，要先从兼容入手，再考虑做自家生态。具体而言，人才、产品、市场是三个重要抓手：首先，从学校人才开始构建生态，要与知名高校合作开设芯片设计及应用课程；其次，要注重硬件的性能反馈，企业设计团队必须熟悉从设计到量产交付的全流程；最后，要瞄准最迫切的市场应用，尤其是进口软件忽略的需求痛点，树立良好的口碑，并通过自我迭代获取更多市场份额。

广州的设计业未来要走高端产品定制化的路径，首要方向是考虑避开在通用芯片设计方面的激烈竞争。无锡的例子告诉我们，规模大不代表高端，广州进入这些重叠赛道，将难以实现弯道超车。无锡本地60%的企业设计产品比较低端且过于单一，主要集中在电源管理、功率器件方面，真正从事高端芯片产品设计的并不多。对于广州而言，往高端设计迈进有两个要点：技术上的先进性与市场上的稀缺性。除了要集中力量突破基带、处理器芯片等核心芯片设计技术之外，还要走差异化定制路线。例如，定制 MCU（微控制器）等类型的芯片拥有较高毛利。"量身定制"的关键在于以简单易用的解决方案降低客户的试用成本，实现芯片从版图到流片的全过程，与 Foundry 不断调校参数、磨合工艺。广州要对本市整机厂家采用本市芯片设计企业的高端产品进行奖励，大力推动市内芯片设计产业发展。

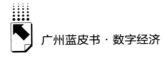

（四）开拓下游高算力应用终端市场，形成紧密联系的产业发展大循环

广州芯片产业要想做大做强，就需要依托本地优势产业、开拓广阔的下游终端市场。《广州市半导体与集成电路产业发展行动计划（2022—2024年）》已经明确，要以全市在5G、超高清视频、智能网联汽车、高端装备等优势领域的强大应用需求为动力。除了这些优势产业提供动力外，强算力需求的新兴人工智能终端应用市场正飞速成长，包括消费电子、智能家居、身份识别系统、智慧健康等。未来广州应着重人工智能推理（AI inference）芯片的研发，包括高嵌入式CUP核、新一代5G通信前端射频芯片、图形图像处理器、微控制器芯片等。

当前广州东部地区已集聚了"芯""车""显"等产业，但仍然存在聚而不联的情况。广州未来的目标是要形成整机系统与芯片产品双向驱动、紧密联动的产业生态，逐步形成市场需求推动整机系统产品开发、系统整机定义芯片及元器件研发、新型元器件与新型整机系统引领新兴市场发展的"市场—产业—市场"循环。

（五）鼓励企业完善自身人才造血机制，探索赋予科研人员更多权益

广州需要解决企业人才短缺的问题，未来可考虑用以下3种模式填补人才缺口。第一，鼓励企业完善自身造血机制，协助企业定期前往北京、上海、西安招聘微电子学、微电子与固体电子学、芯片设计与系统设计、半导体等专业的毕业生，按照招聘人数和学历给予一定年限的企业人才培养补贴，对在芯片企业中工作5年以上的中年骨干进行在职培训，为其学历晋升提供学费补贴。第二，对于人才团队和外籍高端半导体人才，通过提供专项工作经费、优先推荐承担国家级重大科技及产业化项目等手段招引人才，参照国际标准，提供薪酬和期权激励等收益分配政策，并提供住房、落户、子女就学等多方面支持。第三，与高校合作共建微电子学院，聘请企业专家进

行授课，开展产学研合作，增加教学设施投入和招生数量。

在探索赋予科研人员职务科技成果所有权或长期使用权、成果评价、收益分配等方面先行先试。实施政府资助项目团队带头人全权负责制，赋予战略科学家、产业顶尖人才用人权、用财权、用物权、技术路线决定权、内部机构设置权。允许高校、科研院所科研人员按规定到中新广州知识城兼职、挂职，支持科研人员、创新人才双向柔性流动。

参考文献

刘樱霞等：《长三角集成电路产业链现代化发展路径》，《科技导报》2023年第6期。

陈星：《加快我国芯片产业发展，有力推动数字经济建设》，《中国集成电路》2022年第10期。

李鹏程、朱伟良：《塑造"芯"局：向东向南构建产业新版图》，《南方日报》2022年12月16日。

林晓丽：《2000亿母基金管理办法出台》，《广州日报》2023年8月31日。

刘启强：《广州粒子微：持续创"芯"用智慧连接美好生活》，《广东科技》2020年第1期。

韩艳、王淼、杨松堂：《资产评估助力"卡脖子"关键核心技术发展——国家集成电路产业投资基金二期股份公司投资芯片企业评估项目调研报告》，《中国资产评估》2023年第3期。

昌道励：《推动建设国家级集成电路产业园》，《南方日报》2021年10月29日。

潘慧：《大湾区集成电路研究院：打造粤港澳大湾区集成电路领域创新创业高地》，《广东科技》2021年第7期。

陆薇：《无锡市制造业产业链招商模式的优化与对策研究》，东南大学，硕士学位论文，2019。

数字转型篇

B.11

广州建设数字孪生城市研究

张振刚　李沛伦　康亦琛　赖斯琦*

摘　要： 　数字孪生城市是城市发展的高级形态。广州作为国家中心城市和粤港澳大湾区核心引擎，建设数字孪生城市能够助力其高质量实现老城市新活力、"四个出新出彩"。本文从应用场景、"穗智管"和"穗好办"、信息模型基础平台3个方面解读广州建设数字孪生城市取得的成效；从智能中枢平台、数字孪生企业、特定行业的应用场景、数据资源流通体系、数字孪生领域人才、数字孪生城市标准和制度6个方面分析广州建设数字孪生城市面临的挑战；构建广州建设数字孪生城市的基本架构，从战略体系、运行体系和基础体系3个层面提出对策建议。

关键词： 　数字孪生城市　应用场景　广州市

* 张振刚，华南理工大学工商管理学院二级教授、广州数字创新研究中心主任，研究方向为数字经济、数字创新；李沛伦，华南理工大学工商管理学院博士研究生，研究方向为人工智能、城市发展；康亦琛，华南理工大学工商管理学院博士研究生，研究方向为数字经济、创新发展；赖斯琦，华南理工大学工商管理学院硕士研究生，研究方向为数字经济、城市发展。

　　数字孪生是充分利用物理模型、传感器更新、运行历史和实时动态等数据，集成多学科、多物理量、多尺度、多维度的仿真过程，在虚拟空间中完成映射，从而反映相对应的实体装备的状态，并且诊断、预测和控制实体装备的全生命周期。数字孪生具有"12345"的特点，即一项通用技术、两大孪生空间、三大关键要素、四大核心功能和五大典型特征。随着大数据时代的到来，以及互联网、云计算、物联网、人工智能技术等新一代先进信息技术的发展，近年来，陆续诞生了数字城市、智慧城市以及数字孪生城市等各种"新型城市"概念。数字孪生城市是智慧城市建设的高级阶段，是指运用数字技术，实现物理世界的人、物、事等全要素数字化，在网络空间再造一个与之对应的虚拟世界，实现城市全状态实时化和可视化、城市管理决策协同化和智能化，形成共生共存、虚实交融的数字孪生体，进而实现在数字空间模拟、在物理空间建造、在社会空间增值。当前，数字孪生城市建设正驶入快车道。2022 年 4 月，世界经济论坛联合中国信息通信研究院发布的《2022 数字孪生城市框架与全球实践洞察报告》指出，2020 年全球数字孪生市场规模为 31 亿美元，预计全球数字孪生市场规模将以 58% 的复合年增长率增长，到 2026 年将达到 482 亿美元。

　　我国从中央到地方高度重视数字孪生城市建设。《国民经济和社会发展第十四个五年规划和 2035 年远景目标纲要》做出"探索建设数字孪生城市"的重要部署；党的二十大报告也强调，加快建设数字中国，紧抓数字化发展机遇。同时，广东深入贯彻国家发展数字经济、建设智慧城市的方针，聚焦数字化发展，先后颁布《广东省数字经济促进条例》（2021 年 7 月）、《广东省数字经济发展指引 1.0》（2022 年 7 月）、《广东省人民政府关于进一步深化数字政府改革建设的实施意见》（2023 年 6 月）、《"数字湾区"建设三年行动方案》（2023 年 11 月）等政策文件，推动广东数字孪生城市建设走在全国前列。

　　广州深入贯彻落实中共中央、广东关于建设数字孪生城市的各项部署，不断完善数字政府、数字经济和数字社会"三位一体"的政策体系，既为建设数字孪生城市提供了方向，又制定了具体的实施方案。如 2021 年 4 月

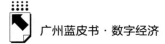

发布的《广州市国民经济和社会发展第十四个五年规划和 2035 年远景目标纲要》，明确提出"构建数字孪生城市，实现实体城市向数字空间的全息投影"；2022 年 4 月颁布的《广州市数字经济促进条例》，进一步强调要"探索建设数字孪生城市"；2023 年 12 月出台的《广州市关于进一步深化数字政府建设的实施方案》，提出以城市信息模型（CIM）平台为数字底座，探索构建数字孪生城市实时模型。在这样的背景下，广州建设数字孪生城市取得了怎样的成效、面临何种挑战，以及如何更高效地建设数字孪生城市，是值得关注和探讨的问题。

一　广州建设数字孪生城市取得的成效

（一）推进数字孪生典型应用场景创新

广州将数字孪生技术应用于城市规划和管理、城市更新、智慧交通、智慧工厂和智慧景点等各个领域（见表1）。一是城市规划和管理。明珠湾智慧城市信息平台的感知设备"鹰眼"能做到 40 倍放大现场画面，实现灵山岛尖 24 小时全方位动态监控，为明珠湾开发建设管理局提供辅助决策，提高决策的科学性和时效性。二是城市更新。广州市白云区将数字孪生技术应用于白云湖大道的城市更新，建立城市更新平台，真实还原白云区全域三维场景，使城市更新项目减少 50% 的运维人员，设计人员效率提高 3 倍。三是智慧交通。广州市交通运输局创建"一个中心，三大平台"（即智慧交通大数据中心，智慧交通感知平台、综合业务平台和应用创新服务平台）的智慧交通体系，赋能三大平台："穗腾 OS"轨道交通一体化智慧平台，视频巡更巡检效率大幅提升；"羊城通"一站式出行 App，保障市民平安出行；"交通慧眼"交通视频智能化综合分析平台，智能识别、精准稽查非法运营车辆。四是智慧工厂。第一，在生产组装环节，广汽埃安采用数字孪生与大数据技术，实时仿真虚拟调试，节约 30% 的调试时间；采用乐高式模块预组装，批量独立装配，使安装效率提升 40%。第二，在物料排产环节，位于广州南沙区的美的"灯塔工厂"采用国内首款拥有自主知识产权的工业级仿真方案,通过智能预测、计划排产,实时、高效、准确提升端到端价值链沟通与协作能力,订单齐套率提升80%、排产准确性提高90%、物料计划计算速度提高10倍。第三,在物流供应环节,宝洁将供应链数字孪生技术应用于宝洁黄埔工厂,使宝洁黄埔工厂与宝洁中国其他7个工厂、几十个合同工厂、几千个供应商以及分销渠道的库存情况被实时监控、诊断、模拟、预测和控制。五是智慧景点。第一,海珠区政务数据局搭建了广州塔景区数字孪生平台,多维度呈现景区运行"体征",对广州塔景区进行1∶1的3D数字还原。安保人员通过智能化管理平台"线上"巡逻,漫游巡查该路段一遍仅需不到5分钟。第二,广州粤剧艺术博物馆搭建"虚拟漫游"平台。游客借助VR设备,就能够全景"零距离"观赏陶塑、砖雕、木雕等岭南传统建筑装饰。

表1 广州数字孪生典型应用场景

应用场景类型	典型案例
城市规划和管理	明珠湾智慧城市信息平台
城市更新	白云湖大道数字孪生城市更新平台
智慧交通	"穗腾OS"轨道交通一体化智慧平台
	"交通慧眼"交通视频智能化综合分析平台
	"羊城通"一站式出行App
智慧工厂	广汽埃安智能生态工厂
	美的"灯塔工厂"
	宝洁黄埔工厂
智慧景点	数字孪生广州塔
	粤剧艺术博物馆"虚拟漫游"平台

(二)深化"穗智管"和"穗好办"建设

广州整合城市信息模型(CIM)平台、四标四实平台("四标"指标准地址、标准地图、标准网格和标准建筑物编码,"四实"指实有人口、实有房屋、实有单位和实有设施)、时空云平台、视频云平台等全市数字化资源,建设"穗智管"运行管理中枢和"穗好办"公共服务平台,二者有机融通,将与群众生活生产相关的各类要素资源关联、聚合,构建一个全息感知城市运行状态的数字孪生城市生命体,增强了城市的治理能力和服务能力。

建立"穗智管"城市智能中枢,提高政府智能化治理能力。2021年,广州建立了"穗智管"城市运行管理中枢,在全国率先建成"人、企、地、物、政"五张城市要素全景图,包含智慧党建、经济运行、民生服务、生态环境等26个主题应用板块以及超100个服务场景,为推进城市治理打下了基础。截至2023年9月,"穗智管"已对接40个市直部门,共115个业务系统,汇集数据超100亿条、高清视频30多万条、感知设备11万个,构建了包含自然资源、交通运行等八大类211项指标的城市运行评价体系,生成城市体征数据项(包含城市人口、城市环境、城市执法、城市保障、城市服务等指标)3103个,实现城市治理"一网统管"、指挥调度"一体联动"和公共服务"高效响应"。

搭建"穗好办"政务服务平台,推进城市公共服务更加便捷。2020年,广州市政务服务数据管理局推出政务服务移动端总门户"穗好办",实现事项一次办理,为市民提供更高效的服务;不断升级改造,为长者等弱势群体提供个性化服务。"穗好办"具有31个"一件事一次办"主题服务清单,涵盖市场主体和民生服务两大类。广州市民办理从出生、就业、入户到退休等高频事项,都能够在手机端通过"一件事"流程办理。2021年11月,"穗好办"App大力推进适老化改造,推出"长者专区",提供大字版、语音版、简洁版等无障碍版本,完善高频服务事项授权代理、亲友代办等功能,不断为老年人带来更多便捷体验。2021年8月,"穗好办"App即上线"广州市长者长寿金'智慧'发放"服务,将传统的"申请发放"模式转变为"主动发放"模式,让长者在慢时光里感受这座城市的暖心关怀。

（三）建立全国首个城市信息模型基础平台

作为国内首批承接 CIM 基础平台建设的试点城市之一，广州于 2019 年正式开展 CIM 基础平台建设，并于 2021 年 7 月 28 日正式发布全国首个城市信息模型基础平台——广州 CIM 基础平台。该平台是广州花费两年时间建设的，通过三维地理信息系统（3D GIS）与建筑信息模型（BIM）技术的集成融合，构建起一个二维三维一体化，地上地下一体化，室内室外一体化的城市信息模型，在汇数据、立标准、建应用三个方面卓有成效。

建成基础信息平台汇集全市数据。广州 CIM 基础平台汇集了全市 7434 平方千米的三维地形地貌，城市 1300 平方千米建筑规模、重点区域的三维精细模型，以及 900 多个建筑信息模型，实现了时空基础、资源调查、规划管控、工程项目、公共专题和物联感知六大类数据资源共建共享，形成"一张三维底图"。

建立配套标准并向全国推广。广州 CIM 基础平台建设承包单位建立了平台建设、规划报批、施工图审查及竣工验收备案四大类 CIM 标准体系，编制了 CIM 基础平台技术标准、CIM 数据标准等 11 项配套标准及指引。部分相关标准已提炼为省级标准、行业标准。如《城市信息模型（CIM）共享交换数据标准》《城市信息模型（CIM）基础平台技术标准》等，为国内 CIM 基础平台建设提供参考。作为住建部确定的首批试点城市，广州率先完成 CIM 平台搭建，此经验可复制推广，充分发挥了试点城市在 CIM 技术应用领域的引领作用，在全国树立了试点城市 CIM 建设示范标杆。

广州 CIM 基础平台已初步开发出"CIM+工改"、"CIM+智慧工地"、"CIM+城市更新"、"CIM+智慧园区"、"CIM+智慧社区"和"穗智管"城市运行管理中枢六大应用。例如，在"CIM+工改"应用中，智能审批工具的应用实现了计算机辅助合规性审查。该应用对容积率、建筑密度等 12 项规划指标提取和辅助生成"规划条件"，减少了人为计核误差和人工复核时间。在"CIM+城市更新"应用中，广州实现了 183 个城中村改造项目的管理，可自动估算项目现有人口、单位、房屋、建筑面积等指标数据。

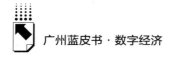

二 广州建设数字孪生城市面临的挑战

（一）城市智能中枢建设有待加强

数字孪生城市智能中枢包括物联感知平台、城市大数据平台、"数字孪生"模型平台和应用支撑赋能平台。城市智能中枢的四大核心平台（除应用支撑赋能平台以外）在广州原有的数字化平台基础上进行构建。四大核心平台以人工智能、云计算、物联网、5G 技术等新一代信息技术为基础，赋能具有运行监测、预测预警、决策推演、指挥调度等功能的城市智能中枢，促进数据协同、技术协同、功能协同，赋能城市建设、社会治理、公共服务以及产业经济等应用场景。

尚未建设全市统一的物联感知平台。物联感知平台联通全市物联感知设备，完成各项感知数据的实时监测和智能分析，并将数据传输至城市大数据平台。在物联感知平台建设方面，广州可以借鉴上海等地的做法。2018～2022 年，上海修编并印发《新型城域物联专网建设导则》，规范新型城域物联专网建设工作；"十四五"以来，上海组织编制新型城域物联感知基础设施系列标准，持续推进新型城域物联感知标准化体系建设。在此基础上，上海于 2020 年启动"一网统管"市域物联网运营中心建设，联通 16 个区自建的 51 万个物联设备以及各委办的可公开数据库。广州通过"穗智管"城市智能中枢联通 11 万个感知设备，在数据汇聚方面，与上海存在一定差距。

广州数字孪生城市应用赋能平台的支撑能力有待提高。应用赋能平台主要为数字孪生应用场景提供感知支撑、算力支撑、数据支撑等，为政府、企业等主体降低应用场景的开发成本和技术难度。广州依托"鲲鹏+昇腾"创新中心和人工智能公共算力中心，于 2022 年 6 月正式成立人工智能融合赋能中心。由于成立时间短、平台建设未完成等原因，人工智能融合赋能中心对应用场景的支撑作用尚未显现。

（二）数字孪生企业带动效应不强

数字孪生示范企业数量较少。广州开展数字孪生城市建设，在基础设施建设上缺少云计算、物联网、人工智能等领域的技术支撑企业，在应用场景开发上缺少数据采集、存储、分析、可视化等领域的平台服务企业。以物联网产业和大数据产业为例，在工信部公布的 2021 年物联网示范项目名单中，在排除央企后（由于大部分央企总部设在北京，将央企纳入统计范畴将导致北京入选项目数偏高），北京有 26 个应用项目入选，占比为 16.6%。广州仅有南方电网数字电司网研究院有限公司、工业和信息化部电子第五研究所、中国能源建设集团广东省电力设计研究院有限公司和广州杰赛科技股份有限公司 4 家公司提供的方案入选，落后于合肥、福州、重庆、青岛等城市。在工信部公布的 2022 年大数据产业发展试点示范项目公示名单中，在排除央企后，北京有 12 个项目入选，占总数的 8%。广州只有索菲亚家居股份有限公司、佰聆数据股份有限公司、有米科技股份有限公司、广州视睿电子科技有限公司和广州交信投科技股份有限公司提供的解决方案入选，落后于郑州、贵阳等城市。其中，在行业大数据应用试点示范领域，广州入选项目数排全国第 9 位，落后于天津、哈尔滨、昆明等城市。

数字孪生企业共享共创机制亟待完善。企业共享共创是指企业在产业生态中通过资源和技术上的共享达到成果共创的目标。2021 年 9 月 27 日，杭州市未来科技城数字经济创新创业促进中心举办了"2021 中国（杭州）数字孪生产业发展论坛"，成立数字孪生世界企业联盟，服务浙江企业和政府的数字化需求。2022 年 6 月，宁波市数字孪生产业联盟正式启动，打造数字孪生领域开放型、互助性的资源集聚生态平台。相比之下，广州部分数字孪生企业开展了小范围合作，但未实现产业整体资源的有效整合和成果共享。

（三）智慧文旅、智能医疗等应用场景仍需丰富

智慧文旅应用场景有待拓展。在文化和旅游部公布的 27 个 2021 年智慧

旅游典型案例中，北京、南京各有 2 个案例入选，广州没有案例入选。广州于 2022 年 8 月上线数字化文旅云平台，但是在技术应用、媒体宣传、服务类别等方面，广州数字化文旅云平台与 2016 年 5 月北京上线的"长城内外"全域旅游数字化生活新服务平台（运用 AI 导航、AI 导览及 AI 创意玩法等 AI 技术提升游客体验）、2018 年 5 月南京上线的"南京市乡村旅游大数据服务平台"（实现对南京 62 个美丽乡村的重点监测，并覆盖所有四星级、五星级乡村旅游区，现有 7 个国家级乡村旅游重点村和 2 个省级乡村旅游重点村）差距明显。

智慧医疗应用场景仍需完善。根据 2022 年 5 月国家卫生健康委员会办公厅公布的第 2 批数字健康典型案例，在排除国家级、省级单位案例后，北京有 8 个项目入选，占 15%；广州只有中山大学附属第一医院和广州中医药大学第一附属医院提供的 3 个项目入选，落后于上海、北京、武汉。在这 52 个案例中，有 17 个项目来自天津、重庆、杭州、福州、桂林等城市的卫生健康委员会，广州市卫生健康委员会没有项目入选。2022 年 8 月，广州开展"智慧医保"住院便民服务，但在覆盖范围和适用业务上，与其他城市的数字健康典型案例相比仍有一定差距。

（四）数据资源流通体系需要进一步完善

数据确权、数据要素定价等工作有待推进。一是广州市数据中心建设有待继续加强。中国的数据中心主要集中分布于北京、上海、广州、深圳及其周边地区，但相比北京和上海及其周边地区，广州和深圳及其周边地区数据中心数量较少。2019 年，北京和上海分别建有数据中心机架 67.2 万架和 81.1 万架，广州和深圳及其周边地区仅有 48.9 万架，数据中心机架数量的不足会制约数据资源的传递和利用效率的提升。二是广州在数据确权、数据要素定价制度和规范建设方面存在不足。广州数据交易所于 2022 年 9 月 30 日正式成立，但作者在调研中发现，广州数据交易所目前存在数据资源产权不明确、定价体系不完善等问题。由于尚未建立官方网站，广州数据交易所缺乏必要的电子名片，在资源集聚、平台展示、流程指引等方面仍有较大的改善空间。

数据共享和应用能力有待进一步提高。一是数据共享领域存在限制。2023 年 8 月 5 日，课题组前往广州市数字政府运营中心调研，了解到广州数据共享领域存在限制。例如，部分纳入政务服务"一件事"主题服务改革的事项，由于国垂系统与省垂系统相互独立，不同系统间的数据无法共享；基础设施开放程度不足，科研机构与院校间未完成平台建设和数据共享，不利于基础研究的开展和新技术新材料的合作研发。二是跨部门、跨层级的数据协同能力有待提升。2023 年 8 月 12 日，作者在与广州市发改委、工信局、公安局、规划和自然资源局、住建局、交通运输局、应急管理局、政数局进行的关于《广州建设数字孪生城市研究》课题座谈会中了解到，广州在政府管理层面仍存在部门间数据共享实时性不高的问题。数据鲜活性、准确性不足以全面支撑跨部门、跨层级协同治理和协同服务。在提升行政效能、创新产业发展、赋能基层治理等方面，广州未充分发挥数据的真正价值。三是 2023 年 11 月 5 日，课题组在对树根互联等数字经济企业的调研中了解到，掌握海量数据的互联网企业或平台型企业为保护用户隐私和维护商业利益，开放共享数据资源的意愿较低，或有共享数据的意愿但不愿承担信息泄露的风险。各企业采用不同的业务框架和系统，使政企之间、企业之间数据联通、整合与共享变得更加困难。

（五）数字孪生领域高层次人才较为匮乏

数字化人才短缺是全球性的问题，众多一线城市都面临数字孪生技术人才供不应求的现状。根据 Gartner 发布的《2021—2023 大型企业新兴技术路线图》，在营业收入超过 10 亿美元的企业中，有 64% 的企业认为人才短缺是阻碍新兴技术使用的最大挑战。推进数字孪生城市建设，广州面临人才匮乏的问题，数字化人才队伍建设亟须加强。

人工智能、云计算等产业人才短缺。2020 年中国人工智能人才缺口超过 500 万人，国内的供求比例为 1∶10，供求比例严重失衡；云计算行业技能型人才的需求持续增长，广州云计算人才缺口近 6 万人。2023 年 12 月 6 日，作者在白云电器线上调研座谈会上了解到，数字经济具有体量大、领域

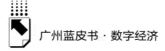

广、发展前景好的特点，这赋予了数字经济巨大的人才需求。广州当前缺乏"三型"（复合型、创新型和实用型）高新技术人才，以及具有"三能"（模型建构能力、系统思考能力和数据应用能力）的数字化人才。

数字技术人才职业技能认证体系有待进一步完善。广州于 2022 年 4 月提出 5 个纳入"一试两证"的数字领域技能等级证书的职业，分别是网络与信息安全管理员、信息通信网络运行管理员、区块链应用操作员、互联网营销师（直播销售员）和互联网营销师（视频创推员）。但数字技术岗位种类繁多，广州仍有大部分职业技能缺乏等级认证，特别是在交互与控制、模仿仿真推演、数据融合与渲染、感知和标识、BIM 建模、地理信息建模等数字孪生技术领域，难以把握数字孪生核心技术人才的"含金量"。

数字孪生专业技术人才培育不足。2021 年 4 月，人力资源和社会保障部制定《提升全民数字技能工作方案》，提出要加强技工院校数字技能类人才培养，推进数字技能类人才评价工作。在 2023 年 12 月 6 日白云电器的线上调研中，作者了解到，数字经济的前景有"三足"（范围足够大、领域足够广、时间足够长）的特点，人工智能、云计算等数字孪生技术迭代速度快、学科交叉性强，存在实操培训周期长、技术专用性高等问题。目前，广州缺乏数字孪生技术培训体系，院校课程与生产实践脱节较为严重，无法满足数字孪生技术"三全"（全方位、全过程、全生命周期）的赋能需要，数字孪生人才培育能力有待加强。

（六）数字孪生城市标准规范和管理制度有待完善

数字孪生企业在数字孪生团体标准制定方面存在空白。2022 年 2 月，广州市标准化协会发布《广州市特色产业集群数字化转型平台建设技术规范》（以下简称《规范》），但受企业技术水平、数字化转型意识和数字化能力等因素影响，《规范》尚未完全在全市范围内落地实施，广州数字孪生企业仍缺乏统一的、公认的、权威性的数字孪生团体标准规范。相比之下，2022 年 3 月，总部位于北京的 51WORLD 联合十余家城市行业生态链顶尖合作伙伴，编制了《数字孪生城市软件人机交互技术总体要求》，是国内首个以数字孪生为主题发布的标准文件，弥补了数字孪生标准体系的空白。

数字孪生城市管理制度尚需完善。2023 年 8 月 5 日，作者在广州市数字政府运营中心的调研中得知，广州目前存在数字政府主管部门与业务部门之间的责任边界不清，省、市、区之间的统分协作机制不完善等问题，可信身份认证、数据交换、安全保障等新的管理服务模式与现有法律法规、规章制度以及业务规则相冲突。

三 广州建设数字孪生城市的对策建议

整体上，广州建设数字孪生城市的基本架构如图 1 所示，广州建设数字孪生城市战略定位为"建设国际一流的数字孪生城市"，进而为广州建设数字孪生城市指明目标和方向，指导运行体系内容的开展。运行体系层面是推动广州建设数字孪生城市的主要内容，通过创新驱动、数据赋能，帮助实现

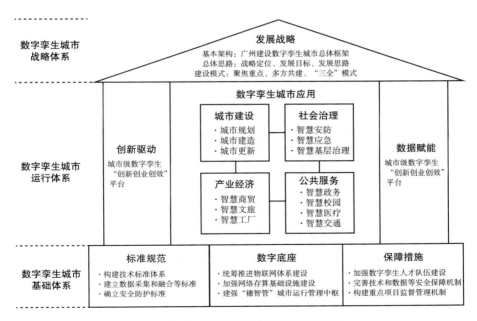

图 1 广州建设数字孪生城市的基本架构

战略层面的目标，包括建设城市级数字孪生"创新创业创效"平台（以下简称城市级数字孪生"三创"平台），创新城市建设、社会治理、公共服务和产业经济等应用场景。基础体系层面则作为底座，保障运行层面各类活动的高效开展并支撑战略目标的实现。

（一）战略体系层面：建设国际一流的数字孪生城市

明确战略定位。对标北京（打造全球数字经济标杆城市）、上海（打造国际一流、国内领先的数字化标杆城市）、深圳（打造全球数字先锋城市）、杭州（打造一个数字孪生的"创新活力之城"）的战略定位，结合广州当前数字技术与城市建设深度融合的发展现状，建议将广州建设数字孪生城市的战略定位为"建设国际一流的数字孪生城市"。

制定发展目标。建议制定到 2025 年，广州建设数字孪生城市的主要指标，提出数字孪生城市建设的"4 个领先"。一是基础设施建设数量全国领先。加快推进广州建成国内一流的基础设施，推动城市感知能力、核心计算能力、网络计算能力大幅提升。实现视频终端接入数量达 110 万路、政务云资源算力规模达 25 万核。二是城市智能中枢平台能力全国领先。加快提升城市智能中枢平台服务能力。扩大 CIM 平台三维精细模型覆盖面积，提高城市物联感知平台的数据更新率。三是城市应用涉及领域全国领先。开发数字孪生城市产业经济应用领域的移动应用"穗业兴"，形成"穗智管"、"穗好办"和"穗业兴"三大移动应用品牌。建成包括智慧道路、数字孪生校园、广东移动智慧网络等在内的多个应用场景。四是数据要素市场规模全国领先。加速培育数据要素市场，全方位推进数据资源过程管理，公共数据汇聚总量达 300 多亿条、公共数据开放数据集达 2000 个。

拓展发展思路。广州在建设数字孪生城市的过程中，应紧扣"一个中心、两只抓手、八大任务、多个突破点"，全面深化"国际一流的数字孪生城市"建设。一是紧紧围绕"一个中心"。广州紧紧围绕"建设国际一流的数字孪生城市"的战略定位，制定《广州市数字孪生城市建设中长期发展规划》。通过顶层设计，统筹处理好局部试点与全局建设，当务之急与长期发展的关系。全力以赴完成广州数字孪生城市建设的各项目标任务，推动数字经济、数字社会和数字政府"三位一体"建设，加快实现老城市新活力，"四个出新出彩"。二是正确把握"两只抓手"。一只手抓"数字底座"，一只手抓"应用场景"。建设数字底座夯实数字孪生城市基础，建设应用场景释放数字孪生城市动能。二者缺一不可，"两手抓、两手都要硬"，在数字底座和应用场景建设上都要交出优异答卷。三是确保完成"八大任务"。在运行体系层面，重点建设城市级数字孪生"三创"平台，不断拓展城市建设、社会治理、公共服务和产业经济四个领域数字孪生城市重点应用场景。在基础体系层面，科学制定标准规范、夯实数字底座、完善制度保障措施。四是牢牢把握"多个突破点"。2023 年 8 月 5日，作者在广州市数字政府运营中心的调研中了解到，广州建设数字孪生城市的首要突破点是"抓试点"。建议按照中共广东省委全面深化改革委员会印发的《广州市智慧城市建设综合改革试点实施方案》要求，抓好试点工作。围绕广州人工智能与数字经济试验区大学城片区、中新广州知识城、天河中央商务区开展试点工作。其中，广州人工智能与数字经济试验区大学城片区拥有丰富的高校、人才和自然资源，建议形成智慧校园和智慧生态应用场景。中新广州知识城重点发展教育培训、生命健康、能源与环保和先进制造等产业，建议拓展智慧教育、智慧医疗、智慧能源和智慧工程等应用场景。天河中央商务区主要集聚金融、科技和商务服务等高端产业，建议建设智慧金融和智慧园区等应用场景。

创新建设模式。一是聚焦重点。区别于传统的省市级智慧城市规划，广州不搞大而全、面面俱到式的建设，而是根据自身发展优势、特色和面临的挑战，建设适合的应用场景。例如，广州医疗和教育资源丰富，建议建设"智慧医疗""智慧校园"应用场景；广州作为千年商都，传承悠久的国际商贸历史文化，建议建设"智慧商贸"应用场景；广州天河区、越秀区等区域车流和人流集中，道路交通拥堵问题有待改善，建议建设"智慧交通"应用场景。除此之外，广州还应创新"智慧城建""智慧社区""智慧应急""智慧安防""智能制造""智慧文旅"应用场景。二是多方共建。在调研过程中，广州市政务服务数据管理局智慧城市运行管理处表示，数字孪生城市建设涉及资金总量庞大，单靠政府投资建设比较困难，需要全社会共同参与。因此，建议鼓励企业、社会参与广州数字孪生城市建设项目，拓宽建设资金来源渠道，保障建设项目有序运行。其一，依托广州市智慧城市投资运营有限公司，探索"政府主导+国企投资+社会参与"多方共建的创新模式。其二，设立数字孪生城市建设和产业发展引导基金，发挥财政资金的杠杆放大效应。其三，探索PPP（Public-Private Partnership，政府与社会资本合作）模式，助力基础设施建设。三是"三全"模式。其一，全生命周期治理。把全生命周期理念贯穿广州数字孪生城市规划、建设、管理全过程各环节，组建为城市规划、建设、治理全生命周期提供咨询和支撑服务的智库团队、专家服务团队，实现一张蓝图绘到底、干到底、管到底，系统推进城市治理体系和治理能力现代化。避免数字孪生城市规划、建设与治理等多环节的严重脱节。其二，全网络产业协同。从点（平台企业）、线（产业链）、面（智慧园区）、网（创新网络）、态（产业生态）五个层面推进广州数字孪生城市建设。基于数字孪生技术，加快实现企业研发、生产、运维数字孪生；产业链横向融通和纵向打通；工业、产业、物流、科技、创意园区数字孪生；创新、创业、创效大协同；产业发展新生态共创、共生、共赢。其三，全社会共同参与。建议依托第三方协会、联盟、智库等力量，建设"广州数字孪生城市公共服务平台"，为政府、企业、联盟、公众等数字孪生城市主体创造协作环境。优化税收优惠、人才扶持政策体系，提高各类主体参与城市建设的积极性。在全市国有企业和规模以上民营企业中系统开展数字孪生城市建设主题培训和教育活动，探索开展数字孪生城市体验周、数字孪生城市发展政策宣传周等宣传活动，提高全市企业、联盟、公众对数字孪生城市建设的重视程度。

（二）运行体系层面：以"三创"平台赋能四大应用场景建设

基于CIM平台创新"城市规划、建造、更新和治理"。一是强化有预测能力的"城市规划与设计"。建设更智能的规划管理平台。将广州现有的"多规合一"管理平台、联合审批平台、智慧时空信息云平台等与 CIM 平台对接，形成更智能的一体化规划管理平台。二是形成全生命周期的"建设项目管理"。以 2023 年广州重点建设项目［如广州白云国际机场新建国际进港货站项目（空港）、广州港南沙港区国际通用码头工程和广东智能无人系统研究院总装基地配套码头项目等］为试点，推动建设项目管理从传统管理模式向"数据一个库、监管一张网、管理一条线"的智慧管理模式转变。三是优化基于 CIM 平台的"智慧城市更新"。以天河区冼村"城中村"改造项目等为试点，基于 CIM 平台，对试点项目进行辅助规划，合理布局。发挥 CIM 平台的可视化优势，建立社区微治理系统，创新社区管理模式，加快推动广州老城市焕发新活力。

深化以安防、应急、基层治理为重点的"社会治理"。一是加强全面保障的"智慧安防"。建设社区"智慧安防"系统，应用物联网、互联网等新一代信息技术，升级改造智能社区防范工具，加强安防软件平台建设，实现对社会治安管理各要素的动态感知，提升广州居民的生活安全感和幸福感。二是建成快速响应的"智慧应急"。聚焦安全生产、防灾减灾等应急工作重点，全面建设广州"智慧应急"体系，推进应急管理信息化建设和应急系统智能化升级改造，推动应急管理数据共享与部门协同。三是形成精细化的"智慧基层"治理。建设区、街镇和社区三级协同的"智慧基层"应用平台，拓展基层治理应用场景，提升数据赋能基层治理水平，打造"多元赋能、减负便民"的智慧社区，推动城市管理手段、管理模式、管理理念创新。

强化以政务、教育、医疗等为主体的"公共服务"。一是健全优质便捷的"智慧政务"。构建数字孪生政务服务大厅，实景展示大厅全部办事区域，实现大厅"千人千面"个性化服务。强化"穗好办"区级专区建设，增强"穗好办"服务供给能力，拓展与第三方合作渠道。二是建设虚实一体的"智慧校园"。探索"智慧校园"创新应用、构建"智慧校园"一体化平台。到 2025 年，将广州建成全国"智慧教育示范区"，建成一批"智慧校园示范学校"(如中山大学南校区、华南理工大学国际校区、广东广雅中学等)。三是形成普惠大众的"智慧医疗"。将一批已有数字基础的医院(如广东省第二人民医院、南方医科大学南方医院等)培育成"广州数字孪生示范医院"。推动医疗企业搭建"数字孪生检验平台"。探索基于 AI 的辅助诊断方式,通过人工智能技术,分析、预测检验和诊断结果。四是优化实时交互的"智慧交通"。基于"一个中心,三大平台"广州智慧交通体系(即智慧交通大数据中心,智慧交通感知平台、综合业务平台、创新服务平台)构建数字交通综合应用场景。

发展以商贸、文旅、制造为核心的"产业经济"。一是建设便捷高效的"智慧商贸"。用虚实结合的沉浸式体验提升广州商贸消费区的消费体验,进一步激发消费者的兴趣与购买积极性。以虚拟商场突破实体场景,实现消费者在虚拟与现实中穿梭互动。二是拓展虚实共生的"智慧文旅"。鼓励沉浸式旅游及数字文创产业发展,建立与现实世界共生的数字孪生旅游景点,推出主题数字文创产品,发展元宇宙体育产业。打造文化创意节目,推动广州文娱产业进行数字虚拟新尝试。三是建立数字孪生赋能的"智慧工厂"。以数字孪生技术赋能工厂全生命周期管理,以数字孪生技术助力生产线展示和数据分析诊断,提高企业的风险管控能力、应急能力、培训效率和决策效率。

构建城市级数字孪生"三创"平台。一是以核创新驱动"三创"全产业链发展。核创新是增强城市核心竞争力的文化、技术、产品相关的基础研究和创新活动。加强核创新,促进驱动数字孪生的创新、创业、创效,推动全产业链高质量发展。加快建设数字孪生技术创新研发和成果转化平台,提升数字孪生技术基础研发水平,加强创新链与产业链对接融合,促进数字孪生产品创造。二是以流创新助力城市能力、能级、能效提升。流创新是改善现有价值链的创新活动。加强数字孪生应用的流程创新,以流创新助力城市能力、能级、能效提升。加速推进政企供需精准对接,增强市民对数字孪生城市的体验感,促进政府需求、企业解决方案和市民反馈的有效衔接。三是以源创新赋能广州老城市焕发新活力。源创新是通过新理念推动人们日常生活或工作中应用数字孪生技术进行的有价值的创新活动。以源创新整合现有资源来激发城市创新活力，加快实现老城市新活力和"四个出新出彩"。推行"智慧数据"计划，打破数据垄断，提升数字孪生创新服务能力。

（三）基础体系层面："三位一体"支撑数字孪生城市建设

完善数字孪生城市标准。一是制定关键技术标准。聚焦感知与标识技术、空间地理信息技术、建模与渲染技术、算法与仿真技术、交互与控制技术五大技术体系，构建《广州市数字孪生城市技术参考架构》《广州市数字孪生城市平台技术要求》等基础性技术标准。二是建立数据采集、融合、管理和服务标准。建立数据资源采集标准，规范数据资源规划、交换、描述和质量要求。建立数据融合标准，规范不同场景下时间、空间、语义等数据融合模式。建立数据管理标准，规范元数据、主数据、基础数据及业务数据的加工、处理、检索等管理要求。建立数据服务标准，规范数据服务接口、交互协议、能力开放等。三是完善安全防护标准。完善数据安全与隐私保护标准，规范数据采集、传输、使用、管理和评估的安全要求。完善技术与平台安全标准，规范技术与平台的安全防护、测试评价、信息备份与恢复等工作。完善信息安全管理标准，规范安全等级保护、安全管理、信息共享、风险管理等工作。完善基础安全防护标准，规范安全体系框架、落实信息安全保障。

夯实数字孪生城市数字底座。一是统筹推进物联网体系建设。构建一站式物联感知平台，统筹接入全市物联网感知设备，为数字孪生"城市大脑"构建精密、敏捷、高效的"神经元"。建设感知管理系统，构建实时、全面、多维的设备管理、监控维护体系。二是加强网络和存算基础设施建设。推动网络基础设施向高速率、低功耗、可靠连接升级。提升高性能计算、海量数据处理等核心技术，统筹推进"云、网、端"基础设施建设，加强边缘计算的开源生态建设，促进边缘计算发展。三是建强"穗智管"城市智能中枢。夯实城市大数据平台，健全数据资源体系，建立健全数字孪生数据同步更新机制，促进数据共享交换。优化数字孪生模型平台，持续增强 CIM

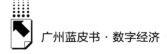
平台能力,加速实现全市域空间数据建模、事态拟合。构建应用支撑赋能平台,集约建设共性技术赋能和服务平台,形成人工智能、区块链技术和数字孪生城市建设业务间相互协同的生态链。

健全数字孪生城市保障机制。一是加强数字孪生人才队伍建设。完善人才引进体系,设立广州数字孪生技术人才引进与管理机构。健全人才培育体系,设立数字孪生技术人才培养基地。构建人才激励与保障体系,提高住房保障、医疗保障、子女入学、配偶就业、创新创业等保障标准。二是完善技术、数据和平台运行安全保障机制。完善技术安全体系,建立网络安全等级保护、涉密信息系统分级保护、密码应用安全性评估及风险评估制度。确立数据安全规范,建立数据分类分级保护体系。增强监测预警能力,建立新技术网络安全风险评估制度。三是构建重点项目监督管理机制。针对重点项目制定项目监督和绩效考核机制。完善社会监督体系,做好数字孪生科普工作,积极主动接受社会群众监督,定期征集公众意见,及时回应社会关切。

参考文献

德勤:《消费元宇宙发展分析》,《软件和集成电路》2022年第10期。

谷业凯:《数字孪生,让城市更"聪明"(大数据观察)》,《人民日报》2023年5月17日。

《城市"超级大脑"上线》,《广州日报》2021年10月20日。

《城市智慧化 服务精细化》,《广州日报》2022年1月17日。

中国互联网协会数字孪生技术应用工作委员会、中国联合网络通信有限公司智能城市研究院:《数字孪生城市创新应用场景研究报告(2023)》,2023年2月。

中国信息通信研究院:《数字孪生城市白皮书(2023年)》,2023年12月。

中国信息通信研究院:《数字孪生城市建设指引报告(2023年)》,2023年12月。

《广州市人民政府办公厅关于印发广州市基于城市信息模型的智慧城建"十四五"规划的通知》,广州市人民政府网站,https://www.gz.gov.cn/zwgk/fggw/sfbgtwj/content/mpost_8458925.html。

《广州市人民政府办公厅关于印发广州市数字政府改革建设"十四五"规划的通知》,广州市人民政府网站,https://www.gz.gov.cn/zwgk/ghjh/fzgh/ssw/content/post_

8546234. html。

《广州市人民政府关于印发进一步深化数字政府建设实施方案的通知》，广州市人民政府网站，https：//www. gz. gov. cn/zwgk/fggw/szfwj/content/post_ 9408772. html。

《"十四五"数字经济发展规划》，国家发展和改革委员会网站，https：//www. ndrc. gov. cn/fggz/fzzlgh/gjjzxgh/202203/t20220325_ 1320207. html？ eqid = 86c24a9000100 e9400000003645e5353。

《中共中央　国务院印发〈数字中国建设整体布局规划〉》，中国政府网站，https：//www. gov. cn/zhengce/2023 - 02/27/content_ 5743484. htm？ eqid = 9b5c0727000 14660000000066460825d。

B.12
广州扩大数字人民币创新应用调查研究

广州市委政策研究室（活力办）和华南理工大学联合课题组*

摘 要： 数字人民币是数字金融的重要内容，是城市金融发展竞争的新赛道、新蓝海。巩固提升广州国家金融中心城市地位，需要充分释放试点城市政策红利，塑造数字金融发展战略优势。中国人民银行数研所鼓励广州以数字广交会、国际商业银行、民营企业融资、来华外国人支付便利化、先看病后付费五大场景带动全域场景应用，支持广州建设"两示范区、两平台，一室、一中心"六大基础设施，赋能国际金融中心建设。

关键词： 数字人民币 金融中心 数字金融 广州市

习近平总书记强调，要积极参与数字货币、数字税等国际规则制定，塑造新的竞争优势；要以科技创新和数字化变革催生新的发展动能，为数字经济营造有利的发展环境。为贯彻落实习近平总书记重要指示精神，加快数字人民币应用创新，推动广州金融强市建设，打造数字金融标杆城市，2024年2月19~23日，市委政研室、市活力办文稿调研组、华南理工大学决策咨询研究基地组成联合课题组，实地考察苏州、宁波等地数字人民币创新应用实践，结合广州产业优势和金融发展实际，对标先进试点城市创新经验，对广州抢抓数字人民币试点机遇、扩大数字人民币应用场景、推动数字金融创新发展提出具体对策建议，也为其他城市扩大数字人民币创新应用提供启示。

---

* 课题组成员：邓建富、王文琦、怀学兵、邹仲时、刘岳平、罗雪明、李开银、李石勇、贾海龙。

一 数字人民币试点城市经验做法及广州试点情况

中国人民银行数字货币是数字经济时代的金融基础设施。数字人民币是我国数字化形式的法定货币,是中国人民银行以国家信用为支撑对公众的负债,具有法偿性,等同于人民币现金;同时,数字人民币也是一套安全普惠、不同于现有电子支付体系的新型支付系统,并可通过加载智能合约实现可编程的自动支付交易,是数字金融和数字经济发展的重要底部支撑。中国人民银行高度重视法定数字货币的研究开发。2014年,成立法定数字货币研究小组,开始对发行框架、关键技术、发行流通环境及相关国际经验等进行专项研究;2016年,成立数字货币研究所,完成法定数字货币第一代原型系统搭建;2017年末,经国务院批准,开始组织商业机构共同开展法定数字货币研发试验;现已完成顶层设计、功能研发、系统调试等工作,正遵循稳步、安全、可控、创新、实用的原则,开展了四批数字人民币试点(见表1)。截至2024年初,试点范围扩展至17个省市的26个试点地区。从做法和成效来看,第一批试点的深圳和苏州、第二批试点的上海、第三批试点的宁波和重庆等先进试点城市,效果相对突出,做法值得借鉴。

表1 数字人民币四批试点情况

批次	获批时间	试点范围
第一批	2020年4月	深圳、苏州、雄安新区、成都、北京冬奥会场景
第二批	2020年9月	上海、长沙、海南、青岛、大连、西安
第三批	2022年3月	天津、重庆、广州、福州、厦门、浙江省承办亚运会的6个城市(杭州、宁波、温州、湖州、绍兴、金华)
第四批	2022年12月	广东省、江苏省、河北省、四川省(由第一批的成都扩大至全省)、济南、南宁、防城港、昆明、西双版纳傣族自治州

资料来源:根据中国人民银行公开资料整理。

（一）高度重视结合本地国家战略大力推进数字人民币试点工作

各先进试点城市党委政府高度重视，强化顶层设计与政策推进，加快抢占数字人民币带来的金融发展新机遇。上海充分挖掘浦东综改方案、自贸试验区高水平制度型开放总体方案等政策红利，按照《全面对接国际高标准经贸规则推进中国（上海）自由贸易试验区高水平制度型开放总体方案》第一时间组织制定《上海市落实〈全面对接国际高标准经贸规则推进中国（上海）自由贸易试验区高水平制度型开放总体方案〉的实施方案》，明确提出"探索数字人民币在贸易领域的更多应用场景"。深圳深挖《粤港澳大湾区发展规划纲要》《深圳建设中国特色社会主义先行示范区综合改革试点实施方案》等国家战略蕴含的政策红利，借助毗邻香港的区位优势，聚焦深港跨境消费、出行、医疗等日常生活场景，大力推广数字人民币应用，助力粤港澳大湾区融合发展。宁波借助中国（浙江）自贸试验区宁波片区、中国—中东欧经贸合作示范区发展契机，出台《宁波市数字人民币试点工作实施方案》，结合宁波开放型经济优势和临港产业特色，打造数字人民币在港航经济、口岸场景、商务贸易及供应链金融等产业场景的特色化应用。重庆明确提出建设西部金融中心的目标，围绕打造国际消费中心城市，通过支持重点商贸企业推广应用、组织开展数字人民币促销主题活动，推出一批数字人民币特色商圈，同步探索跨省域示范区数字人民币应用路径及与东南亚国家贸易跨境结算应用。

（二）采取多种形式开展与中国人民银行的直接合作

苏州在数字人民币领域先知先觉、先行先试、抢抓数字金融发展新赛道。早在2017年，在掌握到中国人民银行启动数字人民币研发试验的情况后，第一时间与中国人民银行数研所建立战略合作关系。在中国人民银行数研所的支持下，苏州相继推动长三角数字货币研究院（2019年）、长三角金融科技有限公司（2019年）、长三角数字金融数据中心（2020年）、长三角金融科技实验室（2023年）落地，被中国人民银行定位为全国数字人民币生态体系云服务输出中心，于2019年获批成为全国首批4个数字人民币试点城市之一，目前是全国唯一同时拥有中国人民银行数字人民币相关事业单位、运营公司、数据中心、实验室四大平台的城市。上海发挥国际金融中心优势，持续强化与中国人民银行的合作。2020 年 2 月，中国人民银行、上海市政府等五部门联合发布《关于进一步加快推进上海国际金融中心建设和金融支持长三角一体化发展的意见》；2024 年 2 月 27 日，上海市政府与中国人民银行在沪举行工作座谈会，共商上海国际金融中心建设大计，中国人民银行明确提出"支持上海深化数字人民币试点，探索创新场景应用测试"。深圳推动中国人民银行数研所直接投资设立首个直属研究机构——深圳金融科技研究院，推动数字人民币应用场景创新，持续赋能深圳现代化产业体系建设。

（三）多措并举扩大数字人民币全场景应用范围和应用规模

苏州多次召开全市数字人民币试点暨数字金融产业发展工作会议，推进数字人民币在全市域、全领域的应用，试点各项指标均全国领先。截至2023 年，规上企业对公钱包开通率达 100%，落地场景超 111 万个，全市累计交易金额已超 3 万亿元，占全省交易量的九成以上。深圳通过创新孵化"跨境硬钱包"、数字人民币预付式平台、数字人民币普惠信贷、数字化补贴平台等一系列"首创产品"，推动数字人民币应用从最初的餐饮、出行、生活缴费等消费场景拓展到公积金、理财等财富金融场景，从工资代发、普惠贷款等对公场景拓展到多边央行数字货币桥项目等跨境支付场景，在其他试点城市着重"C 端"[①] 应用场景时，深圳已率先进入"B 端"数字人民币应用的新蓝海。截至 2023 年末，深圳数字人民币钱包累计开立 3733.93 万个，累计流通金额达 840.34 亿元。上海聚焦数字人民币跨境贸易结算，完成全国首单国际原油跨境数字人民币结算业务、首笔大宗商品现货数字人民币清结算业务，落地全国首单多边央行数字货币桥跨境场景、全国首单跨区域支付场景、全国首单就业补贴发放场景等多项创新特色场景。截至 2023 年 11 月底，上海全域落地应用场景数超 140 万个，位居全国前列。

[①] 数字人民币应用分为 C 端（消费者）、B 端（企业商家）、G 端（政府、事业单位）。

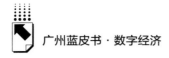

（四）结合本地资源禀赋和产业优势优化数字金融生态，聚力服务实体经济

苏州积极支持数字金融创新发展，2023年新增或升格持牌金融机构超12家，累计持牌金融机构达297家，金融机构总部设立的数字金融实验室等创新载体或平台累计达51家，数字金融生态圈企业数量超600家。近年来，苏州依托现有数字人民币创新平台加强产业链精准招商，集聚效应率先显现，已落户中银金科、中国邮政储蓄银行创新中心、清华大学金融科技研究院长三角创新中心、区盟链、阿尔山数字科技等近20家在密码应用、数字钱包、数字金库等数字人民币产业链方面具有较强研发实力的机构，京东拟在高铁新城设立数字货币结算公司，华为拟推动软硬钱包市场化场景落地并设立项目公司。宁波立足港口经济发达的产业优势，以数字人民币赋能宁波港航物流产业数字化发展，打造的宁波港"易港通"平台成为浙江首个实现数字人民币结算的港航物流领域综合性平台，惠及3.4万名集卡司机，实现数字人民币交易524.28万元；以供应链金融服务为主攻方向的"云港物联"落地浙江首个基于区块链智能合约的数字人民币定向支付平台，实现"货主（货代）—平台—承运人"之间的运费监管和智能结算，并积极探索供应链金融与数字人民币的融合发展，累计发生数字人民币交易超3600万元。深圳在数字人民币研发试点过程中，本地企业华为、vivo、OPPO、荣耀、腾讯等均参与相关前沿技术创新，包括品类丰富的硬钱包系统研发，双离线交易模型和全球首个无网无电"双离线"支付体系设计等。2023年，深圳研发投用全国首台数字人民币硬钱包自助发卡机，可快速发放"粤港澳大湾区主题数字人民币硬钱包"，为来深的香港人士以及境外人士提供安全高效便捷的数字人民币支付服务。截至2023年底，已有超2.5万名香港居民自助申领数字人民币硬钱包。

（五）政府主导、中国人民银行支持、金融机构落实，多部门协同形成合力打通堵点

苏州成立数字人民币试点工作领导小组，建立"工作制度化、制度目标化、目标节点化、节点表格化"工作机制，将数字人民币试点工作纳入区县、部门考核指标体系，出台《苏州市深入推进数字人民币试点行动方案》《关于推进苏州市数字金融产业发展的意见》《关于推进苏州市数字金融产业发展的若干措施》《苏州市数字金融产业发展三年行动计划（2023—2025年）》等政策文件，成为全国首个出台数字金融产业专项政策的城市。宁波建立"领导小组—联合办公室—工作专班"统筹协调机制，财政、文旅、市场监管等行业主管部门出台专项推广政策、实施方案，国资、税务、人社等部门召开专题会议部署、动员数字人民币推广事项，实现试点高质量推进，全市42.7%的市级财政预算单位开通数字人民币对公钱包，90%的市属国有企业开立并使用对公钱包。重庆成立数字人民币试点工作领导小组，形成政府推动、部门支持、区县联合、机构主责的工作格局，坚持"市场化"推动，充分调动各方积极性和创造性，打造有重庆特色的应用场景。

试点以来，广州通过政府引导、协同市场主体积极推进数字人民币应用创新。一是完善顶层设计。出台《广州市推动数字人民币试点工作实施方案》，成立试点工作领导小组，通过建立定期报告制度及试点工作评价机制，梳理、分析、研判数字人民币应用推广情况，确保数字人民币试点工作落实、落地、落细。二是加强动员部署。召开数字人民币试点动员部署会议，强调数字人民币试点的重要作用和意义，明确试点具体意见和要求，形成良好的试点推广氛围。三是挖掘多样场景。分3个阶段加快推动26类数字人民币应用场景，着力在食、住、行、游、购、娱、医、税、公积金等9类重点民生领域及重大活动、政务服务、惠民助农等14类特定领域落地特色应用场景。截至2023年末，全市已累计开立个人钱包1070万个（2023年新增413万个）；流通业务总计266亿元、7504万笔；落地支持数字人民币支付商户门店99万家（新增64万家），试点成效明显。但是，广州数字人民币应用场景、应用规模和服务实体经济、赋能数字经济的质效与数字人民币试点先进城市相比均存在较大差距。广州数字人民币应用场景创新与千年商都、粤港澳大湾区核心引擎的区位优势结合不够紧密，缺少具有地方特色的数字人民币应用场景创新，服务实体经济和科技创新力度不大，在科技

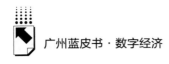

创新、绿色发展、跨境支付等重大战略领域创新应用不够，未能形成高能级的数字人民币创新产业集聚生态。

苏州、深圳、上海等部分试点城市数字人民币应用情况如表2所示。

表2 部分试点城市数字人民币应用情况（截至2023年底）

城市	交易规模（亿元）	钱包数量（万个）	商户数量（万家）	政策文件
苏州	30000	3088	超100	《苏州市数字金融产业发展三年行动计划（2023—2025年）》《苏州住房公积金数字人民币场景应用标准（试行）》《苏州市深入推进数字人民币试点行动方案》《关于推进苏州市数字金融产业发展的意见》《关于推进苏州市数字金融产业发展的若干措施》
深圳	840.34	3733.93	超300	《推进数字人民币示范区建设战略合作框架协议》《罗湖区关于高质量建设数字人民币应用生态示范区的若干措施》《深圳市开展预付式经营领域数字人民币试点推广工作方案》
上海	367	2394	超140	《浦东新区综合改革试点实施方案（2023—2027）》《关于促进本市生产性互联网服务平台高质量发展的若干意见》
宁波	2000	664	43	《宁波市数字人民币试点工作实施方案》，市各有关部门结合职能出台具体方案
广州	266	1070	99	《广州市推动数字人民币试点工作实施方案》

资料来源：根据公开资料整理。

二 加快数字人民币应用对广州金融发展的重大意义

（一）广州金融业发展现状

近年来，广州金融业快速发展，主要呈现四个特征。一是金融综合实力稳步增强。广州金融业增加值从1978年的4024万元（占全市地区生产总值的比重为0.93%），升至2023年的2736.74亿元（占全市地区生产总值的比重为 9.02%），自 2015 年起，金融业成为广州第五大支柱产业。二是金融组织体系不断完善。形成结构合理、种类齐全、功能完备的现代金融组织体系，目前广州地区法人金融机构共计 59 家，实现银行、证券、期货、基金和保险等主要金融领域全覆盖。三是区域金融合作日益深化。共有 15 个国家和地区的 71 家银行机构在广州设立分支行或办事处，南沙区累计获批 10 家合格境外有限合伙人（QFLP）基金管理企业，试点额度超 230 亿元，开通跨境资本流动"双向高速路"。四是改革试点卓有成效。广州是全国首批 5 个绿色金融改革创新试点城市之一，绿色金融改革创新试验区改革成功经验率先在广东全省复制推广。南沙区获批全国首批气候投融资试点，广州碳排放权交易所碳配额现货交易量排名全国第一。截至 2023 年末，广州绿色贷款余额突破 1 万亿元，累计发行各类境内人民币绿色债券 1820.72 亿元，同比增长 28.64%。

广州金融领域取得的成绩瞩目，存在的短板也亟须关注。

1. 广州全球金融中心指数（GFCI）排名靠后，金融科技发展得分排名下降

英国智库 Z/Yen 集团与中国（深圳）综合开发研究院联合发布的《第 34 期全球金融中心指数报告（GFCI34）》显示，广州全球金融中心指数得分为 708 分，全球排第 29 位，与排名全球第一的纽约（763 分）、第二的伦敦（744 分）差距较大。从衡量金融创新能力的金融科技发展水平来看，广州金融科技发展得分为 693 分，排第 19 位，排名与上期相比下降 3 位，与排名全球第四、中国内地第一的深圳（722 分）相差 29 分，与全球排名第一的纽约（738 分）相差 45 分。

2. 金融产业规模较小

国内外金融业发达城市的金融产业普遍规模较大，对经济的贡献度较高。纽约金融保险业增加值占地区生产总值的比重超过 22%，伦敦金融企业数量占当地企业总数的比重为 15.4%，在伦敦每 10 家企业就有 1.5 家是金融公司或保险公司。2023 年，北京、上海、深圳金融业增加值占地区生产总值的比重均超过 15%。广州金融业增加值为 2736.74 亿元，占全市地区生产总值的比重为 9.02%，低于北京、上海、深圳、成都（见表 3）。对比

金融业发达城市，广州金融业总体规模、对经济贡献度仍有待提高，缺乏全球顶级金融企业总部，对国内外核心金融企业吸引力不强，本土金融机构综合实力较弱。

表3　2019～2023年广州与北京、上海、深圳等城市金融业增加值比较

单位：亿元，%

城市	指标	2019年	2020年	2021年	2022年	2023年
广州	金融业增加值	2041.87	2234.06	2467.9	2596.15	2736.74
	占地区生产总值的比重	8.60	8.90	8.70	9.20	9.02
北京	金融业增加值	6544.8	7188	7603.7	8196.7	8663.1
	占地区生产总值的比重	18.50	19.90	18.90	19.70	19.80
上海	金融业增加值	6600.6	7166.26	7973.3	8626.31	8646.86
	占地区生产总值的比重	17.30	18.50	18.50	19.30	18.31
深圳	金融业增加值	3667.63	4189.63	4738.8	5137.98	5537.02
	占地区生产总值的比重	13.60	15.10	15.50	15.90	16.00
成都	金融业增加值	1893.69	2114.80	2271.6	2500	2555.6
	占地区生产总值的比重	11.13	11.94	11.41	12.00	11.58
重庆	金融业增加值	2087.95	2212.80	2459.8	2491.02	2591
	占地区生产总值的比重	8.85	8.85	8.80	8.55	8.59

资料来源：各城市统计局网站。

3.服务实体经济能力相对较弱

综观国内外金融发达城市的实践，金融业对实体经济的有效支持力度非常大。纽约通过积极培育产融互通互促的新型金融业态，促进产业资本与金融资本深度融合，发展以核心企业为主导的供应链融资模式、以机器设备为主要标的的融资租赁业务，发展多层次资本市场，推进金融业服务实体经济。上海依托金融科技创新金融产品和服务模式，用好货币政策工具，实现精准赋能，降低企业融资成本。深圳加大对科技创新、先进制造等重点领域的支持力度，构建全链条、全生命周期的金融服务体系，服务实体经济发展。以制造业为例，截至2023年底，上海制造业中长期贷款余额为9128亿元，同比增长32.2%，占全部贷款的8.2%，较上年同期提高1.5个百分点；

深圳制造业中长期贷款、普惠小微贷款余额同比分别增长 40.7%、22.4%，比各项贷款增速分别提高 32.4 个百分点、14.1 个百分点。对比国内外金融发达城市，广州金融支持实体企业发展仍存在短板，融资渠道相对单一，与实体经济企业发展相适应的新型金融业态发展相对缓慢，风险投资、直接融资发展相对滞后。

4. 支持科技创新能力不强

现代科技创新离不开金融的支持。纽约以强大的金融实力，从银行、保险、担保、小贷、风投、证券等多个领域支持企业科技创新，使其成为全球科技创新和投资的集聚地。上海以风险投资、股权投资、投贷联动等为重点，丰富科技金融产品和服务，引导长期资本、耐心资本投早、投小、投硬科技，促进科技产业金融高水平循环，推动更多金融资源支持科技创新。深圳建立健全"基础研究+技术攻关+成果产业化+科技金融+人才支撑"全过程创新生态链，完善金融支持科技创新体系，加大对科技型企业融资的支持力度。截至 2023 年 11 月，深圳高新技术企业贷款、科技型中小企业贷款余额同比分别增长 32.9%、26.1%。截至 2023 年末，广州高新技术企业贷款、科技型中小企业贷款余额同比分别增长 14.2%、26.1%。截至 2023 年末，深圳有存续私募股权创投管理企业 1766 家，管理规模达 1.53 万亿元，其中 2023 年新增中基协备案私募股权创投类基金 426 只，居各大城市首位；而广州私募基金管理机构超 800 家，管理基金规模约 5000 亿元。对比其他城市，广州金融支持科技创新力度仍有待提升，风投创投行业与战略性新兴产业联动不足，金融资源向科技创新领域倾斜的政策引导力度还不够大，科技企业全生命周期的金融服务生态链条有待完善。

（二）数字人民币将重塑金融业发展格局

综观全球金融发展史，无论是全球性国际金融中心城市，还是区域性国际金融中心都抓住了金融新业态发展机遇，推动金融业快速发展，抢占了金融发展新赛道。伦敦、纽约、东京都是从简单的资金借贷关系开始，随后银行体系不断完善，货币市场、证券市场、保险市场、外汇交易市场、金融衍生品市场等逐步发展成熟，逐渐形成完整的金融市场体系。随着科技的进步和数字化时代的到来，数字金融新业态快速涌现，特别是数字货币得到国际社会高度重视。优先推出法定数字货币的国家将争取到更多的使用者和参与者，获得更大的经济利益和国际金融话语权，具有更大可能拓展其货币的国际影响力。数字人民币无中介的支付即结算特点、无网无电"双离线"支付功能、小额匿名大额可追溯的可控匿名功能，以及可编程的智能合约功能，既能大大提升支付的便捷性、安全性、普惠性，又可以让业务规则驱动资金流向，具有天然的信任优势和互通优势，有助于降低经济活动的履约成本。数字人民币作为金融领域的重要变革和重大创新，将重塑金融发展业态与格局。

从国际层面来看，数字人民币有助于中国金融业扩大国际影响力、提升国际竞争力。一是提升人民币的国际地位。数字人民币超强的跨境流动能力，给国际跨境支付结算体系带来更多的选择，可降低全球贸易清结算中对美元的依赖，提升人民币在国际储备、商品和贸易支付、国际金融投资与交易方面所占份额。二是提高金融系统的安全性和稳定性。利用数字人民币进行贸易清结算，将推动全球货币体系多元化和平衡化，同时数字人民币的发行有助于对冲和缓释私人数字货币市场无序发展的冲击，保障全球金融的安全和稳定。三是提升中国金融机构的国际影响力和竞争力。数字人民币进入国际贸易清结算体系，国际上对人民币跨境支付系统（CIPS）、多边央行数字货币桥（mCBDC Bridge）等使用频率提高，对中国金融机构服务的需求强烈，中国金融机构在国际上的影响力将不断增强，进而提升其在国际金融市场的话语权、定价能力。

从国内层面来看，数字人民币将改变金融生态，重塑传统金融业竞争格局。一是以新技术构建数字金融新平台。数字人民币可为来华外国人及跨境贸易企业提供快速、便捷、安全的支付，并作为展示数字金融科技创新成果的重要平台，向世界展示中国式现代化的智能化、数字化发展成果。二是以新业态打造现代金融新生态。数字人民币直接在中国人民银行记账，传统商业银行将转变为数字人民币运营机构。数字人民币与各类产业的持续融合将催生大量开放、创新的非银行金融机构,与传统金融机构合作竞争,改变传统金融行业的生态核心,形成以数字人民币为核心的金融新生态。三是以新赛道重构金融竞争新版图。基于数字人民币的金融创新,更适应数字化时代的金融需求,为城市积极推动数字金融建设、打造更具活力和竞争力的金融市场提供了全新的赛道选择,推动数字金融新高地加速成型,将冲击全国现有城市金融竞争格局,形成以数字人民币为核心的新的城市金融竞争格局。

(三)数字人民币是广州金融业发展换道超车的重大机遇

苏州经验表明,抓住数字人民币机遇完全可以推动金融业实现跨越式发展。广州的经济、金融条件足以支撑数字人民币的大量场景创新和大规模应用。当前,传统金融业主导的城市金融竞争版图大局已定,广州要巩固提升金融中心城市地位,必须抓住数字人民币试点先机,充分释放试点城市政策红利,塑造数字金融发展战略优势,这是广州立足既有金融业发展优势、推动金融业创新发展的难得机遇。主要体现在以下三个方面。

1. 有利于广州加快数字金融发展步伐,服务金融强国战略

习近平总书记在省部级主要领导干部推动金融高质量发展专题研讨班开班式和中央金融工作会议上,反复强调建设金融强国目标。建设金融强国离不开强大的货币、强大的中央银行、强大的金融机构、强大的国际金融中心、强大的金融监管、强大的人才队伍等"六个强大"的支撑,其中,数字人民币是基础和关键。广州加快扩大数字人民币应用规模,完善数字金融战略布局,依托数字技术构建全新金融基础设施,将激励传统金融机构加快数字化转型,倒逼传统金融机构在业务探索中引入科技元素,进而加速金融系统数字化迭代升级,创新适用于数字经济时代的金融服务,促进金融系统整体升级,建设全球数字金融高地,做大做强以数字人民币为核心业务的金融机构,有助于广州在金融强国建设中贡献更多力量。

2. 有利于引领金融业数字化转型,增强广州湾区核心引擎功能

扩大数字人民币应用范围,有助于广州增强三个方面的引擎功能。第

一，有助于促进金融业改革创新发展，集聚数字化金融资源，加快支持广州数字经济创新发展。第二，有助于培育和发展以数字人民币为核心业务的数字金融新业态，创新数字人民币应用场景，在航运金融、跨境支付、碳金融、财富管理等领域寻找金融发展新突破点，抢占数字金融发展新赛道。第三，有助于推动经济社会及传统制造业、服务业、商贸业等产业数字化转型升级，全面提升数字金融服务实体经济和科技发展效能，推动数字经济创新发展、抢占数字经济发展先机，助力广州建设具有全球影响力的数字经济引领型城市。

3. 有利于广州提升面向世界的国际金融中心能级

广州获批纳入数字人民币试点地区，有利于提升广州城市金融发展能级，提升广州金融业在全国乃至全球的竞争力和影响力。数字人民币给跨境交易和支付结算带来极大的便利性，广州可结合自身贸易优势拓展数字人民币在跨境支付场景的应用，打造跨境金融结算中心和离岸清算中心，成为新发展格局下国内和国际市场跨境支付的重要枢纽与战略链接。依托数字人民币的创新应用，进一步加强广州与深圳、香港、澳门在离岸人民币支付结算、数字人民币跨境支付、离岸财富托管等领域的分工与合作、业务联系，促进境内外资金合规有序流动，携手打造国际一流和世界级的金融服务平台，将全面增强广州金融业在全国的竞争力和全球金融市场中的影响力。

三 广州加强数字人民币应用创新、建设数字
金融创新中心的对策

数字人民币试点为广州打破传统金融竞争格局束缚，实现换道超车、做大做强数字金融创新中心带来了前所未有的机遇。需争取多方支持，用好广州资源禀赋，迅速扩大数字人民币应用规模，加强数字人民币应用场景创新、加快数字人民币促进广州金融业创新发展、加速数字人民币服务实体经济与科技创新，以建设数字金融创新中心为突破，持续提升广州国际金融中心地位。

（一）坚持协同并进，创新推进数字人民币应用全域场景落地

当前，各试点城市应用场景创新呈现从 C 端向 B、G 端延伸的态势。广州可深耕 C 端、开拓 G 端、创新 B 端，以点带面、逐步铺开，实现应用场景全社会、全域覆盖。

1. 深耕 C 端，营造便民利民安全高效的数字人民币应用生态

从政策供给侧发力，对积极支持数字人民币支付的商户提供如税收减免、补贴等政策，动员在穗各级各类银行、第三方支付机构向群众提供如折扣、返利、红包等支付优惠，辅以媒体、社交平台、公共平台等多渠道宣传推广，不断提高数字人民币在食、住、行、游、购、娱、医等关键民生领域应用的便利性、安全性，丰富消费支付场景，提高数字人民币用户黏性。

2. 开拓 G 端，推动数字人民币为公共治理创新赋能

政府部门率先行动，基于财政资金的使用，扩大数字人民币在税收、收费、罚款、公积金、社保等领域的应用，同时在机关事业单位工资发放、政府采购、社会福利发放、政府投资建设、科技项目资助和政府创业投资等领域稳步扩大数字人民币应用，智能合约助力资金监管，实现资金使用的全过程智能监控和评估，压缩公共治理过程成本，优化公共治理效果。

3. 创新 B 端，以数字金融引领数字经济高质量发展

推动数字人民币应用与广州优势产业行业相结合，重点推进数字人民币在商贸批发、港口、物流、制造业、跨境贸易、期货、会展、文旅等行业企业的应用，鼓励和引导传统的第三方支付平台开拓数字人民币 B 端场景应用与结算业务，加快数字产业化和产业数字化进程。争取中国人民银行在广州开展跨境人民币结算试点，依托南沙港在大宗商品流通上的优势，发展智慧物流园区，推广数字化仓储，推进大宗贸易融资应用创新，为中小外贸企业和跨境电商解决融资难与收结汇效率低等问题，促进临港制造、离岸贸易、转口贸易、港航服务以及跨境电商的高质量发展。

（二）坚持因地制宜，重点推动广州数字人民币"五大场景"率先取得突破

1. 建立广交会数字人民币应用平台

基于现有的云端广交会基础和线上广交会实践，将贸易、港航物流、海关、税务、银行、支付等涉及进出口的功能全部纳入一个数字平台，将广交会的各交易环节数字化，推动进出口企业使用数字人民币在数字广交会平台上记录应收和应付货款，形成一个国际贸易支付结算的闭环，帮助进出口企业解决外汇管控问题和清算问题。推动广交会突破春秋两季的时空限制，成为常年在线运营的现代化数字化国际贸易与金融服务平台，将其真正打造为"全方位对外开放平台"。

2. 推动设立以数字人民币为核心业务的粤港澳大湾区国际商业银行

抓住国家支持南沙放宽市场准入的机遇，加快组建以数字人民币为核心业务、专攻数字金融创新发展的粤港澳大湾区国际商业银行，填补数字人民币专业银行空白。积极参与多边央行数字货币桥项目，依托粤港澳大湾区国际商业银行打造数字人民币全球跨境支付中心、离岸清结算中心、财富管理中心，开展跨境数字人民币支付业务、数字人民币离岸财富管理业务、数字化证券交易和数字资产交易业务，参与数字人民币在香港的跨境支付试点，成为数字人民币个人小额跨境汇款服务的运营机构。

3. 善用数字人民币智能合约功能解决民营企业融资难的问题

融资难、融资贵是传统金融格局下民营企业的痛点堵点。可以推动商业银行使用数字人民币为民营企业提供信贷产品，用智能合约跟踪监控贷款企业所有进销存数据，助力银行实时生成贷款企业资产负债表、损益表、现金流量表，确保银行掌握企业情况，即时形成对贷款企业信用和还款能力的研判决策，大幅减轻民营企业抵押担保负担，以智能合约的运用强化资金使用监管与还款保障。中国人民银行数研所已有相关研发成果，广州可以争取与其合作开展试点，有力化解民营企业融资难的问题，塑造"民企融资来广州"的品牌。

4. 以数字人民币实现来华外国人支付便利化

来华外国人支付便利化是国家高度重视的问题，也是优化营商环境的重要内容。外国人在华使用移动支付存在两大痛点，包括开通时不愿意提供个人身份信息，习惯用卡支付而非移动 App 支付。可借鉴深圳启用数字人民币硬钱包自动发卡机的做法，结合广交会举办和广州国际会展、文旅行业场景，在机场、码头推行数字人民币实体卡钱包（仅需外国人本国手机号码短信验证，即可注册数字人民币钱包，绑定外国银行卡即可实现数字人民币支付结算），引导外国人入境后通过数字人民币硬钱包充值，直接使用数字人民币。

5. 创新推行"先看病后付费"等民生应用场景

当前，患者就医需多次缴费，跑路多、排队多，不仅体验差，且延长停留医院时间，加大传染病交叉感染风险。可积极推动医院与银行合作，运用数字人民币智能合约、支付安全等功能，设计综合诊疗支付系统，实现就医结束后一次性缴费，提升就医便捷性。

（三）坚持政策引领，积极参与探索数字人民币应用场景规则制定

1. 释放战略红利

充分发掘《粤港澳大湾区发展规划纲要》《广州南沙深化面向世界的粤港澳全面合作总体方案》等国家政策红利，加强与中国人民银行数研所的合作，参加多边央行数字货币桥项目，在临港经济、外贸、会展、批发市场、跨境电商等广州优势行业领域开展数字人民币 B 端应用和数字金融创新。

2. 敢于先行先试

把握试点机遇，出台前瞻性强、力度大、范围广的市级综合性政策文件，加快各类数字人民币应用场景的落地和推广应用，各级各部门强化联动协同，结合自身实际和职能加快出台数字人民币应用的政策文件、行动方案，以 G 端应用引领 C 端普及、B 端开拓，打通数字人民币应用场景落地的政策堵点和操作盲点，大力推动各类数字人民币钱包的开通，大量增加数字人民币支付场景。

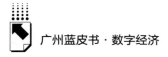
3. 探索规则创新

加强与中国人民银行及国家金融监管部门研发合作，基于广州国际商贸中心和国际消费中心建设实际，结合广交会、广州期货交易所重大平台建设，积极参与多边央行数字货币桥项目，不断提升国际大宗商品现货场外数字人民币定价权，积极参与设计和改进离岸货权单证证券化规则，争取主导RCEP金融结算的流程设计和规则制定。

参考文献

陈晓静、乔继凡、杨润昌：《数字人民币对上海国际金融中心建设的影响及其对策》，《科学发展》2022年第8期。

江苏省人民政府办公厅：《江苏省数字人民币试点工作方案》，2023。

中国人民银行数字人民币研发工作组：《中国数字人民币的研发进展白皮书》，2021。

中国人民银行数字货币研究所：《扎实开展数字人民币研发试点工作》，《中国金融》2022年第20期。

数字赋能广州海洋经济高质量发展研究

自然资源部南海发展研究院课题组 *

摘　要：　本文认为海洋数字经济是以数字资源和海洋自然资源作为关键生产要素，以现代信息技术网络平台为载体，为开发、利用和保护海洋进行的生产和服务活动。广州海洋经济综合实力领先，但在海洋经济数字化发展方面，与海洋产业相关的数字技术、数字创新能力、数字人才等方面供给不足，海洋产业与数字经济的融合深度有待拓展。建议要对海洋传统产业、海洋未来产业和战略性新兴产业分类分层予以数字化、智能化赋能。广州可以率先探索海洋数字经济统计核算方法，发挥海洋经济和数字经济双重优势，加快关键技术攻关，超前部署海洋经济数字化基础设施和感知网，构建海洋数据平台，提高数据利用效率，加快推动海洋产业数字化转型。

关键词：　海洋数字经济　海洋数字产业化　海洋产业数字化　新质生产力广州

数字经济已经成为推动世界经济发展的重要引擎。党中央高度重视发展数字经济，将其上升为国家战略。推动数字经济与实体经济深度融合，打造具有国际竞争力的数字产业集群，有力支撑现代化经济体系的构建和经济社会高质量发展。同时，海洋资源、海洋经济也是长期以来世界各地竞相争夺

---

* 课题组组长：谢凡，自然资源部南海发展研究院副研究员，研究方向为海洋经济、海洋经济发展政策与规划、海洋经济运行监测与评估。课题组成员：钟卓君，自然资源部南海发展研究院助理工程师，研究方向为海洋经济与政策法规；黄芝凤，自然资源部南海发展研究院工程师，研究方向为海洋政策经济、海洋经济运行监测与评估；杨颖，自然资源部南海发展研究院助理工程师，研究方向为海洋经济与政策法规。

的战略领域。当前，随着大数据、云计算、物联网等技术的迅猛发展，海洋领域国际竞争新优势的塑造离不开数字经济的发展，海洋产业数字化进程不断加快，数字技术、数字经济为深海勘探、海底资源开采提供了新的可能，对全球海洋产业格局的影响日益显著，数字经济已成为塑造海洋领域国际竞争新优势的重要力量。广州作为全国第一海洋大省的核心城市，致力于打造海洋创新发展之都，数字经济的蓬勃发展必将为广州海洋经济注入新的活力。

一　海洋数字经济概念与特征

（一）海洋数字经济概念

学界对数字经济的概念进行了广泛的讨论和研究，目前基本达成从数字产业化和产业数字化两个层面理解数字经济的共识。国家统计局发布的《数字经济及其核心产业统计分类（2021）》指出："数字经济是指以数据资源作为关键生产要素、以现代信息网络作为重要载体、以信息通信技术的有效使用作为效率提升和经济结构优化的重要推动力的系列经济活动。"

在实践中，海洋数字经济蓬勃发展，如智慧渔业、智慧滨海旅游、智慧航运、智慧港口等现代信息技术推动传统海洋产业变革；海上风电智能运维、海洋波浪能智能监测、重要药用价值海洋生物资源智能识别和海洋数字金融等海洋新兴产业数字化发展趋势显著。目前，广东、浙江、福建和广西等重点发展海洋经济的沿海省份在"十四五"海洋经济发展规划中都提出要加快发展海洋数字经济。但在理论上，学界对海洋数字经济概念的探讨才刚刚开始，如广东省通信学会编制的《广东省数字海洋建设发展白皮书（2023年）》认为数字海洋是指"以新一代信息技术为支撑，以海洋数字孪生为要件，以全要素数字化为特征，以海洋决策科学化、治理精准化、服务高效化、生产智能化、运行协同化为目的，是构建现代海洋产业体系、提升海洋科技创新能力的重要基础，是推进海洋治理体系和治理能力现代化的重要引擎"。当前亟须对海洋数字经济内涵、特征、实现模式及路径等问题进行深入研究，以此奠定推动海洋数字经济高质量发展的理论基础。

考虑海洋数字经济与现行海洋经济统计制度的兼容性以及海洋经济的概念，本文认为海洋数字经济是以数字资源和海洋自然资源作为关键生产要素，以现代信息技术网络平台为载体，为开发、利用和保护海洋进行的生产和服务活动。主要包括海洋数字产业化和海洋产业数字化两个方面。海洋数字产业化是指开发、利用和保护海洋的生产活动中涉及海洋信息采集、传输、存储、加工、表达等相关技术及服务的总称，以及依托数字技术、数据要素的有效使用提升海洋产业活动效率和优化经济结构。海洋产业数字化则是指促进海洋工业数字化、海洋农业数字化、涉海服务业数字化等。

（二）海洋数字经济的主要特征

一是海洋资源的开发比其他领域更加需要科技创新的支持。与陆地相比，人类目前对海洋的认知还很有限，对海洋资源的利用大多集中在近岸及近岸海域，海洋资源的开发利用还面临不少困难和问题，海洋环境呈现高盐、高压、低温等特征，开发活动还要面临海水的流动性、海浪和潮汐引起的海面高度的变化、各类气象灾害等的冲击，因此海洋资源的开发比陆地资源的开发需要突破更多技术瓶颈，海洋经济的发展对科技创新驱动的需要比一般经济活动更为迫切。

二是海洋的整体性和流动性更需要搭建有效的区域协调体制机制，从而形成推动海洋经济高质量发展的合力。海域是一个整体，海水和海底的生物资源等也是可以自由流动的。很多海域横跨多个市级、县级行政区，甚至省级行政区，其资源整合、陆海统筹及区域协调等需要打破行政区域的界限，进行跨区域、跨部门的协同治理，除了需要整合陆海资源以外，统筹陆地与海洋部门，在不破坏海洋整体性的前提下还需要构建能够迅速决策，并且能够强化各部门信息沟通、决策与工作协同的机制。因此，在推进海洋经济发展的过程中，需要更多地强调海洋经济活动的合作性和包容性。

三是与其他环境及资源相比，海洋生态环境的脆弱性和海洋资源的稀缺性要求海洋经济高质量发展需要更加注重处理好保护与发展的关系。海洋的

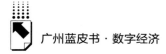

主要污染源来自陆地,海洋生态系统承载着来自陆地和海洋的双重污染与开发压力,海洋的流动性又导致海洋污染更容易漂移和扩散,海洋生物资源的洄游等特点决定了海洋生态环境与陆地相比更加脆弱,生态保护和修复的任务也更为艰巨。因此,海洋经济发展更需要以陆海统筹、河海共治的观念,构建协同共治的海洋生态环境保护体系,杜绝追求经济效益而带来海洋生态损害,推动海洋经济绿色低碳发展,促进海洋资源合理开发和可持续利用。

四是海洋资源具有突出的公共产品和公益产品属性,海洋经济发展需要维护市场秩序以及监管海洋资源开发利用活动。与陆地资源相比,海洋资源具有普遍的公共物品特性,且具有多层次、多组合、多功能的特性。这就决定了海洋资源的保护和开发会存在市场失灵的现象,海洋经济的发展除了受到市场规律的支配,还需要更多的制度设计和规制作为保障。因此,海洋资源的开发需要更加深化改革创新以及更高水平的海洋综合治理体系构建与创新及海洋行政治理能力作为支撑。

五是海洋经济突出的外向型经济特征决定了其更加容易受到外部环境变化的影响。综观国内外沿海城市的发展可以发现,海洋本身就是经济发展中一个主要的对外开放窗口,海洋在陆海双向通道、联通内外、衔接海陆等方面起着非常重要的作用,沿海地区的经济发展都具有非常明显的外向型特征,这有利于加速生产要素的流动,但同时非常容易受到国际市场需求变化、政治因素等方面的影响。因此,面对错综复杂的国际环境,海洋经济发展要求立足国内循环,利用好超大规模国内市场优势的同时持续深化海洋领域的开放合作,提升海洋产品质量,在更高水平的对外开放中塑造海洋经济竞争新优势。

结合以上海洋经济发展五方面的特征,可以看出海洋数字经济应该具备的特征包括以下五个方面。

一是海洋资源的开发相较于其他领域更加依赖科技创新的支持,这决定了海洋数字经济的核心特征在于科技创新的主导作用。相较于其他领域,海洋资源的开发具有一定的复杂性,这使得科技创新的支持变得尤为关键。海洋覆盖了地球表面的大部分,蕴藏丰富的生物、矿产、能源等资源,但这些资源的开发利用往往面临深海环境、极端气候、技术瓶颈等多重困难。因此，科技创新在海洋资源的开发中扮演着至关重要的角色。在深海探测、海底资源勘探、海洋生物研究等领域，科技创新不仅为海洋资源的发现提供了可能，更为资源的有效开采和利用提供了技术支持。例如，深海机器人的研发使得人类能够突破深海环境的限制，对海底资源进行精准探测和取样。同时，新型材料、能源技术等领域的突破也为海洋资源开发提供了更加环保、高效的解决方案。科技创新是推动海洋数字经济发展的关键动力。随着数字化、网络化、智能化等技术的飞速发展，科技创新不仅推动了海洋数据的采集、传输、处理和分析技术的升级，更为海洋产业链的数字化转型提供了强大的技术支持。此外，科技创新能够促进海洋数字经济与其他产业深度融合，推动形成更加完善的产业生态体系。

二是海洋的整体性和流动性致使海洋数字经济呈现各领域协同发展和综合发展的特征，这也使得海洋数字经济呈现综合性、协同性和灵活性的发展特征。首先，海洋的整体性意味着海洋是一个相互关联、相互作用的复杂系统。海洋经济的各个方面，包括渔业、海洋运输、海洋能源、海洋旅游等都呈现互相融合的发展趋势。因此，海洋数字经济的发展也需要考虑这种整体性，促进各个海洋经济领域之间的协同发展和综合利用。其次，海洋的流动性要求海洋数字经济具备高效、灵活和适应性强的特点。海洋资源的开发和利用需要考虑海洋环境的动态变化，包括海流、潮汐、气候变化等因素。因此，海洋数字经济需要运用先进的技术手段，如大数据分析、物联网、人工智能等，实时监测和分析海洋环境的变化，以便及时调整经济活动和策略。

三是海洋经济高质量发展需要更加注重处理好保护与发展的关系。海洋生态环境的脆弱性和海洋资源的稀缺性要求海洋数字经济在发展过程中注重可持续性和环保性。海洋资源的开发和利用需要遵循科学、合理、可持续的原则，避免过度开发和环境污染。因此，海洋数字经济需要积极推广绿色、低碳、循环的发展模式。

四是海洋资源具有突出的公共产品和公益产品属性，市场秩序的维护以及海洋资源开发利用活动的监管与其他经济活动相比更加困难。海洋资源具有天然的公共性和共享性，因此，海洋数字经济的发展需要借助公共平台和基础设施，如海洋数据共享平台、海洋观测网络等，才能实现资源的有效配置和高效利用。考虑到海洋数字经济的公共属性特征，政府部门需要发挥重要作用，加强海洋数字经济的顶层设计和统筹规划，推动海洋数字基础设施的建设和升级，促进海洋数字资源的开放共享和高效利用。同时，政府还需要建立健全海洋数字经济的法规和标准体系，加强海洋数字经济的监管和管理，保障海洋数字经济的健康有序发展。海洋数字经济的公共属性特征决定了其发展需要政府、企业、科研机构等多方参与和合作，形成共建共享的发展格局。

五是海洋经济突出的外向型经济特征决定了其更加容易受到外部环境变化的影响，也决定了海洋数字经济发展需要更加注重安全性。海洋经济相较于其他经济形态更易受到外部环境变化的影响。首先，海洋经济的外向性特征表现在其高度依赖国际贸易和海外投资。海洋资源的开发、利用与交易往往涉及跨国合作，这种外向性也意味着海洋经济在面对国际政治经济环境变化时，更易受到冲击。正是这种特征使得海洋数字经济在追求高效便捷的同时，不得不面临信息安全、网络安全等多重挑战。为应对这些挑战，海洋数字经济的发展必须更加注重安全性。这不仅包括技术层面的安全保障，如数据加密、网络防护等，更包括制度层面的安全机制建设，如完善法律法规、加强国际合作等。此外，培养专业的网络安全人才、提升整个社会对网络安全的认知，也是保障海洋数字经济安全发展的关键。

（三）海洋数字经济的政策概览

2022 年 4 月，习近平总书记在海南考察时指出："建设海洋强国是实现中华民族伟大复兴的重大战略任务"。党的二十大强调"发展海洋经济，保护海洋生态环境，加快建设海洋强国"，并提出要"加快发展数字经济，促进数字经济和实体经济深度融合，打造具有国际竞争力的数字产业集群"。截至 2024 年 3 月，从各类政策文件的梳理情况来看，少有政策文件直接提及"海洋数字经济"，大多数文件都提出"推动数字经济与实体经济深度融合"（见表 1）。在海洋经济领域，数字经济改变海洋经济发展模式和发展动力，对海洋产业结构升级和生产率提升产生了积极作用。

表 1　自 2020 年以来部分与海洋数字经济相关的政策

序号	文件名称	发布机构	发布时间	主要内容
1	《广州加快打造数字经济创新引领型城市的若干措施》（穗府〔2020〕4 号）	广州市人民政府	2020 年 4 月	覆盖营商环境、技术攻关、产业布局、设施建设、产业升级、国际合作、要素保障等方面，明确提出全市数字产业集聚发展"一核多点"的协同发展布局，力求在关键要素流通、前沿技术创新、数字产业壮大、数字技术渗透、支撑要件保障等方面实现突破，加快在全国形成数字经济创新发展的引领优势
2	《国务院关于促进国家高新技术产业开发区高质量发展的若干意见》（国发〔2020〕7 号）	国务院	2020 年 7 月	大力培育发展新兴产业。加强战略前沿领域部署，实施一批引领型重大项目和新技术应用示范工程，构建多元化应用场景，发展新技术、新产品、新业态、新模式。推动数字经济、平台经济、智能经济和分享经济持续发展壮大，引领新旧动能转换。引导企业广泛应用新技术、新工艺、新材料、新设备，推进互联网、大数据、人工智能同实体经济深度融合，促进产业向智能化、高端化、绿色化发展。探索实行包容审慎的新兴产业市场准入和行业监管模式
3	《海事系统"十四五"发展规划》	交通运输部办公厅	2021 年 5 月	推进海事管理现代化。持续深化改革。推进水上交通动态管控机制改革，创新管理机制、重构业务流程，构建现代化、智能化水上交通动态管控新格局
4	《广东省制造业数字化转型实施方案（2021—2025 年）》	广东省人民政府	2021 年 7 月	明确到 2025 年，战略性产业集群数字化水平显著提升，广东省工业互联网国家示范区引领作用显著，推动超过 5 万家规模以上工业企业数字化转型，带动 100 万家企业上云用云，降本提质增效。提出了新一代电子信息、绿色石化、智能家电、汽车、先进材料、现代轻工纺织、软件与信息服务、超高清视频显示、生物医药与健康、现代农业与食品等 10 个战略性支柱产业集群，以及半导体与集成电路、高端装备制造、智能机器人、区块链与量子信息、前沿新材料、新能源、激光与增材制造、数字创意、安全应急与环保、精密仪器设备等 10 个战略性新兴产业集群的数字化转型及赋能重点方向

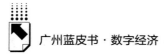
续表

序号	文件名称	发布机构	发布时间	主要内容
5	《广东省制造业数字化转型若干政策措施》	广东省人民政府	2021年7月	聚焦战略性支柱产业集群和战略性新兴产业集群,加快推动制造业数字化转型,制定了9个方面的措施,包括支持龙头骨干企业数字化转型,支持中小型制造企业数字化转型,支持产业园、产业集聚区数字化改造,支持工业软件研发及应用推广,支持数字化基础设施建设,培育制造业数字化转型服务商,强化人才支撑,加强金融服务模式创新,提升公共服务能力
6	《数字经济对外投资合作工作指引》(商合函〔2021〕355号)	商务部、中央网信办、工业和信息化部	2021年7月	提出积极融入数字经济全球产业链、加快推进数字基础设施建设、推动传统产业数字化转型、优化数字经济"走出去"布局、打造具有国际竞争力的数字经济企业、建设数字化境外经贸合作区、强化数字经济"走出去"的指导监管、提高数字经济"走出去"公共服务水平、积极参与国际数字规则标准制定、做好数字经济"走出去"风险防范、营造数字经济国际合作良好环境等11个方面的内容
7	《广东省数字经济促进条例》	广东省人民代表大会常务委员会	2021年7月	立足广东实际,聚焦"数字产业化、产业数字化"两大核心,突出制造业数字化转型,做好数据资源开发利用保护和技术创新,加强粤港澳大湾区数字经济规则衔接、机制对接
8	《广东省海洋经济发展"十四五"规划》(粤府办〔2021〕33号)	广东省人民政府办公厅	2021年9月	支持海洋经济数字化发展。围绕海洋领域数字产业化和产业数字化,巩固提升海洋信息产业发展优势,加强信息化智慧化赋能,推进现代信息技术同海洋产业的深度融合
9	《"十四五"数字经济发展规划》	国务院	2021年12月	明确"十四五"时期数字经济发展的指导思想,强调以数据为关键要素,以数字技术与实体经济深度融合为主线,加强数字基础设施建设,完善数字经济治理体系,协同推进数字产业化和产业数字化,赋能传统产业转型升级,催生新业态新模式,不断做强做优做大数字经济

序号	文件名称	发布机构	发布时间	主要内容
10	《广州推进制造业数字化转型若干政策措施》	广州市人民政府	2021年12月	立足广州实际,为广州制造业数字化转型制定了具体举措。该文件提出2023年、2025年两个阶段性目标,制定"精准施策,分类推进制造业数字化发展""夯实数字化转型基础设施""开展技术创新行动""合力打造开放共赢的产业生态""保障措施"五个方面共15条政策措施,有利于推动制造业向高端化、智能化、绿色化、服务化方向发展
11	《广州数字经济促进条例》	广州人民代表大会常务委员会	2022年4月	一是加强数字关键核心技术自主创新,培育发展数字经济核心产业;二是强化数字经济辐射带动作用,推动建设现代化经济体系;三是加快建设综合性数字基础设施,打通经济社会发展的信息"大动脉";四是建立城市数据资源体系,加快释放数据要素改革红利;五是推动城市治理数字化转型,提高现代化治理效能;六是优化数字经济发展环境,加快建设全球数字经济引领型城市
12	《中国共产党第二十大报告》	—	2022年10月	加快发展数字经济,促进数字经济和实体经济深度融合,打造具有国际竞争力的数字产业集群。发展海洋经济,保护海洋生态环境,加快建设海洋强国
13	《数字经济促进共同富裕实施方案》(发改数据〔2023〕1770号)	国家发展改革委员会、国家数据局	2023年12月	推进产业链数字化发展。制定制造业数字化转型行动方案,分行业制定数字化转型发展路线图,深入实施智能制造工程和工业互联网创新发展工程,加快推进智能工厂探索,系统解决方案攻关和标准体系建设,推进智能制造系统深入发展。以工业互联网平台为载体,加强关键核心技术研发和产业化,打造数字化转型应用场景,健全转型服务体系,推动形成以平台为支撑的大中小企业融通生态

资料来源:根据公开资料整理。

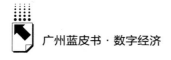

二 广州海洋数字经济发展现状

（一）海洋经济综合实力领先

1.综合实力居全国全省前列

近年来，广州深入贯彻海洋强国战略、省委"1310"具体部署、市委"1312"思路举措，于2022年印发《广州海洋经济发展"十四五"规划》，随后出台了全面建设海洋强市实施意见，全面推动海洋经济高质量发展，总体成效明显，亮点突出。据《广州日报》报道，2023年全市海洋生产总值超过4000亿元，以超全市地区生产总值1/5的占比常年位居全国全省前列。

2.国际航运中心城市地位稳固

广州港务局披露数据显示，2023年全市港口货物吞吐量达67498.45万吨，港口集装箱吞吐量达2541.44万TEU，同比分别增长2.9%和2.2%，货物和集装箱吞吐量分别位居世界第五和第六。2023年新华·波罗的海国际航运中心发展指数显示，广州保持全球第13位，截至2023年11月，共完成船舶交易694艘数，交易额达19亿元；开通国际班轮航线161条、江海联运支线73条、海铁联运支线37条，持续扩大对外开放合作，畅通国内国际双循环。广州港南沙港区年集装箱通过能力超2400万TEU，规模位居全球单一港区前列。2023年世界银行等联合发布的"全球集装箱港口绩效指数"排名显示，广州港在全球货物吞吐量前十港口中位列第三。智慧港口建设正全面提速，南沙港区四期自动化码头已投入运行一年，国际通用码头工程项目也已正式开工。

3.海洋创新能力突出

广州作为改革开放的排头兵，我国首批沿海开放城市，是"一带一路"建设的枢纽城市，更是中国通往世界的南大门。地处珠江三角洲，广州自然资源禀赋优越，丰富的港口资源、渔业资源、旅游资源均为海洋经济高质量发展奠定了坚实的基础。数字化技术支撑自然资源高水平保护、高效率利用，广州数字技术在海洋领域的创新科研基础优势显著，据统计，现有58

个涉海科研机构，建有 42 个省部级以上海洋科学实验室、10 个国家级海洋科技创新平台。

4. 海洋现代产业体系发达

随着广州加快构建具有国际竞争力的现代海洋产业体系，海洋经济建立起"三、二、一"的发展格局，全市海洋产业发展态势较好，整体实力位居全国前列。目前，已形成海洋传统优势产业与海洋战略性新兴产业共同发展的现代海洋产业体系。海洋交通运输业、海洋船舶和工程装备制造业、海洋旅游业等几大海洋产业集聚效应初步显现，也成为广州海洋经济发展的主导产业。广州是全国三大造船基地之一，集聚了广船国际、黄埔文冲、英辉南方等 20 余家船舶制造企业，产能达 500 万载重吨/年，单船造船能力突破 30 万吨。克拉克森（Charkson）数据显示，广船国际南沙船厂和中船黄埔文冲在 2023 年全球手持订单量 30 强船厂排名中分别排第 11 位和第 21 位。此外，从广州自然资源禀赋优势及海洋产业基础来看，海洋药物与生物制品、海洋电子信息、海洋新材料新能源、海洋公共服务业等海洋新兴产业发展潜力巨大，发展势头强劲。

5. 海洋市场主体实力领先

截至 2021 年末，全市涉海企业数量超过 2.9 万家，规上涉海企业达 1369 家。其中，省级专精特新企业有 80 余家，船舶工业企业有 40 余家。随着广东数字海洋建设工作的部署及推进，广州从多领域将数字化技术注入海洋经济，现已涌现中国电信股份有限公司广州分公司、广州机智云物联网科技有限公司、广东星云开物科技股份有限公司、广州九舞数字科技有限公司等一批代表性企业，分别在低碳可持续发展、水产养殖全流程数字化生产管理、自助设备智能化平台、临港智慧招商服务平台建设等方面取得了较好的成果，有效推动了数字经济与海洋产业的深度融合。

（二）海洋数字产业化持续创新

近年来，随着国家对海洋战略的不断深入，广州加大对海洋数字经济的投入力度，形成以海洋电子信息产业为主的海洋数字产业化发展模式，并取得了一系列重大突破。其中，海洋探测装备自主研发技术的不断"深"入，成为广州海洋电子信息产业的一大亮点。7000米深海资源调查开发ROV系统的研发与"海蜇号"近海底面移动探测系统的成功研制，标志着我国深海探测装备技术迈入国际一流，展示了我国深海探测装备技术的实力，为我国深海资源的开发利用提供了有力支持，进一步丰富了我国深海探测手段，为深海科学研究和技术应用提供了新的可能。在"空天海潜地"立体综合探测技术装备体系方面，广州同样取得了显著进展。通过不断完善"海马号"深潜器、海底大孔深保压钻机、海底长期观测装备和多套近海底测量系统等关键装备，广州已初步构建起深海立体高精度探测技术体系。这一体系的建立，将为我国深海资源的调查、开发和利用提供更加全面、高效的技术支持。

（三）海洋产业数字化纵深推进

广州海洋产业数字化方面主要依托其重点发展的海洋交通运输业、海洋工程装备制造业以及海洋旅游业等优势产业。海洋交通运输业作为广州海洋经济的支柱产业之一，其数字化进程正在加速推进。通过引入先进的物流信息技术，如物联网、大数据、人工智能等，广州的海洋交通运输业正向着智能化、高效化发展。这不仅提升了物流效率，降低了运输成本，也为广州的海洋产业数字化提供了强有力的支撑。打造"智慧+海洋产业"的发展模式，如广州"南沙四期全自动化码头"。南沙四期全自动化码头是我国首例由国内科技力量联手打造的全自动化集装箱码头，建有4个10万吨级海轮泊位及配套集装箱驳船泊位。集北斗导航、5G通信、人工智能、无人驾驶等前沿技术于一体，从自动化设备硬件到信息化系统采用全新一代自动化集装箱码头技术路线，将为世界范围内传统码头的自动化升级改造提供示范性解决方案。

海洋工程装备制造业是广州海洋产业的一个重要领域。随着全球海洋资源日益紧缺，海洋工程装备制造业的竞争也日趋激烈。为保持竞争优势，广州正加大对该领域的投入。通过引入先进的数字化设计和制造技术，海洋工程装备制造业正在实现智能化、精密化发展。广州也正积极推动海洋旅游业的数字化发展。通过引入虚拟现实、增强现实等先进技术，广州的海洋旅游业实现智能化、互动化发展。这不仅为游客提供了更加丰富多彩的旅游体验，也为广州的海洋产业数字化带来了新的机遇。

三　广州海洋数字经济存在的问题

（一）海洋数字经济内涵、特征有待进一步明确

如前所述，在顶层设计方面，仅有《广东省海洋经济发展"十四五"规划》明确提出"支持海洋经济数字化发展"，其他支持数字经济发展的政策文件大多宽泛地阐述数字经济与实体经济或制造业的融合发展，同时，对海洋领域数字产业化和产业数字化发展的针对性不强，专项规划、标准引领不足，难以支持、加强信息化智慧化赋能，推进现代信息技术同海洋产业的深度融合。

（二）推动数字经济发展的创新支撑能力不强

关键核心技术攻关及关联基础和应用基础研究能力有待提升，对海洋大数据、水下机器人、深海探测、陆地空天技术下海、海洋智能传感器等前沿领域的研究、攻关仍存在不足。对海洋信息数据的感知能力、数字海洋应用立体感知能力较弱，难以支撑产业链的创新应用。

（三）海洋经济数字基础设施建设、专业数字人才保障有待进一步加强

尽管广州海洋经济数字基础设施与其他城市相比已经取得了长足的进步，但与国内部分区域以及全球先进水平相比，仍存在一定的差距。特别是在海底光缆、海洋观测网络、海洋数据中心等关键领域，需要进一步加强建设，提升数字化、网络化、智能化水平。海底光缆作为连接陆地与海洋的重

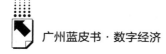

要信息通道，其建设质量和覆盖范围直接影响海洋经济数字化发展。海洋观测网络是获取海洋环境信息的重要手段，对海洋资源的合理开发和海洋灾害的预警预报具有重要意义。海洋数据中心作为海洋经济数字信息的重要载体，其建设水平直接关系到海洋经济数据的存储、处理和应用。专业人才培养基础相对薄弱。海洋数字经济涉及"海洋+数字"两方面，无论是涉海领域还是数字经济领域，人才短板问题都十分突出。海洋数字经济的发展对中高技能人才的需求较大。然而，一方面，同时具备海洋经济和数字经济复合背景的专业人才较少；另一方面，受到行业整体收入水平不高、缺乏成熟发展机制等多种因素影响，海洋数字领域的人才梯队建设较为缓慢，领军型创新创业人才和高水平团队建设不足，研发领域人才制约问题较为突出。

（四）数字化与海洋产业融合发展有待进一步深入

在当前的数字化浪潮中，海洋产业作为国家经济发展的重要支柱，其与数字化技术的融合发展显得尤为重要。然而，当前数字化与海洋产业的融合程度仍有待进一步提升。一方面，数字化技术在海洋产业中的应用场景尚未得到充分挖掘。海洋产业涉及海洋资源开发、海洋环境保护、海洋科研等多个领域，这些领域对数字化技术的需求各不相同，因此需要有针对性地研发和应用相应的数字化解决方案。目前，虽然已有一些数字化技术在广州的海洋产业发展中得到应用，但整体上仍处于初级阶段，未能充分发挥数字化技术的优势。另一方面，数字化与海洋产业融合发展的政策支持体系还不够完善。海洋产业的数字化发展需要政府、企业和社会各方的共同参与和推动，需要制定和完善相关政策法规，提供资金支持和人才培养等方面的保障。

四　数字赋能广州海洋经济的路径探讨

（一）促进海洋数字化科技创新与未来产业培育的融合发展

以"数字+"模式积极培育广州海洋经济新业态，拓展未来海洋经济发展新空间。重点在海洋电子信息、涉海智能装备、海洋健康产业、海洋新材料制造、海洋可再生能源五大方面，加快布局未来海洋产业。聚焦 5G、人工智能、大数据、区块链等新一代信息技术，深化海洋经济科创驱动，促进广州未来海洋产业快速发展。

推动 5G、大数据等现代信息技术在海洋领域的推广应用，支持本地海洋电子信息、海洋新能源、涉海装备等领域企业开发新产品。引导海洋自然资源开发逐步从近岸走向深海，重点研发深海热液区、南海高湿热等极端海洋环境下深海作业所需的高性能密封、防腐防污材料及装备，运用大数据、人工智能等数字技术辅助研发领域关键技术攻关及产品运用，推动涉海装备及海洋新材料制造更加智能化、数字化。支持本地区创新主体"下海"发展，以电子信息企业为主导，加速推动数字科技的创新能力转化为未来海洋产业的主要驱动力，着力发展船载智能终端、船用导航雷达、海洋遥感与导航、水声探测、深海传感器等高端海洋电子信息设备，通过大数据、云计算等数字化技术，实现海洋自然资源的共享与互联互通，提升信息服务能级。

（二）加快推动传统海洋产业数字化与智能化转型

紧抓新一轮科技革命兴起的机遇，以数字化技术引领广州传统海洋产业转型升级，重点在数字口岸建设、海洋牧场打造、深海油气开发、船舶制造等方面深化数字技术与海洋产业的融合发展。利用好广州现有的数字技术基础优势，着力打破制约海洋传统产业高端化发展的瓶颈，引导各产业领域优质生产要素向海洋新质生产力方向流动集聚，有力推动传统产业数字化发展。

借助南沙港区自动化系统建设经验，推动港口、码头智能化技术在多个港口、码头运用，突破传统发展模式，通过数字化、信息化手段，打造 5G 绿色低碳智慧港口。利用数字化技术，加强物联网、信息传感、数字供应链管理、自动监测等数字化技术在港口、码头建设和管理中的运用，有效畅通与周边港口物流信息的互联互通。在提升港口交通运输效率的同时，借助云计算、大数据等手段分析、预判、识别更多的业务机会与风险，完善实时监

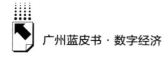

测和报警系统，进一步提升港口服务质量。

利用数字技术加快转变广州海洋渔业的发展模式。一方面，以科技创新作为支撑，有力推动数字技术在海洋牧场建设中的广泛运用，改变以往海洋渔业以单纯捕捞与设施养殖为主的生产方式。建立数字化海洋牧场管理系统，从深水网箱设计、养殖工船制造、人工鱼礁项目建设，以及后期的水产品加工等产业上下游环节，提升数字化、智能化水平，不断创新和完善海洋牧场的发展模式。另一方面，推动深远海智慧渔业发展，深入研究并推进远洋渔业信息化管理系统建设，为远洋捕捞作业提供更为精准的船舶定位、渔业资源动态监测、海洋灾害预警预报、船舶通信等多项技术服务，在有效提高远洋渔业捕捞效率的同时，加强深海资源可持续利用和保护。

提高 5G 技术在南沙油气矿产开采中的应用水平。在新时代发展背景下，强化 5G 技术赋能，探索形成油气矿产勘探开发、管道集输、炼油和化工、油气销售等全产业链的智慧解决方案。充分利用 5G 技术的高速率、低延迟和大连接的特性，强化天然气水合物在勘查评价、实验模拟、工程开发、环境监测等关键技术中的应用，助力天然气水合物的商业化开采。

大力推动船舶工业智能化、数字化转型，强化 5G、人工智能等在船舶工业中的应用。引导广船国际、黄埔文冲、英辉南方等龙头企业加强在产品全生命周期数据集成管理方面的技术研发，以满足高效、敏捷、集成的数字化设计制造需求。以中船龙穴造船基地为主阵地，开展造船硬件设施和生产线的智能化改造升级，实现全链条管理系统的集成应用。加速船舶制造技术向高度机械化、自动化、集成化、模块化、智能化方向发展。侧重三维数字化工艺设计、生产信息集成等关键环节，加快"5G+工业互联网"在船舶制造中的落地应用，进一步降低建造成本，同步提升造船质量。

（三）推进数字化与智能化技术赋能海洋战略性新兴产业

数字化与智能化技术助力广州海工装备、海洋生物医药及制品、海洋新能源开发装备等海洋战略性新兴产业发展壮大。数字化与智能化技术在广州海洋战略性新兴产业的崛起中起到了至关重要的作用。海洋工程装备是广州战略性新兴产业中的重点领域，数字化技术以其高精度和高效性为设计过程带来了革命性的变革。数字化和智能化技术的应用使得海工装备的设计、制造和运营更加高效和精确。借助先进的数字化工具和平台进行精细化的模拟仿真和数据分析，从而更加精准地预测和优化装备性能。例如，通过数字化建模和仿真技术，可以在设计阶段预测和优化装备性能，减少物理样机的制造和试验成本。同时，智能化技术如物联网、大数据分析和人工智能等，可以实现装备的远程监控和智能维护，提高装备的可靠性。智能装备和自动化生产线的应用使制造过程更加高效、灵活和精准，大大提高了产品质量和生产效率。

在海洋生物医药及制品领域，数字化技术以其强大的数据处理和分析能力为海洋生物资源的研究和开发提供了有力支持。通过大数据分析和挖掘，深入了解海洋生物的生态习性、生物活性等信息，进而发现更多具有潜在药用价值的海洋生物。智能化技术在新药筛选和制备过程中发挥着重要作用，通过高通量测序和数据分析技术，可以快速识别和筛选具有药用价值的海洋生物活性成分。同时，智能算法和自动化设备的应用能够加速新药的筛选和制备，提高研发效率和成功率。智能化技术如机器学习和模式识别等，可以帮助研究人员更好地理解海洋生物的生物学特性和药物作用机制，为药物研发提供有力支持。

在海洋新能源开发装备领域，数字化技术以其高精度和高可靠性为新能源的勘探和评估提供了科学依据。通过高精度的测量和数据分析，研究人员能够准确评估新能源的潜力和分布情况，为新能源的开发和利用提供重要参考。例如，通过数字化建模和优化技术，可以评估和优化海洋风电、海洋太阳能等新能源的开发布局和设计方案。同时，智能化技术的应用使得新能源开发装备的运维更加智能化和高效。智能监控和预警系统的应用能够实时监测设备的运行状态和性能参数，及时发现和解决问题，提高设备的稳定性和可靠性。

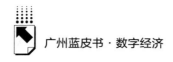

五　加快数字赋能广州海洋经济的对策建议

（一）加快海洋数字经济统计核算及顶层设计，加强海洋数据的管理和标准化建设，保障数据安全

运用数字化技术、思维、认知，对治理体制机制、组织架构、方式流程进行系统性重塑，构建海洋空间治理的数字化新生态。鼓励行业协会、企业、科研院所参与制定数字海洋系统的标准化规划，推动建立海洋大数据开放共享与交易服务机制，统一标准规范，分级分类准入，构建海洋信息获取、传输、分析、应用的全过程体系。加强对数据自由流动的规范化管理，特别是完善海洋环境保护、数据共享、信息安全等方面的法律法规，为数字海洋的健康发展提供法制保障。

（二）加强海洋关键技术创新，提升数据自主获取能力

必须加强以应用为导向的科技创新。聚焦海洋数据采集、处理分析的关键技术，大力发展海洋智能装备。鼓励科研院所、龙头企业、高新技术企业加速海洋信息感知技术装备的研发制造，突破核心传感器、海洋立体观测与智能探测、水下通信、导航和组网等技术，提高观测的精度和丰富观测参数的类型，并扩大海洋信息装备的生产和应用规模。

（三）推动信息基础设施超前部署，构建海洋信息综合感知网

加强部署海底电缆、网络、卫星通信等基础设施。鼓励三大运营商和尖端网络设备企业，借助物联网、大数据等技术，完善优化海底网络、水下无线通信、海上超远岸基网络，扩大沿海及海岛地区的通信覆盖范围。利用卫星遥感、海洋浮标、无人潜水器等技术建立全天候、全覆盖的海洋环境监测网络，组网运行"空天海地"一体化海洋观测网络，建设新一代海洋生态系统智能模拟基础设施，加快形成一流的海洋科技基础设施群。依托海洋数据平台，统筹整合观测数据，建设集空、天、陆、海于一体的海洋立体化监测体系，实现多维立体全面综合感知。加快海洋数字人才培育，建立和完善海洋数字教育体系，完善人才培训和激励机制与海洋数字教育体系。高校和科研机构应加强与海洋产业界的合作，共同开展海洋数字技术的研发和应用。此外，加强海洋数字人才的培训也是至关重要的。同时，还应建立健全海洋数字人才激励机制。

（四）构建数字化的开放共享平台，提高海洋数据的利用效率

利用 GIS、遥感技术及其他数字化新型传感设备，对现有海洋空间、海洋资源底数进行调查。通过政府主导，联合社会企业和研究机构共同开发和维护一个全面的海洋数据收集与共享平台。整合现有海洋数据资源，集成海洋地理、空间、环境、生态、生物、海域等全要素信息，建设标准化、系统化的海洋数据平台，加强对海洋的动态监控和科学管理。加快广州海洋科学大数据公共服务平台建设，培育新型"算力+生态"体系。自主研发超级计算机数字模拟和数字孪生海洋系统，构建具有互操作性的孪生海洋，加强海洋信息的挖掘与预报，提供海洋可视化应用与决策支持。在此基础上，制定数据开放共享政策，允许科研机构、企业和公众更加便捷地访问和利用海洋数据，在标准化、系统化的数字平台下，自主创建与海洋相关的发展方案，为海洋能源、采矿、渔业、旅游等发展问题提供多样化的解决方案，促进数据的广泛应用。

（五）推动海洋产业数字化转型，释放海洋经济潜能

通过政策扶持、资金引导等方式，加快海洋产业与数字技术的深度融合，特别是渔业、海洋旅游、海洋交通运输、海上油气开采等传统海洋产业，积极利用物联网、大数据、人工智能等，提升海洋产业智能化水平，发展海洋数字经济新业态。加快推进智慧海洋牧场建设，强化海洋牧场感知数据获取、挖掘、融合应用等能力。完善渔船渔港动态监管信息系统，推动海洋渔船配备防碰撞自动识别系统、北斗终端等安全通信导航设备。支持新技

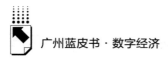

术在海洋领域的应用，通过 VR、AR 技术，开发数字化海洋教育、娱乐、旅游产品，丰富智慧海洋旅游新业态。强化科研成果与产业应用之间的连接，加快将科研成果转化为生产力，选择具有代表性和影响力的数字海洋应用项目进行示范推广，通过实践检验技术的可行性和实用性。

参考文献

习近平：《不断做强做优做大我国数字经济》，《求是》2022 年第 2 期。

刘英恒太、杨丽娜、刘凤：《我国数字经济发展的结构分解、经济联系与产业融合》，《统计与决策》2022 年第 6 期。

阳镇、陈劲、李纪珍：《数字经济时代下的全球价值链：趋势、风险与应对》，《经济学家》2022 年第 2 期。

陈晓红等：《数字经济理论体系与研究展望》，《管理世界》2022 年第 2 期。

巫景飞、汪晓月：《基于最新统计分类标准的数字经济发展水平测度》，《统计与决策》2022 年第 3 期。

吴翌琳、王天琪：《数字经济的统计界定和产业分类研究》，《统计研究》2021 年第 6 期。

金星晔、伏霖、李涛：《数字经济规模核算的框架、方法与特点》，《经济社会体制比较》2020 年第 4 期。

B.14
广州发展数字文化产业支撑
新质生产力构建研究

艾希繁*

摘　要： 　发展新质生产力，推动文化科技融合，是文化产业高质量发展的必由之路。文化产业数字化趋势日益显著，广州具备发展数字文化产业的比较优势，拥有一批龙头数字文化企业，产业整体营收规模超千亿元，新技术新业态不断涌现，产业链逐渐完善。与北京、上海、深圳、杭州等国内其他城市相比，广州数字文化产业发展存在一些不足，比如文化科技领域新质生产力还有待进一步发掘，文化科技融合程度有待进一步提升；龙头文化企业数量不足；产业发展政策扶持力度有待加大等。借鉴北京、上海、深圳、杭州等地发展数字文化产业的经验，结合新质生产力发展的新要求，提出广州加快数字文化产业高质量发展的对策建议：大力发展文化新质生产力，推动文化与科技融合，完善文化科技创新体系；扶持一批数字文化企业，推动数字文化产业集聚发展；发挥粤港澳大湾区政策优势，打造湾区数字文化产业高地，大力发展数字贸易；加大政策扶持力度，提升扶持措施的精准性；创新文化金融，加大文化企业的金融支持力度。

关键词： 　数字文化产业　高质量发展　新质生产力　广州

发展新质生产力是国家领导人洞察世界科技变革与顺应发展中国特色社会主义先进生产力客观要求做出的重大战略思考。文旅行业需要紧跟时代步

---

* 艾希繁，博士，广州市委宣传部，研究方向为文化产业。

伐，发展新质生产力，通过科技创新促进产业创新，实现自身的高质量发展，满足人民日益增长的精神文化需求，也为经济发展注入更强大的动能。《数字中国发展报告（2022年）》显示，我国数字经济规模达50.2万亿元，占GDP的比重达四成，居世界第二。数字文化产业作为数字经济的重要产业门类，发展迅猛。国家统计局数据显示，2022年，文化新业态实现营业收入5.01万亿元，占文化产业营业收入的比重为30.3%。网络文化精品力作迭出，《人世间》《我和我的新时代》等一批主旋律作品热播。数字文化消费群体规模迅速扩大，截至2022年底，各类网络产品用户规模均超6亿人，其中，网络视频用户有10.31亿人；短视频用户规模达10亿人；网络音乐用户规模达6.84亿人，网民使用率达64.1%；网络直播用户规模为7.51亿人；网络游戏用户规模超6亿人。

政府积极发挥战略规划、政策支持等作用，有力推动数字文化产业发展。国家层面部署推进文化数字化，国内各大城市十分重视数字经济和文化发展的战略规划布局。北京、上海、深圳、杭州等城市明确发展目标，北京提出"建设全国文化中心"；上海提出"建设文化数字化转型上海标杆，在2035年建设成为全球数字文化发展高地"；广州提出"建设数字经济引领型城市，建成国际一流智慧型城市"；深圳提出打造全球数字先锋城市；杭州提出"打造全国数字文化产业创新发展示范地"。观察和比较国内大城市数字文化产业的发展状况，具有较强的理论和现实意义。

一　广州数字文化产业发展现状

2023年，广州规模以上文化及相关产业法人单位实现营业收入5582.34亿元，同比增长15.9%，其中，数字文化产业营业收入规模超1000亿元，居北京、上海、深圳、杭州之后，处在全国主要大中城市前列，涌现一批龙头数字文化企业。数字文化新业态迅速发展，2023年，广州文化娱乐休闲服务领域发展迅速，营业收入规模同比增长1.6倍。

广州涌现一批数字文化产业龙头企业，在产业链形成明显优势。网易公司、三七文娱、汇量科技、虎牙信息科技、趣丸网络、多益网络、荔支集团 7 家广州企业连续 3 年入选"中国互联网企业百强榜"。广州在动漫游戏、网络直播、数字装备等数字文化新业态方面稳中有进，处于全国领先地位。广州游戏企业数量达 2700 多家，其中上市游戏公司有 14 家。国内龙头游戏企业网易公司 2023 年总营收达 1035 亿元，归属于公司股东的持续经营净利润为 326 亿元，是国内游戏龙头中出海占比最高的企业。广州网络数字音乐总产值约占全国总产值的 1/4，涌现出酷狗音乐、荔支集团等一批数字音乐龙头企业。其中，酷狗音乐拥有 4 亿用户，3000 万首海量正版音乐。中国在线音频第一股荔支集团 2023 年前三季度的营业收入为 16.489 亿元，全平台移动端月均活跃用户数为 4210 万人，月均付费用户数为 40.26 万人。广州动漫产业发展规模和发展质量居于全国前列，涌现了奥飞、漫友等一批龙头动漫企业。《漫友》杂志发行量持续多年居全国第一。广州是国内网络直播之城，拥有 YY 语音、虎牙直播、网易 CC 直播等全国性直播平台。超高清视频产业快速发展。规模大、规格高、影响力大、带动性强的年度盛会——世界超高清视频产业发展大会连续多年在广州成功举办。汇量科技积极拓展海外业务，在旧金山等 17 个海外城市设立全球办公室。久邦数码科技公司业务覆盖全球的手机工具类应用软件系列，自成立以来已拥有 1.6 亿注册用户，门户日 PV 超过 12 亿，日活跃用户超过 2500 万人。广州参与出品的电影《中国医生》、歌曲《少年（建党百年版）》获评第十六届精神文明建设"五个一工程"优秀作品，《睿王与庄妃》《无音之乐》分别获第 36 届中国电影金鸡奖最佳戏曲片、最佳纪录/科教片提名。广州易动传媒公司出品的动画电影《雄狮少年》2023 年在日本上映，获得新海诚、伊藤智彦等众多业内大咖的称赞，该片还在多个海外节展中取得不俗成绩，先后入围美国最大动画电影节 Animation is Film 长片主竞赛单元、纽约国际儿童电影节等。

二 广州数字文化产业发展存在的不足与困难

广州数字文化产业的发展拥有稳固的基础和良好的发展态势，但也面临一些挑战，比如数字文化龙头企业数量较少、数字文化产业发展政策扶持力度不大、数字文化产业人才竞争力不足等。一是龙头数字文化企业数量仍较少。广州数字文化企业总体呈"星星多、月亮少"的状态，整体营收规模与北京、深圳等地的龙头文化企业相比仍有一定差距，从知名文化企业数量来看，在国内城市中，北京占据绝对领先地位，知名文化企业数量超过40家，而上海有20多家，深圳有20多家，广州只有10多家。广州仅有网易一家年营业收入超1000亿元的企业，2023年营业收入累计达1035亿元。北京、深圳各有3家年营业收入超千亿元的企业。2023年，北京字节跳动公司营业收入达1200亿美元（约8640亿元），深圳腾讯公司营业收入达6090亿元。从龙头企业的影响力来看，网易与北京字节跳动，上海哔哩哔哩、阅文集团，杭州阿里影业等企业相比还有很大差距。二是文化科技领域新质生产力还有待进一步发掘，文化科技融合程度有待进一步提升。广州在文化科技运用方面有较大的发展，但在人工智能、大数据等的运用方面，与先进城市相比，仍有一定的差距。旧金山湾区的Facebook、GooglePlay等都是具有全球影响力的互联网文化产品。北京字节跳动公司旗下的海外版抖音（TikTok）是目前最具国际影响力的互联网文化产品，曾多次登上美国、印度、德国等地App Store或GooglePlay总榜首位，覆盖全球150多个国家和地区。2022年，TikTok以6.72亿次下载量位居全球第一，是2022年全球最受欢迎的应用。截至2024年3月，美国TikTok用户达1.7亿人。广州绝大部分文化企业集约化发展程度较低、科技含量不高、经营方式单一，尚未形成一批综合竞争力强的大型数字文化企业集团，与国内外先进城市和地区相比仍有一定差距。三是数字文化产业发展政策扶持力度有待进一步加大。广州在文化产业发展方面出台了一系列政策，但政策的精准性、落地效果有待进一步提升。

三　国内领先城市数字文化产业发展情况与经验借鉴

（一）北京、上海、深圳、杭州、成都数字文化产业发展情况

1. 北京数字文化产业发展情况

北京文化产业十分发达。2022 年全市文化产业实现增加值 4509.2 亿元，同比增长 19.6%，占地区生产总值的比重为 11.0%，占全国文化产业增加值的比重为 8.6%，连续多年居全国首位。北京数字文化产业发达，规模以上"文化+科技"企业实现营业收入 1.09 万亿元，同比增长 8.9%。北京入选"全国文化企业 30 强"企业总数连续多年居全国首位。拥有北京天竺综合保税区、东城区、朝阳区 3 个国家文化出口基地。北京文化金融领跑全国，北京上市文化企业数量在全国占比超三成，位居各省（区、市）第一。北京拥有多家全国龙头骨干数字文化企业。北京的视听产业一直名列全国第一。这里诞生了无数追梦电影人，也诞生了不少名剧名作。"北京出品"广播电视网络视听作品数量也稳居全国第一。

2. 上海数字文化产业发展情况

上海文化产业规模居全国大中城市第 2 位，仅次于北京。2022 年，上海文化创意产业总产出约占全市地区生产总值的 13%。网络视听、移动游戏等新业态快速发展，美团点评、喜马拉雅、小红书、哔哩哔哩、米哈游等头部文化企业快速发展，其中喜马拉雅等音频平台在全国音频行业处于绝对优势地位。在游戏电竞方面，上海处于全国领先地位，米哈游公司出品的游戏《原神》在全球多国风靡，成为国产游戏"出海"的一个传奇，公司大半收入来自海外，2022 年营业收入达 273.4 亿元，净利润达 161.45 亿元，纳税超 18 亿元。米哈游 2023 年海外收入提升 14%，创历史新高，在 2023 年中国手游发行商海外收入榜中，排名第一。全国 80% 以上的电竞企业、俱乐部和直播平台集中在上海，全国每年超过 40% 的电竞赛事在上海举办。5 部上海出品影片在 2023 年第 36 届中国电影金鸡奖获得 7 个奖项，其中"上海出品"的电视剧《繁花》成为央视 2024 年开年大戏，收视率狂飙至

1.9,市占率接近 10%,位居全国第一。上海拥有上海市徐汇区、上海仓城影视文化产业园 2 个国家文化出口基地。上海注重文化产业与金融业融合发展,截至 2023 年末,上海认定的 13 家市级文创特色支行对文创企业的贷款余额近 340 亿元,放款企业超 2200 家,同比分别增长 42.1%、41.3%。

3.深圳数字文化产业发展情况

2023 年,全市文化产业增加值预计将达到 2750 亿元,占全市地区生产总值的比重超 8%,从业人员超 100 万人,其中,境内外上市企业有 80 多家。深圳编制《深圳市推动文化产业高质量发展行动计划(2023—2025)》,加快培育数字创意产业集群。深圳文化科技优势明显,其中超 25%的规上文化企业具备国家高新技术企业资质。出台加快培育数字创意产业集群的系列政策文件,打造国际电竞之都。动漫游戏产业起步早、发展快。深圳华强数字动漫有限公司位列全国原创动画片制作生产十大机构之首,有 6 部作品获第十六届精神文明建设"五个一工程"奖,相关动漫产品出口到 100 多个国家和地区。涌现出腾讯、A8、第七大道等一批知名领军企业。深圳成为文化产品"走出去"的桥头堡,拥有对外文化出口基地等国家级平台,核心文化产品和服务出口总额占全国的 1/6。

4.杭州数字文化产业发展情况

2023 年,杭州文化产业增加值达 3211 亿元,同比增长 11.3%,占全市地区生产总值的比重达 16%,成为助推全市地区生产总值跃上 2 万亿元台阶的重要力量之一。杭州文化产业增加值规模居全国大中城市第 4 位,仅次于北京、上海、深圳。杭州文化产业增加值增速和产业贡献度(占地区生产总值的比重)居全国 15 个副省级城市首位。华数传媒、华策影视入选"全国文化企业 30 强",宋城演艺发展股份有限公司、杭州网易云音乐科技有限公司入选第四批国家文化和科技融合示范基地(单体类)。浙江数字文化国际合作区成功获批国家文化出口基地,成为目前全国唯一的数字文化贸易功能区。杭州已培育了 48 个国家文化出口重点企业和重点项目、1 家国家文化出口基地,在欧洲建设文创产业交流中心等。

5. 成都数字文化产业发展情况

2023 年，成都规模以上文化及相关产业实现营业收入 3495.99 亿元，比上年增长 27.8%；实现利润总额 530.94 亿元，比上年增长 9.9%。文化新业态特征较为明显的 15 个行业小类实现营业收入 1862.92 亿元，比上年增长 55.7%，快于规模以上文化及相关产业 27.9 个百分点。互联网文化娱乐平台收入增速为 82.7%，互联网广告服务、互联网其他信息服务、互联网游戏服务营业收入增速为 14.2%。全市拥有文创上市公司 22 家。在数字游戏、数字影视、电子竞技等细分类别，成都走在全国前列，游戏企业增速和研发占比均位列全国第一；电竞活动办赛数量仅次于上海，是名副其实的中国电竞第二城；成都影院数量为 272 家，票房收入为 14.05 亿元，分别居全国主要城市第 2 位、第 5 位。截至 2023 年 10 月，动画影片《哪吒之魔童降世》以 50.35 亿元票房居中国电影票房榜第 4 位，是中国电影史上票房最高的动画电影。

（二）北京、上海、深圳、杭州、成都发展数字文化产业的经验借鉴

1. 锐意创新，大力推动文化科技发展，鼓励文化产业新业态发展

北京、上海、杭州、成都大力鼓励数字音乐、手机媒体、网络出版等数字内容服务产业发展，鼓励数字化技术、高拟真技术、高速计算技术等新兴文化科技发展。北京提出将数字创意发展作为主攻方向。《北京市关于推进文化创意产业创新发展的意见》提出，"全面推动文化科技融合，打造数字创意主阵地"。深圳提出发展数字文化产业的具体目标。《深圳市关于加快文化产业创新发展的实施意见》提出"大力发展数字文化产业和创意文化产业等新型业态，到 2025 年，数字文化等新型业态占文化产业的比重超过 60%"。杭州出台《杭州市文化产业发展"十四五"规划》，明确提出"打造全国数字文化产业创新发展示范地"。

2. 充分发挥文化企业主体作用，通过龙头数字文化企业带动产业发展

在各代表性城市数字文化产业中，文化企业发挥着重要的作用，特别是一批龙头数字企业，比如腾讯、字节跳动、网易等（见表1）。

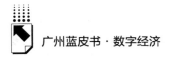

表1 2023年北京、上海等城市数字文化企业情况

城市	上市公司数量	营业收入在500亿元及以上的数字文化企业	营业收入为100亿(含)~500亿元的数字文化企业	其他知名数字文化企业
北京	42家	字节跳动(今日头条、抖音、西瓜视频等)、百度、快手科技	蓝色光标、爱奇艺、咪咕文化、完美世界	新浪、万达电影、金山软件、搜狐、人民网、新华网
上海		迪士尼(上海迪士尼母公司)	携程、哔哩哔哩、东方明珠	阅文集团、喜马拉雅
广州	40家	网易	三七互娱、酷狗音乐、欢聚集团、分众传媒、虎牙直播	南方传媒、汇量科技、奥飞娱乐、星辉娱乐、粤传媒、省广股份
深圳	34家	腾讯、深圳华侨城、康佳集团	腾讯音乐、雷霆股份、创维数字	华强方特、创梦天地、雅昌文化
杭州	24家		阿里巴巴公司文娱板块、华数传媒	网易云、浙数文化、华策影视

资料来源:根据各市政府网站公开数据整理。

3.完善数字文化产业的金融扶持政策

北京特别注重文化产业政策创新。自2017年起,在全国率先推出"投贷奖"联动政策,文化企业有效降低融资成本,融资规模与案例数量均位居全国第一。2022年,专门设立上海文化产业数字化转型基金。杭州已拥有4家文创金融专营机构,不断做大做强杭州文化产业国有投资引导基金。

四 推动广州数字文化产业高质量发展的对策建议

(一)大力发展文化新质生产力,推动文化与科技融合,完善文化科技创新体系

高度重视人工智能(ChatGPT、Sora大模型等)给文化产业带来的影响。进一步加大数字科技研发力度,支持企业聚焦5G、大数据、人工智能等新技术,加快虚拟现实/增强现实(VR/AR)、全息成像等数字技术在文旅领域的应用,推进科技成果产业化。人工智能、大数据、云计算等技术加速发展,充分发挥新兴文化业态的作用,创新发展沉浸式体验、数字演艺等

新兴业态。稳步推进智慧图书馆、智慧博物馆、智慧美术馆、公共文化云建设。鼓励发展智慧旅游，提升旅游消费的智能化和便利化水平。充分发挥广州国家级文化和科技融合基地（集聚类）、南方报业传媒集团公司等3个单体类国家级文化和科技融合基地作用，扶持一批文化与科技融合示范企业。

（二）扶持一批数字文化企业，推动数字文化产业集聚发展

对标国际国内先进城市，依托琶洲人工智能和数字经济试验区平台，培育一批本土数字龙头文化企业。着力培育和引进一批重点数字文化企业，招引一批龙头文化企业总部（区域总部）落户广州，加强与腾讯、字节跳动等龙头企业合作，推动建设一批数字文化企业华南总部。大力支持广州国家级文化和科技融合示范基地等文化产业园区（聚集区）发展，鼓励数字文化企业入驻园区，促进数字文化产业集聚发展。着力在动漫游戏、数字音乐、网络直播、数字创意设计等新兴文化产业领域培育竞争新优势。

（三）发挥粤港澳大湾区政策优势，打造湾区数字文化产业高地，大力发展数字贸易

自《粤港澳大湾区发展规划纲要》发布以来，粤港澳大湾区建设成绩显著，广州、深圳、香港、澳门等在数字文化产业上各具特色。粤港澳大湾区应着力推进数字文化产业发展，深化中外数字文化交流互鉴，把粤港澳大湾区打造为世界数字文化高地。推动数字文化产品、服务、技术、品牌、标准"走出去"。发挥国家对外文化贸易基地作用，进一步推动广州游戏动漫、数字音乐、影视创意、珠宝首饰、灯光音响等文化服务和产品出口，着力培育打造文化装备制造、文化创意和数字文化3个千亿级产业集群。

（四）加大政策扶持力度，提升扶持措施的精准性

进一步加大政策创新力度，不断优化产业发展环境。提高土地、税收、财政资金、人才等方面政策精准性，加大政策支持力度。落实好广州对数字文化产业的税费减免、用地保障、资金支持、奖励补助等政策。加强知识产

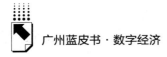

权保护，充分发挥广州知识产权法院、互联网法院、版权工作专家库等知识产权服务平台作用，加强对数字文化产业知识产权保护。

（五）创新文化金融，加大文化企业的金融支持力度

学习借鉴北京东城区国家文化金融合作示范区经验，推出一批文化金融创新举措，北京通过"文菁计划""文创保""税易保"等文化金融产品，"北京文创板"等文化金融创新推动文化产业发展。建议广州积极创建国家文化与金融合作示范区，支持发展文旅特色金融机构、开发文旅贷特色产品，支持开发适应数字文化产业发展的金融产品。做好文化会展服务，努力将广州文交会打造为国内一流的数字文化产业展示交流平台。

参考文献

刁志中等：《解码全球标杆城市：数字经济的北京实践》，电子工业出版社，2023。

葛志专：《数字经济与城市数字化转型——以广州为例》，中山大学出版社，2021。

黄奇帆、朱岩、邵平：《数字经济：内涵与路径》，中信出版社，2022。

李扬主编《数字经济蓝皮书：中国数字经济高质量发展报告（2022）》，社会科学文献出版社，2022。

赵岩主编《工业和信息化蓝皮书：数字经济发展报告（2021~2022）》，社会科学文献出版社，2022。

B.15
我国网络游戏服务网络演化特征
及广州应对策略

黄颖敏　邹小华　张　旭*

摘　要： 网络游戏产业已成为数字化背景下文化创意产业发展的重要方向，拓展网络游戏外部服务网络、提升网络游戏产业链韧性对城市网络游戏产业发展有重要意义。本文基于国产网络游戏发行项目数据，从企业外部横向联系视角构建网络，分析2010~2022年中国网络游戏服务网络及广州在其中的地位变化特征，并构建多元线性回归模型，揭示服务网络变化的影响因素。研究发现：中国网络游戏生产与服务企业空间分布总体呈"东密西疏"特征，广州占据二级核心地位，功能结构较为均衡；整体服务网络以北京、上海为全国一级节点，广州在国内网络游戏服务网络中居于前列，且内外部服务特征鲜明，但服务度增速比深圳、杭州等城市缓慢；服务网络联系以本地联系组成的网络内循环为主，广州在服务流动上为中小型城市输送大量服务资源；科技规模、专业服务资源和地方政府的支持是影响网络游戏产业所处地位的主要因素。未来广州可进一步强化网络游戏产业创新与金融支持，通过加强运营平台建设、提升出版服务质量、打造高端品牌等方式，进一步推动网络游戏产业高质量发展。

关键词： 网络游戏　服务网络　城市联系　广州

---

*　黄颖敏，博士，江西理工大学建筑与设计学院副教授，研究方向为城市地理与城市规划；邹小华，博士，广州市社会科学院广州城市战略研究院副研究员，研究方向为城市全球化与区域发展；张旭，江西理工大学土木与测绘工程学院硕士研究生，研究方向为城市网络。

　　数字经济的兴起及其催生的新产业、新业态、新模式，已成为经济高质量发展的重要动力。国家"十四五"规划提出"坚定不移建设制造强国、质量强国、网络强国、数字中国"以及"实施文化产业数字化战略，加快发展新型文化企业、文化业态、文化消费模式"。网络游戏作为数字技术在文化创意产业应用下产生的新业态，已成为数字文化产业的重要组成部分。2023年，国内游戏市场实际销售收入为3029.64亿元，同比增长13.95%，用户规模达6.68亿人。其中，数字化程度较高的移动游戏和客户端游戏销售额占比分别达74.88%和21.88%①，其在细分行业中占据主导地位。网络游戏的发展不仅推动产业升级，而且通过带动5G、芯片产业、人工智能等先进技术和产业发展，助推经济高质量发展。

　　中国网络游戏产业发展起步较晚，早期的企业活动主要为成立游戏运营商代理国外游戏厂商创作开发的游戏。随着2010年首个关于游戏发行的法律文件发布，游戏产业开始起步，2014年游戏属地化管理和手游经济兴起。在2018年国家新闻出版署归口管理后，网络游戏产业进入高质量发展阶段。网络游戏作为"宅经济"，推进城市经济增长。网络游戏作为广州文化产业新业态，保持快速发展的势头，成为广州经济发展的新动能。推动网络游戏行业高质量发展，有助于进一步提升广州数字文化创意产业发展水平，进而实现产业结构升级和经济高质量发展。当前广州网络游戏产业在自主研发能力方面展现了较强的优势，但在游戏的运营和出版等服务方面，与北京、上海等城市相比还存在一定差距。高效便捷的运营和出版等外部服务，对自身实力有限的企业生存和发展至关重要。因此，巩固和拓展网络游戏服务网络，对广州网络游戏行业发展具有重要意义。

---

　　① 《〈2023中国游戏产业报告〉正式发布》，澎湃新闻，2023年12月21日，www.thepaper.cn/newsDetail_forward_25728500。

一 研究设计

（一）研究思路

相比传统游戏行业，网络游戏产业不仅具有全产业链生态体系，与技术创新融合更为密切，并且其价值链覆盖范围广，横向、纵向联系结构复杂。传统产业价值链空间联系的研究，一般将研究对象按产业价值链环节分类，并通过不同环节企业的内部联系分析价值链联系网络。在数字化影响下，数字创意产业不再高度依赖企业自上而下的内部联系，而是更多体现在不同价值链环节企业之间的横向联系，数字创意服务企业通过提供市场化、编码化等服务，使数字创意产品价值得以实现和增值。本文聚焦产品从生产到经济效益转化的价值过程，将网络游戏价值转化过程划分为游戏生产、运营服务和出版服务三个环节，通过对运营服务联系和出版服务联系构建网络，探究中国网络游戏服务网络的发展过程及影响因素，并为广州网络游戏产业发展提出对策建议。

网络游戏生产处于网络游戏产业链的上游环节，相关活动包括网络游戏设计与开发，在数字创意价值链中属于价值创造环节。运营服务处于网络游戏产业链的中游环节，相关活动涉及对游戏生产企业开发的网络游戏进行实际运营和管理，包括对游戏服务器进行维护和管理，以及对游戏进行营销和推广等，属于数字创意价值链中的价值捕获环节。出版服务处于网络游戏产业链的下游环节，是网络游戏作品投入市场前的必经环节，主要涉及对运营服务企业代理运营的游戏进行内容重新整理，以及根据出版部门的要求将游戏内容进行编码化呈现，并作为出版发行商对游戏内容负责，属于数字创意价值链中的价值增值环节。运营服务企业为游戏生产企业提供的运营服务，对应数字创意价值链中的数字创意产品市场化过程；出版服务企业为运营服务企业提供的出版服务，则对应数字创意价值链中的数字创意产品编码化过程。城市内部或城市间运营服务联系或出版服务联系，共同构成网络游戏服务网络。

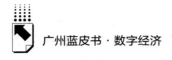

（二）研究方法

由于网络游戏企业之间服务合作产生的联系属于项目联系，因此在构建网络矩阵时，直接根据企业所处城市，构建并测度网络矩阵，本文进行以下计算分析网络的演化过程。

1. 城市对的联系强度

如 a 城市的网络游戏主体向 b 城市的网络游戏体系提供了服务，则视为产生了从 $a{\rightarrow}b$ 的服务网络联系，将所有服务网络联系求和，得到 $a{\rightarrow}b$ 的联系强度：

$$C_{a{\rightarrow}b} = \sum_p^n (2A_{a{\rightarrow}b,p} + B_{a{\rightarrow}b,p}) \qquad （公式1）$$

式中，$C_{a{\rightarrow}b}$ 代表 $a{\rightarrow}b$ 城市对的联系强度，p 代表 a 城市向 b 城市提供的数字创意服务合作，n 代表合作项目总数，A、B 分别表示运营服务联系和出版服务联系。

2. 城市的服务度

将某城市网络中所有城市对的联系强度求和得到该城市的服务度：

$$SE_a = \sum_b^o C_{a{\rightarrow}b} + C_{b{\rightarrow}a} \qquad （公式2）$$

式中，SE_a 代表 a 城市的服务度，b 为与 a 城市存在合作项目的城市，o 为与 a 城市产生服务联系的城市总数，$C_{a{\rightarrow}b}$ 为 $a{\rightarrow}b$ 城市对的联系强度，计算时考虑 $a=b$（即同一城市内部联系）的情况。

3. 多元线性回归

多元线性回归是一种统计分析方法，常被用于研究多个自变量与一个连续因变量之间的关系，通过对观测数据进行拟合，估计出最佳的回归系数，从而建立一个能够准确预测因变量的模型。模型公式如下：

$$y = \beta_0 + \beta_1 x_1 + \beta_2 x_2 + \cdots + \beta_m x_m + \varepsilon \qquad （公式3）$$

式中，y 是因变量，x_1，x_2，$\cdots$，x_m 是自变量，β_1，β_2，$\cdots$，β_m 是回归系数，ε 是模型的随机误差。

（三）数据来源

本研究使用的网络游戏数据根据国家新闻出版署公布的网络游戏审批结果信息，以及中国音数协游戏工委下辖的游戏产业网公布的网络游戏版号信息进行整理，数据包含的项目包括游戏名称、游戏创作主体、运营服务主体、出版服务主体和出版时间等。本研究以国内网络游戏创作主体及服务主体为研究对象，对创作主体位于境外的进口游戏，以及创作主体所在城市难以定位的个人类网络游戏未纳入研究范围。经数据清洗，共获得 2010 年 1 月至 2022 年 9 月网络游戏服务联系项目 16650 条，涉及游戏创作主体 5963 个、运营服务主体 3310 个以及出版服务主体 275 个，分布于境内 168 个城市（不包括港澳台地区）。结合前文总结的网络游戏产业发展背景，将演化阶段划分为起步发展阶段（2010~2013 年）、快速发展阶段（2014~2017 年）以及高质量发展阶段（2018~2022 年）。在获取的网络游戏服务联系数据基础上，通过企查查企业信息查询平台获取相关企业的注册地址和注册资本信息。

网络游戏服务网络的不同价值链环节以及不同规模企业之间的联系重要性均存在差异，本研究对其进行不同数值的赋分。为区分同一游戏中产生的运营服务联系以及出版服务联系对网络游戏服务网络的重要程度差异，参考网络游戏产业价值链的划分方法，将项目中每个运营服务联系赋 2 分，将每个出版服务联系赋 1 分。为区分不同游戏项目对网络贡献程度的差异，本研究选取游戏创作主体所属企业的注册资本作为参考指标，应用 K-means 聚类，根据注册资本从小到大分别赋 1~5 分。

二 网络游戏服务网络发展现状

（一）服务网络机构分布特征

表 1 显示了全国网络游戏服务网络的不同价值链区段企业数量分布情况。可以看出，中国网络游戏生产及服务企业分布呈现"东密西疏"的特

征，上海、北京、深圳、广州、成都和杭州的生产及服务企业数量具有较大的领先优势，除成都位于西部地区外，其余均位于东部地区。从区域视角来看，上海领衔的长三角城市群和广州、深圳引领的珠三角城市群的区域集聚现象较为明显。其中，长三角地区是网络游戏相关企业最为密集的地区。除此之外，华中地区、东南沿海地区及海南也有一定规模的网络游戏企业分布。

表1 网络游戏不同价值链区段企业数量分布

单位：家

排名	游戏生产主体		运营服务主体		出版服务主体	
	城市	数量	城市	数量	城市	数量
1	上海	1042	北京	630	上海	69
2	北京	986	上海	513	北京	62
3	深圳	874	深圳	443	杭州	25
4	广州	531	杭州	242	广州	23
5	成都	398	广州	240	深圳	15
6	杭州	345	成都	189	成都	14
7	厦门	176	澄迈	95	厦门	7
8	南京	158	厦门	89	南京	6
9	武汉	120	南京	81	合肥	5
10	苏州	94	武汉	74	武汉	5
其余城市	1239		714		44	

从不同价值链区段的企业来看，游戏生产主体的数量最多，运营服务主体次之，出版服务主体的数量最少。网络游戏创作企业可以通过嵌入服务网络的方式获取服务资源，这可为其省去巨大的花费，使其可以专注游戏的创作和开发，市场进入和企业扩张的门槛更低。由于出版服务企业受政策制度的影响较大，拥有网络出版服务资质的企业较少，因此该类企业集中于少数城市。

广州的网络游戏生产与服务企业数量均处于全国前列，不同价值链区段企业相较于北京、上海仍有一定差距。广州游戏生产、运营服务和出版服务机构数量占全国的9%、7%和8%，对全国网络游戏服务网络的贡献不容小觑。广州游戏生产、运营服务和出版服务企业的数量与全国平均水平较为接近，分布较为均衡，对各价值链区段企业的服务需求均可满足。

（二）服务网络空间结构特征

中国网络游戏服务网络的空间结构从以上海为核心的单核结枝演化为以上海、北京为核心的"金字塔形"结构，并且在2018年后趋于稳定。在起步发展阶段，网络节点主要集中在全国的中心城市以及一些区域性中心城市。上海为绝对核心城市，服务度明显领先于其他城市，广州服务度位居全国第二，高于北京、厦门、深圳、成都等城市。在快速发展阶段，城市服务度的数量级显著增长，逐渐呈现"金字塔形"的分布结构。在这一阶段广州的服务度被北京、深圳超越，位居全国第四，领先杭州、南京、成都等城市。在高质量发展阶段，网络服务度和节点数量的增长速度有所减缓。城市服务度位次与上一阶段类似。这一阶段节点增长速度放缓，主要是受政策等因素影响。广州在这一阶段服务度仍位居全国第四，但与深圳的差距有所扩大，而与杭州的差距在不断缩小（见表2）。

表2　不同阶段服务网络中主要城市服务度

排名	起步发展阶段		快速发展阶段		高质量发展阶段	
	城市	内部/外部服务度	城市	内部/外部服务度	城市	内部/外部服务度
1	上　海	550/176	上　海	14061/6425	上　海	19987/8939
2	广　州	175/241	北　京	9179/9505	北　京	11575/12483
3	北　京	218/125	深　圳	6253/5025	深　圳	8871/6825
4	厦　门	62/264	广　州	4037/3752	广　州	5326/5226
5	深　圳	98/86	杭　州	4023/3039	杭　州	5888/4601
6	成　都	11/69	南　京	2033/2067	南　京	2812/2795
7	福　州	72/0	成　都	1184/1649	成　都	1929/2668
8	苏　州	62/7	厦　门	938/935	厦　门	1580/1274
9	杭　州	12/33	石家庄	77/1662	武　汉	1638/1120
10	合　肥	0/23	武　汉	1682/678	石家庄	144/2089

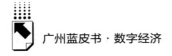
通过分析国内主要城市内部/外部服务度的规模和占比，不同城市的网络定位与网络参与方式存在较大差异，主要可以分为以下四类。

第一类城市包括北京和上海。此类城市在内部、外部服务方面都表现出较高水平，增长速度较快，领先于其他城市。其中，北京更倾向于承接外部服务联系，且外部服务比例不断提高；上海的内部服务占比则远超外部服务，且差距进一步扩大。

第二类城市包括深圳、广州和杭州，其具有较强的内部、外部服务能力，并且主要通过提供本地联系融入服务网络。其中，广州的内部、外部服务联系最为均衡，且均衡度在持续提升，这也与广州本地游戏产业发展早、水平高，以及作为省会城市聚集了一批高等级出版企业有关，其不仅能够满足本地网络游戏服务的需求，而且能够辐射华南地区的市场。深圳和杭州网络游戏产业发达，并且集聚了一批大型平台型网络游戏企业，其网络游戏服务以本地市场为主，服务网络的内生性特征明显。

第三类城市以南京、成都、厦门、武汉和苏州等为代表，特点是内部、外部服务能力都处于中等水平，且相对均衡。其中，南京、厦门的内外部联系较为均衡。成都更倾向于建立外部联系，且在演化过程中这种趋势越来越明显，这也与其西部地区网络游戏中心城市的地位较为符合。

第四类城市以石家庄和天津为代表，其特点是外部服务度远超内部服务度，且外部服务功能在不断强化，表明此类城市主要承载外地企业的服务需求。石家庄和天津靠近北京，主要承接北京地区的网络游戏发行服务。

从广州网络游戏产业的功能分布情况以及内部/外部服务度变化来看，广州的服务资源配置情况以及城市功能分布均较为均衡。在满足城市内部需求以及实现对外服务输出功能时均表现出色，未来在各个维度的发展空间充足，具有较强的可塑性和较大的提升空间，在全国网络游戏服务网络中的地位也在稳步提升。相比于其他核心节点，广州的对外服务输送在其网络服务度中一直占据较大比重。广州作为区域中心城市，为周边中小城市提供服务。

（三）服务网络联系演化特征

从表3可以看出，服务网络中的本地联系占比越来越大，其中快速发展阶段联系强度的增速较快，高质量发展阶段增速有所放缓。起步发展阶段排名前三的城市对均为同城联系对，快速发展阶段排名前六的城市对均为同城联系对，到高质量发展阶段在排名前十的城市对中，仅有一条跨城联系对。说明同城联系日益成为网络游戏服务联系的主要方式。在起步发展阶段广州的同城联系居所有联系的第3位，并且与厦门之间的双向联系进入全国前十。在后续发展阶段，分别被深圳和杭州的同城联系超越。

表3　不同阶段服务网络中主要城市对的联系强度

排名	起步发展阶段		快速发展阶段		高质量发展阶段	
	城市对	联系强度	城市对	联系强度	城市对	联系强度
1	上海—上海	550	上海—上海	14061	上海—上海	19987
2	北京—北京	218	北京—北京	9179	北京—北京	11575
3	广州—广州	175	深圳—深圳	6253	深圳—深圳	8871
4	广州→厦门	153	广州—广州	4037	杭州—杭州	5888
5	成都—成都	110	杭州—杭州	4023	广州—广州	5326
6	深圳—深圳	98	南京—南京	2033	南京—南京	2812
7	福州—福州	72	上海→北京	1261	成都—成都	1929
8	厦门—厦门	62	成都—成都	1184	武汉—武汉	1638
9	苏州—苏州	62	深圳→北京	1119	厦门—厦门	1580
10	厦门→广州	58	武汉—武汉	1004	上海→北京	1513

注：—表示同城联系对，→表示从发起服务需求的城市指向承载服务需求的城市。

表4显示了联系强度排名前十的跨城城市对，可以看出，北京、上海和深圳在三个阶段中跨城联系的重要程度逐渐上升，不同之处在于北京和上海在演化过程中逐渐成为跨城联系的"终点"，这两座城市在网络中逐渐扮演起全国政治和经济中心的角色，为全国其他城市提供大量服务。深圳在大多数情况下充当跨城联系的"起点"城市，表明其在发展网络游戏产业的过

程中，通过积极创作作品等方式，借助自身出色的服务承载能力推动本地网络游戏产业发展。

在合作对象选择上，各节点城市更倾向与服务度排名靠前的城市节点产生外部联系，其中与北京、上海两个节点城市产生的跨城联系占绝大部分。与地理邻近效应相比，等级效应的影响更大，如广州、深圳两个城市在地理上同处于粤港澳大湾区，但是其联系强度较高的跨城城市对均为各自与北京、上海的联系。

表4 不同阶段服务网络中主要跨城城市对的联系强度

排名	起步发展阶段		快速发展阶段		高质量发展阶段	
	城市对	联系强度	城市对	联系强度	城市对	联系强度
1	广州→厦门	153	上海→北京	1261	上海→北京	1513
2	厦门→广州	58	深圳→北京	1119	深圳→北京	1387
3	上海→深圳	40	北京→上海	875	北京→上海	1113
4	深圳→成都	30	广州→北京	727	广州→上海	1025
5	上海→北京	21	深圳→上海	635	广州→北京	902
6	北京→厦门	18	广州→上海	606	深圳→上海	798
7	上海→杭州	18	北京→南京	419	北京→天津	550
8	北京→上海	16	上海→杭州	392	北京→南京	549
9	上海→广州	13	深圳→广州	375	深圳→杭州	519
10	北京→合肥	12	深圳→杭州	355	北京→杭州	509

注：→表示从发起服务需求的城市指向承载服务需求的城市。

从广州对外服务联系变化特征来看，其对外联系拓展主要集中在快速发展阶段和高质量发展阶段。本地网络游戏企业的对外服务需求，主要来自北京、上海等高等级城市。在这两个阶段，广州向北京、上海发起的网络游戏服务需求在对外服务需求中断层领先。在次一级需求获取对象上，深圳、杭州、南京和石家庄等是较为稳定的合作伙伴。在承载服务需求方面，广州除了承载网络核心城市的服务需求、建立双向互惠联系以外，更倾向于承载中小型城市的服务需求，如快速发展阶段的上饶、芜湖和澄迈，高质量发展阶段的伊犁和乐东等（见表5）。这表明在服务对象的选择上，广州具有一定的优势。

表5 不同阶段广州网络游戏服务资源流动情况

排名	快速发展阶段				高质量发展阶段			
	发起需求	联系强度	承载需求	联系强度	发起需求	联系强度	承载需求	联系强度
1	广州→北京	727	深圳→广州	375	广州→上海	1025	杭州→广州	448
2	广州→上海	606	杭州→广州	334	广州→北京	902	深圳→广州	444
3	广州→深圳	223	厦门→广州	207	广州→杭州	290	上海→广州	252
4	广州→杭州	177	北京→广州	150	广州→深圳	277	厦门→广州	209
5	广州→天津	100	上海→广州	139	广州→成都	155	北京→广州	194
6	广州→南京	99	上饶→广州	72	广州→南京	122	成都→广州	45
7	广州→厦门	90	成都→广州	34	广州→天津	115	澄迈→广州	30
8	广州→石家庄	75	珠海→广州	22	广州→石家庄	113	珠海→广州	29
9	广州→成都	68	芜湖→广州	21	广州→厦门	98	伊犁→广州	24
10	广州→武汉	26	澄迈→广州	20	广州→澄迈	52	乐东→广州	23

注：→表示从发起服务需求的城市指向承载服务需求的城市。

三 城市地位与城市联系的影响因素

本文主要从产业发展要素、区位支持要素和城市生活环境三个方面选取指标，对2022年网络游戏服务网络的影响因素进行分析，指标选取的具体情况见表6。因变量为城市服务度（Y_1）和外部服务度（Y_2），分别对结果进行拟合。使用SPSS软件进行多元线性回归分析，被解释变量为Y_1时拟合模型的调整后$R^2 = 0.914$，被解释变量为Y_2时拟合模型的调整后$R^2 = 0.920$，两个模型 sig 均为 0.000，拟合效果良好，且未发现多重共线性问题。

表6　网络游戏服务网络的影响因素指标选取与数据来源

一级指标	二级指标	变量	指标解释	数据来源	指标影响
因变量	城市服务度	Y_1	城市网络节点地位	本文数据分析后得出	
	外部服务度	Y_2	城市参与网络外部联系程度	本文数据分析后得出	
产业发展要素	劳动力基础	X_1	信息传输、计算机服务和软件业从业人员占在岗职工人数的比重	由《中国城市统计年鉴》数据计算得出	+
	产业科技规模	X_2	分布主体中的高新技术产业数	天眼查，https://www.tianyancha.com/	+
	产业特殊资源	X_3	网络出版服务机构数量	国家新闻出版署	+
区位支持要素	经济发展水平	X_4	人均地区生产总值	《中国城市统计年鉴》	+
	地方产业结构	X_5	第三产业增加值占比	《中国城市统计年鉴》	+
	地方财政支撑	X_6	地方财政一般预算内支出	《中国城市统计年鉴》	+
	地方政策支撑	X_7	相关政策文件数	中国法律服务系统，https://www.pkulaw.com/	+
城市生活环境	工资收入水平	X_8	职工平均工资	《中国城市统计年鉴》	+
	文娱设施水平	X_9	剧场剧院数	《中国城市统计年鉴》	+
	空气质量水平	X_{10}	可吸入颗粒物年均浓度	《中国城市统计年鉴》	−
	生活质量水平	X_{11}	生活垃圾无害化处理率	《中国城市统计年鉴》	+

回归结果显示（见表7），产业发展要素中的产业科技规模和产业特殊资源的系数较大，这表明科技研发水平的提高可以使节点提供服务的能力变强和范围变大，通过为其他城市提供服务提高自身在网络中的影响力；本地特殊资源可以在很大程度上影响网络文化产业的区位布局，对比两个模型，产业科技规模更多影响城市在网络中的影响力，而产业特殊资源对城市参与网络外部连接影响最大。

在区位支持要素中，与地方政府相关的地方财政支撑和地方政策支撑两个指标系数显著为正，表明地方政府会对网络游戏产业布局产生较大影响。地方政府为网络游戏产业的发展提供了有力支持。

城市生活环境要素的几个指标系数普遍偏低，说明城市生活环境对网络游戏发展的影响较小，只有空气质量水平和生活质量水平指标通过了显著性检验，说明高学历人才在选择网络游戏行业就业城市时，会在一定程度上受城市自然环境和社会环境的影响。

表7　多元线性回归分析结果

一级指标	二级指标	回归系数	
		城市服务度（Y_1）	外部服务度（Y_2）
产业发展要素	劳动力基础（X_1）	0.003	0.026
	产业科技规模（X_2）	0.388**	0.322**
	产业特殊资源（X_3）	0.481**	0.581**
区位支持要素	经济发展水平（X_4）	0.018	0.000
	地方产业结构（X_5）	−0.020	−0.022
	地方财政支撑（X_6）	0.349**	0.246**
	地方政策支撑（X_7）	0.056*	0.041
城市生活环境	工资收入水平（X_8）	−0.038	−0.022
	文娱设施水平（X_9）	0.027	0.016
	空气质量水平（X_{10}）	−0.041*	−0.021
	生活质量水平（X_{11}）	0.176**	0.144**

注：＊表示通过了10%的显著性检验，＊＊表示通过了1%的显著性检验。

四　结论与建议

（一）结论

本文使用国产网络游戏发行活动项目数据，分析了中国网络游戏服务网络的发展现状与广州在其中的网络地位与主要网络联系方向，并构建多元线性回归模型分析了服务网络的影响因素。主要结论如下：一是中国网络游戏生产与服务企业空间分布总体呈"东密西疏"的特征，广州在其中处于二级核心地位，生产与服务功能配置较为均衡。二是在2014~2022年，国内网络游戏服务网络演化分为起步发展、快速发展和高质量发展三个阶段，城市联系的同城联系占比逐步提升，跨城联系则呈现低等级城市倾向与高等级

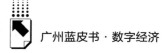

城市联系的特征。三是上海和北京在国内服务网络中的核心地位不断巩固，且上海的内部服务特征显著，而北京的外部服务优势明显。广州在国内网络游戏服务网络中居于前列，且内外部服务较为均衡，但服务度增速较缓。四是产业科技规模与产业特殊资源是影响城市在网络游戏服务网络中地位的主要因素，而地方政府在政策、资金上的支持可以成为吸引网络游戏企业布局的有利因素。

（二）对策建议

1. 强化网络游戏产业创新与金融支持

鼓励游戏产业企业参与、承担新一代信息技术、人工智能等领域关键核心技术研发。推动广州游戏产业重点企业与高校、科研院所联合攻关，建设游戏创新中心、新型研发机构等创新载体。加强网络游戏企业总部引进和认定，加大对新引进总部企业的奖励和支持力度。强化游戏产业发展的金融支持，鼓励游戏产业链核心企业联合金融科技类公司和符合条件的金融机构，利用区块链、人工智能、云计算等金融科技手段，打造游戏金融服务示范项目，提升产业链上下游中小微企业的金融服务效能和集聚效应。

2. 加强网络游戏运营平台建设

聚焦网络游戏运营平台等领域，支持和引导形成大企业建生态、小企业进生态的发展格局。支持行业领军企业建设网络游戏公共技术服务平台。推动网络游戏产业集聚发展。通过建设游戏产业园，吸引网络游戏产业链不同环节企业、不同规模企业进园，通过空间上的集聚强化企业之间的合作，密切网络游戏产业链上下游企业之间的联系，提升广州网络游戏产业内部服务联系水平及产业链韧性。

3. 提升网络游戏出版服务质量

加强与中央、省级游戏版号审批部门的沟通，争取国家和省出版管理部门支持，在广州开展网络游戏版号审批和运行试点，推动广州网络游戏版号质量和数量双提升。建立版号申请的常态化受理机制，支持广州电竞行业组织搭建游戏出版管理申报综合服务平台，整合本地网络出版、网络文化经营等服务商资源，协助广州中小游戏开发企业加快游戏发行与运营。

4. 在现有基础上向网络游戏高端服务城市迈进

当前广州在向中小型城市提供高效、便捷的网络游戏服务时具有较大优势，但在面对高端服务资源需求，尤其是源自北京、上海、深圳的服务资源需求时承接较为不足。从全国服务网络视角来看，不平衡的双向服务联系不利于进一步稳定现有的网络结构。可在现有的基础上，尝试打造高端网络游戏服务品牌，吸引来自网络核心城市的服务需求，持续提高全国网络游戏服务网络的结构韧性，以及广州在全国网络游戏服务网络中的地位与影响力。

参考文献

广州市文化广电旅游局课题组：《2021～2022年广州市游戏产业发展现状分析与发展对策》，载杜新山主编《广州蓝皮书：广州文化产业发展报告（2023）》，社会科学文献出版社，2023。

夏冬、于德山：《我国游戏出版审批历史溯源、存在问题及优化策略》，《编辑之友》2021年第7期。

杨继东：《"宅经济"的发展及其面临的挑战》，《人民论坛》2022年第2期。

荆文君、孙宝文：《数字经济促进经济高质量发展：一个理论分析框架》，《经济学家》2019年第2期。

黄江杰、汤永川、孙守迁：《我国数字创意产业发展现状及创新方向》，《中国工程科学》2020年第2期。

展亚荣、谷人旭：《中国网络游戏产业合作网络特征及其多维邻近性机制》，《地理科学进展》2022年第7期。

邢华：《文化创意产业价值链整合及其发展路径探析》，《经济管理》2009年第2期。

茆训诚：《我国网络游戏产业结构变化和企业行为选择——基于产业价值链竞争部位价值弹性的视角》，《当代财经》2007年第8期。

何卫华、熊正德：《数字创意产业的跨界融合：内外动因与作用机制》，《湖南社会科学》2019年第6期。

数字市场篇

B.16
数据入表的逻辑与趋势展望

普华永道中国数据资产管理及交易定价课题组 *

摘　要：　数据入表相关政策的推进不仅为企业带来发展机遇，也为企业带来财务合规方面的挑战。本文深入剖析了财政部 2023 年 8 月发布的《企业数据资源相关会计处理暂行规定》，从数据确权、经济利益可行性分析、成本归集与分摊等方面提出企业数据入表的实务工作，提出数据入表路径"五步法"，并在此基础上总结出数据入表的"实务操作流程图"，将数据入表工作分为"入表判断"和"会计处理"两个阶段，明晰企业财务部、IT部、数据管理部、法务部等各相关部门急需落地的工作，旨在进一步激发企业数据的内在活力，推动企业在数字经济浪潮中把握先机，实现可持续发展。

关键词：　数据资源　数据资产　数据入表

---

* 课题组组长：张萌，普华永道中国数据资产管理及交易定价服务经理。课题组成员：黄耀驹、翁泽鸿、冉汶鑫、赵安然。

一　引言

随着国家战略的深入推进，数据作为新型生产要素的地位日益凸显，其在数字经济发展中的作用越发重要。在这一背景下，会计信息作为反映和支撑经济发展的基础，对数据资源的合理配置和有效利用显得尤为重要。然而，现行会计准则在反映新型无形资源经济特征方面存在局限性，使得数据这一关键经济资源在企业财务系统中难以得到合理体现。为将数据这项隐形资源"显性化"，实现其在企业财务系统中的合理反映，2023年8月财政部发布《企业数据资源相关会计处理暂行规定》（以下简称《暂行规定》）。《暂行规定》明确指出，企业应根据数据资源的持有目的、形成方式、业务模式等多重因素，综合判断并确定将数据资源归类到何种资产类别。本文旨在对数据资源会计处理提出最新的思考与解析，探讨实现数据入表的流程路径，为数据资源的合理配置和高效利用提供有益的参考与指导，共同推动数字经济的繁荣发展。

近年来，随着数字经济的迅猛发展和数据资源在社会经济中作用日益凸显，我国政府高度重视数据资源的开发利用和安全保护。为促进数据产业的规范化、高效化和安全化发展，政府相继出台了一系列具有里程碑意义的法规和政策。其中，"数据二十条"作为数据产业的纲领性文件，为产业发展提供了坚实的政策支撑和明确的发展方向，明确了数据作为基础资源的地位。财政部发布的《暂行规定》从财务视角为数据资源提供了规范的会计处理标准，确保数据资产在财务报表中得到准确、透明的反映。这一规定的实施，不仅提高了企业数据资产管理的规范性，还为数据资产的计量和评估提供了明确的指导，进一步推动了数据资产化进程。

（一）数据要素发展相关政策

2019年11月，《中共中央关于坚持和完善中国特色社会主义制度推进国家治理体系和治理能力现代化若干重大问题的决定》发布，这是首次在官方文件中将"数据"明确列为生产要素之一。该决定强调了建立由市场评价各种生产要素贡献的机制，其中包括劳动、资本、土地、知识、技术、管理以及数据，并强调按照各自贡献来确定报酬。

2020年，国家进一步出台《关于构建更加完善的要素市场化配置体制机制的意见》。在这一政策中，数据被赋予了更高的地位，与土地、劳动力、资本、技术等要素一同被列为五大生产要素。同年5月，国家出台《关于新时代加快完善社会主义市场经济体制的意见》，进一步推动数据要素市场的快速发展，提出要建立健全数据资源清单管理机制，以及需要完善数据权属的界定工作，促进数据的开放共享。

2021年初，国家出台《建设高标准市场体系行动方案》，确立数据资源的产权基础、构建交易流通与跨境传输的规范体系、积极投身于数字领域国际规则和标准制定工作。同年3月，《中华人民共和国国民经济和社会发展第十四个五年规划和2035年远景目标纲要》出台，致力于完善数据要素的产权属性界定，构建数据资源产权的基础制度框架与标准规范体系。同时，积极谋划培育数据交易平台及市场主体，以推动数据市场的繁荣与创新。同年10月，《国家标准化纲要》出台，明晰数据资源产权的界定，制定交易流通的规范流程，建立跨境传输的合规机制，并完善数据安全的保护标准。2021年末，《"十四五"大数据产业发展规划》和《"十四五"国家信息化规划》出台，指出构建完善的数据价值体系、发挥数据在资源配置中的核心作用，以实现经济的高效发展。

2022年1月，国家出台《要素市场化配置综合改革试点总体方案》和《"十四五"数字经济发展规划》，要求探索并建立一套完整的数据要素流通规则体系，进一步完善公共数据的开放共享机制，提高数据的透明度和可用性。同年12月，国家出台《关于构建数据基础制度更好发挥数据要素作用的意见》，从数据产权、流通交易、收益分配、安全治理4个方面提出20条政策举措。

国家推进数据要素发展的相关政策如图1所示。

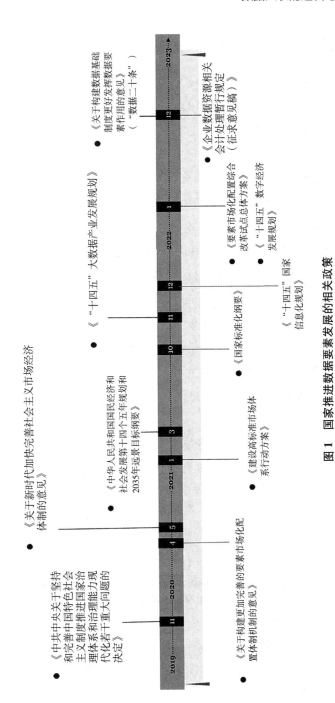

图 1 国家推进数据要素发展的相关政策

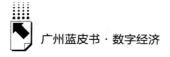

（二）数据资源入表相关政策

2022 年 12 月 9 日，财政部发布《企业数据资源相关会计处理暂行规定（征求意见稿）》，首次提出数据资产表内核算的技术路径及相关披露要求，此举标志着我国在数据资源会计处理方面迈出了关键一步。

与此同时，国际多个会计组织开展有关无形资产的研究。国际会计准则理事会（IASB）已将无形资产项目纳入研究计划清单，欧洲财务报告咨询组（EFRAG）于 2023 年发表了无形资产的讨论稿，并发布了实证调研报告，深入探讨了欧洲地区信息编制者及信息使用者无形资产披露的需求及区别。英国会计准则背书委员会（UKEB）和澳大利亚会计准则理事会（AASB）及澳大利亚审计准则理事会（AUASB）分别发布了关于无形资产项目的初步研究计划，进一步推动无形资产会计处理的研究进程。美国财务会计准则委员会（FASB）计划于 2024 年 4 月就无形资产改进方向召开技术研讨会，以期在全球范围内形成更加完善、统一的无形资产会计处理标准。这一系列国际动作表明，随着数字经济的蓬勃发展，新型无形资产已成为全球会计界共同关注的焦点，未来无形资产的会计处理与信息披露将进一步完善和规范。

2023 年 8 月，财政部发布《暂行规定》，以解决当前企业数据资源会计处理的实务困惑，并于 2024 年 1 月 1 日正式实施（见图 2）。

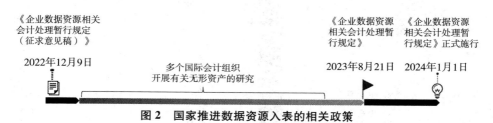

图 2　国家推进数据资源入表的相关政策

这一系列政策法规的出台，不仅为数据资产化提供了坚实的政策基础，更有助于推动数据资源的有效配置和高效利用，进一步激发数字经济的发展活力，为实现经济高质量发展、建设数字中国注入强大动力。

二 机遇与挑战

（一）企业发展机遇

《暂行规定》的出台，为企业合理展示有价值的数据资源提供了一个社会公开窗口。适当的披露有利于将企业已经费用化的数据投入显性化，将企业的隐形价值可视化、透明化，驱动企业价值的提升，同时让外界直观地了解企业在数字经济上的发展潜力，提高投资者对企业前景的预期。

企业在经营管理过程中伴生大量数据，由于数据治理、数据管理等方面能力不足，部分企业未发现这些数据资源的价值。然而，若对这些数据资源进行适当的梳理和挖掘，企业将发现它们具有巨大的潜在价值，既可用于服务企业自身提升经营效率，亦可包装成数据产品或服务对外出售。因此，具有价值的数据资源一旦入表，将给企业带来多方面的收益（见表1）。

图 3 数据入表对企业的意义

1. 提升企业估值

企业将数据资源入表或是表外披露，可将过往费用化的数据研发相关投入显性化。一方面，扩展了企业资产的边界，让数据资产可以在资产负债表

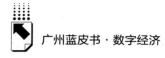

中体现，增厚企业资产。另一方面，让外界直观了解企业在数字经济等新兴领域的发展潜力，提高投资者对企业前景的预期，带动企业的估值上升。另外，由于数据资源可以重复开发、利用，产生丰富的数据产品或服务，给企业带来收益，形成一定的估值上升空间。对于已上市企业，可实现市值管理的目标。对于未上市且需要融资的企业，可吸引投资者，拓宽融资渠道、扩大融资规模。

2. 提高贷款授信额度

数据入表或是表外披露后，数据资源的应用可能有以下场景：数据资源相关服务的运营、流通交易、作价出资、计费模式等。这些应用场景都可以被外界直观了解。企业在申请贷款时，金融机构在评估企业的房产、设备等传统质押物的基础上，对入表的数据资产及披露的数据资源信息进行价值评估，如果符合增信的要求，将为企业带来更高的授信额度。目前，深圳已有首笔无质押数据资产增信贷款落地，随着数据入表的进一步推进，数据资源将成为企业贷款增信的一个重要支撑。

3. 提高盈利能力

企业通过数据入表，完成数据合规确权、数据质量提升、数据安全保护、数据价值评估等工作，数据资产将形成稳定的价值，伴随金融业的不断发展，数据将有机会从简单的资产转化为更复杂的金融工具。例如，企业采用数据信托的方式，将数据资产转移给信托机构以实现更有效的管理和利用，通过设立明确的使用和访问规则，在保障数据安全性和隐私性的同时最大化数据价值。再如，采用数据资产证券化的方式，企业将其数据资产打包成证券并向投资者出售，投资者通过购买这些证券分享数据资产产生的收益。一方面，可以帮助企业获得资金；另一方面，可以扩大数据资产市场规模，最大限度地释放数据资本的潜力，提升企业盈利能力。

（二）财务合规挑战

《暂行规定》的实施，将企业推向了一个新的十字路口。"数据资源是否入表"不再仅仅是部分企业在自我管理模式下的权衡，已然成为所有企业在遵循财务合规框架下必须直面并妥善回应的关键议题。

数据资源的财务处理不再可以"自由选择",企业不能再从业务角度将数据资产纳入经营活动的范围,不能完全不加以论证和分析就简单将当期所有研发投入和生产投入全部费用化处理,而是需要考虑会计处理的合规性,需要分析判定数据资源是否入表,以及确认以何种资产类别进行会计计量和报告;不能入表的需要评估是否在"强制披露"范围内,并做好相关披露工作。

三 准则解读

财政部制定印发的《暂行规定》是针对数据资源会计处理的一项规定,包括适用范围、准则、列示和披露要求以及附则四个方面,明确了数据入表条件和会计处理要求。

(一)会计确认与计量

《暂行规定》未突破现有会计准则,在会计确认与计量方面与现行无形资产和存货相关准则保持一致,只有符合企业会计准则关于"资产"定义及确认条件的企业数据资源方能入表。同时,由于《暂行规定》要求企业采用未来适用法,这意味着企业在该政策实施之前已经予以交易或市场价值实现的数据资源,不可追回调整并重新确认为数据资产进行入表。

《企业会计准则——基本准则》第二十条和第二十一条,对"资产"这一核心概念给予了明确定义,并对其确认所必备的条件做出了具体阐述。据此,数据入表首先要满足由"企业拥有或控制"的条件,如果某项数据资源的持有权、使用权、经营权无法厘清,那么就无法入表。例如,电网企业的电力数据,涉及电力公司、用电企业、个人用户等主体,无法确权到电力公司,因此暂无法入表。其次,能入表的数据资源还需满足"产生的经济利益很可能流入企业"及"该数据资源的成本能可靠计量"的条件(见图4)。由于我国现行无形资产和存货准则尚不允许企业采用公允价值计量模式,符合入表条件的数据资源,其计量仍应基于历史成本,不可重估入账。

图 4　数据资源入表条件

如何将数据这项经济资源合理反映在企业财务系统中，将该隐形资源显性化，《暂行规定》进行了明确规定。企业应根据数据资源的持有目的、形成方式、业务模式等因素，判定将数据资源归入何种资产类别，以及要根据数据资产本身所处的生命周期阶段（采集、传输、存储、处理、共享、销毁）确定什么时候可以确认为资产。

如果数据资产属于在企业日常活动中持有、最终目的用于出售的情况，确认分类为"存货"并按照存货准则进行计量。同一原始数据源可能产生多个数据产品，那么会确认为多个存货。出于安全合规考虑，企业一般不出售原始数据，其可用于企业内部生产经营决策。如果数据资产属于对外非排他性授权使用，以及同时存在内部使用和对外交易，但并不主要依赖对外出售取得经济利益的双重使用业务模式，确认分类为"无形资产"并按照无形资产准则进行计量。

数据资产的会计确认与计量如表 1 所示。

表 1　数据资产的会计确认与计量

持有目的	形成方式	会计确认	会计计量
出售（买断）	基于内部伴生数据加工处理形成的数据资产	确认为"自行加工的数据资源存货"	成本项：数据采集、脱敏、清洗、标注、整合、分析、可视化等加工成本和使该项存货达到目前场所和状态所发生的其他支出。 对外出售：按照存货准则将其成本结转为当期损益，同时按照收入准则等规定确认相关收入

续表

持有目的	形成方式	会计确认	会计计量
出售 (买断)	外部采购获取的数据资产	确认为"外购的数据资源存货"	成本项:购买价款、相关税费、保险费,以及数据权属鉴证、质量评估、登记结算、安全管理等所发生的其他可归属于该项存货采购成本的费用。 对外出售:按照存货准则将其成本结转为当期损益,同时按照收入准则等规定确认相关收入
	与供应商共享交换获取的数据资产	确认为"其他方式取得的数据资源存货"	成本项:数据调研成本和使该项存货达到目前场所和状态所发生的其他支出。 对外出售:按照存货准则将其成本结转为当期损益,同时按照收入准则等规定确认相关收入
自用或非排他性授权使用	基于内部伴生数据加工处理形成的数据资产	确认为"自行开发的数据资源无形资产"	成本项:区分研究阶段支出与开发阶段支出。研究阶段支出,应当于发生时计入当期损益。开发阶段支出,满足无形资产准则第九条规定的有关条件的,才能确认为无形资产。 摊销:考虑无形资产准则应用指南规定的因素,并重点关注数据资源相关业务模式、权利限制、更新频率和时效性、有关产品或技术迭代、同类竞品等 提供服务:将无形资产的摊销金额计入当期损益或相关资产成本,同时确认相关收入
	外部采购获取的数据资产	确认为"外购的数据资源无形资产"	成本项:购买价款、相关税费,直接归属于使该项无形资产达到预定用途所发生的数据脱敏、清洗、标注、整合、分析、可视化等加工过程发生的有关支出,以及数据权属鉴证、质量评估、登记结算、安全管理等费用。 摊销:考虑无形资产准则应用指南规定的因素,并重点关注数据资源相关业务模式、权利限制、更新频率和时效性、有关产品或技术迭代、同类竞品等 提供服务:将无形资产的摊销金额计入当期损益或相关资产成本,同时确认相关收入
	与供应商共享交换获取的数据资产	确认为"其他方式取得的数据资源无形资产"	成本项:数据调研成本和使该项无形资产达到预定用途所发生的其他支出。 摊销:考虑无形资产准则应用指南规定的因素,并重点关注数据资源相关业务模式、权利限制、更新频率和时效性、有关产品或技术迭代、同类竞品等 提供服务:将无形资产的摊销金额计入当期损益或相关资产成本,同时确认相关收入

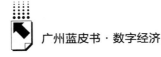

对于不能入表的数据资源，需要在相关业务发生时进行会计处理。当企业处置尚未确认为资产的数据资源时，需严格遵照收入确认的相关准则，而针对企业因购买涵盖数据全生命周期处理服务而引发的各类支出，若此类支出未能满足无形资产准则所规定的无形资产定义及确认条件，应当根据用途计入当期损益。

（二）会计报告

对于需要入表的数据资产，《暂行规定》要求企业在编制资产负债表时，需要在遵循重要性原则的基础上，结合自身实际运营情况，在"存货""无形资产"及"开发支出"科目下增设"其中：数据资源"子项（见图5），其目的在于精准反映截至资产负债表日已确认为存货或无形资产类别的数据资源的最新账面价值，以及正处于研发进程、满足资本化标准的数据资源项目所产生的累计投入成本，以便财务报告使用者根据该显性化后的信息做出经济决策。

方式一		方式二	
	期末余额		期末余额
流动资产：		流动资产：	
…		…	
存货		存货	
合同资产		其中：数据资源	
…		…	
非流动资产：		非流动资产：	
固定资产		固定资产	
无形资产		无形资产	
开发支出		其中：数据资源	
使用权资产		开发支出	
…		其中：数据资源	

图5　数据资源列报的两种方式

《暂行规定》明确规定，对于无法入表的数据资源，如果对财务报表具有重要影响的，企业须履行强制性信息披露义务。如果对财务报表不产生重要影响的，企业可自愿披露与该项数据资源相关的应用场景、数据质量与规模、数据安全管控情况等信息，增强企业财务报表可理解性。

四　入表路径

数据入表是一个复杂而系统的过程，它涉及多个层面。本文基于对《暂行规定》的解读，结合已有的理论研究提出了数据入表路径"五步法"，第一步"合规与确权"、第二步"数据治理与管理"、第三步"预期经济利益的可行性分析"、第四步"相关成本的合理归集与分摊"、第五步"列报与披露"（见图6）。

同时，在数据入表路径"五步法"的基础上，本文对各企业展开深入调研分析，总结出数据入表实务流程。数据入表实务流程图围绕数据入表过程，将数据入表工作分为"入表判断"和"会计处理"两个阶段，明晰企业财务部、IT部、法务部等相关部门亟须落地的工作（见图7）。

（一）合规与确权

合规性确认与权利界定是数据入表的基础，企业需要先弄清楚哪些数据资源是由自己合法拥有或控制的，在框定大致的范围后，再对范围内的数据进行入表判断。

数据与实物相比，存在可复制、易共享的特征，使得以排他性所有权为内核的物权难以使用在数据身上，同时数据往往由自然人和企业共创，是社会网络的共同产出，难以套用民法中绝对权的逻辑。根据2022年12月政府发布的"数据二十条"，目前国内采取暂时搁置数据所有权的争议，提出"建立数据资源持有权、数据加工使用权、数据产品经营权等分置的产权运行机制"（见图8）。这一制度的建立，弱化了数据"所有权"的概念，为数据资源的权属认定、授权梳理工作提供了合法性保障。

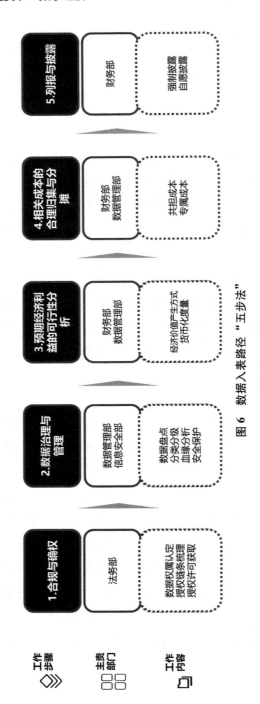

图 6 数据入表路径"五步法"

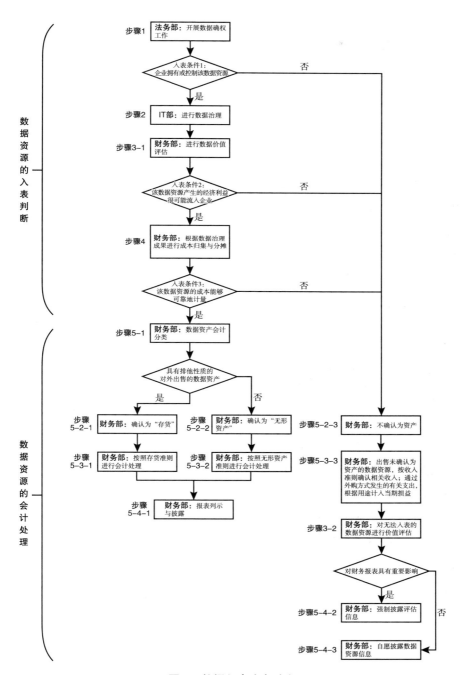

图 7　数据入表实务流程

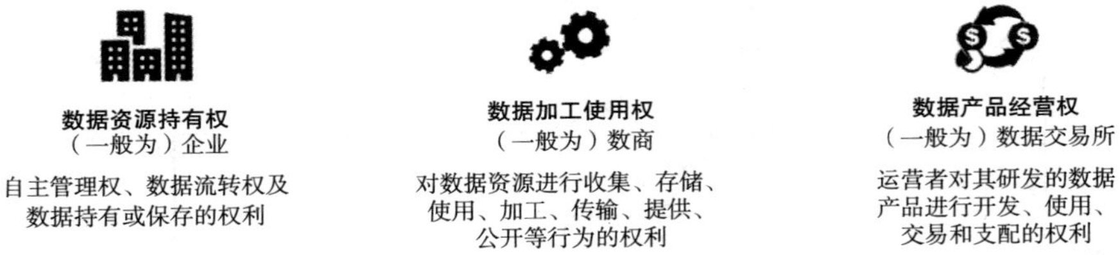

数据资源持有权
（一般为）企业

自主管理权、数据流转权及
数据持有或保存的权利

数据加工使用权
（一般为）数商

对数据资源进行收集、存储、
使用、加工、传输、提供、
公开等行为的权利

数据产品经营权
（一般为）数据交易所

运营者对其研发的数据
产品进行开发、使用、
交易和支配的权利

图8 数据三权分置

为判断"企业是否拥有或控制该数据资源"，初步确认某项数据资源能否入表，企业法务部应开展数据合规工作，基于国家及各级地方政府颁布的法律法规、管理条例等官方文件，从多个方面对数据资源进行梳理，确保数据资源的合法合规。首先，数据来源必须合法合规，企业获取数据时必须严格遵守相关法律法规和公共道德，尊重他人的合法权益。其次，数据内容也要真实合法，严禁存储违法违规数据。此外，数据处理行为也要规范，确保处理行为符合法律要求，不侵犯他人隐私和权益。同时，企业还需加强数据管理合规性，建立健全数据合规管理制度，包括风险识别、数据分类分级管理以及全链条监督管理机制等。最后，数据经营也要合规，企业在开展数据经营业务时，必须依法取得相应资质和行政许可，确保业务活动的合法性和安全性。

除了数据合规外，数据授权也是确保数据资源合规与确权的重要环节。在数据入表前，企业的法务部需要全面梳理数据资源的来源，并构建完整的授权链条。对于自行采集的数据，要确保获得数据主体的明确授权；对于采买的数据，则需同时获得数据供应商和数据主体的恰当授权；若是涉及对外出售或提供服务的数据，还需要借助具有公信力的第三方机构出具相关数据资产权属登记凭证，为接下来的数据应用构筑稳固的法律基石。此外，企业还应建立健全数据权属监督管理机制，实时关注数据资源的权属变更情况，并在资产使用寿命估计中合理反映和披露相关情况。

（二）数据治理与管理

对于企业合法拥有或控制的数据资源，需要进一步满足两个条件才能入

表：一是该数据资源产生的经济利益很可能流入企业，二是该数据资源的成本能够可靠地计量。上述两个条件看似简单，实则有赖于企业进行有效的数据治理与管理工作。

企业 IT 部应牵头数据治理工作，对企业数据资源进行全面清查，摸清数据资源底数，建立"目录—数据"及"数据—系统"的映射纽带，形成数据资源目录，清晰标识数据源头，确保目录关联信息系统"一数一源"。通过这个目录，企业可以清晰地掌握自身拥有的、具有经济价值的数据资源，并通过目录、标签化、元数据属性等手段进行精确描述。这不仅有助于企业对数据资源进行系统的梳理，也为后续的数据估值和会计计量奠定了坚实的基础。

在对企业数据资源进行全面且深入的清查后，需要加强重要数据资产的血缘分析，构建准确的数据血缘图谱，以便清晰地了解数据的来源、流向及其与其他资源的关系，为后续持续可靠的会计计量和披露提供底层保障，同时为数据资源的开发利用和保值增值奠定良好的基础（见图 9）。

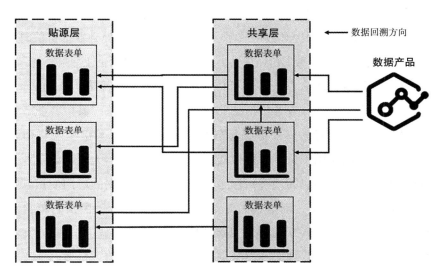

图 9　数据血缘回溯

最后，数据资源的运营也是关键一环。企业应构建数据资源的内外双循环运营机制，不仅在内部有效管理和利用数据，还要在外部市场上实现数据

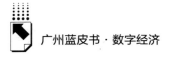
的价值变现。通过财务资产的视角推动数据运营,使数据运营成果与财务表现紧密相连,进一步推动企业的数字化进程。

(三)预期经济利益的可行性分析

为判断"数据资源产生的经济利益是否流入企业",进一步确认某项数据资源能否入表,企业财务部应当对数据资源价值进行评估,分析数据资源预期经济利益的可行性。

评估数据资源的经济利益可行性,主要是看数据资源能否在市场高效流通或给企业内部赋能。企业财务部或数据管理部需要明确数据资产的预期应用场景,分析经济价值产生方式,从而确定采用哪种价值评估方法(见图10)。当数据应用于直接产生经济价值的场景时,例如用户画像的精准营销、征信数据的贷款授信等面向业务类的场景时,可采用收益法对数据资源进行价值评估;当数据通过节约成本间接产生经济价值,例如经营分析、管理驾驶舱等面向中后台管理类场景时,可采用业务价值法对数据资源进行价值评估;当通过基础数据治理提升数据质量、明确数据标准、提升数据价值时,可采用内在价值法辅助进行数据价值评估,进而判定其是否为企业带来经济利益。

数据资源价值的评估方法,除了传统的成本法、收益法、市场法之外,还可以采用内在价值法、业务价值法等非货币化评估方法。其中,业务价值法是通过建立评估指标,将业务指标转化为经济指标,间接实现货币化度量。例如,当数据应用于贷款审批黑灰名单自动识别机器人时,设定业务指标为审核人工工时,相应的经济指标为运营成本,若数据的应用使贷款审核人力成本减少200人/年,而审核人工平均年薪为6万元,黑灰名单自动识别机器人相关成本为200万元/年,那么相关的运营成本减少1000万元/年。因此,需要企业的数据管理部或财务部尽快建立数据价值评价体系,逐步完善数据应用相关的业务指标库和对应的经济指标库,为企业奠定分析数据资源经济利益的基础。企业可以根据评估结果,判断哪些数据资源符合资产确认的条件,哪些数据资源还需进一步投入和优化,帮助企业更加合理地配置和使用数据资源,提升其经济效益。

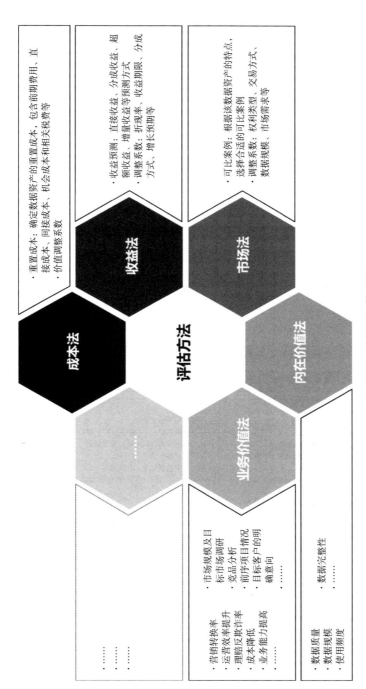

图 10 数据资源价值的评估方法

- 重置成本：确定数据资产的重置成本，包含前期费用、直接成本、间接成本、机会成本和相关税费等
- 价值调整系数

- 收益预测：直接收益、分成收益、超额收益、分成收益等预测方式
- 调整系数：折现率、收益期限、分成方式、增长预期等

收益法

- 可比案例：根据该数据资产的特点，选择合适的可比案例
- 调整系数：权利类型、交易方式、数据规模、市场需求等

市场法

评估方法

成本法

内在价值法

业务价值法

......

- 市场规模及目标市场调研
- 竞品分析
- 前序项目情况
- 目标客户的明确意向
- ......

- 数据质量
- 数据规模
- 使用频度
- ......

- 营销转换率
- 运营效率提升
- 理赔反欺诈率
- 成本降低
- 业务能力提高
- ......

- ......
- ......

311

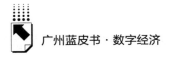

（四）相关成本的合理归集与分摊

为判断"数据资源的成本能否可靠地计量"，最终确认某项数据资源能否入表，企业财务部应当根据数据治理成果"数据血缘图谱"，厘清数据资产化过程占用的企业资源。例如，通过对某个数据产品加工链路的数据血缘进行分析，以此确定数据产品开发过程中实际调用的数据表单，在此基础上对数据产品生产加工过程中引用的数据表单的成本进行求和。

在数据血缘分析的基础上，进一步结合数据生命周期特点，分阶段归集和分摊数据的共担成本和专属成本（见图11）。其中，专属成本包括但不限于外购过程中发生的购买价款、相关税费，以及数据合规治理费用、权属鉴定与登记成本等，共担成本包括但不限于数据采集人工工资、数据存储设备折旧、数据安全管理费用等。

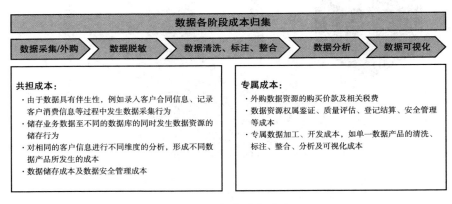

图 11　数据各阶段成本

分类为"存货"的数据资源，直接成本包括采购成本、税费、鉴定费等，指由几个成本核算对象共同负担的成本，需要按照资源耗费方式确定合理的分配标准，分配计入几个成本核算对象的成本。相关成本的结转，可采用先进先出法、移动加权平均法等方法确定已销售存货的实际成本等，如已计提存货跌价准备，需同步结转至成本。

分类为"无形资产"的数据资源，根据资产未来经济收益预期耗用的方式选取并确定合适的摊销方法，可采用直线法、产量法、年数总和法等（见图 12）。对于有寿命的无形资产，可从以下四个方面考虑其摊销期。一是该资产通常生产的产品或服务的寿命。二是技术工艺等的现实情况及对未来发展的估计。三是以该资产生产的产品或服务的市场需求情况。四是对该资产的控制期限等。对于使用寿命难以确定的无形资产，若有确凿证据显示其使用寿命难以合理估算，企业应在每个会计期间对其进行减值测试。通常情况下，此类摊销金额应计入当期损益；然而，若该无形资产专用于某一特定产品的生产，其蕴含的经济价值实质上已转移至产出的产品，则此时摊销费用应作为产品成本的组成部分进行核算。

	外购的数据资源无形资产	自行开发的数据资源无形资产	土地使用权	合计
原价				
2023 年 12 月 31 日				
本年增加				
购置				
内部研发				
非同一控制下企业合并				
其他				
本年减少				
处置				
其他				
2024 年 12 月 31 日				
累计摊销				
2023 年 12 月 31 日				
本年增加				
计提				
其他				
本年减少				
处置				
其他				
2024 年 12 月 31 日				
减值准备				
2023 年 12 月 31 日				
本年增加				
计提				
其他				
本年减少				
处置				
其他				
2024 年 12 月 31 日				
账面价值				
2023 年 12 月 31 日				
2024 年 12 月 31 日				

图 12　分类为"无形资产"的数据资源披露样本

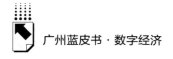
（五）列报与披露

数据资产的列报与信息披露是数据入表的技术路径的最后一环，通过将数据资产纳入资产负债表，并进行相应的信息披露，提高企业的透明度和信誉度。同时，采用强制披露与自愿披露相结合的方式，平衡信息需求和披露成本，全方位响应各方利益相关者的资讯需求。

《暂行规定》对数据资源的披露要求，促使企业将已费用化的数据资源显性化，使企业的无形资产价值更为直观、明晰，从而有助于企业价值的提升。同时，依据资源评估所需的具体参数、假设及模型，企业建立起更为细致的内部管理流程，进而更加深入地理解数据资源价值的构成、来源及其实现机制。

五　展望

《暂行规定》的出台，为企业合理准确地将数据这项经济资源反映在财务系统中提供了重要依据，与此同时云计算和人工智能技术的发展，为企业实现数据资源的开发利用、推动数据入表的良性循环提供了技术保障。

随着云计算和人工智能技术的广泛应用，企业可以实现数据资产的快速处理、智能分析和精准分类。一方面，借助云计算的强大算力，企业可以高效地处理海量数据，实现数据的实时更新和分析；另一方面，借助人工智能的深度学习能力，企业可以自动识别和分类数据，大大提高了数据处理的准确性。数据涉及的领域和行业广泛，在医疗、交通、金融、农业等具体应用场景的细化和深化中，新技术促进各行各业数据资源的开发和利用，为高质量数据要素市场的培育注入了新动能。

然而，数据入表仍然面临诸多方面的挑战，这些挑战主要源自数据资产的特性、会计处理的复杂性、集团层面会计核算以及数据确权模糊等方面。其中，数据资产估值是最大的挑战之一。由于数据资产的非物质性、易变性和难以量化，传统的成本法、市场法和收益法难以准确评估其价值。因此，需要探索新的数据资产估值体系，从权益视角审视和评估数据资产的公允价值，这需要会计、财务、法律、技术等多领域的专家共同研究和实践，形成一套科学、合理、可行的数据资产估值体系。

此外，对于数据入表的制度设计需要考虑两个方面。一方面，政府和企业应加强对数据入表的指导，明确数据资产的会计确认、计量与报告的相关指引，提供和推广数据入表的示范案例。另一方面，相关监管单位应全力构建和完善数据入表的监管督导机制，制定和完善相关法规和标准，防止数据造假和舞弊行为的发生，确保数据入表过程的合法合规性。

尽管目前在推动数据入表实践中存在多重挑战，但伴随科技的迅猛发展与创新活力的持续释放，未来数据入表将迎来智能化、自动化的崭新篇章。彼时，人工智能、机器学习等尖端技术将成为强有力的助手，助力企业在短时间内精准无误地完成数据清洗、转换、融合等烦琐工序，大幅减少人工介入，显著提高数据入表的工作效率。同时，随着大数据、云计算等新兴技术的广泛采纳与深入应用，数据入表的总体成本有望逐步降低，让更多企业得以轻松享受数据管理和分析的便捷与高效。未来，数据入表不仅是一项关乎技术的专业工作，更是企业成功实现数字化转型、赋能智慧决策的至关重要的一步，使企业拥有无限可能。

参考文献

崔俊富、陈金伟：《数据生产要素对中国经济增长的贡献研究》，《管理现代化》2021 年第 2 期。

秦荣生：《企业数据资产的确认，计量与报告研究》，《会计与经济研究》2020 年第 11 期。

唐莉、李省思：《关于数据资产会计核算的研究》，《中国注册会计师》2017 年第 2 期。

吴超：《从原材料到资产——数据资产化的挑战和思考》，《中国科学院院刊》2018

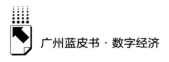

年第 8 期。

《中共中央　国务院关于构建数据基础制度更好发挥数据要素作用的意见》，中国政府网，2022 年 12 月 19 日，https：//www.gov.cn/zhengce/2022 - 12/19/content_ 5732695.htm？eqid=fe0be18700055912000000000364777582。

《易华录等发布数据资源入表白皮书（2023 版）》，"智能交通技术"搜狐号，2023 年 12 月 16 日，https：//www.sohu.com/a/744452174_468661。

B.17
广州数据流通交易创新探索与展望

广州数据交易所课题组*

摘　要： 广州数据交易所是广州面向数字时代建设的重大平台，也是广东省数据要素市场体系核心枢纽。广州数据交易市场发展态势总体向好，正逐步构建起一个开放、共享、协同、高效的数据要素市场，在赋能商贸企业、交通管理、金融融资等实体经济发展，推动产权分置运行，探索公共数据运营模式，实践数据资产入表等重点领域已取得一定成效。围绕场内交易积极性不高、公共数据授权运营力度有待加大以及产业集聚区数据交易有待活跃等问题，课题组建议可以出台优惠政策，降低交易成本，开展数据交易相关的宣传活动与培训。加强数据质量管理，制定数据质量标准和评估体系，形成全市统一的公共数据资源目录，明确公共数据的使用权限、保密要求和责任归属，为公共数据授权运营提供法律依据。提升技术和基础设施水平，提高数据处理、分析和应用能力，保障公共数据安全。

关键词： 数据交易所　数据要素　数据价值　广州

　　数据成为新的生产要素，同时越来越成为全球竞争的焦点，数字主权成为大国博弈的重点领域。数据交易还处于数据价值充分释放、变成强大生产力的初期，国内外有关数据交易的完整、一致公认的规则体系尚在探索中。全球主要城市作为先进生产要素的集中地、数字经济的主要承载地，都在发挥各自基础优势并创设条件，围绕数据交易的范畴、规则、模

---

* 课题组成员：许晶晶、魏东、沈海、邹咸宇、李玲、郑彬彬、高翔、杨澜、张岩、王琳、王君、廖俊伟、崔春亮。

式和应用等各个领域和方向展开探索，势必在数据要素价值化、市场化的过程中抢占制高点，"百家争鸣"成为现阶段的典型特征。在数字时代的背景下，数据交易所作为数字交易的全新平台应运而生。当前，国内主要城市，大多数数据交易所（中心）虽然成立不久，但已如数字经济一样蓬勃发展，并逐步释放出新动力。广州作为国家中心城市、数字经济第一梯队，必然需要抓住乃至引领数字经济发展浪潮，在数字经济关键领域的竞争中不能落后。广州数据交易所作为广州面向数字时代建设的重大平台，正积极承担这一时代使命，不断激发数据市场活力，塑造广州新优势。

一 广州数据流通交易市场整体发展态势

2023年，广州数据流通交易市场总体发展态势向好，按照国家和广东省相关工作要求，广州出台多项数据要素相关政策，行业相关研究及行业互动交流较多，交易较为活跃。

（一）科学布局顶层规划

2020年，《中共中央 国务院关于构建更加完善的要素市场化配置体制机制的意见》正式发布，首次明确将数据作为新型生产要素。2023年10月，国家数据局正式揭牌，标志着我国在数据要素领域的治理体系进一步完善，有助于推动数据要素市场的规范化发展。2023年12月，国家数据局等17部门联合印发《"数据要素×"三年行动计划（2024—2026年）》，再次体现出从国家战略高度重视数据要素的价值。广东省以国家政策为指引，立足广东省经济社会发展现状和需求，制定相关政策。2023年1月，广东省政务服务和数据管理局（原"广东省政务服务数据管理局"）编制《广东省数据要素市场化配置改革白皮书》，提出了广东省数据要素市场化配置改革的总体目标和任务措施，建设高标准数据要素市场体系，推动数据要素在省内高效流通，提升数据要素配置效率和效益。2023年11月，广东省人民政府办公厅印发《"数字湾区"建设三年行动方案》，强调要打造国际一流的数据要素交易市场，推动数据要素在湾区内的自由流通和高效配置，加强数据要素交易市场建设，建立健全数据要素交易规则和监管机制，提升数据要素交易市场的透明度和公信力，积极探索数据要素流通新模式和新业态，推动数据要素与其他生产要素的深度融合和创新应用，促进数字经济发展和产业升级。

按照国家和省级层面系列政策要求，广州积极构建数据要素流通交易路径，科学规划、积极探索。《2023 年广州市政府工作报告》提出"建好广州数据交易所，探索数据资产化"。2023 年 4 月，广州市政务服务和数据管理局印发《广州市公共数据开放管理办法》，明确广州公共数据的开放范围、开放方式和安全管理要求，鼓励企业、行业协会、科研机构、社会组织等依法主动开放自有数据，促进公共数据和非公共数据的多维度开放与融合应用。2023 年 8 月，《广州市新型智慧城市建设规划》发布，提出将广州打造为全球数据要素市场核心枢纽。2023 年 12 月，广州发布《关于更好发挥数据要素作用推动广州高质量发展的实施意见》，提出促进数据合规高效流通使用，建设具有全球影响力的数字经济引领型城市。2023 年 12 月，广州市政府印发《广州市关于进一步深化数字政府建设的实施方案》，强调完善广州数据交易所建设，引导市场主体通过数据交易平台进行数据交易，持续推进"一所多基地多平台"体系架构落地，推进数据交易生态体系建设。

（二）行业发展形势

2023 年，数据要素成为年度关注热点，社会各界普遍对数据要素的发展给予较高关注。就行业本身而言，广州数据要素市场行业发展形态呈现市场主体参与积极性较高的特点，社会组织、研究机构和高校纷纷参与数据要素相关工作。

在政策利好的背景下，广州市场主体参与数据要素市场建设的积极性较高。交易供方、交易需方以及各类市场主体纷纷投入其中，共同推动数据要素市场发展。各行业积极挖掘数据潜力，制造业、环保、产业园区、农林牧

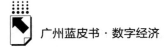

渔、低空飞行等产业领域的数商积极进场交易，挂牌数据产品、创新交易场景。

广州社会组织、研究机构和高校等积极参与数据要素市场的相关研究与合作交流，围绕数据要素市场的建设、发展、监管等方面的研究项目纷纷落地。2023年9月，2023数据要素发展大会在广州召开，中国信息通信研究院在会上发布《数据要素白皮书（2023年）》；广州数据交易所联合全国16家数据交易机构及中国信息通信研究院共同签署《全国数据要素市场可信交易倡议书》，并发布"广州数据交易所可交易数据产品指引及实践"成果，分享通过明确可交易数据产品、建设数据交易服务基地、构建行业数据空间等措施，创新打造多层次数据要素市场的数据流通交易可行路径。2023年12月，在第二届数字政府建设峰会暨"数字湾区"发展论坛上举办的数据要素论坛暨首届广州数据交易会呈现数据交易市场繁荣发展的态势，共有19家数据交易机构参展，150余家数商参会，与数据跨省流通、公共数据产品交易合作、跨境数据流通交易相关的近10个项目在交易会上成功签约。

总体而言，2023年，广州数据交易市场呈现较为活跃的发展态势，市场主体、科研机构参与程度较高，相关科研工作开展及行业合作交流较多。

（三）数据交易市场概况

广州数据交易所作为广东省数据要素市场体系核心枢纽，2023年交易市场整体较为活跃。就广州数据交易所进场上架的交易标的而言，截至2023年底，全国范围内有超1500项交易标的申请进场交易，涉及智慧金融、陶瓷、环保、汽车、建筑、农林牧渔、智能制造等二十四大行业领域，累计成交超5300笔。从交易标的区域和行业分布情况来看，广州交易标的主要分布在天河区、黄埔区和越秀区（见图1），集中分布在公共服务、通信运营商和智慧金融等行业（见图2）。就数据产品单项来看，天河区数据产品供给量较大，占全市产品数量过半。

会员方面，2023年，广州数据交易所累计发展会员超1600家，覆盖全国26个省份。就广州而言，广州数据交易所会员类型以交易供方和交易需

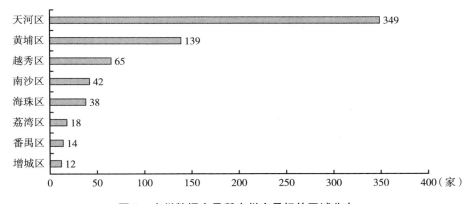

图1 广州数据交易所广州交易标的区域分布

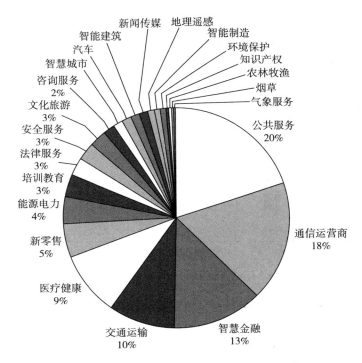

图2 广州数据交易所广州交易标的行业分布

方为主（见图3）。在广州各区中，天河区、黄埔区和南沙区会员数量排在全市前列（见图4）。

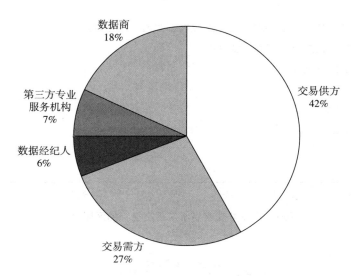

图3 广州数据交易所广州会员类别

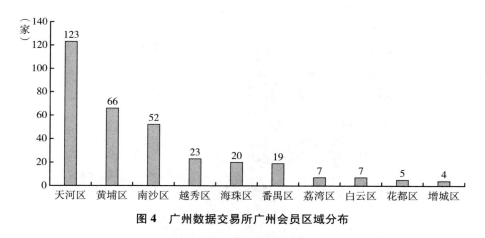

图4 广州数据交易所广州会员区域分布

二 广州数据流通交易市场发展成效

广州数据交易市场发展态势总体向好，并取得一定成效，主要体现在赋能实体经济发展、推动产权分置运行、探索公共数据运营模式、实践数据资产入表四个方面。

（一）赋能实体经济发展

广州数据交易所以探索数据赋能实体经济为发展主线，坚持"走进田间地头，深入车间产线"，以数据交易为切入点，致力于释放数据要素价值，持续孵化、高效赋能，打造了一批极具行业价值的数据产品。本文选取广州典型数据产品案例，围绕数据赋能实体经济展开分析。

1. 推动商贸企业健康发展

作为千年商都，广州在商贸行业的发展一直位居全国前列。帮助商贸行业解决发展难点、堵点，助推广州商贸持续领跑是数据赋能商贸行业发展的目标。在商贸流通行业，贷款难融资难成为制约中小微企业发展的一大难题。由于抵押和担保不足、信息不对称等，企业往往很难获得足够的资金支持。为解决这一问题，广州数据交易所联合粤港澳国际供应链（广州）有限公司推出"金融风控数字服务"数据产品。这款数据产品汇集了众多数源方的数据，通过企业授权的方式采集数据，从而打通商贸信息流通渠道，实现贸易全链路可视化。通过数据支撑，贸易生态核心企业可链接到金融机构，有效拓宽了融资渠道，为中小企业提供稳定的资金链。此外，这款产品还能帮助企业把握市场动态和进行风险控制，为企业决策提供有力支持。

2. 提升交通管理和调度效能

在交通运输行业，运用数据解决问题已逐渐成为发展趋势，尤其是在交通管制、路线规划和智能交通等方面。然而，由于数据归集标准不统一、数据应用授权链路不明晰，交通数据在便民服务方面的应用场景相对较少。为解决这一问题，广州数据交易所联合广州地铁集团有限公司推出"线网客运量"数据产品，利用地铁全线网闸机设备数据，将各个闸机的出入站人流量数据汇聚整合，经过加工后形成了一个完整的地铁线网客运量数据集。通过这个数据集，实时掌握各个公共交通站点的人流量情况，政府部门及共享交通服务设施的投放企业可及时掌握乘客流量数据，提升地铁车站周边共享单车、公交规划以及接驳安排等交通服务设施的投放决策科学性，更好地

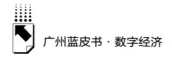

进行交通管理和调度，进一步提升交通便民服务水平。

3. 促进金融创新，解决融资难的问题

在金融服务行业中，市场的复杂性和波动性一直是企业信贷风险识别、评估和管理的重大挑战。许多金融机构面临如何准确评估企业信用风险，为中小企业提供融资支持的难题。

为解决这一问题，广州数据交易所联合广州金控数字科技有限公司推出企业经营健康指数产品，通过隐私保护计算处理政府部门掌握的企业住房公积金缴存数据、社保缴存数据以及商事经营数据三大类 12 项公共数据资源，加工形成企业经营健康指数产品。通过使用这款产品，金融机构可以更加便捷地获得企业的信用信息，更准确地评估企业信贷风险，更全面地评估企业信用。这既提高了金融机构的决策效率，又降低了信贷风险，能为企业提供更加可靠的融资支持，帮助企业解决融资难的问题。

（二）推动产权分置运行

《关于更好发挥数据要素作用推动广州高质量发展的实施意见》明确建立产权分置运行机制，探索构建结构性分置的数据产权机制，推进实施公共数据、企业数据、个人信息数据等确权授权机制，推进实施数据要素各参与方合法权益保护制度。

依据《关于更好发挥数据要素作用推动广州高质量发展的实施意见》相关规定，广州积极探索通过民事商事合同、行政协议约定和资产登记等方式明确数据产权，逐步建立分类分级确权授权制度，编制公共管理和服务机构职能数据清单，并推动探索企业数据授权使用新模式，探索数据处理者按照个人授权代其行使个人信息数据权利、维护数据权益的机制。

逐步推广企业首席数据官制度是《关于更好发挥数据要素作用推动广州高质量发展的实施意见》中推进实施企业数据确权授权机制的重要内容，也是近年来广州在数据要素发展领域持续推进的工作内容。2023 年 9 月，广州正式印发《广州市全面推行首席数据官制度工作方案》，逐步推广企业首席数据官制度。早在 2021 年，广州便选取了 33 个单位开展首席数据官制度试点。试点期间，广州率先建立"首席数据官+首席数据执行官+支撑团队"的组织模式，并在首席数据官议事协调、数字化人才培养、数据融合应用、数据流通创新等方面取得了一定成效。《广州市全面推行首席数据官制度工作方案》进一步明确首席数据官将聚焦于数据管理与数据运营，重点围绕数据资源汇聚、共享、开放、利用等数据治理工作展开，具体负责推动跨部门、跨层级、跨区域的数据流通应用，充分释放广州数据资源价值。从而推动数字化改革，推进数字政府和数据要素市场体系建设，促进数据、业务、技术深度融合。

（三）探索公共数据运营模式

随着《广州市公共数据开放管理办法》《广州市数据条例》《关于更好发挥数据要素作用推动广州高质量发展的实施意见》等相关政策办法的出台，广州明确指出要大力推进公共数据授权运营，建立相关工作机制，并对授权运营各环节进行了初步规定，明确遵循统筹管理、需求导向、分类分级、便捷高效、安全可控的原则，依法有序开放公共数据。广州创新工作举措，在授权运营中引入数据商角色，按政府指导价使用公共数据，通过政府与企业合作的方式，成立公共数据运营机构，制定相应的管理规则，搭建数据运营平台，向数据商提供安全可信的数据开发利用环境，促进公共数据与社会数据的融合应用，推动广州公共数据授权运营朝着规范化、规模化的方向演进。

在广州政务服务和数据管理局的指导下，广州数据集团有限公司建立了广州公共数据运营中心，该平台搭建了公共数据治理域和数据要素流通域之间的公共数据开发利用平台。该平台公共数据运营开发利用总体流程如下：第一阶段，数据元汇聚。公共数据运营机构汇聚公共数据、企业数据、行业数据等多方数据并接入至平台的数据金库。第二阶段，数据部件开发。平台对接入数据金库的数据元进行脱敏加密、清洗加工，将形成具有安全属性和价值属性的各类数据部件，为后续不同应用场景的数据产品二次开发提供服务。第三阶段，数据产品开发。公共数据运营机构为数商提供安全可控可信

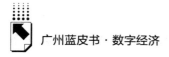

的开发环境，数商基于"原始数据不出域、数据可用不可见"的原则，进行公共数据的合规开发。第四阶段，上架流通交易。公共数据运营机构完成产品开发，形成数据产品并进入数据交易所进行合规交易。

（四）实践数据资产入表

广州具备雄厚的数字经济发展基础、海量的数据资源规模以及丰富的应用场景。截至2023年底，广州城市大数据平台已接入单位155家，汇集数据超过222.83亿条，广州市政府数据统一开放平台已开放数据集1254个。

2023年7月，广州市政务服务和数据管理局发布《广州市数据条例（征求意见稿）》，鼓励企业将数据资源纳入企业财务报表，规范数据资源相关会计处理，强化数据资源会计信息披露，推动数据要素纳入国民经济和社会发展的统计核算体系。据统计，2023年广州数字经济核心产业增加值占地区生产总值的13%，这一数据已超过《"十四五"数字经济发展规划》提出的2025年核心产业增加值占GDP的比重达10%的目标。广州良好的政策基础及产业基础为企业数据资产入表奠定了坚实的基础。

为规范企业数据资源相关会计处理，强化相关会计信息披露，推动财政部印发的《企业数据资源相关会计处理暂行规定》在广东省顺利落地实施，省财政厅、省政务服务和数据管理局组织开展了2023年度企业数据资源会计处理典型案例研究。其中，广州共调研7家企业，占全省调研企业的29%，以信息技术企业、产业平台、媒体企业和金融企业为主。

调研结果显示，7家企业都已实现数据资源的梳理，调研企业的数据资产入表呈现三大特点。一是信息技术企业有待通过入表进一步规范数据管理。目前信息技术企业拥有大量数据，部分企业获取的公共数据和企业数据种类繁多，来源渠道多元化，如何按照相关法律法规要求进行数据合规管理是当前该行业亟待解决的问题。二是数据资产入表使企业成本核算进一步合理化，从而支持企业合理定价和重塑商业模式。《企业数据资源相关会计处理暂行规定》颁布前，信息技术企业发生的涉及数据获取、数据处理加工的支出均予以费用化处理，出现主营业务成本归集金额较低，无法与主营业务收入匹配的现象，不利于产品定价。三是数据资源作为信息技术企业的重要战略性投资，入表将有利于企业获得相匹配的融资。信息技术企业数据资产入表后有助于控制资产负债率，资产结构趋于合理化，未来可以通过价值评估获得专项贷款，以支持信息技术在数据资产方面的创新投入。

总体而言，广州企业实施数据资产入表处于早期阶段，企业参与积极性较高。企业愿意主动提供和分享自有数据资源，也愿意与相关部门和机构紧密合作，共同推动数据资产入表工作开展。

三　广州数据流通交易面临的问题及建议

2023年，广州数据交易市场虽总体繁荣发展，但场内交易积极性不高、公共数据授权运营力度有待加大以及产业集聚区数据交易有待活跃，场内数据交易受到一定阻碍。为此，当前需要围绕以上问题加快分析研判并找到行之有效的解决方案。

（一）企业进场交易积极性有待提高

尽管数据交易市场潜力巨大，但实际交易中双方进场积极性并不高。就这一问题，广州数据交易所在实践中总结了以下几点原因。第一，成本顾虑。场内交易会产生一定的交易费用，费用或随交易规模、频率变动，部分交易者受成本影响，寻求低成本交易。在场内数据交易中，交易者需满足最低资金或保证金要求，资金有限或不满足要求的交易受限。第二，企业偏好问题。部分交易方因担忧交易的不确定性和潜在损失，可能倾向于维持现状，不愿参与场内交易。某些行业存在特定因素，如高度监管、市场垄断等，导致交易方谨慎交易。交易方的战略目标和方向影响其交易偏好，如一些企业注重内部增长、创新或合作伙伴关系，而非通过交易实

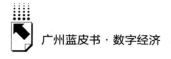

现扩张或获取资源。

为改善上述情况，基于提升场内数据交易活跃度这一目标，课题组认为可以从以下几个方面着手。一是出台优惠政策，降低交易成本。政府出台相关优惠政策，如财政补贴等，激励企业进场参与数据交易，并通过技术创新和平台建设，降低企业在数据交易过程中的成本，提高交易效率。二是加强宣传与培训。开展数据交易相关的宣传活动，提高企业对数据交易的认知度和理解程度，组织专业培训提升企业的数据交易能力。此外，要积极发挥国有企业的示范带动作用，以国有企业为龙头，通过其积极参与数据交易，提高其他企业进场交易的积极性。

（二）公共数据授权运营力度有待加大

在数据要素产业发展的关键环节，公共数据发挥着至关重要的作用。相较于企业数据和个人数据，公共数据具有更高的权威性、通用性、公益性和可控性，使得公共数据在数据要素产业中占据了独特的地位。然而，实践发现，公共数据授权运营存在一定困难。第一，数据质量问题。公共数据来源广泛，不同部门的数据采集和管理方式存在差异，部分公共数据可能存在不完整、不准确或过时的情况，降低了数据的可用性和价值。第二，数据安全与隐私问题。涉及个人隐私和敏感信息的数据可能引发安全和隐私问题，导致相关方对数据的共享和使用持谨慎态度。第三，法律法规不明确。相关法律法规对公共数据的使用、共享和授权运营缺乏明确规定，增加运营相关方面临的不确定性和法律风险。第四，技术和基础设施限制。公共数据储量大，技术和基础设施支持的缺位限制了公共数据的有效管理，无法满足市场需求。

为充分挖掘公共数据潜力，释放公共数据价值，推进数据基础制度有效落地，就公共数据授权运营中的难题提出以下几点建议：一是加强数据质量管理，制定数据质量标准和评估体系，推动数据采集和管理的规范化，确保数据的准确性、完整性和及时性；二是形成全市统一的公共数据资源目录，对各类公共数据进行分类、整合和管理，提高数据的可用性和可访问性；三是明确公共数据的使用权限、保密要求和责任归属，为公共数据授权运营提供法律依据；四是提升技术和基础设施水平，加大对技术研发和基础设施建设的投入，提高数据处理、分析和应用能力，保障公共数据安全，为公共数据授权运营提供技术支持。

（三）产业集聚区数据交易有待活跃

产业集聚区通常拥有大量的数据资源，但由于技术、资金等方面的限制，这部分数据资源往往得不到充分利用。这一问题主要源于市场主体对数据交易还存在一定疑虑。在区域产业集群、行业产业链生态以及 IT 领域相关生态中，企业间往往存在较强的数据交易意愿，但在合法合规完成交易方面存在困惑。

为进一步挖掘产业一线数据潜力，充分释放数据潜能，建议推动广州条件成熟的行政区落地数据交易服务专区。由此，进一步加强数据交易"认知培训"，增进企业对数据交易的理解，将数据交易服务推送至产业一线，深入推进广州数据交易所"一所多基地多平台"体系建设，使更多企业和个人能够享受便捷、专业、高效的数据交易服务，形成丰富的数据资源供应场景，促进区内数据的流通和共享。同时，完善相关法律法规，加大监管力度，建立健全数据交易纠纷解决机制，为企业提供法律保障。

随着数字经济的蓬勃发展，数据已成为推动经济社会发展的新引擎。广州在数据要素流通交易方面展开积极探索与实践，不仅为本地经济的转型升级提供了有力支撑，也为全省乃至全国范围内的数据流通交易提供了宝贵的经验。通过建立健全数据交易规则体系，推动数据资源的深度开发与应用，广州正逐步构建起一个开放、共享、协同、高效的数据要素市场。

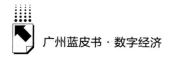

参考文献

大数据流通与交易技术国家工程实验室等：《2023 年中国数据交易市场研究分析报告》，2023。

工业和信息化部网络安全产业中心：《数据要素市场生态体系研究报告（2023年）》，2023。

赛迪研究院：《中国城市数据要素市场发展评估报告（2023 年）》，2024。

中国信息通信研究院：《数据要素白皮书（2023 年）》，2023。

中国信息通信研究院：《数字政府一体化建设白皮书（2024）》，2024。

B.18
我国数字消费水平测度、区域差异及演进特征

巫细波　陈世栋*

摘　要：　数字消费不仅是我国消费转型升级的重要方向，也是培育新质生产力的重要领域。从数字消费规模、数字产业支撑、数字消费环境、数字消费潜力四个维度构建了数字消费水平综合测度指标体系，运用Entropy-CRITIC组合权重和改进的时序 TOPSIS 法对 2015~2022 年我国 31个省（区、市）的数字消费水平进行测度，系统分析数字消费水平的地区差异及演进特征。研究结果表明：我国数字消费水平总体保持上升趋势，从 2015 年的 0.1629 上升到 2022 年的 0.2473，但整体水平还有待提升；省际数字消费水平总体差异变化幅度较小，呈现小幅上升的趋势；我国数字消费水平总体差异主要来源于组间差异，其次为超变密度和组内差异，不同区域的差异变化明显不同；从省际数字消费水平演进特征来看，全国及七大地区的核密度估计曲线主峰位置整体缓慢向右移动，主峰宽度整体呈现逐渐变宽的演化特点；不同区域的核密度估计曲线有明显差异，但均有主峰峰值右移的现象，华北地区和华东地区的核密度估计曲线呈现典型的单峰特征，华南地区和华中地区的核密度估计曲线均呈现由单峰向双峰演进的趋势，东北地区和西北地区的核密度估计曲线表现为典型的双峰特点，西南地区的核密度估计曲线则呈现独特的三峰特点。

---

* 巫细波，广州市社会科学院区域发展研究所研究员，研究方向为区域经济、空间计量与 GIS应用；陈世栋，广东省社会科学院经济研究所研究员，研究方向为区域经济、城乡发展。

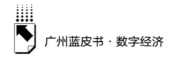

关键词： 数字消费　区域差异　时空格局　Entropy-CRITIC 组合权重
时序 TOPSIS 法

一　引言

随着数字经济的繁荣发展，围绕数字消费推动消费高质量转型发展已成为我国培育新质生产力的重要引擎。国家发改委于 2023 年 7 月发布的《关于恢复和扩大消费措施》明确提出围绕推进数字消费基础设施建设、支持线上线下商品消费融合发展、发展即时零售和智慧商店等新零售业态、加强移动支付等安全监管、提升信息消费示范城市建设水平等领域壮大数字消费。新时代新征程，中国式现代化实践要顺应数字经济发展趋势，积极推动数字经济赋能消费升级，为我国新质生产力培育壮大注入活力。因此，对数字消费发展的研究与评价需要从规模扩大、结构优化等方面着手。

当前学术界对"数字消费"尚未有明确定义，近年来随着数字经济繁荣发展，国内越来越多的学者从不同角度进行初步探索。其中，赖立等认为数字消费是传统消费模式在数字空间的虚拟延展，兼具双重身份的数字消费主体的消费活动是生产关系数字化时代化的现实反映。[①] 李梁栋等认为数字消费是中国式现代化进程中消费转型升级的必然结果，中国式消费现代化具有丰富的内涵并在数字时代发展为数字消费。[②] 陈诗钰等认为数字消费作为一种新型消费模式，主要得益于云计算、互联网、人工智能等新一代信息技术的应用，并推动传统消费向数字消费转型升级。[③] 石磊等认为数字时代新

---

① 赖立、谭培文：《数字中国建设背景下数字消费的内涵、困境及发展路径》，《经济学家》2023 年第 12 期。

② 李梁栋、刘璇：《数字时代中国式现代化的消费之维：理论内涵、发展困境和应对措施》，《当代经济管理》2024 年第 1 期。

③ 陈诗钰、陈丽莉：《数字消费研究现状、热点及其演进趋势——基于 CiteSpace 的可视化分析》，《中国集体经济》2024 年第 2 期。

消费的本质是媒介化消费，能够促进实体与虚拟消费、物质与精神消费有机融合，由此突破传统消费模式中单纯商品购买的局限。[①] 马超认为数字消费是新时期传统消费模式向数字领域拓展的产物和形态，借助数字资本和数字技术的交互，数字消费主义是资本逻辑支配下消费领域数字化和数字领域消费化双向进程发生异化的结果。[②] 此外，2015 年国务院印发的《关于积极发挥新消费引领作用加快培育形成新供给新动力的指导意见》首次提出"新消费"的概念，指出新消费包括服务消费、信息消费、绿色消费、时尚消费、品质消费和农村消费六个方面，认为新消费是加快推动产业转型升级并实现经济提质增效的重要途径。总体上看，目前关于数字消费内涵及测度的研究尚处于起步阶段，研究的方向主要集中在数字消费内涵探索、数字消费业态研究及评价测度三个方面。由于数字消费是在数字经济各领域繁荣发展之后出现的新趋势，关于数字消费的研究总体上还处于初级阶段，因此国内外现有的关于数字消费的研究成果较少，对数字消费的内涵及概念尚未达成共识，对数字消费发展程度的测度也处于探索阶段，国家或地方政府层面也未发布指标体系。本文立足数字消费含义，结合当前的实际情况构建相对科学、全面、合理的数字消费水平综合测度指标体系，尝试探索评估我国及省级层面的数字消费水平与区域差异。基于此，本文从数字消费规模、数字产业支撑、数字消费环境、数字消费潜力四个维度构建我国数字消费水平综合测度指标体系，对 2015~2022 年我国及各省（区、市）数字消费水平进行测度，然后运用 Dagum 基尼系数和核密度曲线对各省（区、市）数字消费水平的时空演变趋势进行实证分析，在此基础上结合实证分析结果为进一步提高我国数字消费水平及缩小区域差异提出对策建议。

---

① 石磊、陈实：《理解新消费：媒介化消费的内涵、成因及实践规则》，《西南民族大学学报》（人文社会科学版）2022 年第 9 期。

② 马超：《数字消费主义的逻辑生成及其批判性考察》，《思想教育研究》2023 年第 2 期。

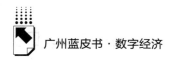
二 数字消费水平概念及其测度方法

(一)数字消费水平的概念

数字消费是依托互联网和数字信息技术开展的各类商品消费活动,显著区别于以现场交易、现金交易、现货交易为特征的传统消费模式。数字消费的主体涉及数字产品与服务的提供方、数字产品与服务的消费者、数字产品与服务的传送方、数字产品与服务的监管者。当前数字消费的主要形式包括网络零售、在线文娱、在线医疗、在线教育、网络培训等,不同类型的主体在数字消费活动中发挥的功能不同。一般而言,一个城市或地区数字消费水平高低与数字消费主体的发展水平高度相关。比如,数字产品与服务的提供方的水平高低主要体现在数字产品是否丰富,电子产品制造业、软件信息服务业、电信业等数字信息相关产业规模是否庞大上;数字产品与服务的消费水平高低主要体现在消费人群规模、消费人群收入水平、企业数量等方面。总体而言,在现有的统计指标下,有许多现成统计指标可以直接或间接反映一个城市或地区的数字消费水平。参照已有消费水平测度相关研究,本文将数字消费水平划分为数字消费规模、数字产业支撑、数字消费环境、数字消费潜力四个维度,由此构建我国省级层面的数字消费水平综合测度模型。

(二)数字消费水平测度指标选取

在对数字消费概念进行界定的基础上,结合数据的可得性,本文从数字消费规模、数字产业支撑、数字消费环境、数字消费潜力四个维度对数字消费水平进行分解,构建数字消费水平综合测度指标体系(见表1)。

表1 数字消费水平综合测度指标体系

单位：%

一级指标	二级指标	单位	属性	权重	
				时序	平均
数字消费规模（40%）	电子商务销售额	亿元	正向	8.87	8.70
	电子商务采购额	亿元	正向	9.84	10.91
	网上零售额	亿元	正向	21.29	20.38
数字产业支撑（25%）	电子信息制造业主营业务收入	亿元	正向	4.47	4.71
	软件业务收入	亿元	正向	5.24	3.05
	电信业务收入	亿元	正向	3.98	4.55
	快递业务收入	亿元	正向	3.99	4.64
	信息传输、软件和信息技术服务业法人单位数	百个	正向	3.42	3.38
	信息传输、软件和信息技术服务业就业人员数	万人	正向	3.90	4.67
数字消费环境（20%）	快递业务量	百万件	正向	4.81	4.03
	邮政营业网点数量	百家	正向	2.16	2.22
	每百家企业拥有网站数	个	正向	3.81	3.37
	有电子商务交易活动企业占比	%	正向	2.43	3.04
	移动互联网用户数量	万户	正向	1.94	1.96
	互联网宽带接入用户数量	万户	正向	2.38	2.52
	移动电话普及率	部/百人	正向	2.47	2.87
数字消费潜力（15%）	消费人口规模（用常住人口表示）	万人	正向	4.14	3.39
	市场规模（用社会消费品零售总额表示）	亿元	正向	2.66	2.32
	消费购买水平（用人均可支配收入表示）	万元	正向	5.36	6.78
	企业数量	百家	正向	2.84	2.51

注：时序权重指一次性用所有年份数据计算得到的综合权重，计算方法见下文；平均权重为2015~2022年的权重平均值，每个指标不同年份的权重有所不同。

（三）指标说明及来源

随着数字经济繁荣发展，消费结构不断升级，数字消费新业态不断涌现，消费方式不断革新，数字消费水平综合测度指标体系需紧紧围绕当前消费市场发展特点、问题和趋势，既要全面系统地反映数字消费规模现状，又要反映支撑数字消费发展的数字产业、数字消费环境及潜力。因此，数字消费水平综合测度指标体系围绕数字消费规模、数字产业支撑、数字消费环

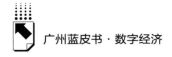

境、数字消费潜力四个一级指标进行构建，具体指标分析和说明如下。

1. **数字消费规模**

侧重于用电子商务发展规模测度数字消费规模，在考虑指标选取原则的基础之上，将数字消费规模进一步分为电子商务销售额、电子商务采购额、网上零售额等3个二级指标，虽然涵盖范围有所偏差，但考虑到省级层面长时间序列数据的可获得性，所选取指标只能尽可能接近数字消费规模这一指标。变量数据主要来自历年《中国统计年鉴》以及各省（区、市）统计年鉴、统计公报。

2. **数字产业支撑**

数字消费的兴起和发展离不开电子信息制造、软件、电信、快递等相关产业的支撑，因此应选取与数字消费直接关联的指标。本文主要选取电子信息制造业主营业务收入，软件业务收入，电信业务收入，快递业务收入，信息传输、软件和信息技术服务业法人单位数，信息传输、软件和信息技术服务业就业人员数等6个二级指标反映数字产业支撑情况。变量数据主要来自历年《中国统计年鉴》以及各省（区、市）统计年鉴、统计公报。

3. **数字消费环境**

数字消费的发展需要相应的信息化硬件和软件环境作为支撑，数字基础设施赋能能有效激发数字消费市场活力。因此，应选取能反映信息化硬件和软件环境的关键指标。本文主要选取快递业务量、邮政营业网点数量、每百家企业拥有网站数、有电子商务交易活动企业占比、移动互联网用户数量、互联网宽带接入用户数量、移动电话普及率7个指标反映数字消费环境。变量数据均来自历年《中国统计年鉴》《中国信息化年鉴》。

4. **数字消费潜力**

数字消费是未来消费转型升级的重要方向，但现有消费模式不会被完全取代，两者会相互转换和共存，传统消费规模也可以间接反映数字消费潜力。此指标反映了数字消费的发展潜力，反映潜在的消费群体规模、购买力及市场规模。本文主要通过消费人口规模（用常住人口表示）、市场规模

（用社会消费品零售总额表示）、消费购买水平（用人均可支配收入表示）、企业数量 4 个变量体现。变量数据均来自历年《中国统计年鉴》。

考虑到各指标数据在不同年份或省（区、市）存在缺失，因此，为尽可能获得较为完整的数据资源以及反映我国数字消费发展的最新态势，本文将样本数据的时间区间设定为 2015~2022 年，但是即便如此，新疆、广西、贵州、青海和宁夏等地仍存在缺失数据，本文将采用线性插值法、赋予极小值法对部分缺失数据进行填补。

（四）数字消费水平测度方法

1. 基于 Entropy-CRITIC 组合权重的时序 TOPSIS 法

TOPSIS（Technique for Order Preference by Similarity to Ideal Solution）法是一种常用的综合评价方法，能充分利用原始数据的信息精确反映各评价方案之间的差距。TOPSIS 法一般用于截面数据，指标权重多采用熵权法确定，而用于时间序列数据时则逐年计算，这意味着每个年份的最优方案、最劣方案都不一样，导致评价结果难以刻画研究对象的长期变化趋势。此外，熵权法仅考虑了指标数据本身的离散程度，没有考虑指标之间的相关性及可比性。为此本文尝试用整个研究期的最优方案和最劣方案，指标权重则综合考虑数据的离散性、相关性及可比性，方法上综合采用熵权法和 CRITIC（Criteria Importance Through Intercriteria Correlation）方法，本文简称 Entropy-CRITIC 组合权重，相对于一般的熵权法计算的权重，Entropy-CRITIC 组合权重更为合理。基于 Entropy-CRITIC 组合权重的时序 TOPSIS 法实质是对传统 TOPSIS 法的改进，从整个研究期选择最优方案、最劣方案，使用通过 Entropy-CRITIC 组合权重法确定评价指标的权重，在此基础上用时序 TOPSIS 法得到每个时期的评价结果。相对于普通 TOPSIS 法，本文改进的时序 TOPSIS 法能刻画样本的时间变化趋势及特征（见图 1）。

2. Dagum 基尼系数

与传统基尼系数和泰尔系数相比，Dagum 基尼系数是在基尼系数的基础上进行改进和修正的指标，能够更细致地分析区域间的差距。本文采用 Dagum

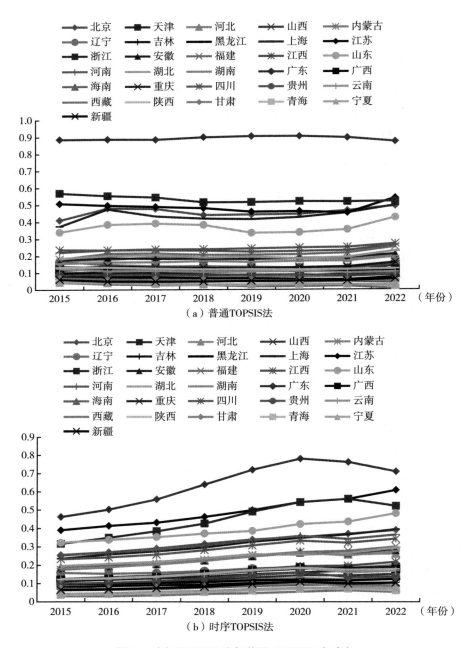

图1　时序 TOPSIS 法与普通 TOPSIS 法对比

基尼系数及其分解的方法研究我国省级数字消费水平的区域差异及变化特征。可将 Dagum 基尼系数分解为三部分：地区内差距的贡献 G_w、地区间差距的贡献 G_{nb} 和超变密度 G_t。参考巫细波的研究，将全国 31 个省（区、市）划分为东北、华北、华东、华中、华南、西南、西北 7 个地区。[①]

3. 核密度估计

核密度估计属于非参数估计方法的一种，假设随机变量 X_i 服从独立同分布，则概率密度 $f(x)$ 的表达式如下：

$$f(x) = \frac{1}{nh} \sum_{i=1}^{n} K(\frac{X_i - x}{h}) \tag{1}$$

其中，h 是带宽，$K(\cdot)$ 为核函数。核密度曲线越不平滑，估计精度就越高。

三　我国数字消费水平测度结果分析

（一）全国数字消费水平总体特征

2015~2022 年我国数字消费水平总体保持上升趋势，但局部年份有轻微起伏（见图 2）。全国数字消费水平均值从 2015 年的 0.1629 上升到 2022 年的 0.2473，增幅达 51.81%。2021 年数字消费水平有轻微下降。总体来看，由于我国省际数字消费水平差异较大，全国均值较小，数字消费水平还有待提高。

（二）区域数字消费水平特征

基于 2015~2022 年全国 31 个省（区、市）数字消费水平计算得到东北、华北、华东、华中、华南、西南、西北七大地区数字消费水平均值。总体来看，2015~2022 年七大地区数字消费水平均值均有明显增长但差异显著（见图 3）。

---

① 巫细波：《中国汽车制造业生产格局时空演变特征与前景展望》，《区域经济评论》2020 年第 2 期。

图2　2015～2022年全国数字消费水平

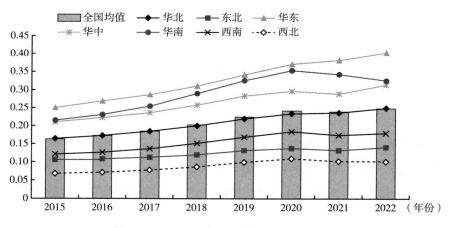

图3　2015～2022年七大地区数字消费水平

其中，华东地区的数字消费水平最高，西北地区最低，华南地区的数字消费水平变化较为明显，2021～2022年呈现下降态势。根据数字消费水平变化趋势，七大地区大致可以分成3组，其中华东、华南和华中地区为数字消费水平发达区域，这些区域的数字消费水平明显高于全国平均水平；华北地区为次发达区域，大致与全国平均水平一致；而西南、东北和西北地区则为欠发达区域，数字消费水平明显低于全国平均水平。从数字消费水平增长幅度来看，七大地区的增长幅度均超过30%，其中华东地区增幅最高，达

60.52%，华南和华北地区的增幅也超过50%，分别达到50.98%和50.92%；东北地区的增幅最低，为32.15%；华中、西北和西南地区增幅均超过40%，分别为48.54%、48.41%和47.65%。

（三）各省（区、市）数字消费水平特征

根据改进的时序 TOPSIS 法计算得到数字消费水平，2015～2022 年，我国各省（区、市）数字消费水平均有明显增长，广东历年保持首位，各省（区、市）数字消费水平差异显著（见表2）。

表 2　2015～2022 年全国 31 个省（区、市）数字消费水平

省（区、市）	2015 年	2016 年	2017 年	2018 年	2019 年	2020 年	2021 年	2022 年
北　京	0.2559	0.2707	0.2916	0.3160	0.3399	0.3529	0.3706	0.3912
天　津	0.1121	0.1206	0.1280	0.1372	0.1509	0.1609	0.1686	0.1848
河　北	0.1892	0.1956	0.2095	0.2285	0.2525	0.2733	0.2586	0.2645
山　西	0.1003	0.1028	0.1089	0.1170	0.1322	0.1445	0.1435	0.1516
内蒙古	0.0866	0.0922	0.0972	0.1076	0.1218	0.1285	0.1212	0.1297
辽　宁	0.1588	0.1536	0.1584	0.1685	0.1823	0.1905	0.1849	0.2004
吉　林	0.0798	0.0856	0.0900	0.0932	0.1021	0.1077	0.1018	0.1045
黑龙江	0.0972	0.0993	0.1034	0.1074	0.1171	0.1204	0.1158	0.1236
上　海	0.2349	0.2587	0.2755	0.2970	0.3285	0.3482	0.3674	0.3952
江　苏	0.3906	0.4142	0.4319	0.4633	0.4992	0.5423	0.5600	0.6084
浙　江	0.3164	0.3494	0.3851	0.4268	0.4918	0.5426	0.5597	0.5221
安　徽	0.1833	0.1936	0.2048	0.2249	0.2480	0.2675	0.2651	0.2808
福　建	0.1759	0.1892	0.2074	0.2272	0.2547	0.2714	0.2785	0.3011
江　西	0.1256	0.1347	0.1449	0.1587	0.1781	0.1946	0.1971	0.2181
山　东	0.3228	0.3378	0.3531	0.3725	0.3869	0.4237	0.4367	0.4824
河　南	0.2529	0.2691	0.2845	0.3090	0.3366	0.3595	0.3425	0.3664
湖　北	0.1958	0.2067	0.2191	0.2378	0.2605	0.2570	0.2659	0.2947
湖　南	0.1825	0.1906	0.2039	0.2235	0.2491	0.2687	0.2534	0.2766
广　东	0.4625	0.5024	0.5583	0.6398	0.7198	0.7798	0.7614	0.7099
广　西	0.1197	0.1242	0.1340	0.1510	0.1704	0.1863	0.1704	0.1764

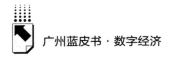

省（区、市）	2015 年	2016 年	2017 年	2018 年	2019 年	2020 年	2021 年	2022 年
海 南	0.0625	0.0653	0.0692	0.0769	0.0856	0.0916	0.0941	0.0870
重 庆	0.1174	0.1274	0.1381	0.1510	0.1682	0.1804	0.1850	0.1899
四 川	0.2325	0.2424	0.2574	0.2818	0.3076	0.3336	0.3219	0.3432
贵 州	0.0991	0.1031	0.1125	0.1278	0.1457	0.1600	0.1349	0.1370
云 南	0.1244	0.1272	0.1365	0.1514	0.1718	0.1861	0.1605	0.1686
西 藏	0.0306	0.0296	0.0348	0.0430	0.0465	0.0552	0.0619	0.0532
陕 西	0.1225	0.1291	0.1383	0.1554	0.1739	0.1852	0.1750	0.1781
甘 肃	0.0718	0.0706	0.0741	0.0812	0.0917	0.1005	0.0868	0.0865
青 海	0.0370	0.0408	0.0466	0.0528	0.0617	0.0708	0.0704	0.0612
宁 夏	0.0431	0.0465	0.0541	0.0600	0.0698	0.0764	0.0767	0.0743
新 疆	0.0648	0.0676	0.0745	0.0820	0.0972	0.1099	0.0984	0.1033

由表 2 可知，历年数字消费水平较高的省（市）有广东、江苏、浙江、上海、北京等，其中广东的数字消费水平由 2015 年的 0.4625 增长到 2022 年的 0.7099，江苏则由 0.3906 增长到 0.6084，浙江由 0.3164 增长到 0.5221，上海由 0.2349 增长到 0.3952，北京由 0.2559 增长到 0.3912。西藏、青海、宁夏、甘肃、海南等省（区）的数字消费水平较低，在所有省（区、市）中排名靠后。各省（区、市）依据其历年数字消费水平，大致可以分成 5 个梯队。其中，2022 年广东、江苏、浙江等的数字消费水平均已超过 0.5，位于数字消费第一梯队；山东、上海、北京、河南、四川、福建等数字消费水平均已超过 0.3，位于数字消费第二梯队；湖北、安徽、湖南、河北、江西、辽宁等数字消费水平均已超过 0.2，位于数字消费第三梯队；重庆、天津、陕西、广西、云南、山西、贵州、内蒙古、黑龙江、吉林、新疆等数字消费水平均已超过 0.1，位于数字消费第四梯队；西藏、青海、宁夏、甘肃、海南等数字消费水平均低于 0.1，位于数字消费第五梯队，属于数字消费欠发达地区。

进一步，从数字消费水平增长幅度来看，西藏、江西、宁夏、福建数字消费水平增幅明显高于其他省（区、市），均超过 70%，分别达到 73.86%、73.65%、72.39%、71.18%；甘肃、辽宁和黑龙江的增幅则显著低于其他省（区、市），均未超过 30%，分别为 20.47%、26.20% 和 27.16%（见图 4）。

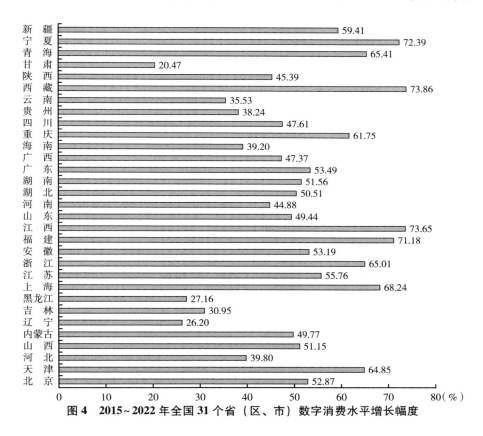

图 4　2015~2022 年全国 31 个省（区、市）数字消费水平增长幅度

四　数字消费水平区域差异分析

为更好地刻画和分析我国数字消费水平的区域差异和造成这种差异的原因，采用 Dagum 基尼系数及子群分解法对我国数字消费水平的总体差异、区域内差异、区域间差异及超变密度进行分析。

343

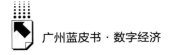
（一）总体差异及区域内差异

总体来看，2015～2022年，我国七大地区数字消费水平总体变化不大，呈现上升趋势，均值为0.3474（见图5）。从全国范围来看，2015～2022年数字消费水平变化不明显，全国均值从2015年的0.3421上升到2022年0.3539，呈现上升态势，这说明我国数字消费水平的地区差异总体上有逐渐扩大的趋势，但扩大趋势并不显著。

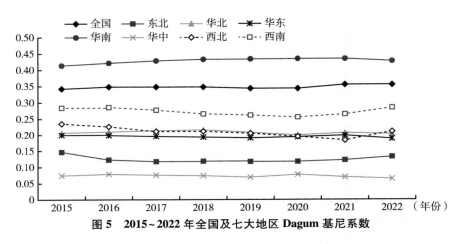

图5　2015～2022年全国及七大地区Dagum基尼系数

从各地区Dagum基尼系数来看，华南地区区域内差异最大，2015～2022年Dagum基尼系数均在0.4以上，明显高于全国总体水平，自2021年以来有小幅下降趋势，说明华南地区各省份虽然数字消费水平差距较大，但呈现逐步缩小的态势。华中地区历年Dagum基尼系数最小，2015～2022年均值仅为0.0727，且呈现下降趋势，说明华中地区各省份数字消费水平较为均衡。西南和西北地区的Dagum基尼系数总体较高，且自2021年以来有所上升，但Dagum基尼系数未超过0.3。华东和华北地区的Dagum基尼系数较为接近，历年均值在0.2左右；东北地区的Dagum基尼系数呈现先降后升的趋势，但总体Dagum基尼系数较小，历年均值为0.1241。总体来看，七大地区Dagum基尼系数有明显差异，各区域还需加大力度解决数字消费发展不平衡的问题。

（二）区域间差异

在分析我国数字消费水平总体及地区内部差异的基础上，进一步分析七大地区之间的差异及变化特征。总体来看，东部地区与西部地区之间的差异较大，特别是西北—华东、西北—华南、西北—华中的 Dagum 基尼系数明显大于其他地区间的 Dagum 基尼系数。而华中—华北、华东—华中的 Dagum 基尼系数较低，均未超过 0.2。从变化趋势来看，2015～2022 年西北—东北 Dagum 基尼系数呈现明显的下降趋势，下降幅度超过 15%；而华东—东北、华中—东北、华北—东北的 Dagum 基尼系数则呈现显著的上升趋势（见表 3）。

表 3　2015～2022 年七大地区间 Dagum 基尼系数

组间类型	2015 年	2016 年	2017 年	2018 年	2019 年	2020 年	2021 年	2022 年
华北—东北	0.2663	0.2686	0.2770	0.2849	0.2809	0.2856	0.3047	0.3007
华东—东北	0.4126	0.4307	0.4388	0.4463	0.4461	0.4602	0.4881	0.4838
华东—华北	0.2732	0.2783	0.2774	0.2769	0.2729	0.2768	0.2864	0.2821
华东—华中	0.1806	0.1834	0.1811	0.1773	0.1726	0.1835	0.1986	0.1839
华南—东北	0.4510	0.4615	0.4762	0.4925	0.4968	0.5040	0.5033	0.4825
华南—华北	0.4027	0.4117	0.4221	0.4332	0.4359	0.4375	0.4311	0.4116
华南—华东	0.3802	0.3883	0.3958	0.4016	0.4026	0.4023	0.4048	0.3893
华中—东北	0.3317	0.3471	0.3550	0.3660	0.3662	0.3665	0.3738	0.3826
华中—华北	0.1865	0.1896	0.1907	0.1917	0.1850	0.1812	0.1808	0.1852
华中—华南	0.3846	0.3939	0.4022	0.4082	0.4093	0.4102	0.4154	0.3971
西北—东北	0.2775	0.2674	0.2486	0.2370	0.2178	0.1971	0.2070	0.2353
西北—华北	0.4296	0.4314	0.4235	0.4163	0.3980	0.3832	0.4088	0.4301
西北—华东	0.5730	0.5818	0.5737	0.5646	0.5505	0.5464	0.5791	0.5987
西北—华南	0.5552	0.5633	0.5658	0.5732	0.5682	0.5641	0.5694	0.5605
西北—华中	0.5124	0.5160	0.5053	0.4970	0.4809	0.4621	0.4780	0.5127
西南—东北	0.2594	0.2561	0.2555	0.2584	0.2577	0.2608	0.2533	0.2640
西南—华北	0.2771	0.2801	0.2782	0.2727	0.2647	0.2544	0.2682	0.2781
西南—华东	0.3811	0.3914	0.3852	0.3740	0.3673	0.3657	0.3986	0.4071
西南—华南	0.4554	0.4669	0.473	0.4762	0.4783	0.4761	0.4818	0.4684
西南—华中	0.3055	0.3099	0.3019	0.2928	0.2849	0.2737	0.2848	0.3046
西南—西北	0.3717	0.3754	0.364	0.3578	0.3483	0.3369	0.3338	0.3610

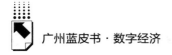

（三）区域差异产生的原因

总体来看，2015~2022年，我国数字消费水平总体差异主要来自组间差异，其次为超变密度和组内差异（见图6）。我国数字消费水平差异主要由组间差异导致，这一差异的贡献率远超超变密度和组内差异。组内差异的贡献率最小值为9.49%，最大值为10.15%，总体呈下降趋势；而组间差异贡献率最小值为67.03%，最大值为71.11%，整体呈现上升趋势；超变密度贡献率最小值为19.40%，最大值为22.82%，呈现下降趋势。超变密度主要用于识别不同地区之间的交叉重叠现象，比如华南地区的数字消费水平显著高于西南地区，但是华南地区发展指数较低的省份（如海南）可能低于西南地区发展指数较高的省份（如重庆或四川）。超变密度贡献率呈现轻微的波动，说明我国数字消费水平在不同地区之间的交叉效应有所减弱。总之，我国数字消费水平的整体差异主要来自不同地区之间的巨大差异，而地区内部的差异对数字消费水平的整体差异也有一定影响，不同地区之间的交叉重叠并不是导致整体差异的主要原因。

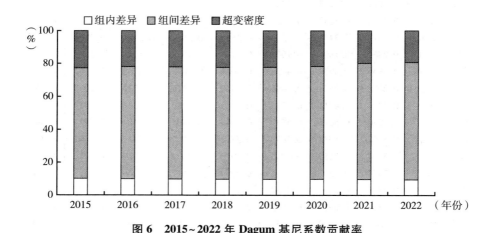

图6 2015~2022年Dagum基尼系数贡献率

五 数字消费水平的时序演变

采用核密度估计法从全国及区域两个层面探讨数字消费水平的变化规律，包括数字消费水平的分布形态、分布位置和延展性的变化趋势与特征。

（一）全国层面

我国数字消费水平的核密度估计曲线如图7所示。首先，从分布位置来看，2015～2022年核密度估计曲线主峰位置逐渐小幅度右移，说明全国数字消费水平在稳步提高，但提升的幅度有限，这一特征与前文的测度结果相符。其次，从形状来看，主峰峰值高度变化不大，说明全国数字消费水平的离散程度上升趋势不明显，从波峰的数量来看，核密度估计曲线存在一个主峰和多个侧峰，且侧峰的峰值远低于主峰，表明我国数字消费发展具有一定的梯度效应，多级分化现象明显。研究期内波峰数量在逐渐减少，说明分布

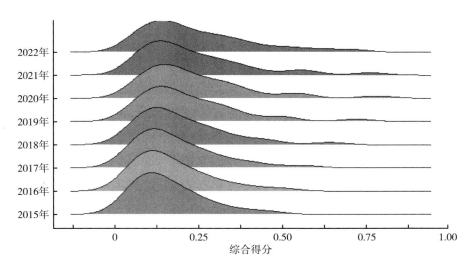

图7 2015～2022年我国数字消费水平的核密度估计曲线

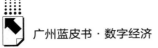

不均衡的现象正在逐渐得到改善。最后，从分布延展性来看，考察期内核密度估计曲线存在一定的右拖尾现象，分布延展性呈发散趋势，说明高发展水平省份与低发展水平省份之间的差距在变大。

（二）区域层面

从七大地区的数字消费水平核密度估计曲线的变化特征来看，不同地区的核密度估计曲线差异明显，但总体上均有主峰峰值右移的现象，这与前文的分析一致，即各地区的数字消费水平总体呈现上升趋势（见图8）。其中，华北地区和华东地区的核密度估计曲线较为相似，年度曲线单峰现象明显，到研究后期有多峰倾向，但并未分化出明显的双峰，曲线均向右延展，说明这两个地区的差异较小且变化不明显。华南和华中地区的核密度估计曲线随着时间的变化，均由单峰向双峰演进，但华中地区核密度估计曲线向右延展的趋势更为明显。东北和西北地区的核密度估计曲线在研究期内均为典型的双峰曲线，曲线均向右延展。西南地区的核密度估计曲线则呈现独特的三峰特点，左峰总体变化不明显，中峰和右峰则明显右移，中峰呈现向两边延展的趋势，说明区域内部省（区、市）的数字消费水平差异有扩大的趋势。

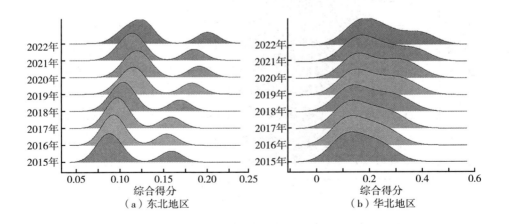

（a）东北地区　　　　　　　　　　（b）华北地区

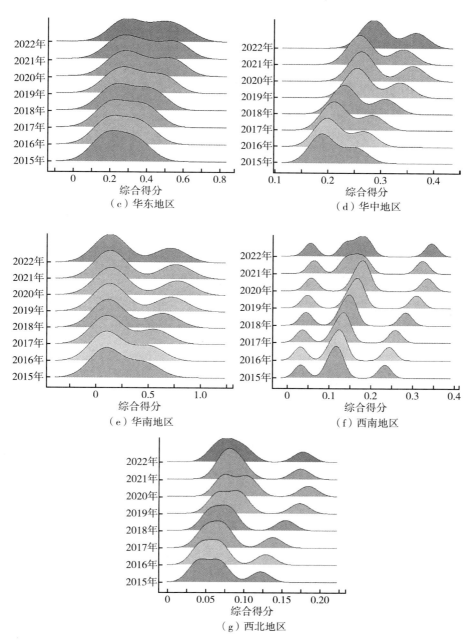

图8　2015~2022年七大地区数字消费水平的核密度估计曲线

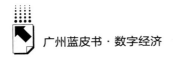

六 结论、建议与展望

数字经济的繁荣发展是促进我国消费高质量转型升级的重要力量，显然未来随着数字技术的进一步发展及在各领域的普及，我国居民消费优化升级空间巨大。对数字消费水平进行科学统计测度，研究探索其区域差异及演变特征，以便更好地因地制宜制定政策，推动我国数字经济赋能消费升级。

（一）研究结论

本文从数字消费规模、数字产业支撑、数字消费环境、数字消费潜力四个维度构建了数字消费水平综合测度指标体系，运用 Entropy-CRITIC 组合权重和改进的时序 TOPSIS 法对我国 31 个省（区、市）的数字消费水平进行测度，系统分析数字消费水平的地区差异及动态演进特征，得出的主要结论如下。

从数字消费水平测度结果来看，2015~2022 年我国数字消费水平均值从 0.1629 上升到 0.2473，增幅达 51.81%，数字消费水平逐年提升，但整体水平不高，还有不少省份低于 0.1。

从数字消费水平的区域差异及其来源来看，2015~2022 年我国数字消费水平总体变化幅度较小，呈现轻微上升的趋势，其差异主要来源于组间差异，其次为超变密度和组内差异。分区域来看，地区内差异从大到小依次为华南、西南、西北、华北、华东、东北、华中。西北—华东、西北—华南、西北—华中之间的差异明显大于其他地区间的差异；而华中—华北、华东—华中的差异则较小，Dagum 基尼系数均未超过 0.2。

从数字消费水平动态演进特征来看，全国及七大地区的核密度估计曲线主峰位置整体缓慢向右移动，说明不同省份数字消费水平在不断提高。主峰宽度整体呈现逐渐变宽的演化趋势，表明数字消费水平呈现分散化趋势，极化现象逐渐减弱，各省份的绝对差异逐渐缩小。不同区域的核密度估计曲线有明显差异，但总体上均有主峰峰值右移的现象，华北地区和华东地区的核密度估计曲线单峰现象明显，华南地区和华中地区的核密度估计曲线均由单峰向双峰演进，东北地区和西北地区的核密度估计曲线均为典型的双峰曲线，西南地区的核密度估计曲线则呈现独特的三峰特点。

（二）政策建议

当前，我国数字消费不充分和不平衡的问题依然突出，提高数字消费水平任重道远。发展壮大数字消费需要区域之间联动发展，将西南、西北、东北地区的低成本优势、资源优势与华东、华南、华北、华中地区的技术优势、市场优势和数字产业优势结合起来，形成优势互补、协同发展的机制。基于本文的分析，为促进我国数字产业发展壮大提出以下几点政策建议。

1. 着力缩小区域数字消费水平差距

我国幅员辽阔且区域条件差异明显，因此数字消费的不平衡和不协调是中长期内存在的客观现象，持续缩小七大地区之间的经济社会发展差距是实现各地区数字消费协同发展的关键。对此，要明晰各地区的资源禀赋，找准各地区发展数字消费的难点及比较优势，因地制宜精准施策。重点是基于区域资源禀赋加快构建电子信息制造、软件信息服务、快递业等与数字消费密切相关的现代产业体系，推动数字经济与实体经济深度融合，发挥数字技术在推动传统消费数字化转型升级中的重要作用，激发数字产业发展潜力、提升发展质量，逐步缩小各地区间的差距。

2. 通过完善新型基础设施提升数字消费水平

推动新型基础设施建设是东北、西南、西北等地区发展数字产业的关键，可重点考虑立足低成本优势和资源禀赋条件，建设超大数据处理中心，以此带动数字基础设施水平提升，同时降低华东、华南、华北地区的数据处理成本，实现东部、中部、西部地区数字基础设施的协同发展。

3. 增强发达地区数字消费创新应用的辐射带动效应

华东、华南、华北地区凭借技术、人才、市场、政策及产业优势，在数字产业的技术创新及应用方面率先突破，为西南、西北、东北等地区提供更多可复制可推广的经验。作为我国数字消费发展的高地，华东、华南、华北等地区应率先推进以大数据、云计算、AI 大模型等为代表的新一代数字技术在消费领域的应用，加强数字产品、数字服务、商业模式等方面的创新，为数字产品消费和消费数字化提供支撑；进一步健全市场准入、运行和监管等方面的法律法规，加强知识产权保护，为数字消费的发展营造良好的市场环境和提供强有力的制度保障。

（三）展望

由于数字消费发展日新月异，涉及"在线平台、数字产品生产者和使用者、线上线下融合实体店"等多方面多领域，科学全面地选取指标进行测度具有较大难度。目前有关数字消费的定量评价研究还较少，因部分现有的统计体系不完善，相关资料较少，如反映消费业态市场规模，包括线上线下融合的即时零售交易规模、电子商务服务业营收规模、重点数字化消费平台数量、重点数字化消费平台用户规模、重点数字化消费平台商户规模的数据较难获取，因此未将其纳入指标体系，有待今后通过选取少部分城市作为研究对象开展实地调研以弥补数据缺失的缺陷。因此，进一步深入挖掘和优化数字消费水平综合测度指标体系是未来研究的重要方向。

参考文献

《国务院关于积极发挥新消费引领作用加快培育形成新供给新动力的指导意见》，中国政府网，2015 年 11 月 19 日，https：//www.gov.cn/gongbao/content/2015/content_2975882.htm。

朱红：《信息消费水平测度方法研究》，《情报科学》2006 年第 2 期。

刘子兰、肖峰：《中国可持续消费水平测度及时空特征分析》，《统计与决策》2022年第 19 期。

杜挺等：《基于熵权 TOPSIS 和 GIS 的重庆市县域经济综合评价及空间分析》，《经济地理》2014 年第 6 期。

附录一
企业数据资源相关会计处理暂行规定

（财政部 2023 年 8 月 1 日印发）

为规范企业数据资源相关会计处理，强化相关会计信息披露，根据《中华人民共和国会计法》和企业会计准则等相关规定，现对企业数据资源的相关会计处理规定如下：

一 关于适用范围

本规定适用于企业按照企业会计准则相关规定确认为无形资产或存货等资产类别的数据资源，以及企业合法拥有或控制的、预期会给企业带来经济利益的、但由于不满足企业会计准则相关资产确认条件而未确认为资产的数据资源的相关会计处理。

二 关于数据资源会计处理适用的准则

企业应当按照企业会计准则相关规定，根据数据资源的持有目的、形成方式、业务模式，以及与数据资源有关的经济利益的预期消耗方式等，对数据资源相关交易和事项进行会计确认、计量和报告。

1. 企业使用的数据资源，符合《企业会计准则第 6 号——无形资产》（财会〔2006〕3 号，以下简称无形资产准则）规定的定义和确认条件的，应当确认为无形资产。

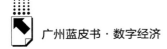
2. 企业应当按照无形资产准则、《〈企业会计准则第 62 号——无形资产〉应用指南》（财会〔2006〕18 号，以下简称无形资产准则应用指南）等规定，对确认为无形资产的数据资源进行初始计量、后续计量、处置和报废等相关会计处理。

其中，企业通过外购方式取得确认为无形资产的数据资源，其成本包括购买价款、相关税费，直接归属于使该项无形资产达到预定用途所发生的数据脱敏、清洗、标注、整合、分析、可视化等加工过程所发生的有关支出，以及数据权属鉴证、质量评估、登记结算、安全管理等费用。企业通过外购方式取得数据采集、脱敏、清洗、标注、整合、分析、可视化等服务所发生的有关支出，不符合无形资产准则规定的无形资产定义和确认条件的，应当根据用途计入当期损益。

企业内部数据资源研究开发项目的支出，应当区分研究阶段支出与开发阶段支出。研究阶段的支出，应当于发生时计入当期损益。开发阶段的支出，满足无形资产准则第九条规定的有关条件的，才能确认为无形资产。

企业在对确认为无形资产的数据资源的使用寿命进行估计时，应当考虑无形资产准则应用指南规定的因素，并重点关注数据资源相关业务模式、权利限制、更新频率和时效性、有关产品或技术迭代、同类竞品等因素。

3. 企业在持有确认为无形资产的数据资源期间，利用数据资源对客户提供服务的，应当按照无形资产准则、无形资产准则应用指南等规定，将无形资产的摊销金额计入当期损益或相关资产成本；同时，企业应当按照《企业会计准则第 14 号——收入》（财会〔2017〕22 号，以下简称收入准则）等规定确认相关收入。

除上述情形外，企业利用数据资源对客户提供服务的，应当按照收入准则等规定确认相关收入，符合有关条件的应当确认合同履约成本。

4. 企业日常活动中持有、最终目的用于出售的数据资源，符合《企业会计准则第 1 号——存货》（财会〔2006〕3 号，以下简称存货准则）规定的定义和确认条件的，应当确认为存货。

5. 企业应当按照存货准则、《〈企业会计准则第 1 号——存货〉应用指南》（财会〔2006〕18 号）等规定，对确认为存货的数据资源进行初始计量、后续计量等相关会计处理。

其中，企业通过外购方式取得确认为存货的数据资源，其采购成本包括购买价款、相关税费、保险费，以及数据权属鉴证、质量评估、登记结算、安全管理等所发生的其他可归属于存货采购成本的费用。企业通过数据加工取得确认为存货的数据资源，其成本包括采购成本，数据采集、脱敏、清洗、标注、整合、分析、可视化等加工成本和使存货达到目前场所和状态所发生的其他支出。

6. 企业出售确认为存货的数据资源，应当按照存货准则将其成本结转为当期损益；同时，企业应当按照收入准则等规定确认相关收入。

7. 企业出售未确认为资产的数据资源，应当按照收入准则等规定确认相关收入。

三 关于列示和披露要求

（一）资产负债表相关列示

企业在编制资产负债表时，应当根据重要性原则并结合本企业的实际情况，在"存货"项目下增设"其中：数据资源"项目，反映资产负债表日确认为存货的数据资源的期末账面价值；在"无形资产"项目下增设"其中：数据资源"项目，反映资产负债表日确认为无形资产的数据资源的期末账面价值；在"开发支出"项目下增设"其中：数据资源"项目，反映资产负债表日正在进行数据资源研究开发项目满足资本化条件的支出金额。

（二）相关披露

企业应当按照相关企业会计准则及本规定等，在会计报表附注中对数据资源相关会计信息进行披露。

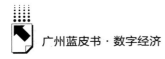

1. 确认为无形资产的数据资源相关披露

（1）企业应当按照外购无形资产、自行开发无形资产等类别，对确认为无形资产的数据资源（以下简称数据资源无形资产）相关会计信息进行披露，并可以在此基础上根据实际情况对类别进行拆分。具体披露格式如下：

项目	外购的数据资源无形资产	自行开发的数据资源无形资产	其他方式取得的数据资源无形资产	合计
一、账面原值				
1. 期初余额				
2. 本期增加金额				
其中：购入				
内部研发				
其他增加				
3. 本期减少金额				
其中：处置				
失效且终止确认				
其他减少				
4. 期末余额				
二、累计摊销				
1. 期初余额				
2. 本期增加金额				
3. 本期减少金额				
其中：处置				
失效且终止确认				
其他减少				
4. 期末余额				
三、减值准备				
1. 期初余额				
2. 本期增加金额				
3. 本期减少金额				
4. 期末余额				
四、账面价值				
1. 期末账面价值				
2. 期初账面价值				

（2）对于使用寿命有限的数据资源无形资产，企业应当披露其使用寿命的估计情况及摊销方法；对于使用寿命不确定的数据资源无形资产，企业应当披露其账面价值及使用寿命不确定的判断依据。

（3）企业应当按照《企业会计准则第 28 号——会计政策、会计估计变更和差错更正》（财会〔2006〕3 号）的规定，披露对数据资源无形资产的摊销期、摊销方法或残值的变更内容、原因以及对当期和未来期间的影响数。

（4）企业应当单独披露对企业财务报表具有重要影响的单项数据资源无形资产的内容、账面价值和剩余摊销期限。

（5）企业应当披露所有权或使用权受到限制的数据资源无形资产，以及用于担保的数据资源无形资产的账面价值、当期摊销额等情况。

（6）企业应当披露计入当期损益和确认为无形资产的数据资源研究开发支出金额。

（7）企业应当按照《企业会计准则第 8 号——资产减值》（财会〔2006〕3 号）等规定，披露与数据资源无形资产减值有关的信息。

（8）企业应当按照《企业会计准则第 42 号——持有待售的非流动资产、处置组和终止经营》（财会〔2017〕13 号）等规定，披露划分为持有待售类别的数据资源无形资产有关信息。

2. 确认为存货的数据资源相关披露

（1）企业应当按照外购存货、自行加工存货等类别，对确认为存货的数据资源（以下简称数据资源存货）相关会计信息进行披露，并可以在此基础上根据实际情况对类别进行拆分。具体披露格式如下：

项目	外购的数据资源存货	自行开发的数据资源存货	其他方式取得的数据资源存货	合计
一、账面原值				
1. 期初余额				
2. 本期增加金额				
其中：购入				

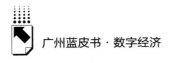
续表

项目	外购的数据资源存货	自行开发的数据资源存货	其他方式取得的数据资源存货	合计
采集加工				
其他增加				
3. 本期减少金额				
其中:出售				
失效且终止确认				
其他减少				
4. 期末余额				
二、存货跌价准备				
1. 期初余额				
2. 本期增加金额				
3. 本期减少金额				
其中:转回				
转销				
4. 期末余额				
三、账面价值				
1. 期末账面价值				
2. 期初账面价值				

（2）企业应当披露确定发出数据资源存货成本所采用的方法。

（3）企业应当披露数据资源存货可变现净值的确定依据、存货跌价准备的计提方法、当期计提的存货跌价准备的金额、当期转回的存货跌价准备的金额，以及计提和转回的有关情况。

（4）企业应当单独披露对企业财务报表具有重要影响的单项数据资源存货的内容、账面价值和可变现净值。

（5）企业应当披露所有权或使用权受到限制的数据资源存货，以及用于担保的数据资源存货的账面价值等情况。

3. 其他披露要求

企业对数据资源进行评估且评估结果对企业财务报表具有重要影响的，应当披露评估依据的信息来源，评估结论成立的假设前提和限制条件，评估方法的选择，各重要参数的来源、分析、比较与测算过程等信息。

企业可以根据实际情况，自愿披露数据资源（含未作为无形资产或存货确认的数据资源）下列相关信息：

（1）数据资源的应用场景或业务模式、对企业创造价值的影响方式，与数据资源应用场景相关的宏观经济和行业领域前景等。

（2）用于形成相关数据资源的原始数据的类型、规模、来源、权属、质量等信息。

（3）企业对数据资源的加工维护和安全保护情况，以及相关人才、关键技术等的持有和投入情况。

（4）数据资源的应用情况，包括数据资源相关产品或服务等的运营应用、作价出资、流通交易、服务计费方式等情况。

（5）重大交易事项中涉及的数据资源对该交易事项的影响及风险分析，重大交易事项包括但不限于企业的经营活动、投融资活动、质押融资、关联方及关联交易、承诺事项、或有事项、债务重组、资产置换等。

（6）数据资源相关权利的失效情况及失效事由、对企业的影响及风险分析等，如数据资源已确认为资产的，还包括相关资产的账面原值及累计摊销、减值准备或跌价准备、失效部分的会计处理。

（7）数据资源转让、许可或应用所涉及的地域限制、领域限制及法律法规限制等权利限制。

（8）企业认为有必要披露的其他数据资源相关信息。

四　附则

本规定自 2024 年 1 月 1 日起施行。企业应当采用未来适用法执行本规定，本规定施行前已经费用化计入损益的数据资源相关支出不再调整。

附录二
"数据要素×"三年行动计划
（2024—2026年）

（国家数据局等 17 部门 2023 年 12 月 31 日印发）

发挥数据要素的放大、叠加、倍增作用，构建以数据为关键要素的数字经济，是推动高质量发展的必然要求。为深入贯彻党的二十大和中央经济工作会议精神，落实《中共中央　国务院关于构建数据基础制度更好发挥数据要素作用的意见》，充分发挥数据要素乘数效应，赋能经济社会发展，特制定本行动计划。

一　激活数据要素潜能

随着新一轮科技革命和产业变革深入发展，数据作为关键生产要素的价值日益凸显。发挥数据要素报酬递增、低成本复用等特点，可优化资源配置，赋能实体经济，发展新质生产力，推动生产生活、经济发展和社会治理方式深刻变革，对推动高质量发展具有重要意义。

近年来，我国数字经济快速发展，数字基础设施规模能级大幅跃升，数字技术和产业体系日臻成熟，为更好发挥数据要素作用奠定了坚实基础。与此同时，也存在数据供给质量不高、流通机制不畅、应用潜力释放不够等问题。实施"数据要素×"行动，就是要发挥我国超大规模市场、海量数据资源、丰富应用场景等多重优势，推动数据要素与劳动力、资本等要素协同，以数据流引领技术流、资金流、人才流、物资流，突破传统资源要素约束，提高全要素生产率；促进数据多场景应用、多主体复用，培育基于数据要素的新产品和新服务，实现知识扩散、价值倍增，开辟经济增长新空间；加快多源数据融合，以数据规模扩张和数据类型丰富，促进生产工具创新升级，催生新产业、新模式，培育经济发展新动能。

二 总体要求

（一）指导思想

以习近平新时代中国特色社会主义思想为指导，深入贯彻落实党的二十大精神，完整、准确、全面贯彻新发展理念，发挥数据的基础资源作用和创新引擎作用，遵循数字经济发展规律，以推动数据要素高水平应用为主线，以推进数据要素协同优化、复用增效、融合创新作用发挥为重点，强化场景需求牵引，带动数据要素高质量供给、合规高效流通，培育新产业、新模式、新动能，充分实现数据要素价值，为推动高质量发展、推进中国式现代化提供有力支撑。

（二）基本原则

需求牵引，注重实效。聚焦重点行业和领域，挖掘典型数据要素应用场景，培育数据商，繁荣数据产业生态，激励各类主体积极参与数据要素开发利用。

试点先行，重点突破。加强试点工作，探索多样化、可持续的数据要素价值释放路径。推动在数据资源丰富、带动性强、前景广阔的领域率先突破，发挥引领作用。

有效市场，有为政府。充分发挥市场机制作用，强化企业主体地位，推动数据资源有效配置。更好发挥政府作用，扩大公共数据资源供给，维护公平正义，营造良好发展环境。

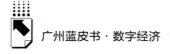

开放融合，安全有序。推动数字经济领域高水平对外开放，加强国际交流互鉴，促进数据有序跨境流动。坚持把安全贯穿数据要素价值创造和实现全过程，严守数据安全底线。

（三）总体目标

到 2026 年底，数据要素应用广度和深度大幅拓展，在经济发展领域数据要素乘数效应得到显现，打造 300 个以上示范性强、显示度高、带动性广的典型应用场景，涌现出一批成效明显的数据要素应用示范地区，培育一批创新能力强、成长性好的数据商和第三方专业服务机构，形成相对完善的数据产业生态，数据产品和服务质量效益明显提升，数据产业年均增速超过 20%，场内交易与场外交易协调发展，数据交易规模倍增，推动数据要素价值创造的新业态成为经济增长新动力，数据赋能经济提质增效作用更加凸显，成为高质量发展的重要驱动力量。

三 重点行动

（一）数据要素×工业制造

创新研发模式，支持工业制造类企业融合设计、仿真、实验验证数据，培育数据驱动型产品研发新模式，提升企业创新能力。推动协同制造，推进产品主数据标准生态系统建设，支持链主企业打通供应链上下游设计、计划、质量、物流等数据，实现敏捷柔性协同制造。提升服务能力，支持企业整合设计、生产、运行数据，提升预测性维护和增值服务等能力，实现价值链延伸。强化区域联动，支持产能、采购、库存、物流数据流通，加强区域间制造资源协同，促进区域产业优势互补，提升产业链供应链监测预警能力。开发使能技术，推动制造业数据多场景复用，支持制造业企业联合软件企业，基于设计、仿真、实验、生产、运行等数据积极探索多维度的创新应用，开发创成式设计、虚实融合试验、智能无人装备等方面的新型工业软件和装备。

（二）数据要素×现代农业

提升农业生产数智化水平，支持农业生产经营主体和相关服务企业融合利用遥感、气象、土壤、农事作业、灾害、农作物病虫害、动物疫病、市场等数据，加快打造以数据和模型为支撑的农业生产数智化场景，实现精准种植、精准养殖、精准捕捞等智慧农业作业方式，支撑提高粮食和重要农产品生产效率。提高农产品追溯管理能力，支持第三方主体汇聚利用农产品的产地、生产、加工、质检等数据，支撑农产品追溯管理、精准营销等，增强消费者信任。推进产业链数据融通创新，支持第三方主体面向农业生产经营主体提供智慧种养、智慧捕捞、产销对接、疫病防治、行情信息、跨区作业等服务，打通生产、销售、加工等数据，提供一站式采购、供应链金融等服务。培育以需定产新模式，支持农业与商贸流通数据融合分析应用，鼓励电商平台、农产品批发市场、商超、物流企业等基于销售数据分析，向农产品生产端、加工端、消费端反馈农产品信息，提升农产品供需匹配能力。提升农业生产抗风险能力，支持在粮食、生猪、果蔬等领域，强化产能、运输、加工、贸易、消费等数据融合、分析、发布、应用，加强农业监测预警，为应对自然灾害、疫病传播、价格波动等影响提供支撑。

（三）数据要素×商贸流通

拓展新消费，鼓励电商平台与各类商贸经营主体、相关服务企业深度融合，依托客流、消费行为、交通状况、人文特征等市场环境数据，打造集数据收集、分析、决策、精准推送和动态反馈的闭环消费生态，推进直播电商、即时电商等业态创新发展，支持各类商圈创新应用场景，培育数字生活消费方式。培育新业态，支持电子商务企业、国家电子商务示范基地、传统商贸流通企业加强数据融合，整合订单需求、物流、产能、供应链等数据，优化配置产业链资源，打造快速响应市场的产业协同创新生态。打造新品牌，支持电子商务企业、商贸企业依托订单数量、订单类型、人口分布等数据，主动对接生产企业、产业集群，加强产销对接、精准推送，助力打造特

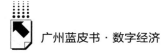

色品牌。推进国际化，在安全合规前提下，鼓励电子商务企业、现代流通企业、数字贸易龙头企业融合交易、物流、支付数据，支撑提升供应链综合服务、跨境身份认证、全球供应链融资等能力。

（四）数据要素×交通运输

提升多式联运效能，推进货运寄递数据、运单数据、结算数据、保险数据、货运跟踪数据等共享互认，实现托运人一次委托、费用一次结算、货物一次保险、多式联运经营人全程负责。推进航运贸易便利化，推动航运贸易数据与电子发票核验、经营主体身份核验、报关报检状态数据等的可信融合应用，加快推广电子提单、信用证、电子放货等业务应用。提升航运服务能力，支持海洋地理空间、卫星遥感、定位导航、气象等数据与船舶航行位置、水域、航速、装卸作业数据融合，创新商渔船防碰撞、航运路线规划、港口智慧安检等应用。挖掘数据复用价值，融合"两客一危"、网络货运等重点车辆数据，构建覆盖车辆营运行为、事故统计等高质量动态数据集，为差异化信贷、保险服务、二手车消费等提供数据支撑。支持交通运输龙头企业推进高质量数据集建设和复用，加强人工智能工具应用，助力企业提升运输效率。推进智能网联汽车创新发展，支持自动驾驶汽车在特定区域、特定时段进行商业化试运营试点，打通车企、第三方平台、运输企业等主体间的数据壁垒，促进道路基础设施数据、交通流量数据、驾驶行为数据等多源数据融合应用，提高智能汽车创新服务、主动安全防控等水平。

（五）数据要素×金融服务

提升金融服务水平，支持金融机构融合利用科技、环保、工商、税务、气象、消费、医疗、社保、农业农村、水电气等数据，加强主体识别，依法合规优化信贷业务管理和保险产品设计及承保理赔服务，提升实体经济金融服务水平。提高金融抗风险能力，推进数字金融发展，在依法安全合规前提下，推动金融信用数据和公共信用数据、商业信用数据共享共用和高效流通，支持金融机构间共享风控类数据，融合分析金融市场、信贷资产、风险核查等多维数据，发挥金融科技和数据要素的驱动作用，支撑提升金融机构反欺诈、反洗钱能力，提高风险预警和防范水平。

（六）数据要素×科技创新

推动科学数据有序开放共享，促进重大科技基础设施、科技重大项目等产生的各类科学数据互联互通，支持和培育具有国际影响力的科学数据库建设，依托国家科学数据中心等平台强化高质量科学数据资源建设和场景应用。以科学数据助力前沿研究，面向基础学科，提供高质量科学数据资源与知识服务，驱动科学创新发现。以科学数据支撑技术创新，聚焦生物育种、新材料创制、药物研发等领域，以数智融合加速技术创新和产业升级。以科学数据支持大模型开发，深入挖掘各类科学数据和科技文献，通过细粒度知识抽取和多来源知识融合，构建科学知识资源底座，建设高质量语料库和基础科学数据集，支持开展人工智能大模型开发和训练。探索科研新范式，充分依托各类数据库与知识库，推进跨学科、跨领域协同创新，以数据驱动发现新规律，创造新知识，加速科学研究范式变革。

（七）数据要素×文化旅游

培育文化创意新产品，推动文物、古籍、美术、戏曲剧种、非物质文化遗产、民族民间文艺等数据资源依法开放共享和交易流通，支持文化创意、旅游、展览等领域的经营主体加强数据开发利用，培育具有中国文化特色的产品和品牌。挖掘文化数据价值，贯通各类文化机构数据中心，关联形成中华文化数据库，鼓励依托市场化机制开发文化大模型。提升文物保护利用水平，促进文物病害数据、保护修复数据、安全监管数据、文物流通数据融合共享，支持实现文物保护修复、监测预警、精准管理、应急处置、阐释传播等功能。提升旅游服务水平，支持旅游经营主体共享气象、交通等数据，在合法合规前提下构建客群画像、城市画像等，优化旅游配套服务、一站式出行服务。提升旅游治理能力，支持文化和旅游场所共享公安、交通、气象、证照等数据，支撑"免证"购票、集聚人群监测预警、应急救援等。

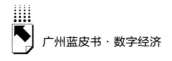

（八）数据要素×医疗健康

提升群众就医便捷度，探索推进电子病历数据共享，在医疗机构间推广检查检验结果数据标准统一和共享互认。便捷医疗理赔结算，支持医疗机构基于信用数据开展先诊疗后付费就医。推动医保便民服务。依法依规探索推进医保与商业健康保险数据融合应用，提升保险服务水平，促进基本医保与商业健康保险协同发展。有序释放健康医疗数据价值，完善个人健康数据档案，融合体检、就诊、疾控等数据，创新基于数据驱动的职业病监测、公共卫生事件预警等公共服务模式。加强医疗数据融合创新，支持公立医疗机构在合法合规前提下向金融、养老等经营主体共享数据，支撑商业保险产品、疗养休养等服务产品精准设计，拓展智慧医疗、智能健康管理等数据应用新模式新业态。提升中医药发展水平，加强中医药预防、治疗、康复等健康服务全流程的多源数据融合，支撑开展中医药疗效、药物相互作用、适应症、安全性等系统分析，推进中医药高质量发展。

（九）数据要素×应急管理

提升安全生产监管能力，探索利用电力、通信、遥感、消防等数据，实现对高危行业企业私挖盗采、明停暗开行为的精准监管和城市火灾的智能监测。鼓励社会保险企业围绕矿山、危险化学品等高危行业，研究建立安全生产责任保险评估模型，开发新险种，提高风险评估的精准性和科学性。提升自然灾害监测评估能力，利用铁塔、电力、气象等公共数据，研发自然灾害灾情监测评估模型，强化灾害风险精准预警研判能力。强化地震活动、地壳形变、地下流体等监测数据的融合分析，提升地震预测预警水平。提升应急协调共享能力，推动灾害事故、物资装备、特种作业人员、安全生产经营许可等数据跨区域共享共用，提高监管执法和救援处置协同联动效率。

（十）数据要素×气象服务

降低极端天气气候事件影响，支持经济社会、生态环境、自然资源、农业农村等数据与气象数据融合应用，实现集气候变化风险识别、风险评估、风险预警、风险转移的智能决策新模式，防范化解重点行业和产业气候风险。支持气象数据与城市规划、重大工程等建设数据深度融合，从源头防范和减轻极端天气和不利气象条件对规划和工程的影响。创新气象数据产品服务，支持金融企业融合应用气象数据，发展天气指数保险、天气衍生品和气候投融资新产品，为保险、期货等提供支撑。支持新能源企业降本增效，支持风能、太阳能企业融合应用气象数据，优化选址布局、设备运维、能源调度等。

（十一）数据要素×城市治理

优化城市管理方式，推动城市人、地、事、物、情、组织等多维度数据融通，支撑公共卫生、交通管理、公共安全、生态环境、基层治理、体育赛事等各领域场景应用，实现态势实时感知、风险智能研判、及时协同处置。支撑城市发展科学决策，支持利用城市时空基础、资源调查、规划管控、工程建设项目、物联网感知等数据，助力城市规划、建设、管理、服务等策略精细化、智能化。推进公共服务普惠化，深化公共数据的共享应用，深入推动就业、社保、健康、卫生、医疗、救助、养老、助残、托育等服务"指尖办""网上办""就近办"。加强区域协同治理，推动城市群数据打通和业务协同，实现经营主体注册登记、异地就医结算、养老保险互转等服务事项跨城通办。

（十二）数据要素×绿色低碳

提升生态环境治理精细化水平，推进气象、水利、交通、电力等数据融合应用，支撑气象和水文耦合预报、受灾分析、河湖岸线监测、突发水事件应急处置、重污染天气应对、城市水环境精细化管理等。加强生态环境公共数据融合创新，支持企业融合应用自有数据、生态环境公共数据等，优化环境风险评估，支撑环境污染责任保险设计和绿色信贷服务。提升能源利用效率，促进制造与能源数据融合创新，推动能源企业与高耗能企业打通订单、排产、用电等数据，支持能耗预测、多能互补、梯度定价等应用。提升废弃资源利用效率，汇聚固体废物收集、转移、利用、处置等各环节数据，促进产废、运输、资源化利用高效衔接，推动固废、危废资源化利用。提升碳排放管理水平，支持打通关键产品全生产周期的物料、辅料、能源等碳排放数据以及行业碳足迹数据，开展产品碳足迹测算与评价，引导企业节能降碳。

四　强化保障支撑

（一）提升数据供给水平

完善数据资源体系，在科研、文化、交通运输等领域，推动科研机构、龙头企业等开展行业共性数据资源库建设，打造高质量人工智能大模型训练数据集。加大公共数据资源供给，在重点领域、相关区域组织开展公共数据授权运营，探索部省协同的公共数据授权机制。引导企业开放数据，鼓励市场力量挖掘商业数据价值，支持社会数据融合创新应用。健全标准体系，加强数据采集、管理等标准建设，协同推进行业标准制定。加强供给激励，制定完善数据内容采集、加工、流通、应用等不同环节相关主体的权益保护规则，在保护个人隐私前提下促进个人信息合理利用。

（二）优化数据流通环境

提高交易流通效率，支持行业内企业联合制定数据流通规则、标准，聚焦业务需求促进数据合规流通，提高多主体间数据应用效率。鼓励交易场所强化合规管理，创新服务模式，打造服务生态，提升服务质量。打造安全可信流通环境，深化数据空间、隐私计算、联邦学习、区块链、数据沙箱等技术应用，探索建设重点行业和领域数据流通平台，增强数据利用可信、可控、可计量能力，促进数据合规高效流通使用。培育流通服务主体，鼓励地方政府因地制宜，通过新建或拓展既有园区功能等方式，建设数据特色园区、虚拟园区，推动数据商、第三方专业服务机构等协同发展。完善培育数据商的支持举措。促进数据有序跨境流动，对标国际高标准经贸规则，持续优化数据跨境流动监管措施，支持自由贸易试验区开展探索。

（三）加强数据安全保障

落实数据安全法规制度，完善数据分类分级保护制度，落实网络安全等级保护、关键信息基础设施安全保护等制度，加强个人信息保护，提升数据安全保障水平。丰富数据安全产品，发展面向重点行业、重点领域的精细化、专业型数据安全产品，开发适合中小企业的解决方案和工具包，支持发展定制化、轻便化的个人数据安全防护产品。培育数据安全服务，鼓励数据安全企业开展基于云端的安全服务，有效提升数据安全水平。

五 做好组织实施

（一）加强组织领导

发挥数字经济发展部际联席会议制度作用，强化重点工作跟踪和任务落实，协调推进跨部门协作。行业主管部门要聚焦重点行业数据开发利用需求，细化落实行动计划的举措。地方数据管理部门要会同相关部门研究制定落实方案，因地制宜形成符合实际的数据要素应用实践，带动培育一批数据商和第三方专业服务机构，营造良好生态。

（二）开展试点工作

支持部门、地方协同开展政策性试点，聚焦重点行业和领域，结合场景需求，研究数据资源持有权、数据加工使用权、数据产品经营权等分置的落地举措，探索数据流通交易模式。鼓励各地方大胆探索、先行先试，加强模式创新，及时总结可复制推广的实践经验。推动企业按照国家统一的会计制度对数据资源进行会计处理。

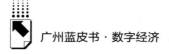

（三）推动以赛促用

组织开展"数据要素×"大赛，聚焦重点行业和领域搭建专业竞赛平台，加强数据资源供给，激励社会各界共同挖掘市场需求，提升数据利用水平。支持各类企业参与赛事，加强大赛成果转化，孵化新技术、新产品，培育新模式、新业态，完善数据要素生态。

（四）加强资金支持

实施"数据要素×"试点工程，统筹利用中央预算内投资和其他各类资金加大支持力度。鼓励金融机构按照市场化原则加大信贷支持力度，优化金融服务。依法合规探索多元化投融资模式，发挥相关引导基金、产业基金作用，引导和鼓励各类社会资本投向数据产业。支持数据商上市融资。

（五）加强宣传推广

开展数据要素应用典型案例评选，遴选一批典型应用。依托数字中国建设峰会及各类数据要素相关会议、论坛和活动等，积极发布典型案例，促进经验分享和交流合作。各地方数据管理部门要深入挖掘数据要素应用好经验、好做法，充分利用各类新闻媒体，加大宣传力度，提升影响力。

社会科学文献出版社

皮 书

智库成果出版与传播平台

❖ 皮书定义 ❖

皮书是对中国与世界发展状况和热点问题进行年度监测，以专业的角度、专家的视野和实证研究方法，针对某一领域或区域现状与发展态势展开分析和预测，具备前沿性、原创性、实证性、连续性、时效性等特点的公开出版物，由一系列权威研究报告组成。

❖ 皮书作者 ❖

皮书系列报告作者以国内外一流研究机构、知名高校等重点智库的研究人员为主，多为相关领域一流专家学者，他们的观点代表了当下学界对中国与世界的现实和未来最高水平的解读与分析。

❖ 皮书荣誉 ❖

皮书作为中国社会科学院基础理论研究与应用对策研究融合发展的代表性成果，不仅是哲学社会科学工作者服务中国特色社会主义现代化建设的重要成果，更是助力中国特色新型智库建设、构建中国特色哲学社会科学"三大体系"的重要平台。皮书系列先后被列入"十二五""十三五""十四五"时期国家重点出版物出版专项规划项目；自2013年起，重点皮书被列入中国社会科学院国家哲学社会科学创新工程项目。

皮书网

（网址：www.pishu.cn）

发布皮书研创资讯，传播皮书精彩内容
引领皮书出版潮流，打造皮书服务平台

栏目设置

◆ **关于皮书**
何谓皮书、皮书分类、皮书大事记、
皮书荣誉、皮书出版第一人、皮书编辑部

◆ **最新资讯**
通知公告、新闻动态、媒体聚焦、
网站专题、视频直播、下载专区

◆ **皮书研创**
皮书规范、皮书出版、
皮书研究、研创团队

◆ **皮书评奖评价**
指标体系、皮书评价、皮书评奖

所获荣誉

◆ 2008 年、2011 年、2014 年，皮书网均
在全国新闻出版业网站荣誉评选中获得
"最具商业价值网站"称号；
◆ 2012 年,获得"出版业网站百强"称号。

网库合一

2014年，皮书网与皮书数据库端口合
一，实现资源共享，搭建智库成果融合创
新平台。

皮书网

"皮书说"
微信公众号

权威报告·连续出版·独家资源

皮书数据库
ANNUAL REPORT(YEARBOOK)
DATABASE

分析解读当下中国发展变迁的高端智库平台

所获荣誉

- 2022年，入选技术赋能"新闻+"推荐案例
- 2020年，入选全国新闻出版深度融合发展创新案例
- 2019年，入选国家新闻出版署数字出版精品遴选推荐计划
- 2016年，入选"十三五"国家重点电子出版物出版规划骨干工程
- 2013年，荣获"中国出版政府奖·网络出版物奖"提名奖

皮书数据库

"社科数托邦"
微信公众号

成为用户

登录网址www.pishu.com.cn访问皮书数据库网站或下载皮书数据库APP，通过手机号码验证或邮箱验证即可成为皮书数据库用户。

用户福利

- 已注册用户购书后可免费获赠100元皮书数据库充值卡。刮开充值卡涂层获取充值密码，登录并进入"会员中心"—"在线充值"—"充值卡充值"，充值成功即可购买和查看数据库内容。
- 用户福利最终解释权归社会科学文献出版社所有。

数据库服务热线：010-59367265
数据库服务QQ：2475522410
数据库服务邮箱：database@ssap.cn
图书销售热线：010-59367070/7028
图书服务QQ：1265056568
图书服务邮箱：duzhe@ssap.cn

社会科学文献出版社 皮书系列
SOCIAL SCIENCES ACADEMIC PRESS (CHINA)

卡号：927795694599
密码：

基本子库
SUB DATABASE

中国社会发展数据库（下设 12 个专题子库）

紧扣人口、政治、外交、法律、教育、医疗卫生、资源环境等 12 个社会发展领域的前沿和热点，全面整合专业著作、智库报告、学术资讯、调研数据等类型资源，帮助用户追踪中国社会发展动态、研究社会发展战略与政策、了解社会热点问题、分析社会发展趋势。

中国经济发展数据库（下设 12 专题子库）

内容涵盖宏观经济、产业经济、工业经济、农业经济、财政金融、房地产经济、城市经济、商业贸易等 12 个重点经济领域，为把握经济运行态势、洞察经济发展规律、研判经济发展趋势、进行经济调控决策提供参考和依据。

中国行业发展数据库（下设 17 个专题子库）

以中国国民经济行业分类为依据，覆盖金融业、旅游业、交通运输业、能源矿产业、制造业等 100 多个行业，跟踪分析国民经济相关行业市场运行状况和政策导向，汇集行业发展前沿资讯，为投资、从业及各种经济决策提供理论支撑和实践指导。

中国区域发展数据库（下设 4 个专题子库）

对中国特定区域内的经济、社会、文化等领域现状与发展情况进行深度分析和预测，涉及省级行政区、城市群、城市、农村等不同维度，研究层级至县及县以下行政区，为学者研究地方经济社会宏观态势、经验模式、发展案例提供支撑，为地方政府决策提供参考。

中国文化传媒数据库（下设 18 个专题子库）

内容覆盖文化产业、新闻传播、电影娱乐、文学艺术、群众文化、图书情报等 18 个重点研究领域，聚焦文化传媒领域发展前沿、热点话题、行业实践，服务用户的教学科研、文化投资、企业规划等需要。

世界经济与国际关系数据库（下设 6 个专题子库）

整合世界经济、国际政治、世界文化与科技、全球性问题、国际组织与国际法、区域研究 6 大领域研究成果，对世界经济形势、国际形势进行连续性深度分析，对年度热点问题进行专题解读，为研判全球发展趋势提供事实和数据支持。

法律声明

　　"皮书系列"（含蓝皮书、绿皮书、黄皮书）之品牌由社会科学文献出版社最早使用并持续至今，现已被中国图书行业所熟知。"皮书系列"的相关商标已在国家商标管理部门商标局注册，包括但不限于 LOGO（✍）、皮书、Pishu、经济蓝皮书、社会蓝皮书等。"皮书系列"图书的注册商标专用权及封面设计、版式设计的著作权均为社会科学文献出版社所有。未经社会科学文献出版社书面授权许可，任何使用与"皮书系列"图书注册商标、封面设计、版式设计相同或者近似的文字、图形或其组合的行为均系侵权行为。

　　经作者授权，本书的专有出版权及信息网络传播权等为社会科学文献出版社享有。未经社会科学文献出版社书面授权许可，任何就本书内容的复制、发行或以数字形式进行网络传播的行为均系侵权行为。

　　社会科学文献出版社将通过法律途径追究上述侵权行为的法律责任，维护自身合法权益。

　　欢迎社会各界人士对侵犯社会科学文献出版社上述权利的侵权行为进行举报。电话：010-59367121，电子邮箱：fawubu@ssap.cn。

社会科学文献出版社